行政判决方式
疑难问题解析和实务指引

程琥／主编

人民法院出版社

图书在版编目（CIP）数据

行政判决方式疑难问题解析和实务指引 / 程琥主编. -- 北京 : 人民法院出版社, 2023.9
ISBN 978-7-5109-3908-2

Ⅰ. ①行… Ⅱ. ①程… Ⅲ. ①行政诉讼一审判一研究一中国 Ⅳ. ①D925.318.4

中国国家版本馆CIP数据核字(2023)第179459号

行政判决方式疑难问题解析和实务指引
程 琥 主编

策划编辑 李安尼
责任编辑 赵芳慧
封面设计 尹苗苗
出版发行 人民法院出版社
地　　址 北京市东城区东交民巷27号（100745）
电　　话 （010）67550628（责任编辑）　67550558（发行部查询）
65223677（读者服务部）
客 服 QQ 2092078039
网　　址 http://www.courtbook.com.cn
E - mail courtpress@sohu.com
印　　刷 保定市中画美凯印刷有限公司
经　　销 新华书店

开　　本 787 毫米 ×1092 毫米　1/16
字　　数 490 千字
印　　张 28
版　　次 2023 年 9 月第 1 版　2023 年 9 月第 1 次印刷
书　　号 ISBN 978-7-5109-3908-2
定　　价 98.00 元

《行政判决方式疑难问题解析和实务指引》编委会

主　编： 程　琥

副主编： 赵　锋　胡华峰　侯丹华　武　楠　柳适思

主要撰稿人（以姓氏笔画为序）：

王素南　朱一峰　向绪武　李　蓓　李凌云　李晓林

李赟乐　李晓琼　肖　克　陈　杰　武　楠　周孟伟

赵　凯　赵　锋　胡华峰　柳适思　侯丹华　徐志文

徐钟佳　崔胜东　程　琥

作者简介

徐志文，北京市第一中级人民法院行政审判庭法官助理，法律硕士。撰写第一章。

柳适思，北京市第一中级人民法院行政审判庭副庭长，法律硕士，北京市审判业务专家。撰写第二章。

李晓琼，北京市第一中级人民法院行政审判庭法官助理，法律硕士。撰写第三章。

李蓓，北京市第一中级人民法院行政审判庭法官助理，法学硕士。撰写第四章。

李晓林，北京市第一中级人民法院行政审判庭法官助理，法学硕士。撰写第五章。

李赟乐，北京市第一中级人民法院行政审判庭法官，法学硕士。撰写第六章。

徐钟佳，北京市第一中级人民法院行政审判庭法官，法学硕士。撰写第七章。

朱一峰，北京市第一中级人民法院行政审判庭法官，法学硕士。撰写第八章。

赵凯，北京市第一中级人民法院行政审判庭法官助理，法学硕士。撰写第九章。

王素南，北京市第一中级人民法院行政审判庭法官助理，法律硕士。撰写第十章。

向绪武，北京金融法院审判第三庭法官，法律硕士，北京市审判业务专家。撰写第十一章。

肖克，北京市第一中级人民法院行政审判庭法官，法学博士。撰写第十二章。

程琥，北京市第一中级人民法院党组成员、副院长，法学博士，社会学博士后，全国审判业务专家。撰写第十三章、第十九章、第二十一章。

武楠，北京市第四中级人民法院行政审判庭庭长，法学硕士，北京市审判业务专家。撰写第十四章。

周孟伟，北京市第四中级人民法院综合审判庭法官助理，法学硕士。撰写第十四章。

陈杰，北京市门头沟区人民法院行政审判庭（综合审判庭）法官助理，法学硕士。撰写第十五章。

李凌云，北京物资学院法学院讲师、硕士生导师，法学博士。撰写第十六章。

胡华峰，北京市第一中级人民法院国家赔偿办主任，法律硕士，北京市审判业务专家。撰写第十七章。

侯丹华，上海市第一中级人民法院副院长，法学硕士，上海法院审判业务专家。撰写第十八章。

崔胜东，上海市铁路运输法院审监庭（研究室）副庭长，法学博士，上海法院审判业务骨干。撰写第十八章。

赵锋，北京市第一中级人民法院行政审判庭庭长，法学博士，北京市审判业务专家。撰写第二十章。

前言

党的十八大以来，以习近平同志为核心的党中央明确提出全面依法治国，并将其纳入“四个全面”战略布局，作出一系列重大决策部署，开启了全面依法治国新时代，推动我国社会主义法治建设发生历史性变革，取得历史性成就。党的十八届四中全会专门研究全面依法治国问题，作出了《中共中央关于全面推进依法治国若干重大问题的决定》，在我国社会主义法治建设史上具有里程碑意义。党的十九大以来，党中央组建中央全面依法治国委员会，召开中央全面依法治国工作会议，从全局和战略高度对全面依法治国又作出一系列重大部署。2020 年 11 月召开的中央全面依法治国工作会议正式提出“习近平法治思想”，明确了习近平法治思想在全面依法治国、建设法治中国中的指导地位。习近平法治思想是当代中国马克思主义法治理论、21 世纪马克思主义法治理论。行政诉讼制度是我国三大诉讼制度之一，对保障当事人合法权益、化解行政争议、推进法治政府建设、维护社会安全稳定发挥了不可替代的重要职能作用。做好新时代行政审判工作，要坚持以习近平新时代中国特色社会主义思想为指导，深入贯彻习近平法治思想，坚持“努力让人民群众在每一个司法案件中感受到公平正义”的工作目标，坚持公正与效率的工作主题，坚持能动司法的工作理念，坚持实质性解决行政争议的工作重心，坚持为大局服务、为人民司法，凝心聚力，开拓创新，扎实推动行政审判工作高质量发展。

一、深刻认识扎实做好新时代行政审判工作的重要意义

党的二十大报告提出“必须更好发挥法治固根本、稳预期、利长远的保障作用，在法治轨道上全面建设社会主义现代化国家”，既凸显了法治建设事关根本的战略地位，又明确了法治建设服务保障党和国家工作大局的战略任务。在法治轨道上全面建设社会主义现代化国家与人民法院各项审判工作

密切相关。人民法院既是全面建设社会主义现代化国家的重要保障力量，又是全面建设社会主义现代化国家的重要建设力量，在全面建设社会主义现代化国家中，承担着重大的历史使命和政治责任。行政审判对于推进民主法治进程，落实依法治国基本方略，保障公民合法权益，监督促进依法行政，促进社会和谐，具有特殊重要的职能作用。充分认识新时代加强行政审判工作的重要性和紧迫性，深入贯彻党的二十大精神和习近平法治思想，进一步找准法院行政审判工作在全面建设社会主义现代化国家中的职能定位，更好地承担起法院行政审判工作在法治轨道上全面建设社会主义现代化国家的历史使命。

（一）做好新时代行政审判工作是保护人民群众切身利益、实现和维护最广大人民群众根本利益的迫切需要

习近平总书记指出："全面依法治国最广泛、最深厚的基础是人民，必须坚持为了人民、依靠人民。要把体现人民利益、反映人民愿望、维护人民权益、增进人民福祉落实到全面依法治国各领域全过程。"[①] 始终代表和维护最广大人民群众的根本利益，是我们党的宗旨；维护和实现最广大人民群众的根本利益，是司法工作的出发点和落脚点；保护公民、法人和其他组织的合法权益，是行政诉讼法的立法宗旨和目的所在。行政诉讼制度是保障最广大人民群众利益最有效、最直接的法律制度之一，行政审判工作搞得好不好，直接关系到公民权利的保障程度。特别是近年来，因城市房屋征收、农村征地、企业改制、劳动和社会保障、资源环保、食品药品安全等问题引发的群体性行政争议较为突出，广大人民群众迫切希望人民法院忠实地履行宪法和法律赋予的行政审判职责，依法审理行政案件，依法维护和实现人民群众的合法权益。这不仅是广大人民群众的强烈愿望，也是人民法院为大局服务、为人民司法的具体体现。

（二）做好新时代行政审判工作是化解社会矛盾、维护社会和谐稳定的迫切需要

习近平总书记指出："行政执法同基层和百姓联系最紧密，直接体现我

① 习近平：《以科学理论指导全面依法治国各项工作》，载习近平：《论坚持全面依法治国》，中央文献出版社 2020 年版，第 2 页。

们的执政水平。”[①] 行政诉讼制度是保障社会公平正义、促进社会和谐、解决老百姓急难愁盼问题的一项重要法律制度。随着改革进入攻坚期和深水区，各种原因引发的社会矛盾和利益冲突也不断增多，涉及行政公权力与公民私权利之间的矛盾与争议，相当一部分反映到行政诉讼中来，不仅数量逐年增多，而且复杂性、敏感性增强。特别是北京作为首都，是中央和国家机关所在地，不仅要处理好本市行政机关行政行为引发的行政争议，还要审理好以中央国家部委为被告的行政诉讼案件。这些案件，涉及面广、群众关注度高、社会影响大、政治敏感性强。能否及时稳妥处理这些案件，有效协调公权力与私权利的关系，维护广大人民群众在政治、经济、文化、社会、环境等各个方面的合法权益，直接关系到首都社会的和谐稳定，直接影响到首都城市功能的实现。人民法院通过依法审理行政案件，依法支持合法的行政行为，依法纠正违法和明显不当的行政行为，教育引导广大群众以理性、合法的方式反映自己的愿望和诉求，有利于最大限度地减少社会不和谐、不安定因素，有效发挥行政审判维护社会和谐稳定的“减压阀”“化解器”作用。

（三）做好新时代行政审判工作是坚定不移走中国特色社会主义法治道路、在法治轨道上推进国家治理体系和治理能力现代化的迫切需要

习近平总书记指出：“法治政府建设是重点任务和主体工程，要率先突破，用法治给行政权力定规矩、划界限，规范行政决策程序，加快转变政府职能。”[②] 依法治国的核心是依法行政。行政行为是否依法、科学、民主、规范进行，能否以公平、正义为价值尺度，直接关系到国家的民主法治建设进程，关系到全面依法治国的实现。历史经验表明，任何一种权力都有自我扩张的特点和被滥用的可能，为了防止权力的滥用，就必须建立健全监督制约机制。刑事诉讼、民事诉讼和行政诉讼共同构成了人民法院完整的审判权。在三大诉讼当中，行政诉讼调整的是不平等主体之间的管理与被管理的行政法律关系，行使审查监督各级行政机关行政行为合法性的重要职责。人民法院依法进行行政审判的过程，既是宪法和法律的实施过程，也是监督行政机关依法行使职权、严格履行职责，不断增强依法行政意识，切实提高执法能力和执

---

① 习近平：《加快建立权责统一、权威高效的依法行政体制》，载习近平：《论坚持全面依法治国》，中央文献出版社 2020 年版，第 221 页。

② 习近平：《以科学理论指导全面依法治国各项工作》，载习近平：《论坚持全面依法治国》，中央文献出版社 2020 年版，第 4 页。

政水平的过程。从这个意义上讲，重视和加强行政审判工作，既是落实全面依法治国、促进社会主义民主法治建设的需要，也是加强党的执政能力建设、巩固党的执政地位、夯实党的执政根基的迫切需要。

二、狠抓行政诉讼判决方式的适用和完善

行政诉讼判决是行政诉讼程序终结的最后结果，是人民法院审理终结时对行政案件实体问题所作的权威性判定，是法院行使裁判权最重要、最典型的形态，是人民法院司法判断权、对行政行为的合法性审查权以及对行政争议的解决权的体现。行政诉讼判决的适用与完善对于推动行政争议实质性解决，防止行政审判程序空转，践行能动司法，具有重要意义。推进行政审判现代化，完善行政判决方式，是推进国家治理现代化的重要力量，也是密切新时代官民关系的重要制度平台。行政判决方式，既要牢牢把握司法公正的根本要求，在作出裁判时综合考虑办案的政治效果、法律效果、社会效果，在法律范围内寻求最佳办案效果，让人民群众切实感受到公平正义；也要积极回应效率这一人民期盼，做实诉源治理，寻求最有利于行政争议实质化解的裁判方式，主动融入国家治理、社会治理，实现公正与效率的统一。

我国行政诉讼法并未实行诉讼类型化，采取的是判决方式类型化的设计思路，判决方式从诉讼程序的终端影响着整个诉讼制度的运作。行政诉讼法中所有的规定都是围绕着能够作出公正、合法和合理的裁判展开的，司法权对行政权的监督深度、行政审判制度为原告提供权利救济的力度、决定型纠纷解决方式解决行政争议的程度与效果，都是通过行政诉讼判决方式得以呈现的，可以说行政诉讼判决方式是行政诉讼制度的核心。2014 年《行政诉讼法》修改为行政判决方式完善提供了法律依据，相关司法解释的出台解决了行政判决方式适用中存在的一些问题，但是相关理论争议、实践困境依然层出不穷。

为推动行政诉讼判决方式的准确适用和及时完善，有必要结合当前行政诉讼判决方式的立法现状和大量案例，从诉判关系角度出发，对行政判决方式的内涵、功能、历史发展进行梳理，并对国外行政诉讼判决方式进行了比较研究，系统分析驳回原告诉讼请求判决、撤销判决、履行法定职责判决、确认违法判决、确认无效判决、变更判决、给付判决、补救判决的适用现状、适用问题及解决措施。并且，有必要结合审判实践中较为典型的行政许可案件、行政处罚案件、行政登记案件、村务公开监督案件、投诉举报案件、行

政公益诉讼案件、行政赔偿案件、房屋征收补偿案件的判决方式进行梳理并提出完善建议。并且，随着经济社会的发展，行政机关的行政管理手段和公共服务方式发生了日新月异的变化，当事人的诉求也日趋多元，有必要立足我国行政诉讼制度的发展实践，针对司法保护需求的突出问题，借鉴我国民事判决方式以及域外的相关审判方式，探索禁令判决、中间判决、部分判决、法律关系确认判决在行政判决方式中引入发展的路径，进一步创新我国的行政判决方式，丰富我国的行政判决体系，及时全面高效地回应当事人的权利保护需求。

习近平总书记在党的二十大报告中深刻阐述了中国式现代化的科学内涵、中国特色和本质要求，强调坚持以中国式现代化全面推进中华民族伟大复兴。深刻把握中国式现代化对行政审判现代化提出的新任务新要求，这是摆在行政法理论和实务界面前的一项重大课题。行政审判现代化是中国式现代化在司法领域的具体体现，是中国式法治现代化的必然要求，是中国式司法现代化的重要内容。本书是最高人民法院 2022 年度司法研究重大课题“行政诉讼判决方式适用与完善研究”（ZGFYZDKT202217-02）的延伸性研究成果。本书围绕《行政诉讼法》及其司法解释规定的行政判决方式疑难问题和审判实务分二十一章进行专题研究，各章撰写作者大多是行政审判一线的法官、业务骨干，感谢他们在繁忙的审判工作之余所做的理论研究与实务总结。人民法院出版社编辑部李安尼副主任、赵芳慧编辑为本书付梓出版做了大量审校工作，在此一并致谢。希望本书的出版能够对推进行政审判现代化、对行政诉讼判决方式的准确适用和及时完善、对行政诉讼理论和实务工作者有所助益。

编　者

2023 年 9 月

目录

行政判决方式的基本范畴

一、行政判决方式的内涵

（一）行政判决与行政判决方式

行政判决方式指行政判决的不同方式。行政判决的概念对于行政判决方式概念的厘清至关重要。对于行政判决的概念，有观点认为，行政判决指人民法院在行政案件审理终结后，以国家审判机关的名义对案件实体问题所作的处理决定。[①]也有观点认为，行政判决是人民法院审理行政案件终结时，根据事实和法律，就行政案件的实体问题所做的处理决定。[②]还有观点认为，行政判决是指人民法院在审查、判定被诉行政行为的合法性的基础上，对行政争议作出的实体处理结论。[③]总的来说，对于行政判决学界、实务界有较为统一的认识，均指向人民法院在对案件审理后，对行政案件的实体问题作出的处理决定。

从这一概念可以看出，行政判决具有如下特征：第一，行政判决是行政审理的结论性意见，具有权威性。行政判决由国家审判机关，即人民法院作

① 信春鹰主编、中国社会科学院法学研究所法律辞典编委会编：《法律辞典》，法律出版社 2003 年版，第 1665 页。

② 应松年：《行政诉讼法学》，中国政法大学出版社 2002 年版，第 202 页。

③ 姜明安主编：《行政法与行政诉讼法》（第七版），北京大学出版社 2019 年版，第 521 页。

出，其背后体现出国家意志，判决结果有国家强制力作为保障。第二，行政判决是实体处理结论。相对于裁定未经实体处理，行政判决对案件涉及的实体问题作出了判断，对于相关争议司法机关作出了实体判断。第三，行政判决的处理结论是通过审查、判断被诉行政行为的合法性实现的，[①] 根据《行政诉讼法》[②] 第6条的规定，人民法院审理行政案件，对行政行为是否合法进行审查。即人民法院需要对行政行为的合法性进行全面审查，对行政机关作出行政行为时的职权依据、事实认定、行政程序和法律适用等方面作出认定，这也体现出区别于民事和刑事判决的特殊性。第四，行政判决是对原告诉讼请求的回应。所谓诉判对应，法院不得拒绝裁判。行政判决因原告诉讼请求而生，同时也应对原告的诉讼请求予以回应。

需要特别说明的是，从我国现行《行政诉讼法》来看，行政判决其实并非仅针对合法性进行实体判决，亦对行政行为的合理性作出了一定程度的判断。二者并不存在冲突，合法性原则是最低限度的合理性原则，现在对"明显不当"等的审查是一种常人能理解的、有限的、低烈度的审查。这种适度的合理性审查从某种意义上讲，属于广义的"合法性"的范畴，与《行政诉讼法》确立的合法性审查原则，不仅不存在冲突，而且还是对合法性审查原则的必要和有益补充。[③] 合理性审查原则也不能因此动摇合法性审查原则的基础地位，更不会产生司法权不当侵蚀行政权力的问题。

行政判决具有形成力、拘束力、既判力和执行力。行政判决的形成力，是指行政判决引起行政法律关系发生、变更或者消灭的法律效果。例如，撤销判决一经生效，被诉行政行为即失去效力，而无须等待行政机关对相关行为予以撤销。行政判决的拘束力，是指生效的行政诉讼判决具有的对特定主体的行为所产生的拘束作用。其对当事人、人民法院和社会公众均具有拘束力。[④] 对当事人而言，当事人负有依照判决行动的义务；对人民法院而言，人民法院对于生效的判决不得随意予以变更；对社会公众而言，不得无视判决作出与判决相冲突的行为。行政判决的既判力，也称行政判决的确定力，分为形式性确定力与实质性确定力。形式性确定力，是指在与诉讼审级的关系

---

① 姜明安主编：《行政法与行政诉讼法》（第七版），北京大学出版社2019年版，第521页。

② 为行文简洁，本书中法条名称含有"中华人民共和国"的，除非原文引用，否则一律省略。例如，《中华人民共和国行政诉讼法》在本书中简称为《行政诉讼法》。

③ 梁凤云：《不断迈向类型化的行政诉讼判决》，载《中国法律评论》2014年第4期。

④ 杨临宏：《行政诉讼法：原理与制度》，云南大学出版社2011年版，第320页。

上，已经不存在相应的上诉手段来争议该判决适当与否的状态，当事人不得就同一事项提起再审请求的诉讼法上的效果。实质性确定力，是指由于终局判决的确定，判决内容拘束当事人及法院，当事人不得进行与该判决内容相矛盾的主张，法院亦不能就该判决的内容作出变更或者作出与该判决内容不同的判决之诉讼法上的效果。[①] 当事人若针对同一事项再次提起诉讼，法院可以根据“一事不再理”的原则，作出不予受理的裁定。行政判决的执行力，是指具有给付内容的行政判决生效后，义务人应当主动履行义务，拒不履行义务的，人民法院可根据当事人的申请或依职权强制执行。[②]

（二）行政判决方式分类

根据判决标准的不同，会产生不同的行政判决方式。例如，在将行政诉讼类型分为形成之诉、变更之诉与给付之诉的基础上，行政判决方式可以分为形成判决、变更判决与给付判决。再如，根据双方当事人是否出庭应诉，将行政判决方式分为对席判决与缺席判决，不一而足。

本书讨论的标准主要是《行政诉讼法》及相关司法解释采取的标准，主要从判决内容上来予以区分，将行政判决方式分为驳回诉讼请求判决、撤销判决、履行职责判决、确认违法判决、确认无效判决、变更判决、给付判决、行政协议履行及补偿判决、行政赔偿判决等，以便对于不同判决方式的适用范围、条件等进行区分讨论。当然，前述判决类型为行政一审判决形式，也是本书所要重点讨论的判决内容。二审判决方式除在适用一审判决方式以外，还需对一审判决作出表态，如判决维持、撤销等，或者裁定撤销原判，发回重审，但其总体与一审判决方式并无二致，因此本书着重充分讨论一审判决方式，对二审判决方式不再展开讨论。

二、行政判决方式的功能

（一）本体功能及价值

1. 行政诉讼制度体系的必要组成部分

行政诉讼，是指行政相对人与行政主体在行政法律关系中发生纠纷后，依法向人民法院提起诉讼，人民法院依法定程序审查行政主体行政行为的合

---

① 杨建顺：《论行政诉讼判决的既判力》，载《中国人民大学学报》2005 年第 5 期。

② 薛刚凌：《行政判决制度研究》，载《河南省政法管理干部学院学报》2003 年第 2 期。

法性，并判断行政相对人的主张是否有法律和事实依据，然后作出裁判的一种活动。[①] 行政诉讼制度是为了解决行政争议而建立的制度，行政判决方式作为其中重要一环，导向整个诉讼活动的终结，是整个诉讼活动的出口，是行政诉讼制度的必要组成部分。行政诉讼判决是行政诉讼制度中最为关键和核心的观念之一。[②]

2. 行政诉讼制度功能实现的必由路径

行政诉讼制度具有合法性审查功能、行政争议解决功能和合法权益保障功能。不借助行政判决方式的正确选择，对案件实体问题的正确处理便无从谈起，行政诉讼制度的功能便无法实现。例如，要保护公民、法人和其他组织的合法权益，势必要对原告的诉讼请求进行回应，进而就需要完善的行政判决方式，无救济则无权利。

3. 记录阐释行政法治理念的重要载体

行政法治理念是体现行政法治内在要求和精神实质的一系列观念、信念和价值追求的集合体，是行政法治的灵魂。[③] 正当程序、司法审查、违法无效等“支撑性概念”可以涵盖在法治理念的主要内容中。[④] 而这些概念的实现，很多都依赖于行政判决方式的正确选择与作出。行政判决作为成文的形式，是行政法治理念的重要载体。例如，正当程序原则经过田永案、刘艳文案等的行政判决的不断发展，最终在判决文书中被确定下来。通过个案判决的“涟漪效应”，这一在知识上移植自外国的制度开始成为中国法律的一部分。正当程序原则的发展也说明，中国法院展示了能动主义的立场，透露了法律发展的一种特殊路径。[⑤] 并且，行政判决方式不同，裁判文书不同，文书说理不同，通过裁判文书说理等形式，围绕审查判断证据、认定事实、适用法律等事项，回应当事人对行政行为、公共政策、具体制度设计等不同层次的诉求，[⑥] 不断在实践中对行政法治理念有所阐释发展。

---

① 姜明安主编：《行政法与行政诉讼法》(第七版)，北京大学出版社 2019 年版，第 398 页。

② 梁凤云：《行政诉讼判决研究》，中国政法大学 2006 年博士学位论文。

③ 关保英：《〈行政法典总则〉对行政法治理念的整合》，载《法学》2021 年第 9 期。

④ 江必新：《行政法治理念的反思与重构——以“支撑性概念”为分析基础》，载《法学》2009 年第 12 期。

⑤ 何海波：《晨光初现的正当程序原则》，载中国法学会行政法学研究会 2008 年年会论文集(上册)。

⑥ 肖克：《国家治理现代化视野下的行政审判方式改革研究》，法律出版社 2022 年版，第 139 页。

4. 完善行政法律规范体系的重要手段

行政判决是诉讼制度的“出口”，为了切合这一出口，立法机关就需要在受案范围等方面予以对应完善，规定该行政判决的对应程序。没有相应的配套规范体系的完善，遑论行政判决方式的完善。因此，行政判决方式作为行政诉讼制度的重要组成部分，是行政法律法规体系完善的有力抓手，通过对推动与其相关的法律规范完善齐备，从而推动行政诉讼制度等法律规范体系的整体配套完备。例如，《行政诉讼法》第 34 条、第 38 条对于不同的判决方式规定了对应不同的举证责任。

（二）正确选择判决方式对实质性化解行政争议的重要意义

1. 合法规范，形成解决争议的法律共识

行政争议源自公权力与私权利之间的冲突，而行政诉讼制度是解决行政争议的最终手段。近年来，出于更高效化解行政争议的角度考虑，人民法院提出了实质性解决行政争议的概念。该概念应包含法律共识效果、纠纷解决效果与社会教化效果。[①] 诚然，行政判决并非解决行政争议的唯一途径，而只是其中一种方式而已，从自力救济发展到公力救济，诉讼解决纠纷机制作为公力救济的方式，也逐步发展，一个完善的判决体系，必须关注判决在解决纠纷方面的实际效果，关注当事人裁判请求权的真正实现。[②] 当下行政判决既具有确定原、被告权利义务的功能，也能确定潜在的当事人的权利义务。[③] 这些无不仰赖行政判决方式的合理选择，使社会既能信赖行政法治，愿意借助法治来解决行政争议，而非更多选择信访等其他方式；又能借助行政判决，对行政复议等纠纷解决制度进行监督审查，从而凝聚解决争议的法律共识。

2. 精准定位，提高解决争议的效率

不同的行政判决方式针对不同的行政争议，首先，在判决文书制作过程中，对于争议焦点的归纳本身其实也是进一步明确争议的过程，能使双方的争议更为集中，以便于更有针对性地予以回应。其次，不同类型的判决方式、同一判决项下不同层次的判决效力，能够使行政判决面对不同的行政争议发挥不同的判决效力，更高效地处理行政争议。最后，行政诉讼制度有明确的审理期限，在法定审限内要作出裁判，并且对于一审判决上诉等都有明确的

---

① 肖克：《国家治理现代化视野下的行政审判方式改革研究》，法律出版社 2022 年版，第 63 页。

② 梁凤云：《行政诉讼判决研究》，中国政法大学 2006 年博士学位论文。

③ 何海波：《行政诉讼法》，法律出版社 2022 年版，第 475 页。

程序规定。这使其相比于信访等渠道，当事人对其纠纷何时能有最终结论能有明确的心理预期，效率也更高。

3. 正本清源，预防行政争议的产生

行政判决作出后，文书往往予以公开，并且经过大量的行政审判实践积累，已经形成大量的在先判决，公民对于自身的行政争议可以通过中国裁判文书网等平台检索到与自身争议相关的判决文书，可以借此对相关法律适用问题等有所预期，从而在争议的萌芽阶段即对相关争议进行化解，预防相关争议最终产生。

4. 准确适用，确保人民群众感受正义

习近平总书记指出，要让人民群众在每一个司法案件中感受到公平正义。行政判决是行政诉讼的最后一个环节，是司法案件实体处理后的最终出口，在前述行政诉讼中仍无法解决争议时，人民法院则会最终作出判决，准确适用不同类型的行政判决方式，避免久拖不判，真正让人民群众通过司法判决感受到公平正义。

（三）正确选择判决方式对助推法治政府建设的重要意义

1. 督促政府依法履行职责，推动责任型政府建设

责任型政府是指能够承担和履行社会和法律赋予的道义和职责的政府，其更应该是承担多重政治和社会责任，依据国家法律和行政规范提供行使公共管理职权，贯彻落实各项责任并承担法律和制度化问责的政府。[①]通过履行法定职责等判决方式的能动运用，发挥司法对政府的监督作用，督促行政机关依法履行自身职责，在人民法院对其履责的形式、期限等作出明确限制的情况下，推动行政机关对其责任有充分认识，推进责任型政府建设。

2. 塑造新时代“官民”关系，推动服务型政府建设

服务型政府指为人民服务的政府，党的十九大报告提出要“建设人民满意的服务型政府”。就服务含义而言，有两个方面的含义：一个指政府本质意义上的服务，另一个指政府职能意义上的服务。而本源意义上的政府应该是一个有限政府、法治政府、责任政府、透明政府和高效政府，[②]涉及依法行政、法治政府、行政法分析和法治建设的法律路径对于构建服务型政府具有重要

① 徐湘林：《社会转型与国家治理——中国政治体制改革取向及其政策选择》，载《政治学研究》2015 年第 1 期。

② 竺乾威：《服务型政府：从职能回归本质》，载《行政论坛》2019 年第 5 期。

意义。[①] 人民法院通过行政判决作出司法裁判，不仅直接运用司法手段对行政权力予以监督，是法律途径的重要组成部分。更通过给付判决等新类型判决形式的作出，监督行政机关履行公法上的给付义务，适应服务型政府转变过程中政府服务功能的进一步发挥，推动服务型政府建设，拉近新时代“官民”关系。

3. 监督纠正违法行政行为，促进行政执法规范化

执法不规范的表现有执法体制不完善、程序不规范、执法人员素质参差不齐等。而行政判决或是直接围绕相关问题进行审查，如面对行政机关程序问题，在其出现未遵循法定程序、执法依据缺失等问题时，通过撤销判决、确认违法判决乃至确认无效判决等，直接对相关行政行为的效力作出否定性评价，对相关违法行政行为直接作出纠正；或者通过其他间接方式，如通过判决文书的宣传学习，相关配套司法建议的反馈跟踪等，提升相关人员的执法素质，提升其法治意识，通过改进具体个案中发现的问题，推动相关机制的完善，促进行政执法规范化水平提升。

4. 为政府治理提供有效指引，促进政府决策科学化

行政决策法治化是科学决策的法治保障。若没有基本的程序保障，普通群众及专家参与将无章可循，提供意见的法律效力也将面临考验，因此，对于各类决策程序应有明确的法律程序保障，行政机关对于相关的程序应充分尊重遵循，如专家咨询论证、决策事项公布、公开征求意见等制度。而行政机关在未遵循相关程序作出决策时，相对人或者利害关系人通过行政诉讼使行政机关承担败诉后果，使决策机关对于自身的行为有进一步的预期，促使其更为明确地遵循决策程序，完善决策程序，在作出决策时更为理性科学，排除非法治、非理性的因素。

三、行政判决方式的适用条件

不同的判决方式有不同的适用条件，总体来说，针对单方处分相对人权益的行政行为提起诉讼的判决方式是最典型的行政判决方式，具体有撤销判决、课予义务判决、确认违法无效等方式，在此基础上，随着行政管理领域的扩展，给付行政的发展，给付判决、行政协议判决等判决方式也得以发展。行政赔偿判决作为一种行政机关权责一致的体现，也一直得以存在发展。驳

① 田小龙：《服务型政府建设路径的研究评述》，载《公共管理与政策评论》2020 年第 5 期。

回诉讼请求判决则适用于所有的诉讼类型。对于典型的撤销判决、课予义务判决、确认违法无效判决等，审理过程中的诉讼规则亦是典型的行政诉讼规则，如被告负有举证责任、起诉期限限制等；而对于其他发展而来的判决形式，在审理过程中亦需具体分析，如确认行政法律关系是否存在、行政合同是否成立等争议、请求行政主体履行给付职责、作出事实行为等，可适用法关系诉讼来解决（公法给付诉讼），[①] 对于当事人的举证责任等可以进行合理分配。

人民法院在适用各类判决时，要注意区分不同判决方式的适用条件，根据不同的诉讼目的等，进行精细化适用，避免随意选择判决方式，通过对《行政诉讼法》规定的各类判决方式内在逻辑关系的深入分析，严格各类判决方式的法定适用条件，规范法官选择判决方式的自由裁量权，从而实现行政审判的精细化。[②] 因后文对各判决的适用条件有具体阐述，故在此对七种主要判决方式的具体适用条件仅简略提示，便于整体把握。

（一）驳回诉讼请求判决

驳回诉讼请求判决是指人民法院经过实体审理对原告的诉讼请求直接驳回的判决方式。因其经过了实体审理判断，故原告丧失了对相关争议在人民法院的实体请求权，不能再向人民法院起诉，需要承担诉讼费用，这也是驳回诉讼请求判决不同于驳回起诉裁定之处。

驳回诉讼请求基本可以适用于所有的诉讼案件类型，除依据《行政诉讼法》第 69 条规定，行政行为合法或者原告申请被告履行法定职责、给付理由不成立的情形外，还存在一些驳回诉讼请求的其他情形，包括行政赔偿、行政协议等。例如，原告请求行政赔偿，但损害没有事实依据、损害与违法行政行为没有因果关系或者损害已经通过其他途径获得充分补偿时，人民法院同样可以采取判决驳回诉讼请求的方式。

（二）撤销判决

撤销判决是指法院判决全部或者部分撤销行政行为的判决方式，并且在

---

① 闫尔宝：《论行政诉讼法的修订路径：以当事人诉讼活用论为参照》，载《中国法学》2014 年第 6 期。

② 郭修江：《行政判决方式的类型化——行政诉讼判决方式内在关系及适用条件分析》，载《法律适用》2018 年第 11 期。

撤销之后，可以要求被告重新作出行政行为。撤销判决是对行政行为的否定性评价，其撤销情形主要为以下六种情形：（1）主要证据不足；（2）适用法律、法规错误；（3）违反法定程序；（4）超越职权；（5）滥用职权；（6）明显不当。并非行政行为违法，只能判决撤销。如果行政行为违法，同时还符合确认违法、确认无效，或者给付、限期履行、变更等判决形式之一适用条件的，应当适用其他判决方式作出判决，不得判决撤销。①

关于行政机关能否重新作出行政行为，若人民法院出于保护国家利益、社会公共利益或者当事人合法权益的角度考虑，作出了责令重新作出行政行为的补充判决，则行政机关应重新作出行政行为。若人民法院未在撤销判决作出时，一并判决被告重新作出行政行为，那么原则上被告不得就相关事项作出行政行为。但实践中被告可能出于实质化解行政争议的角度考虑，仍然重新作出了行政行为。只要相关行为与生效的撤销判决的精神没有明显相悖，与生效判决的说理不抵触，也不应当认定重新作出的行政行为违法。② 同时，出于对法院判决既判力的约束及行政争议实质化解的考虑，行政机关在重新作出行政行为时，不得以同一事实和理由作出与原行政行为基本相同的行政行为。

（三）履行法定职责判决

履行法定职责判决是指人民法院判决未履行或者拖延履行法定职责的被告在一定期限内履行的判决。若要适用履行法定职责判决，需要满足如下四个条件：首先，行政机关要负有相应职责。其次，相关职责如系依申请履行，则相对人需证明已向行政机关提出履行职责的申请。再次，行政机关无正当理由拒绝履行、不履行或者拖延履行。最后，法院判决行政机关履行相应职责仍然具有意义。

并且，根据行政机关是否尚存裁量判断空间不同，判决直接履行法定职责或者要求行政机关对相对人的诉求重新作出处理。一般来说，出于实质化

① 郭修江：《行政判决方式的类型化——行政诉讼判决方式内在关系及适用条件分析》，载《法律适用》2018 年第 11 期。关于撤销判决与确认违法判决、变更判决等的关系，参见全国人大常委会法制工作委员会行政法室编著：《中华人民共和国行政诉讼法解读》，中国法制出版社 2014 年版，第 197 页。

② 郭修江：《行政判决方式的类型化——行政诉讼判决方式内在关系及适用条件分析》，载《法律适用》2018 年第 11 期。

解争议的角度考虑，法院在作出履行法定职责判决时应尽量具体明确，应当明确一定的履行期限。

（四）确认违法判决

确认违法判决是指人民法院认定行政行为违法的一种判决，也是对行政行为效力的一种否定性评价。根据《行政诉讼法》第74条的规定，确认违法的情形主要有以下两类：一是可以撤销但出于其他方面考量不予撤销，判决确认违法：（1）行政行为依法应当撤销，但撤销会给国家利益、社会公共利益造成重大损害的；（2）行政行为程序轻微违法，但对原告权利不产生实际影响的。二是客观上不需要撤销或者判决履行的，人民法院判决确认违法，具体分为：（1）行政行为违法，但不具有可撤销内容的；（2）被告改变原违法行政行为，原告仍要求确认原行政行为违法的；（3）被告不履行或者拖延履行法定职责，判决履行没有意义的。

人民法院在适用确认违法判决时，可能出于国家利益、社会公共利益等考量，补充适用责令被告采取补救措施的判决，要求被告采取积极的补救措施；如给原告造成损失的，可以依法判决被告承担赔偿责任。

（五）确认无效判决

确认无效判决是指人民法院认定行政行为无效的一种判决。根据《行政诉讼法》第75条及《最高人民法院关于适用〈中华人民共和国行政诉讼法〉的解释》（以下简称《行诉法解释》）第99条之规定，确认无效判决适用于行政行为重大且明显的违法情形，主要有以下四种情形：一是行政行为有实施主体不具有行政主体资格；二是减损权利或者增加义务的行政行为没有法律规范依据；三是行政行为的内容客观上不可能实施；四是其他重大且明显违法的情形。重大且明显的违法情形程度要高于一般的违法情形，一个重大且明显违法的行政行为在任何时候、对任何人都没有约束力等行政行为的效力，因此对其诉讼一般不受起诉期限的限制。但在原告起诉要求确认无效，而人民法院经过审查认为不属于无效情形时，应当对当事人进行释明，若原告变更诉讼请求为撤销行政行为的，则继续审理；超过起诉期限的，则驳回起诉；若原告拒绝变更诉讼请求的，则判决驳回其诉讼请求。与确认违法判决相同，在适用确认无效判决时，人民法院亦可补充适用责令被告采取补救措施、承担赔偿责任等判决方式。

（六）变更判决

变更判决是指人民法院直接将行政行为的内容予以变更的判决方式。根据《行政诉讼法》第 77 条之规定，变更判决适用于以下两类情形：一是行政处罚明显不当的，如行政处罚畸轻畸重；二是其他行政行为涉及对款额的确定、认定确有错误的。人民法院在适用变更判决时，除利害关系人同为原告，且诉讼请求相反的外，不得加重原告的义务或者减损原告的权益。总体来说，当下变更判决的适用范围仍然较小，适用情形应包含在撤销判决的适用情形之中；且出于司法权对行政权的尊重，人民法院在适用变更判决时总体上仍然较为慎重，需要把事实依据、法律法规等查清，否则变更判决的基础不存，法院不宜作出变更判决，实践中更多情况下对变更判决是“备而不用”的状态。[①]

（七）给付判决

给付判决是指人民法院判决行政机关依法承担给付义务的判决。此处的给付义务对应的是原告应具有公法上的请求权，结合现行有效的《行政诉讼法》及相关司法解释的规定，我国给付判决的适用范围限于依法请求支付抚恤金、最低生活保障待遇或者社会保险待遇等情形。若人民法院认为原告申请被告依法履行支付抚恤金、最低生活保障待遇或者社会保险待遇等给付义务的理由成立，被告依法负有给付义务而拒绝或者拖延履行义务的，人民法院可以根据《行政诉讼法》第 73 条的规定，判决被告在一定期限内履行相应的给付义务。同时，结合确认违法判决情形考虑，相关的给付义务的履行仍要对原告具有意义。

给付判决与履行法定职责判决较为类似，都是法院判决行政机关为一定行为，但是在适用范围上两者存在差异。给付判决的义务一般属于事实行为，如果相关行为是法律行为，则一般应适用履行法定职责判决，即如果被告负有的给付义务属于“行政行为”，则属于课以义务判决，也就是履行法定职责判决，应当适用《行政诉讼法》第 72 条的规定。[②]

四、行政判决方式的历史考察

考察我国行政判决方式的历史发展，大致分为如下三个阶段。

---

① 全国人大常委会法制工作委员会行政法室编著：《中华人民共和国行政诉讼法解读》，中国法制出版社 2014 年版，第 211 页。

② 姜明安主编：《行政法与行政诉讼法》（第七版），北京大学出版社 2019 年版，第 532 页。

（一）适用民事诉讼判决方式阶段（1982~1989 年）

1982 年通过的《民事诉讼法（试行）》第 3 条第 2 款规定，法律规定由人民法院审理的行政案件，适用本法规定。据此，行政诉讼制度实现了“从无到有”的进步，行政判决方式据此也可适用民事判决的方式。例如，普遍被认为是“中国行政诉讼第一案”的包某照诉苍南县人民政府强制拆除房屋案，即依据 1982 年《民事诉讼法（试行）》的规定立民事案号，依据民事程序审理，并最终作出了判决驳回原告诉讼请求的判决。[①] 可见，此阶段的行政诉讼制度整体即适用依附于民事诉讼，自身的制度规范较少，行政审判实践也较少，其判决方式也与民事相同。关于案件的裁判方式，司法解释也有特殊规定，在《最高人民法院关于人民法院审理经济行政案件不应进行调解的通知》（1985 年 11 月 6 日公布）中规定，人民法院不应进行调解，而应在查明情况的基础上作出公正的判决：如果主管行政机关所作的行政处罚决定或者其他行政处理决定正确、合法，应当驳回原告的起诉；如果主管行政机关的行政处罚决定或者其他行政处理决定在认定事实、适用法律方面确有错误，应当予以撤销或者变更。地方的规范性文件亦有规定，如《北京市高级人民法院关于行政审判庭受理案件范围的通知》规定，考虑到行政案件的特点，维持或撤销的用裁定书，变更的用判决书。可见，此阶段对于行政判决方式尚缺乏统一法律规定，甚至司法解释、规范性文件的供给都显得不足，整体处于摸索的状态。

（二）“自立门户”及类型化发展阶段（1989~2014 年）

1989 年通过的《行政诉讼法》标志着行政诉讼制度已经从民事诉讼制度中脱离出来，有其自身的程序法依托。其在第 54 条等规定了维持、撤销、变更、责令履行法定职责等四种判决方式。[②] 同时，第九章侵权赔偿责任中，规

① 孟焕良：《中国行政诉讼第一案始末》，载 http://rmfyb.chinacourt.org/paper/html/2018-10/29/content_145002.htm?div=1，2023 年 2 月 27 日访问。

② 1989 年《行政诉讼法》第 54 条规定：“人民法院经过审理，根据不同情况，分别作出以下判决：（一）具体行政行为证据确凿，适用法律、法规正确，符合法定程序的，判决维持。（二）具体行政行为有下列情形之一的，判决撤销或者部分撤销，并可以判决被告重新作出具体行政行为：1. 主要证据不足的；2. 适用法律、法规错误的；3. 违反法定程序的；4. 超越职权的；5. 滥用职权的。（三）被告不履行或者拖延履行法定职责的，判决其在一定期限内履行。（四）行政处罚显失公正的，可以判决变更。”

定了公民可以针对行政赔偿提起行政诉讼，并对行政机关如何赔偿等进行了规定。[①]

可见，1989 年《行政诉讼法》的制定，对于行政判决方式可以说是从无到有的突破。在此基础上，随着行政诉讼制度实践的进一步发展完善，既有的判决方式与实践需求存在不相匹配的地方，有学者提出，要完善行政判决制度，应增加确认判决、驳回诉讼请求判决等判决方式，对行政判决的标准应作出统一规定。[②]2000 年，《最高人民法院关于执行〈中华人民共和国行政诉讼法〉若干问题的解释》（法释〔2000〕8 号，已失效，以下简称《执行行诉法若干解释》）增加了驳回原告诉讼请求和确认行政行为合法、有效、违法、无效的判决，并规定可以责令被告采取相应的补救措施。其中，驳回诉讼请求的判决主要适用如下五种情形：（1）起诉被告不作为理由不能成立的；（2）被诉具体行政行为合法但存在合理性问题的；（3）被诉具体行政行为合法，但因法律、政策变化需要变更或者废止的；（4）被告改变原具体行政行为，原告不撤诉，人民法院经审查认为原具体行政行为合法的；（5）其他应当判决驳回诉讼请求的情形。[③] 确认合法、有效判决主要适用于人民法院认为被诉具体行政行为合法，但不适宜判决维持或者驳回诉讼请求的情形。可见，从条文上来看，驳回诉讼请求判决与确认合法判决相比于维持判决，可以适用的情形仍然相对有限，尤其是确认合法判决，更只作为另外两种判决方式的补充。而确认违法、无效判决主要适用于：（1）被告不履行法定职责，但判决责令其履行法定职责已无实际意义的；（2）被诉具体行政行为违法，但不具有可撤销内容的；（3）被告改变原具体行政行为，原告不撤诉，人民法院经审查认为原具体行政行为违法的；（4）被诉具体行政行为违法，但撤销该具体行政行为将会给国家利益或者公共利益造成重大损失的；（5）被诉具体行政行为依法不成立或者无效的。

---

① 例如，1989 年《行政诉讼法》第 67 条规定，公民、法人或者其他组织的合法权益受到行政机关或者行政机关工作人员作出的具体行政行为侵犯造成损害的，有权请求赔偿。公民、法人或者其他组织单独就损害赔偿提出请求，应当先由行政机关解决。对行政机关的处理不服，可以向人民法院提起诉讼。

② 应松年、薛刚凌：《行政诉讼十年回顾——行政诉讼的成就、价值、问题与完善》，载《行政法学研究》1999 年第 4 期。

③ 参见《执行行诉法若干解释》第 50 条、第 56 条。

（三）定型阶段（2014年至今）

2014年修正的《行政诉讼法》删除了“维护”行政机关依法行政职权的目的，增加了“解决行政争议”的立法目的，将行政协议等纳入受案范围，创设复议维持双被告、规范性文件附带审查以及民事争议一并解决等新制度对于行政诉讼判决方式的选择产生了重要影响。判决方式的主要变化表现为以驳回诉讼请求判决取代维持判决，撤销判决中增加了“明显不当”的情形，将客观方面行政行为不合理的情形纳入了撤销判决的适用范围，增加了给付判决，完善细化确认判决情形，增加了“其他行政行为涉及对款额的确定、认定确有错误的”的变更判决的适用情形，对行政协议的判决情形作了特别规定，同时也取消了《执行行诉法若干解释》中确认合法、有效的判决方式。

其中，判决驳回原告诉讼请求实质是替代过去的维持判决，[①] 其适用情形与维持判决，《执行行诉法若干解释》中确认合法、有效判决的部分情形相同，这也是2014年修正的《行政诉讼法》的一大重要改变。行政行为本就具有公定力，不需要司法权力来予以维持，只要司法机关未依法撤销相关行为，该行为就为有效。从司法权的性质来看，维持判决的存在是不合理的。[②] 并且，维持判决一经作出，该行为即相当于业已经司法机关背书，行政机关若意图自我纠错对相关行为进行变更，也有与生效文书对抗的嫌疑。因此，说维持判决就像人的“阑尾”，是画蛇添足的多余之举，[③] 正是点出了其尴尬地位，驳回诉讼请求判决应全面取代维持判决，使行政诉讼制度恢复其原貌，也更符合司法权的性质。[④] 而驳回诉讼请求判决从实践中发展而来，经过《执行行诉法若干解释》确认后，迅速在实践中取代了维持判决。但与《执行行诉法若干解释》中的驳回诉讼请求判决相比，彼时的驳回诉讼请求方式与维持判决方式并列，并未完全取代维持判决，因此其范围要小于修法后的驳回诉讼请求的判决形式，当时主要还是适用于不作为案件或者合法但不合理的行政行为。

---

① 郭修江：《行政判决方式的类型化——行政诉讼判决方式内在关系及适用条件分析》，载《法律适用》2018年第11期。

② 薛刚凌：《行政判决制度研究》，载《河南省政法管理干部学院学报》2003年第2期。

③ 李广宇、王振宇：《行政诉讼类型化：完善行政诉讼制度的新思路》，载《法律适用》2012年第2期。

④ 刘峰：《论行政诉讼判决形式的重构——从司法权与行政权关系的角度分析》，载《行政法学研究》2007年第4期。

同时，驳回诉讼请求的判决方式适用的“爆炸式”增长，客观上会增加对行政诉讼是否仍为全面审查的担忧，会出现行政诉讼是“审原告不审被告”的情况。在修法过程中，也有观点认为应扩大驳回原告诉讼请求判决的适用范围，规定凡是原告诉讼请求不成立的，就可以判决驳回原告诉讼请求。[①]但是这一意见明显是主观诉讼的观点，会冲击撤销判决、确认判决等形式，不利于对行政行为的审查。因此，2014 年修法也强调了合法性审查原则，对驳回诉讼请求的判决适用有所限制。2014 年修法明确了这种判决方式的适用条件，进一步加大了法院维护客观法律秩序的义务，再一次重申和强化了《行政诉讼法》的客观法定位。[②]

五、行政判决方式类型化

（一）行政判决方式类型化的理论意涵

行政判决方式类型化离不开对行政诉讼类型化的论述。行政诉讼类型化在学界、实务界讨论较多，因《行政诉讼法》并未规定行政诉讼类型，学理上根据不同的标准，产生了“两类五种说”“两类七种说”“大三类说”“三类七种说”“四类说”“五类说”“六类说”[③]。可见，对于行政诉讼类型化的分类标准还存在一定争议，但前述各项分类标准在一些基本分类上存在共识，如确认之诉、给付之诉与形成之诉等，对于其他的一些分类存在一定争议。总体来说，行政诉讼类型化的标准中一般要考虑原告的诉讼请求及诉讼标的性质，是基于行政诉讼请求的内容，结合诉讼标的等将行政诉讼分为不同类型，进而对整体的诉讼制度进行不同的设计。行政诉讼可以实现类型化，本质上还是因为行政争议多样化。在行政争议多样化的基础上，原告提出了不同的诉讼请求，基于这些不同的诉讼请求，产生了不同的诉讼门槛。学界对行政诉讼类型化多采取支持态度，认为其在解决行政争议，回应当事人权利救济请求、保护公民的合法权益，促进司法权有效运行、厘清司法权与行政权关系、促进行政审判专业化等方面具有积极意义。

---

① 全国人大常委会法制工作委员会行政法室编著：《中华人民共和国行政诉讼法解读》，中国法制出版社 2014 年版，第 192 页。

② 梁凤云：《不断迈向类型化的行政诉讼判决》，载《中国法律评论》2014 年第 4 期。

③ 肖克：《国家治理现代化视野下的行政审判方式改革研究》，法律出版社 2022 年版，第 101~102 页。

而行政判决方式类型化通过将不同判决方式的适用条件等类型化，实现判决方式的分门别类，进而从诉讼程序的终端影响整个诉讼制度的运作。行政诉讼类型与行政判决并非一一对应，某一类型的诉讼可能会有多种不同形式的判决，而同样形式的判决完全可能出现在不同类型的诉讼中。[①] 例如，撤销诉讼中存在撤销判决、确认违法判决、驳回诉讼请求判决等，而驳回诉讼请求判决贯穿各个诉讼类型。但在对行政诉讼类型化分类标准尚存争议的情况下，从某种程度上来说，行政判决方式类型化可以视为行政诉讼类型化的萌芽状态，是对行政诉讼类型化暂时无法实现的折中方案。行政判决方式类型化虽与行政诉讼类型化并非一一对应，但是总体的制度设计仍有较强的对应性，如撤销判决对应撤销之诉，从而在举证责任、起诉期限等制度上进行相应的安排。因此，在两者有较强对应关系的基础上，行政判决方式从终端型塑了整个行政诉讼制度，判决方式的类型化进而推动了行政诉讼的类型化。

行政判决方式的类型化一方面具有行政诉讼类型化的优势，也具有推进纠纷实质化解、更好回应相对人合理诉求、更好监督和保障依法行政、提高行政审判的质量与效率等功能。另一方面具有直接实现行政诉讼类型化不具有的三个方面优势。一是分类标准相对清晰，行政判决方式经过学界和实务界的发展，标准相对明晰，依托于行政判决方式分类进行的类型化，对于不同判决方式之间的界限及相应的制度设计更为清晰。二是更有利于保障原告的合法权益。行政判决方式的类型化，目前并不要求当事人特别明确其诉讼请求，且在制度设计上仍然以客观诉讼为主，其实是从后端对人民法院司法提出了更高的裁判要求，因此对于当事人的诉讼请求提出要求不至过高，更不会因此直接导致败诉的后果，在公民法律知识相对欠缺的情况下，具有积极意义。三是对既有制度改动较小，在短时间内无法寻求对行政诉讼制度进行大规模改造的情况，借助行政判决方式类型化进而继续推进其完善，行政判决类型化推动行政诉讼出现结构上的分化、演变，进而发展出不同的行政诉讼类型，[②] 也易为立法所接受，是可以继续推进发展的进路模式。

（二）行政判决方式类型化的实践现状

我国行政诉讼并未实行诉讼类型化，采取的是判决方式类型化的设计

① 章志远：《论变革观在〈行政诉讼法〉修改中的运用》，载《行政法学研究》2015 年第 1 期。

② 廖吕有：《行政判决类型化修法路径之不足与改进》，载《天津大学学报（社会科学版）》2019 年第 2 期。

思路。有实务专家总结“我国行政诉讼法近四十年的立法和司法实践，走出了一条以行政行为为核心，兼顾监督权力、保障权利、实质化解争议三重目的，通过判决方式类型化，逐步实现行政诉讼制度精细化的发展道路”。①2014年《行政诉讼法》修改前，有不少学者与实务界人士提出了建构行政诉讼类型的思路，②但2014年的修法并未采取行政诉讼类型化的思路，主要原因在于：一是“可能不利于保护原告的合法权益”，二是“与我国的行政诉讼监督功能不太吻合”，三是“按照诉讼类型化的思路修改《行政诉讼法》，需要重新设计程序制度，需要对《行政诉讼法》进行全面修订，修正案的方式不适合”。③2014年修法采纳了行政判决方式类型化的进路，从《行政诉讼法》有关判决类型的大幅调整上来看，实际上贯彻了通过判决类型化达到诉讼类型化效果的修正思路，试图通过撤销判决、履行判决、给付判决、违法确认判决、无效确认判决的分别规定，实现行政诉讼的精细化改造。④即我国《行政诉讼法》规定的前述七种主要判决方式。每种判决方式设定了不同的“法定判决理由”。这种法定的裁判理由介于一般判决理由与最终判决之间，既是法院对事实和法律推演的结果，又是法院作出最终判决的明确的法定裁判标准。行政诉讼审理标的的特殊性决定了采取法定判决方式时需要围绕“法定判决理由”的一项或几项展开。

从现有实践来看，法官已经逐渐习惯不同类型的判决，并且也能依据不同的情形适用不同的审查技术，适用不同的判决类型。但现有框架仍相对粗糙，在判决适用条件细化、诉判对应、不同判决衔接、特定判决类型的细化完善上还存在进一步发展完善的空间。例如，针对行政协议等新类型判决方式的法条规定不够细化，变更判决的适用范围相对较窄等。

---

① 郭修江：《行政判决方式的类型化——行政诉讼判决方式内在关系及适用条件分析》，载《法律适用》2018年第11期。

② 参见吴华：《行政诉讼类型研究》，中国人民公安大学出版社2006年版；章志远：《行政诉讼类型构造研究》，法律出版社2007年版；赵清林：《行政诉讼类型研究》，法律出版社2008年版；马怀德：《行政诉讼法存在的问题及修改建议》，载《法学论坛》2010年第5期；何海波：《理想的〈行政诉讼法〉——〈中华人民共和国行政诉讼法〉学者建议稿》，载《行政法学研究》2014年第2期；江必新：《完善行政诉讼制度的若干思考》，载《中国法学》2013年第1期。

③ 童卫东：《进步与妥协：〈行政诉讼法〉修改回顾》，载《行政法学研究》2015年第4期。

④ 章志远：《论变革观在〈行政诉讼法〉修改中的运用》，载《行政法学研究》2015年第1期。

驳回原告诉讼请求判决的司法适用

一、驳回原告诉讼请求判决的适用条件

行政诉讼判决，是指人民法院审理行政案件终结时，根据所查清的事实，依据法律规定对行政案件实体问题作出的结论性处理决定。[①]1989 年《行政诉讼法》第 54 条明确规定了四种判决类型，包括维持判决、撤销判决、履行判决、变更判决，并且该条还规定了在何种情况下使用何种类型的判决。但是随着社会的发展，司法实践也在不断发生变化，已有的判决种类不能更好地配合行政审判。最高人民法院在 2000 年出台的《执行行诉法若干解释》中新增加了驳回原告诉讼请求和确认判决两种判决。《行政诉讼法》经过两次修改，现有的行政诉讼种类包括驳回原告诉讼请求、撤销判决、履行判决、给付判决、变更判决、确认违法判决、确认无效判决、补救判决。从《行政诉讼法》的修改可以看出现行《行政诉讼法》新增了几种判决形式。其中，最突出的亮点之一就是用驳回原告诉讼请求代替了维持判决，同时扩大了驳回原告诉讼请求的适用范围。

（一）驳回原告诉讼请求判决的历史沿革

驳回原告诉讼请求的判决方式源自对维持判决方式的改革。维持判决与驳回原告诉讼请求的存废问题是理论界和实务界最具有争议的问题之一。维持判决是我国行政诉讼中特有的一种判决形式，或许其在当时的社会条件下，

① 张树义：《行政法与行政诉讼法》，高等教育出版社 2002 年版，第 254 页。

对于法治建设发挥了积极作用。但是随着经济与社会发展，法治政府建设的不断深入，维持判决在当下已不能适应新的情况。以驳回原告诉讼请求的判决方式来代替维持判决符合新时代行政诉讼的要求。

1. 驳回原告诉讼请求更符合我国《行政诉讼法》的立法目的

立法者出台任何一部法律都有其特定的立法目的。现行《行政诉讼法》在第 1 条中明确了行政诉讼的立法目的，“为保证人民法院公正、及时审理行政案件，解决行政争议，保护公民、法人和其他组织的合法权益，监督行政机关依法行使职权”。相较于 1989 年《行政诉讼法》增加了“解决行政争议”，删掉了“保护行政机关依法行使职权”。行政诉讼作为控权法，其生命在于控制行政机关的权力，避免行政机关的权力过于膨胀。法学家韦德曾说过：“行政法定义的第一个含义就是它是对行政权力进行控制的法，无论如何，这是该学科的核心。”[①]《行政诉讼法》是对行政相对人遭到违法或者不当行政行为时的一种救济手段。而维持判决不仅不符合监督行政机关行使职权这一立法目的，而且还会给大众造成一种行政干预司法的感觉，有损司法公正，不利于法治政府的建设。而维持判决在某种程度上对原告诉求没有作出回应，违背判与诉相对应的原则，也是有违司法目的的。

2. 驳回原告诉讼请求有其理论基础

在我国，行政诉讼是由民事诉讼发展而来的，在民事诉讼中有关于驳回原告诉讼请求的规定。此外，借鉴域外的行政法制建设经验，如法国的判决形式中就有“驳回起诉”的判决形式[②]，即法院在审理之后认为被诉具体行政行为合法或者原告起诉理由不能成立时法院可以判决驳回起诉。日本的判决形式中同样也规定了驳回诉讼请求判决，是指因处分的撤销请求无理由，故排除该请求的判决，驳回诉讼请求判决是在处分不存在原告所主张的违法事由时所作出的判决。[③]

根据行政行为公定力的理论，行政行为作出后就已然产生了法律效力。而维持判决是法院对行政机关所作出的行政行为效力的再次确认。在行政诉讼中，法院的审查对象是被诉行政行为合法与否，如果法院认为被告行政机关作出的行政行为合法，只需驳回原告的诉讼请求就可以，没有必要再对行政行为的效力加以肯定。此外，法院在审理后认为行政机关的行政行为并无不妥，继而作出维持判决的决定，如果行政机关在日后发现该行政行为存在不合理之处也难以再行变

---

① ［英］威廉·韦德：《行政法》，徐炳等译，中国大百科全书出版社 1997 年版，第 5 页。

② 王名杨：《法国行政法》，中国政法大学出版社 1988 年版，第 704 页。

③ 杨建顺：《日本行政法通论》，北京大学出版社 2008 年版，第 350 页。

更或者撤销。因此，维持判决不能适应司法实践的新发展。法院以维持判决的形式再次对行政行为的效力进行肯定，不利于保护行政相对人的合法权益。

随着法治社会与法治政府建设的不断深入，民众的法律意识越来越强。在遇到争议后，越来越多的人选择通过行政诉讼以维护自身权利。行政案件也随之增多，维持判决出现了滞后性的问题。在原告起诉行政机关不作为案件中，法院认为原告提出的理由不成立，比如法院审理后认为行政机关并没有履行法定职责，如果此时用维持判决的形式显然是不合适的；针对被诉具体行政行为合法但存在不合理情况的案件，在这种案件中无论是维持判决还是撤销判决都是不恰当的。驳回原告诉讼请求的适用范围要远远大于维持判决的适用范围。

3. 维持判决扩大司法成本

根据法经济学原理进行分析维持判决是否有利于降低交易成本，减少资源浪费，提高经济效益呢？法院如果作出维持判决，被诉具体行政行为的内容必须是合法的，并且也是合理的。而在现实中，法院审查行政行为大多是审查其合法性问题，只有针对少数的行政行为才会进行合理性审查。同时法院在作出维持判决时还必须厘清其与驳回原告诉讼请求的界限，由此来看适用维持判决的条件是非常严格的，需要付出很高的司法成本。虽然也有观点认为从长远来看，法院对行政行为作出维持判决，可以为其他行政机关之后作出的行政行为提供指引，综观全局来看，维持判决所付出的时间成本与资源是值得的。但是并不是每个维持判决中对行政行为的谨慎审查都有超越个案的深远意义。因此，用驳回原告诉讼请求来代替维持判决是符合行政诉讼的价值的，同时也较好地回应了一些维持判决所不能解决的问题。下面将具体分析驳回原告诉讼请求的概念及其适用条件。

（二）驳回原告诉讼请求判决的具体适用条件

驳回原告诉讼请求就是法院在审理后对原告的诉讼请求作出不予支持的一种判决种类。根据现行《行政诉讼法》第 69 条[①]的规定，驳回原告诉讼请求的适用条件主要包括：

1. 行政行为证据确凿，适用法律、法规正确，符合法定程序

证据是裁判的重要依据。所谓证据确凿，是指人民法院经过严密的逻辑分析以及法律评价，认为行政机关实施的具体行政行为的所有事实，是经过

---

① 《行政诉讼法》第 69 条规定：“行政行为证据确凿，适用法律、法规正确，符合法定程序的，或者原告申请被告履行法定职责或者给付义务理由不成立的，人民法院判决驳回原告的诉讼请求。”

真实、可靠并且具有证明力的证据所证明的，同时对案件的整个事实构成完整的证明体系。[①] 即行政机关在举证环节所提供的证据证明力强，足以对其作出的具体行政行为形成完整的证据链条。

适用法律、法规正确包含以下含义：行政机关作出的具体行政行为应该在法律规定的权限范围内作出，不得越权；具体行政行为必须符合相应法律、法规的基本精神，不得滥用职权。

符合法定程序则是行政机关在作出具体行政行为时是否根据法律规定的必要条件、是否采用书面形式、是否两人以上在场等，程序上必须保证是没有瑕疵的。如果行政行为不符合法定程序，那么行政机关所提交的证据也就不充足了。

2. 原告申请被告履行法定职责或者给付义务的理由不成立

原告诉被告履行法定职责，可以理解为原告认为行政机关存在行政不作为的现象。行政不作为包括积极的不作为和消极的不作为。例如，行政相对人向行政机关申请行政许可，而行政机关在法定期限内没有作出答复，属于消极的行政不作为。理由不成立在实践中通常表现为：（1）行政机关已经履行法定职责，但是并没有满足行政相对人的预期效果；（2）行政机关并不是履行该义务的法定主体。

驳回原告诉讼请求除在现行《行政诉讼法》中进行规定外，司法解释和行政法规中也有相关规定。例如，《行诉法解释》第 94 条第 2 款[②]，《最高人民法院关于审理行政协议案件若干问题的规定》（以下简称《行政协议司法解释》）第 16 条第 1 款、第 22 条[③]，《最高人民法院关于审理行政赔偿案件若干

---

① 许崇德：《中华人民共和国法律大百科全书》（行政法 · 行政诉讼卷），河北人民出版社 1999 年版，第 1059 页。

② 《行诉法解释》第 94 条第 2 款规定："公民、法人或者其他组织起诉请求确认行政行为无效，人民法院审查认为行政行为不属于无效情形，经释明，原告请求撤销行政行为的，应当继续审理并依法作出相应判决；原告请求撤销行政行为但超过法定起诉期限的，裁定驳回起诉；原告拒绝变更诉讼请求的，判决驳回其诉讼请求。"

③ 《行政协议司法解释》第 16 条第 1 款规定："在履行行政协议过程中，可能出现严重损害国家利益、社会公共利益的情形，被告作出变更、解除协议的行政行为后，原告请求撤销该行为，人民法院经审理认为该行为合法的，判决驳回原告诉讼请求；给原告造成损失的，判决被告予以补偿。"第 22 条规定："原告以被告违约为由请求人民法院判令其承担违约责任，人民法院经审理认为行政协议无效的，应当向原告释明，并根据原告变更后的诉讼请求判决确认行政协议无效；因被告的行为造成行政协议无效的，人民法院可以依法判决被告承担赔偿责任。原告经释明后拒绝变更诉讼请求的，人民法院可以判决驳回其诉讼请求。"

问题的规定》第32条[①]，《最高人民法院关于审理房屋登记案件若干问题的规定》第10条[②]，《最高人民法院关于审理工伤保险行政案件若干问题的规定》第9条[③]，《最高人民法院关于审理政府信息公开行政案件若干问题的规定》第12条[④]，新修订的《政府信息公开条例》取消了申请人需要证明其与申请的信息具有生产、生活、科研的限制，便于申请人获取信息。但是也可能存在滥用权利的现象，行政相对人向行政机关申请公开该机关内部的人员管理信息，而内部信息是属于依法不予公开的信息，行政相对人不服向法院提起诉讼，此时，法院作出驳回原告诉讼请求的判决。

二、驳回原告诉讼请求判决的适用现状和主要问题

现行《行政诉讼法》实施以来，驳回原告诉讼请求的判决方式确实发挥了积极作用，在依法保障当事人诉权，监督行政机关依法行政，维护公民、法人和其他组织的合法权益，保障当事人的诉讼权利，有效化解行政争议方面，促进了行政审判职能的充分发挥。使原告的诉讼请求与法院行政诉讼的审查对象相统一，一定程度上促进了行政争议的实质性化解，但也存在一些问题。

---

① 《最高人民法院关于审理行政赔偿案件若干问题的规定》第32条规定："有下列情形之一的，人民法院判决驳回原告的行政赔偿请求：（一）原告主张的损害没有事实根据的；（二）原告主张的损害与违法行政行为没有因果关系的；（三）原告的损失已经通过行政补偿等其他途径获得充分救济的；（四）原告请求行政赔偿的理由不能成立的其他情形。"

② 《最高人民法院关于审理房屋登记案件若干问题的规定》第10条规定："被诉房屋登记行为合法的，人民法院应当判决驳回原告的诉讼请求。"

③ 《最高人民法院关于审理工伤保险行政案件若干问题的规定》第9条规定："因工伤认定申请人或者用人单位隐瞒有关情况或者提供虚假材料，导致工伤认定错误的，社会保险行政部门可以在诉讼中依法予以更正。工伤认定依法更正后，原告不申请撤诉，社会保险行政部门在作出原工伤认定时有过错的，人民法院应当判决确认违法；社会保险行政部门无过错的，人民法院可以驳回原告诉讼请求。"

④ 《最高人民法院关于审理政府信息公开行政案件若干问题的规定》第12条规定："有下列情形之一，被告已经履行法定告知或者说明理由义务的，人民法院应当判决驳回原告的诉讼请求：（一）不属于政府信息、政府信息不存在、依法属于不予公开范围或者依法不属于被告公开的；（二）申请公开的政府信息已经向公众公开，被告已经告知申请人获取该政府信息的方式和途径的；（三）起诉被告逾期不予答复，理由不成立的；（四）以政府信息侵犯其商业秘密、个人隐私为由反对公开，理由不成立的；（五）要求被告更正与其自身相关的政府信息记录，理由不成立的；（六）不能合理说明申请获取政府信息系根据自身生产、生活、科研等特殊需要，且被告据此不予提供的；（七）无法按照申请人要求的形式提供政府信息，且被告已通过安排申请人查阅相关资料、提供复制件或者其他适当形式提供的；（八）其他应当判决驳回诉讼请求的情形。"

（一）判决驳回原告诉讼请求与裁定驳回起诉未作区分混同处理

现行《行政诉讼法》规定了法定的起诉条件，《行诉法解释》中进一步规定了应当裁定驳回起诉的情形。司法实践中，在具体案件的审理中会出现法院在同一案件审理中针对原告不同诉讼请求分别裁定驳回起诉及判决驳回诉讼请求或者以裁定驳回起诉的理由实体判决驳回原告诉讼请求。

1. 针对原告不同诉讼请求分别适用裁定驳回起诉及判决驳回诉讼请求的情形

在司法实践中存在同一案件审理中针对原告不同诉讼请求分别适用裁定驳回起诉及判决驳回诉讼请求的情形。例如，在某一行政强制拆除及行政赔偿案件中，针对原告提出的确认被告强制拆除养猪场违法的诉讼请求，法院判决驳回诉讼请求；针对原告提出的确认某通告和清拆方案通知违法的诉讼请求，法院裁定驳回起诉。这类问题应当引起重视，裁定驳回起诉与判决驳回诉讼请求的适用法律、审查范围均有不同，对于一审裁定驳回起诉的，当事人享有上诉的权利。上诉权作为一种程序性权利而非实体性权利，有赖于“程序化思维为它提供原理基础与技术支撑。程序化思维在现代法律领域的适用以法律形式的理性化和法律程序的正义化为核心”。[①] 因此，司法实践中的这种处理方式，在一定程度上影响了当事人选择程序性救济的权利，也不利于行政争议的实质性化解。

2. 以裁定驳回起诉的理由判决驳回原告诉讼请求的情形

例如，在某一政府信息公开案中，一审、二审法院对于同一案件是否应当实体处理存在不同的认识。政府信息公开是促成公共治理从以单纯的政府权力为基础的集权管理体制向民主与法治并重的多元治理体制的转变的重要制度。[②] 一审法院认为案涉标的属于信息公开范畴，行政机关亦履行了《政府信息公开条例》所规定的答复义务，据此适用现行《行政诉讼法》第 69 条判决驳回原告的诉讼请求。二审法院经审理则认为案涉标的不属于《政府信息公开条例》调整范畴，缺乏诉的利益，实则以裁定驳回起诉的理由，维持了一审判决。虽然处理结果对于原告的权益并无实质影响，但是确实涉及法院对于此类案件裁判方式的选择与统一。

---

① 任瑞兴：《诉权的权利属性塑造及其限度》，载《当代法学》2020 年第 2 期。

② 王锡锌：《以信息公开作为治理改革的最佳支点》，载《中国法律评论》2015 年第 2 期。

（二）行政行为适用法律有误，但结论正确，选择何种判决方式存在争议

前文已述，判决驳回原告诉讼请求实质上是一种替代旧法中维持判决的一种判决方式。因此，驳回原告诉讼请求，一般应符合被诉行政行为完全合法这一条。如果被诉行政行为结论正确，但适用法律、法规错误，或经审查认为原告诉讼请求不能成立的，是否适用判决驳回原告诉讼请求的判决方式，抑或适用确认违法的判决方式，存在认识不统一的情况。

在上诉人杨某诉中华人民共和国自然资源部（以下简称自然资源部）政府信息公开一案[①]中，自然资源部作出自然资公开告知〔2021〕7号《政府信息公开告知书》(以下简称被诉告知书)。主要内容为：根据《政府信息公开条例》第36条第4项的规定，由于杨某在补正说明中说明不掌握申请文件的具体名称、文号，无法在自然资源部综合办公平台系统中查询到其所申请公开的政府信息，自然资源部不存在该政府信息。杨某不服，诉至法院，请求撤销被诉告知书，判令自然资源部限期向其公开“天津市新开垦耕地验收的文件”政府信息。一审法院经审理查明：2020年12月16日，杨某向自然资源部提出政府信息公开申请。在申请表所需信息内容描述一栏载明“天津市新开垦耕地验收的文件”。次日，自然资源部收到上述申请。2020年12月28日，自然资源部作出《自然资源部政府信息公开申请补正通知书》(自然资公开补〔2020〕113号，以下简称113号补正通知书)。该通知的主要内容为：依据《政府信息公开条例》第3条的规定，由于杨某的政府信息公开申请内容不明确，自然资源部根据其内容描述无法确认（或检索、查询到）其所需要的信息，请其在收到本通知15个工作日内补正以下内容：提供所需验收文件的具体信息。答复期限自自然资源部收到补正的申请之日起计算。若无正当理由逾期不补正的，视为放弃申请，自然资源部不再处理该政府信息公开申请。杨某针对包括113号补正通知书在内的补正通知书提交了补正说明书，该说明书的主要内容为：（1）其不掌握补正通知书中所申请文件的具体名称、文号；（2）其明确其想申请的是房屋所在地的成片开发方案和批准文件、房屋所在地属地政府出台的成片开发标准配套文件、天津市政府出台的成片开发标准配套文件；（3）杨某的房屋坐落于天津市静海区双塘镇。2021年1月6日，自然资源部作出被诉告知书，杨某收到后向一审法院提起行政诉讼。在一

---

① 北京市高级人民法（2021）京行终5065号行政判决书。

审庭审中，杨某明确补正说明书的第1项以及第3项内容是针对本案信息公开申请的补正。自然资源部称，天津市不存在《土地管理法》(2019年8月26日修正)第32条第1款规定的国务院责令开垦耕地的情形。同时，自然资源部主张，虽然杨某提供了房屋坐落位置，但该地址属于建设用地，无法查询新开垦耕地的相关信息。一审法院认为，杨某针对自然资源部不予公开信息的行为提起诉讼，虽然其诉讼请求表述为撤销被诉告知书，但其目的仍是获取所申请的政府信息。因此，本案审查的内容是自然资源部是否应当公开杨某所申请的信息。根据《政府信息公开条例》第29条第2款第2项的规定，申请人提出的政府信息公开申请中，应当明确所申请公开的政府信息的名称、文号或者便于行政机关查询的其他特征性描述。虽然申请人未提供所申请信息的具体名称或文号，但是只要其申请内容可以指向具体的信息，即应认定符合上述法规规定。本案中，杨某申请公开的信息为“天津市新开垦耕地验收的文件”。自然资源部应当根据杨某的申请内容，就杨某所申请公开的信息是否属于政府信息、是否属于自然资源部公开范围、该信息是否存在以及能否公开等进行审查。自然资源部仅以杨某在补正说明中说明不掌握申请文件的具体名称、文号，无法在自然资源部综合办公平台系统中查询到其所申请公开的政府信息为由，答复信息不存在，理由不当，予以指正。《土地管理法》第30条第2款、第32条第1款针对不同形式的新开垦耕地规定了相应的验收职责。其中因非农建设经批准占用耕地后开垦新耕地的，由省级人民政府进行验收。因耕地质量降低或数量减少，被国务院责令新开垦耕地的，由自然资源部会同农业农村部验收。因此，因非农建设经批准占用耕地后开垦新耕地的验收文件，自然资源部不是制作机关。根据《政府信息公开条例》第10条第1款的规定，杨某申请公开的新开垦耕地验收文件中，涉及因非农建设经批准占用耕地后开垦新耕地的验收文件，自然资源部既不是制作机关，在案证据又不足以证明自然资源部是初次获取该信息的行政机关，故该部分信息不属于自然资源部公开的范围，杨某要求自然资源部公开该部分信息的理由不能成立。行政机关在履行职责过程中制作或获取的信息应当向信息公开申请人公开，但行政机关履行公开义务是在相关信息客观存在的基础上。这种“存在”是指客观存在，而不能是推定存在。如果在案证据不足以证明行政机关履行过该项职责，那么行政机关可以答复所申请的信息不存在。本案中，自然资源部主张天津市不存在因耕地质量降低或数量减少，被国务院责令新开垦耕地的情形，且在案证据不足以证明天津市存在此类新开垦耕地的情形。自然资源部未制作相关验收文件的信息，该信息不存在。故杨某要求自然资源部公开该部分信息的理由不能成立。综上所述，虽然自然资源部不予公开杨某所申请政府信息的理由不当，但杨某要求公开的政府信息或不属于自然资源部公开的范围，或不存在该信息，自然资源部未予公开该信息的结论正确，故对杨某的诉讼请求，不予支持。据此，依据《行政诉讼法》第69条之规定，判决驳回杨某的全部诉讼请求。

杨某不服一审判决提起上诉，请求二审法院撤销一审判决，发回重审或依法改判，支持其诉讼请求。二审法院认为，杨某向自然资源部申请公开的信息为“天津市新开垦耕地验收的文件”。《土地管理法》第30条第2款、第32条第1款针对不同形式的新开垦耕地规定了相应的验收职责。因非农建设经批准占用耕地后开垦新耕地的，由省级人民政府进行验收。因耕地质量降低或数量减少，被国务院责令新开垦耕地的，由自然资源部会同农业农村部验收。据此，因非农建设经批准占用耕地后开垦新耕地的验收文件，自然资源部不是制作机关，无公开职责。对于被国务院责令新开垦耕地的验收文件，自然资源部虽系制作机关，但在一审庭审中，自然资源部说明了该部分信息不存在的理由，即天津市不存在因耕地质量降低或数量减少被国务院责令新开垦耕地的情形，且在案证据亦不足以证明天津市存在此类新开垦耕地。故被诉告知书结论并无不当，作出程序亦符合法律规定，杨某诉请判令自然资源部限期向其公开天津市新开垦耕地验收文件的诉讼请求难以支持。依照《行政诉讼法》第89条第1款第1项的规定，二审法院判决：驳回上诉，维持一审判决。

上述案件反映出在司法实践中存在行政行为适用法律错误，但结论正确，法院在审理中对此如何认定审查的问题。本案中，原行为系根据《政府信息公开条例》第36条第4项[①]，以该政府信息不存在为由对申请人进行的答复。经一审、二审法院审查，涉案信息自然资源部不是制作机关，无公开职责，原行为仅以信息不存在为由进行答复，适用法律错误。但是本案结合在案证据，一审、二审法院认定被告陈述不存在的理由正确，并据此作出了处理。

---

① 《政府信息公开条例》第36条规定：“对政府信息公开申请，行政机关根据下列情况分别作出答复：……（四）经检索没有所申请公开信息的，告知申请人该政府信息不存在……”

这类原行为适用法律错误的情况导致对于如何准确适用判决驳回原告诉讼请求这一判决方式提出了更高要求。

（三）因行使释明权不合理，导致无法准确适用判决驳回原告诉讼请求的判决方式

例如，在赵某某与西安市临潼区人民政府（以下简称临潼区政府）行政行为纠纷一案[①]中，临潼区政府申请再审称，赵某某陈述的0.8亩承包地实为西安市某村集体用地，并非其个人承包地，一审、二审法院认定其违法征收赵某某承包地系认定事实错误；其依据相关审批土地件就案涉土地进行征收，征收后未改变土地原貌，并不存在圈占行为，一审、二审法院认定其就案涉土地进行圈占系认定事实错误。再审请求：撤销一审、二审行政判决，驳回赵某某的全部诉讼请求。赵某某答辩称，一审、二审判决认定事实清楚、法律条款准确，临潼区政府的再审请求无事实和法律依据，依法应予驳回。最高人民法院再审认为，经原审法院审理及释明，赵某某的起诉请求为确认临潼区政府在2017年5月20日依据陕政土批〔2012〕1009号审批土地件，对其承包地和自留地圈占的行为违法。本案一审法院判决“确认临潼区政府对赵某某的自留地和承包地实施的圈占行为违法”；二审法院判决予以维持。原审法院对于案涉土地范围内是否包含赵某某的自留地或承包地等问题，未予审理查明，由此得出上述裁判结论属于事实不清、证据不足。对于赵某某经法院释明所明确的诉讼请求，人民法院有权依法要求当事人提供或补充证据。本案中，赵某某最初的诉讼请求为“确认临潼区政府在2017年5月20日依据陕政土批〔2012〕1009号审批土地件对其承包地强行征收的行政行为违法”，一审法院对其诉请予以了当庭释明，赵某某最终所明确的诉讼请求为“确认临潼区政府在2017年5月20日依据陕政土批〔2012〕1009号审批土地件对其承包地和自留地圈占的行为违法”。一般而言，行政诉讼的原告因诉讼能力和法律知识所限，提出的诉讼请求可能不甚精准，对此法院应根据实际情况行使释明权依法给予释明引导。例如，本案当事人起诉要求确认土地征收行为违法，因征地行为由一系列可拆分的行政行为构成（包括征地批复、发布征地公告、进行征地补偿登记、签订补偿协议或者作出补偿决定、责令交出土地等行为），法院应进行释明。经释明引导，当事人最终调整并明确

① 最高人民法院（2019）最高法行申14166号行政裁定书。

了诉讼请求，法院也已予以准许。法院将最终围绕明确后的诉讼请求予以审查，并有权依法要求当事人提供或补充相应证据以查明案情，但不得为证明行政行为的合法性调取行政主体作出行政行为时未收集的证据。至于临潼区政府在申请再审时提供了证据材料拟证明案涉圈占范围内土地无赵某某承包地，案涉土地为村集体所有，未确权给任何人等情况，因其提交的证据材料不符合《最高人民法院关于行政诉讼证据若干问题的规定》第 52 条关于“新的证据”的规定，法院未予认可。因原审判决认定事实不清、证据不足，临潼区政府的再审申请符合《行政诉讼法》第 91 条第 3 项规定的情形。最高人民法院裁定：（1）本案指令陕西省高级人民法院再审。（2）再审期间中止一审、二审判决的执行。

上述案件反映出在司法实践中存在行使释明权不合理，导致无法准确适用判决驳回原告诉讼请求的判决方式，进而导致案件被改判、发回的情况。法官的释明权属于实质上的诉讼指挥权。毋庸置疑，法律释明权有其固有价值，但同时也是一把“双刃剑”，行使不当，不但会打破原有的诉讼平衡，也会使法官不当介入诉讼纠纷，导致司法公信力下降。[①] 司法实践中反映出诸如行使释明权后未进一步查明案件事实以及对于释明权行使中涉及的行政、民事交叉问题的处理路径不当，都可能导致案件处理周期的延长和当事人对司法公信力的质疑。

三、正确理解和把握驳回原告诉讼请求判决的适用规则

行政诉讼是公民行政救济的重要途径，同时是人民法院监督行权的基本方式。近年来，随着现行《行政诉讼法》及司法解释的实施，我国行政诉讼判决方式不断完善发展。驳回原告诉讼请求判决作为一种适用范围广泛的判决方式，较大程度上影响当事人权益的实现，也影响司法公信力的提升。因此，有必要进一步规范驳回原告诉讼请求判决的适用规则，通过前述司法实践中发现的情况，规范建议如下。

（一）进一步统一适用驳回原告诉讼请求判决方式的裁判标准

前文已述，驳回原告诉讼请求判决适用的条件是建立在被诉行政行为证据确凿，适用法律、法规正确，符合法定程序以及原告申请被告履行法定职责或者给付义务的理由不成立的基础之上。在诉讼中，法院不仅要审查原告

① 杨小利、于四伟：《法律释明权的正当行使》，载《人民司法·应用》2016 年第 16 期。

所持的事实理由，还要对被诉行政行为的合法性进行审查。对于被诉行政行为结论正确，但适用法律有误的情况，经法院审查认定符合上述驳回原告诉讼请求判决适用的条件，倾向于认为可以作出驳回原告诉讼请求的判决。如果被诉行政行为适用法律明显错误的，倾向于认为应当进一步查明，是否存在现行《行政诉讼法》第 70 条[①]规定的情形后，才可以适用判决驳回原告诉讼请求这一判决方式。同时，在诉讼中法院应严格审查原告诉讼请求，明确裁定驳回起诉与判决驳回原告诉讼请求应适用不同的法律，应当实体审理的要保障当事人实体权利，应当程序裁定驳回起诉的也要保障当事人的上诉权利，对于不同的诉讼请求应针对裁定驳回起诉与判决驳回原告诉讼请求作区分，不宜混同处理。

（二）进一步规范行使释明权，助力驳回原告诉讼请求判决方式的准确适用

我国成文法未明文规定法律释明权制度，《行政诉讼法》中对于登记立案环节起诉状内容不符合要求的情形，规定了释明义务[②]，但立法上并未形成章节条款予以体系性的规范，释明权的性质并不明确，相关的法律规定也不尽完备，有必要在立法层面上进一步完善。河南省高级人民法院关于印发《关于行政案件示范性诉讼的指导意见（试行）》的通知中就有针对释明权规范行使的有意探索[③]。在审判实务中，法官行使法律释明权的情形也较为普遍。如果没有成文化规范化的释明权制度约束，则难以对过度行使释明权以及违法行使释明权的行为加以监督。如前述梳理的司法实践中的问题，存在释明权行使不规范以及未针对释明权行使后的要件事实予以查明的情况。实际上，法律释明权程序正当性通常通过两种方式规范法律释明权行使：一是要规范指引与引导。即法官要在适当的诉讼时间点，以准确且易理解的内容告知当事人。法官只要在该规范指引范围内，就可以避免行使不当而陷入纷争，此

---

① 《行政诉讼法》第 70 条规定："行政行为有下列情形之一的，人民法院判决撤销或者部分撤销，并可以判决被告重新作出行政行为：（一）主要证据不足的；（二）适用法律、法规错误的；（三）违反法定程序的；（四）超越职权的；（五）滥用职权的；（六）明显不当的。"

② 《行政诉讼法》 第 51 条第 3 款规定，起诉状内容欠缺或者有其他错误的，应当给予指导和释明，并一次性告知当事人需要补正的内容。不得未经指导和释明即以起诉不符合条件为由不接收起诉状。

③ 《河南省高级人民法院关于印发〈关于行政案件示范性诉讼的指导意见（试行）〉的通知》中规定，示范案件庭审时合议庭应充分运用释明权，引导当事人就共通的争议问题全面举证、充分辩论。

举也有利于提高诉讼效率。二是要规范救济与申诉。法官在行使释明权的情况下作出了裁判，要保障当事人可以通过法定的上诉程序或申诉程序启动对案件的纠错程序。规范释明权的目的在于有助于准确适用驳回原告诉讼请求的判决方式，对于应当适用其他判决方式的被诉行为，经释明后要严格依法审理。对于应当判决驳回原告诉讼请求的，要通过释明权的行使同时将当事人的救济途径明确告知，有助于行政争议的实质性化解。

撤销判决的司法适用

撤销判决是指人民法院经审查认为被诉行政行为全部或部分违法，从而全部或部分撤销被诉行政行为使之失去效力的判决方式。撤销判决的实质在于消灭行政行为的效力，视为没有作出任何决定，使行政机关与相对人之间的法律关系恢复到行政行为作出前的状态。[①] 撤销判决是纠正行政机关违法行政行为的有效途径，在行政诉讼裁判方式中具有重要的作用。在行政诉讼中尤其是在涉及负担性行政行为的诉讼中，原告请求最多、法院矫正违法行政行为最有效、适用范围最广的判决形式就是撤销。

撤销判决可以分为三种类型：一是全部撤销判决，即对被诉行政行为整体否定，使之向前、向后均失去效力。判决作出后，行政机关不得基于同一事实或者理由作出同样的行政行为。二是部分撤销判决，即仅使可分的行政行为违法的部分失去效力。一般认为，该种判决只是适用于行政行为具有可分性的情况。[②] 例如，行政机关作出的一份答复中有多项答复内容，仅一项或几项答复内容违法，可以判决部分撤销。三是判决撤销，同时判决重新作出行政行为。人民法院判决撤销或者部分撤销行政行为后，有时并未解决相关争议的行政法律关系，需要附带判决行政机关依其法定职权重新就该行政

① 参见马怀德主编:《行政诉讼法学》(第四版)，北京大学出版社 2015 年版，第 259 页。

② 参见［德］弗里德赫尔穆·胡芬:《行政诉讼法》(第 5 版)，莫光华译，法律出版社 2003 年版，第 232~241 页。

法律关系再做一次法律处理。法院可以在判决中确定重作的期限，以防久拖不决。

一、适用条件

撤销判决是对行政行为效力的否定，因此行政行为的违法性是撤销判决适用条件的核心。《行政诉讼法》第 70 条规定了撤销判决的六种适用条件：主要证据不足的，适用法律、法规错误的，违反法定程序的，超越职权的，滥用职权的，明显不当的。以下对这六种适用条件分别阐述。

（一）主要证据不足

主要证据是相对于次要证据而言的，是指行政机关认定基本事实必不可少的证据。行政行为主要证据不足是指行政机关作出行政行为没有充分的依据，认定的事实不能确定，至少存在不合理的疑点。在行政审判实践中，行政行为因“主要证据不足”而被撤销的不在少数。[①] 对于主要证据不足的理解需要从“质”和“量”两个方面把握。“质”的方面要求证据必须确实；“量”的方面要求证据必须充分，足以证明待证事实。[②] 如果主要证据在“质”或“量”上不能证明行政行为合法，法院可以以主要证据不足为由判决撤销。

学者对主要证据不足包括的类型或常见的表现形式作出如下分类：一是无主要证据，即行政机关作出行政行为没有证据或仅有次要证据，不足以证明相应的事实，这是主要证据不足最常见的表现形式。例如，在姚某杰诉连江县海洋与渔业局行政处罚一案中，福建省高级人民法院二审认为，仅依据询问笔录认定违法事实并作出处罚决定，属于认定事实不清，主要证据不足。[③] 二是证据相互冲突，即虽然相关证据并不缺少且客观、真实，但证据之间无法用统一的逻辑规则排列在一起，相互之间出现矛盾，无法共同证明相应的事实成立。三是证据分布不合理。《行政诉讼法》第 33 条第 1 款对证据类型作出规定，包括书证、物证、视听资料、电子数据、证人证言、当事人的陈述、鉴定意见、勘验笔录和现场笔录。《最高人民法院关于行政诉讼证据

① 参见王冰清：《行政行为诉讼中“主要证据不足”的认定》，载《人民法院报》2017 年 2 月 8 日，第 6 版。

② 参见江必新、梁凤云：《行政诉讼法理论与实务》（第三版），法律出版社 2016 年版，第 1603 页。

③ 参见福建省高级人民法院（2020）闽行终 291 号行政判决书。

若干问题的规定》第63条对不同证据类型的证明力作出规定。行政机关作出行政行为的过程中，涉及确定相对人及主体资格、相对人与法律规范的关系等多种要素，并且在不同程序节点上进行相应处理，在这些过程中都存在证据运用的问题，如果证据在不同要素和程序节点上分布不合理，导致某些要素或环节疏漏了证据，则应视为主要证据不足。① 四是证据仅有部分证明力。行政证据的证明力应当是全面的，如果仅能证明实体上的合理性，不能证明程序上的合理性，则无法做到实体法与程序法的统一，可以视为主要证据不足。五是证据非依法定程序收集。《行政诉讼法》第43条第3款规定："以非法手段取得的证据，不得作为认定案件事实的根据。"《行诉法解释》第43条规定："有下列情形之一的，属于行政诉讼法第四十三条第三款规定的'以非法手段取得的证据'：（一）严重违反法定程序收集的证据材料；（二）以违反法律强制性规定的手段获取且侵害他人合法权益的证据材料；（三）以利诱、欺诈、胁迫、暴力等手段获取的证据材料。"我国传统的行政执法理念中常常强调实体的重要性而忽视程序的重要性，造成行政机关在证据收集过程中违反法律规定的情况时有发生。例如，钓鱼执法中收集的证据，从结果来看行政行为可能具有相应的证据，然而证据系以非法手段取得，该行政行为应视为主要证据不足。

（二）适用法律、法规错误

行政行为的法律适用是行政机关依据法定的职权和程序，把抽象的法律规范适用到特定的人和案件事实上去，作出具体的处理或决定。而适用法律、法规错误是指行政机关在作出行政行为时，适用了不应当适用的法律、法规规范，或者没有适用应当适用的法律、法规规范。意味着在案件事实与法律规范的一一对应过程中发生了偏差，从而导致行政行为定性或处理错误、合法性减损。司法权监督行政权，不仅在于确保行政行为的结论正确，也在于对整体行政行为的合法性监督，如果行政机关适用了错误的法律规范依据，即使结论正确，由于大前提的错误导致整个法律推理过程失去合法性基础。

学界和实务界对于适用法律法规错误情形的类型化梳理有过诸多尝试，例如，对审判实践中主要的表现形态描述和界分为"适用错误"，即"未引用依据""依据效力存在问题""适用依据错误""引用不全、引用笼统""解释错

① 参见关保英：《行政行为主要证据不足研究》，载《上海政法学院学报（法治论丛）》2022年第1期。

误”。[①]但究其本质，通常可以归为法律选择错误与法律理解错误两大类。

1. 法律选择错误

法律选择错误具体是指本该适用此法律、法规却适用了彼法律、法规；本该适用法律、法规中的此条款，却适用了彼条款；适用了未生效的或者已被废止的法律、法规等。因此，法律选择错误可以具体细分为冲突解决规则运用错误、法律门类选择错误、条款项目适用错误等情形。冲突解决规则运用错误即行政机关在适用法律、法规时，违反了“上位法优于下位法”“特别法优于一般法”“新法优于旧法”“法不溯及既往”等一般法律冲突解决原则，以致法律规范选择错误。法律门类选择错误即行政机关对不同法律关系所对应的部门领域不能正确识别，如混淆工商、治安、环保等不同领域的法律规制对象，所造成的法律适用错误。条款项目适用错误即行政机关对行政行为的定性或处理中援引了错误的条、款、项、目，在事实与规范之间错误涵摄，此外，若行政机关仅引用到条或款而未引用到最低层次的项或目，实践中一般也将其认定为适用法律错误。[②]

人民法院在对行政行为法律规范依据正确与否进行审查时，主要从以下三个方面出发：一是是否有依据。无依据则无行政，如路某伟诉靖远县人民政府行政决定案[③]中，法院认为“被上诉人县政府的靖政发〔1999〕172号文件，没有说明作出该具体行政行为的法律依据”，从而判定其适用法律不当。二是依据是否合法。行政机关作出行政行为应当以合法有效的法律规范作为其依据。法院对行政行为依据进行司法审查时，不可避免遇到多种法律规范，有的存在抵触、有的存在冲突，法院需要对相应的规范进行审查，确定法律规范的合法或者不合法，从而决定适用的取舍。[④]如任某国不服劳动教养复查决定案[⑤]中，法院认为《山西省人民政府关于保护企业厂长、经理依法执行职务的规定》第8条第2项，把劳动教养的适用范围作了扩大的规定，致使其与上位法相抵触，因而不符合依据合法性要求。三是依据是否准确和充分。

① 参见邵亚萍：《类型化视野下行政行为“适用法律、法规错误”的再认识》，载《浙江大学学报（人文社会科学版）》2019年第5期。

② 参见最高人民法院行政审判庭编：《最高人民法院行政审判庭法官会议纪要（第一辑）》，人民法院出版社2022年版，第179页。

③ 载《最高人民法院公报》2002年第3期。

④ 参见姜明安：《行政诉讼法》，法律出版社2007年版，第268页。

⑤ 载《最高人民法院公报》1993年第3期。

行政机关作出行政行为应当适用正确、完整和具体的法律条款，引用错误的、不完整的或笼统的均可以导致法律适用错误。如宣某成等诉某市国土资源局收回国有土地使用权案中，行政机关向行政相对人作出收回国有土地使用权的决定通知时，仅笼统地说明了所依据的法律，却并未明确哪一具体条款，法院认定应当视为该具体行政行为适用法律错误。① 如罗某富不服道路交通事故责任认定案②中，被告执法机关作出道路交通事故之责任认定的法律依据是《道路交通事故处理办法》第 19 条，该条规定有三款内容，分别规定了在有一方、两方、三方或多方当事人情况下的责任认定问题，交警队只笼统适用第 19 条，而没有指出具体适用哪一款，从而被法院认定为适用法律错误。

2. 法律理解错误

法律理解错误是指行政机关虽然适用了应当适用的条文，却未能准确把握该条文的含义和精神，导致对该条文的错误运用或片面运用，致使适用法律错误情形的发生。例如，在韩某亮诉郑州市人民政府信息公开案中，韩某亮申请公开“2014 年 1 月 10 日，郑州市关于处理‘世纪豪阁’项目违法建设问题专题会议纪要”，郑州市政府以会议纪要“属于行政机关在履行行政管理职能过程中形成的讨论记录，不予公开”，一审法院判决驳回韩某亮诉讼请求，河南省高院二审认为会议纪要既有讨论的过程，也有结论意见，并不等同于会议记录。郑州市政府仅注意到了会议纪要的过程性特征，而忽略了会议纪要的决策性特点，未能准确把握会议纪要的本质属性，从而将会议纪要错误地认定为属于《政府信息公开条例》第 16 条第 2 款规定的“行政机关在履行行政管理职能过程中形成的讨论记录……”并据此对韩某亮作出不予公开涉案会议纪要的答复，属于适用法律错误，依法应予撤销。③

在适用法律错误的情形下，是否均应当适用撤销判决，在制定法层面和学界有不同的理解。根据我国《行政诉讼法》第 70 条的表述，行政行为出现适用法律、法规错误情形的，人民法院即应判决撤销或者部分撤销，似乎并未留出可供司法裁量的空间。行政法学理对此则进行了较为深入的探讨，认为人民法院应当秉持具体问题具体分析的态度，类型化划分不同的适用法律错误情形，在个案中采用不同的判决类型，而非不加区分地一体适用撤销判决。如有的学者将《行政诉讼法》第 70 条的相关规定解释为“适用法律、法

① 参见最高人民法院第九批指导案例 41 号。

② 载《最高人民法院公报》2002 年第 5 期。

③ 参见河南省高级人民法院（2019）豫行终 3868 号行政判决书。

规错误是撤销行政行为的法定情形，但适用法律、法规错误的，并非一律撤销，是否撤销还要根据具体情形而定”。[①] 也有的学者对适用法律错误责任追究的思路作出了类型化梳理，认为在不同情形下应分别采取无效、撤销或部分撤销、要求变更或补正等具体处理方式。[②] 例如，对于存在轻微技术性错误或法律适用瑕疵的行政行为，可以不必采用撤销判决。对适用法律、法规错误的认定，乃至后续确定判决类型的问题，本质上体现了司法机关对行政违法的容忍度。[③] 学界的上述理解不宜泛化，如果将大量本属于适用法律错误的情形装入“瑕疵”的口袋中，就可能破坏合法行政的标准体系。[④]

（三）违反法定程序

违反法定程序是指行政机关作出行政行为违反了法律、法规和规章规定的方式和步骤。方式是指行为过程的空间表现形式，步骤是指行为过程的时间表现形式，包括先后顺序和时间限制。需要注意的是，“法定程序”不仅包括法律、法规、规章明确规定的程序，也包括正当法律程序。对于涉及公民、法人或其他组织重大权益的，应当遵循正当的行政程序。例如，在于某茹诉北京大学撤销博士学位决定案中，虽然相关法律、法规对于撤销学位的具体程序未作出规定，但二审法院认为，“对于正当程序原则的适用，行政机关没有自由裁量权，只是在法律未对正当程序原则设定具体的程序性规定时，行政机关可以就履行正当程序的具体方式作出选择”。[⑤] 故认定北京大学未告知于某茹不利后果的约谈不能满足正当程序的要求。

并非所有程序违法的行政行为均应当被撤销，而是视其违法程度作出不同判决。根据《行政诉讼法》第 74 条的规定，行政行为程序轻微违法，但对原告权利不产生实际影响的，人民法院判决确认违法，但不撤销行政行为。《行诉法解释》第 96 条规定：“有下列情形之一，且对原告依法享有的听证、陈述、申辩等重要程序性权利不产生实质损害的，属于行政诉讼法第七十四条第一款第二项规定的‘程序轻微违法’：（一）处理期限轻微违法；（二）通

---

① 姜明安：《行政法与行政诉讼法》，北京大学出版社 2019 年版，第 528 页。

② 参见关保英：《行政适用法律错误若干问题探讨》，载《法学》2010 年第 4 期。

③ 参见最高人民法院行政审判庭编：《最高人民法院行政审判庭法官会议纪要（第一辑）》，人民法院出版社 2022 年版，第 180 页。

④ 参见柳砚涛：《认真对待行政行为适用法律瑕疵——基于当下我国行政判决的实证考察》，载《理论学刊》2015 年第 8 期。

⑤ 参见北京市第一中级人民法院（2017）京 01 行终 277 号行政判决书。

知、送达等程序轻微违法；（三）其他程序轻微违法的情形。”该条提出了程序轻微违法的识别标准，即对原告依法享有的重要程序性权利不产生实质损害。但在司法实践中情况复杂多变，重要程序性权利如何界定、不产生实质损害的标准如何判断仍有进一步探讨的空间。

（四）超越职权

超越职权是指行政执法主体及其工作人员所作出的具体行政行为，超越了法律法规所规定的权限范围，或者实施了根本无权实施的具体行政行为。实践中，超越职权主要有以下几种表现形式：一是无权限，即法律、法规根本没有赋予行政机关某项行政职权，行政机关自行行使了某项职权。二是级别越权，如下级机关行使了上级机关的职权，上级机关行使了下级机关的职权等。三是地域越权，即行政机关对管辖区域以外的对象作出行政处理。四是时间越权，即行政机关超出法定的行使职权的有效期限。①

（五）滥用职权

滥用职权是指行政机关作出的行政行为虽然在其职权范围之内，但行政机关不正当地行使职权，不符合法律授予这种职权的目的。滥用职权强调了行政机关在主观方面的违法，即必须有违反法律规定的目的为前提，包括出于私人利益、部门利益，不适当的考虑，不符合法律授予职权的目的等。

滥用职权主要有以下几种表现形式：一是不符合法律规定的目的，是指行政行为的目的不符合其所依据的法律所规定的目的，包括行政机关出于私人利益或集团利益而非公共利益行使权利，也包括符合公共利益但不符合法律授予该项权力的特定目的。二是不适当的考虑，是指行政机关作出行政行为时考虑了不应当考虑的因素，或不考虑应当考虑的因素。三是明显不合理或者显失公正，是指行政机关作出行政行为违背一般人的正常智力判断、违背平等适用原则、违背通常的比例原则，或者违反一般公平观念的情况。四是武断专横，是指行政机关的行政行为无视具体情况或对象，带有明显任性倾向的情况。例如，无故拖延刁难、粗暴对待相对人等。

相比于《行政诉讼法》第 70 条规定的其他行政行为违法情形，滥用职权情形具有较大程度的模糊性。滥用职权的判断，既要审查行政机关有无职权，又要审查其是否在行使职权，还要审查其主观方面是否违法，判断起来较为

---

① 参见马怀德主编：《行政诉讼法学》（第四版），北京大学出版社 2015 年版，第 261 页。

复杂，故在司法实践中很少运用这一理由作出判决。判断是否构成滥用职权，应当结合个案相关因素，从案件事实出发，客观地进行综合分析判断是否违反立法目的、严重不当行使职权。[①]例如，在杨某居诉兰考县人民政府行政强制案中，兰考县政府推进征收实施工作，已与大部分村民签订补偿协议，因杨某居没有签订补偿协议，兰考县政府便不遵循法定的组织实施程序，而径行将涉案房屋认定为违法建筑并强制拆除，其执法目的不是严格农村土地的管理使用，而是为了避开法定的组织实施程序、加快拆除进程，属于滥用职权，其所称据此作出的限期拆除决定、限期拆除通知、强制拆除公告等法律文书，法院均不予认可，也不能成为涉案被诉的强制拆除行为的依据。[②]

（六）明显不当

明显不当是指行政机关及其工作人员对行政相对人所实施的行政行为虽然没有违反法律的禁止性规定，但明显不合情理或不符合公正要求。明显不当是在法律对行政处理方式有多种规定，行政机关据此享有裁量空间并在裁量空间内作出处理，才存在“当”与“不当”的问题。在实践中适用明显不当的主要领域有行政处罚、行政强制、行政给付、行政征收、行政裁决等。[③]例如，行政机关在行政管理中就同类管理事项没有统一的标准，对情况不同的相对人给予同样的处理，或对情况相同的相对人给予不同的处理，这种随意性造成的差异达到有失公正的程度，就可以认定为明显不当。

明显不当的表现形式学术界对此有诸多讨论，但尚未形成一致认识，总结实践情况，主要有以下几种情形：一是未考虑依法应当考虑的因素。包括没有考虑应当考虑的因素，以及考虑了不应当考虑的因素。二是违反比例原则。比例原则包含妥当性原则、必要性原则及均衡原则，要求行政机关在行使自由裁量权时应当采取妥当的手段，选择对相对人侵害最小的方式，不超过必要的限度。[④]三是违反平等原则。即对于相同情况作出不同处理。四是不同情况相同处理。即行政机关不考虑具体情况，怠于行使裁量权，“一刀切”地简单处理。五是不符合惯例或裁量基准。行政机关对于已经形成惯例或裁

---

① 参见最高人民法院行政审判庭编:《最高人民法院行政审判庭法官会议纪要（第一辑）》，人民法院出版社 2022 年版，第 107 页。

② 参见河南省高级人民法院（2017）豫行终 2450 号行政判决书。

③ 何海波:《行政诉讼法》(第三版)，法律出版社 2022 年版，第 337 页。

④ 张树义:《行政法学》(第二版)，北京大学出版社 2014 年版，第 33 页。

量基准的情况下，无正当理由不予遵循，构成明显不当。

二、适用现状和主要问题

（一）适用条件交错，难以准确矫正违法行政行为

1. 适用条件内涵交错

《行政诉讼法》第 70 条规定了撤销判决的六项适用条件：主要证据不足的，适用法律、法规错误的，违反法定程序的，超越职权的，滥用职权的，明显不当的。由于条文本身采用不确定法律概念，法院在适用时难以把握，较为突出的就是滥用职权，这一概念具有较大程度的模糊性，且在表现形式上与超越职权、明显不当、违反法定程序、滥用自由裁量权、事实行为等情形难以区分。

滥用职权与超越职权均是行政机关在职权方面的违法情形，概念相近易于混淆。在一些判决中，法院认定一些行为既是超越职权，也是滥用职权。事实上，滥用职权与超越职权之间的分界在于是否在权限范围内。超越职权是形式上越权，根据相关职权依据不难作出判断。但滥用职权是在职权范围之内不当地行使职权，一个行为不可能既是超越职权又是滥用职权，两项条件不能同时并用。

滥用职权与明显不当的界分更加难以把握，历次的司法解释纷纷绕开这个问题，法院对于滥用职权的适用非常谨慎。即使这样，不少学者对相关判决梳理后认为滥用职权在判决中适用的情形较为混乱，存在不少误读误用。[①]多数学者认为滥用职权需要从主、客观层面综合衡量，在行政裁量权限范围内恣意行使权力造成显失公正的，才构成滥用职权。一些学者认为无须强调主观恶意，只要行政机关在裁量权限范围内违反行政合理性原则的，都属于滥用职权。[②]

《行政诉讼法》规定了六项适用条件，实践中绝大多数撤销判决的理由集中在主要证据不足，适用法律、法规错误以及违反法定程序，仅有极少数案件适用超越职权、滥用职权及明显不当。撤销判决适用条件本身采用不确定法律概念规定的，具有较强的判断余地和裁量空间，同时在客观表现形式上与其他情形亦有重合和不易区别之处，法院在理解与适用过程中难以把握，

---

① 参见余凌云：《论行政诉讼上的合理性审查》，载《比较法研究》2022 年第 1 期。

② 朱新力：《行政滥用职权新定义》，载《法学研究》1994 年第 3 期。

故而很少运用，因此难以准确矫正违法行政行为。

2. 审查顺序不清

（1）超越职权与其他适用条件并行审查。超越职权，是指行政执法主体及其工作人员所作出的具体行政行为，超越了法律法规所规定的权限范围，或者实施了根本无权实施的具体行政行为。行政机关作出某一具体行政行为，首先必须要有法律、法规的授权，即行政行为是否具有职权依据是评价其是否合法的首要条件。在行政机关超越职权情况下作出的行政行为，法院无须也不应再对事实依据、法律适用和程序进行评判，否则不符合司法审查的逻辑顺序。例如，在俞某诉南通市海门区包场镇人民政府、南通市海门区人民政府责令限期拆除及行政复议案中，一审法院认为被诉行政行为认定事实清楚、适用法律错误、超越职权、程序违法，判决撤销行政处罚决定及行政复议决定，但二审法院对此予以纠正。二审法院认为《行政诉讼法》第 70 条规定的行政行为合法性审查的各个方面并非并列关系，法院亦无须逐一进行审查，只有在确定行政机关具有被告主体适格且具有作出被诉行政行为的职权的情况下，才能继续对被诉行政行为的事实依据、法律适用和程序进行评判，否则不仅不符合司法审查的逻辑顺序，更可能导致越俎代庖，事先替代有权行政机关对相对人的行为予以了认定。①

（2）明显不当与其他适用条件交叠审查。通常来说，明显不当审查的适用范围限于效果裁量，但实践中也广泛适用于要件裁量中。例如，法院将明显不当用于审查行政行为方式的选择，将明显不当用于审查法律适用，或者将明显不当用于审查要件事实。因此，明显不当作为行政裁量的审查依据，不仅存在于效果裁量中，实践中也适用于要件裁量，包括程序裁量、法律解释和事实认定中。

（二）合理性审查虚置，难以发挥行政诉讼功能

2014 年《行政诉讼法》修改将明显不当情形纳入司法审查，“明显不当”本身是一个不确定的法律概念，由于我国立法上缺乏规定，学术界和实践中也没有统一的认识，使“明显不当”的具体司法判断标准不甚明确，法官基于对案件的不同理解选择适用任一判断标准来审查，不同法官对同一案件应适用的判断标准也会有不同看法。法院对于行政裁量的审查强度体现了司法对行政不合理的容错程度。实践中法院对于行政裁量行为倾向于维持，一方

---

① 参见江苏省南通市中级人民法院（2021）苏 06 行终 263 号行政判决书。

面是尊重行政机关的判断，另一方面是由于对明显不当审查的标准、强度和方法不明确，法院对其审查和论述较为困难，致使对行政裁量审查的功能虚置，行政诉讼功能发挥受到抑制。

（三）重作判决规定宽泛，难以维护原告合法权益

重作判决是撤销判决的附随判决，其设置是为了最大限度地发挥司法权对行政权的监督功能，确保行政判决得以切实履行。法院在判决撤销被诉行政行为后，什么情况下需要责令行政机关重新作出，《行政诉讼法》以“可以”的规定将这一判断权交给了司法裁量。在司法实践中，重作判决的适用未形成统一标准，适用主观性强、随意性大，法官基于自我认识选择性适用，作出的判决其效用及其张力受到抑制与虚置，法律的实践与制度设置的初衷相背离。

此外，对于重作判决的内容《行政诉讼法》规定宽泛，造成法院适用时的困难，如果简单地发回重作，难以保障重作的合法性。如果采用指示重作，具体的指示可能超出司法能力，也面临僭越行政自由裁量权的风险；指示内容过于宽泛，则与简单发挥重作并无二异。即使法院作出重作判决，行政机关并不一定能按照判决的旨意重新作出行政行为，行政相对人就陷入“起诉—重作—起诉”的循环。

（四）判决方式之间竞合，选择适用标准不统一

法律规定的情形与判决方式之间并非一一对应，有时存在判决方式之间的竞合。《行政诉讼法》第 77 条第 1 款规定了对于行政处罚明显不当，或者其他行政行为涉及对款额的确定、认定确有错误的，法院可以适用变更判决。“可以”意味着法院对此具有自由裁量权，但实践中的裁判方式适用较为混乱，对于作出撤销判决还是变更判决做法不同，且没有充分的说理。法条规定本身的竞合也是人民法院适用标准不一致的原因之一。“行政处罚明显不当”的案件一审判决撤销，二审判决变更，或者一审判决变更二审判决撤销的并不罕见。甚至有同时作出撤销判决和变更判决的情况。例如，人民法院认为行政违法行为成立，但情节特别轻微应依法不予处罚，从而撤销原行政行为和复议维持行为，同时在判项中判决对行政违法人不予行政处罚。相比撤销或责令重作判决，变更判决更有效率，但与撤销或责令重作判决仍为行政机关保留一定的裁量空间不同，变更判决直接以法院的裁量取代了行政机关的裁量，法院在适用时更为保守。行政处罚明显不当案件中，两种判决方

式如何选择适用有待进一步明确。

（五）关联行政行为之间牵制，影响判决方式及结果

关联行政行为是指被诉行政行为以其他行政行为为前提、基础或依据，而该行政行为本身并不是诉讼标的时，该行政行为就属于关联行政行为。[①] 裁判方式的选择以及判决结果受相关联行政行为影响，如原行政行为和复议行为、限拆行为与强拆行为，在实践中有时存在一定的混淆。

1. 原行政行为和复议行为

原行政行为和复议行为是两个高度关联的行为，法院对其中一个行为作出判决时会影响到另一个行为的效力，因此对另一个行为作出处理时的判决方式也依情况而变。

（1）复议机关改变原行政行为的。《行政诉讼法》规定，复议机关改变原行政行为的，应当以复议机关为被告，以复议决定为对象提起诉讼。如法院经审理后认定复议决定合法的，判决驳回原告诉讼请求。如法院认定复议决定违法，判决撤销复议决定，司法解释规定可以一并责令复议机关重新作出复议决定，或者判决恢复原行政行为的法律效力。但是这两种判决方式的具体适用情形未作出规定。实践中，个别法院判决责令复议机关重新作出复议决定，将本应恢复稳定的法律关系再次置于不确定状态，有违诉讼经济的处理原则，与司法解释的精神亦相违背。为了实质性化解行政争议，有效节约行政司法资源，减轻当事人诉累，法院应当在判决撤销复议决定的同时，一并判决恢复原处理决定的法律效力。

（2）复议机关决定维持原行政行为的。《行政诉讼法》第 79 条规定，复议机关与作出原行政行为的行政机关为共同被告的案件，人民法院应当对复议决定和原行政行为一并作出裁判。对于如何“一并作出裁判”，《行诉法解释》第 136 条进一步作了解释。但是实践中的情况复杂多样，法律和司法解释的规定无法完全涵盖。如在原行政行为被确认违法时，复议维持决定应如何裁判。一种意见认为，确认违法判决虽然明确了原行政行为的违法性，但原行政行为并未撤销，为保持效力认定的一致性，复议维持决定应一并判决确认违法。另一种意见认为，因复议决定审查的对象为行政行为，如果行政

---

① 王雪梅、李巨：《关联行政行为司法审查理论与实务分析》，载《中共乐山市党校学报》2015 年第 17 期。

行为被确认违法，复议决定实际上已无存在必要，故应判决撤销复议决定。[①]

此外，在复议机关确认原行政行为程序违法情况下如何选择判决方式也是实践中常见的情况。复议机关已经作出复议决定确认原行政行为违法，法院是否还有必要判决确认原行政行为违法。复议机关以程序违法为由确认原行政行为违法视为维持原行政行为，法院经审理认为原行政行为确实程序违法，对于复议维持行为，复议机关的决定结论也是确认原行政行为违法，其对原行政行为的判断结论与法院一致，如果对复议行为也确认违法则会陷入悖论。

2. 限拆决定、强拆决定与强拆行为

限期拆除决定是强拆决定的基础和前提，在强拆决定和强拆行为的案件中，行政机关通常将限拆决定作为强拆决定或强拆行为的证据提交，法院须对限期拆除决定进行连带审查。强拆决定未实施完毕的，应适用撤销判决；已经实施完毕的，已无判决撤销的必要，应采用确认违法判决。

在限拆决定被撤销后，相对人能否对强拆行为提起确认违法之诉也是实践中常见的问题。一般认为，限拆决定已被撤销，再单纯诉强拆行为违法没有受理和审查的必要，如果强拆行为本身超出限拆决定范围、执行对象错误或造成人身、财产的不法侵害，可以一并提起赔偿诉求。可以看出，相关联的两个行为，其中一个行为被撤销，另一个行为的判决方式、判决结果也会受到影响。

（六）撤销判决解纷能力有限，难以实质解决行政争议

撤销判决仅仅对违法行政行为的效力进行否定，原告在撤销被诉行政行为后依然上诉，或行政机关重新作出新行为后再次起诉的案例屡见不鲜。单纯依赖撤销判决难以服判息诉，需配合行政机关对于化解行政争议的独特地位和灵活方式，才能满足相对人多元化解的需求，促进行政争议实质性化解。

三、正确理解和把握撤销判决适用规则

（一）完善行政行为合法性审查体系

《行政诉讼法》第 70 条中的六项适用条件系依据不同标准作出的罗列，前四项依据合法性审查要素，明显不当则是审查标准层面的确立。为将合法

① 参见赵龙：《原行政行为被确认违法时对复议维持决定如何判决》，载《人民法院报》2017 年 8 月 23 日，第 6 版。

性审查统一到同一逻辑层面，可以从管辖权限、事实认定、法律适用、行政程序及处理方式五个方面进行审查。管辖权限、事实认定、法律适用、行政程序作为形式合法性审查要素。将管辖权限列为第一位符合司法审查的逻辑顺序，即行政行为是否具有职权依据是评价其是否合法的首要条件，如超越职权作出行政行为，法院无须也不应再对事实依据、法律适用和程序进行评判。事实认定、法律适用、行政程序分别对应现有法律体系中的主要证据不足、适用法律、法规错误、违反法定程序。处理方式则是对实质合法性进行审查，包括滥用职权与明显不当，审查的是行政行为的内容是否满足法律原则、立法目的以及法治精神等。形式合法性分别适用于不同的要素，实质合法性则是在形式合法性的基础上进行不同强度的审查，适用于所有合法性要素。

（二）类型化合法性审查强度

合法性审查原则本身即关涉司法权与行政权权力边界的明晰。[①] 对于不同的审查要素，应当基于对专业性问题的尊重以及不同裁量阶段的裁量空间大小，来区分适用低度审查、中度审查和严格审查强度。对于管辖权限，不存在裁量空间，应依照法律、法规严格审查。对于事实认定，形式合法性审查基于证据规则的运用，实质合法性则对案件事实是否存在明显背离常识、经验等情形进行审查，对于事实认定中的专业性判断，仅进行较低强度的审查。对于法律适用，形式合法性审查是否存在条文选择错误，实质合法性则审查是否存在法律理解明显背离立法目的、对概念的理解不当扩大或限缩解释。对于行政程序，形式合法性审查是否违反法律、法规明确规定的程序，实质合法性审查程序裁量中多种程序选择以及履行程序的方式是否符合立法目的和精神。法院对法律适用和行政程序的形式合法性采用中度审查强度，对于实质合法性进行强度较深的审查。

（三）判决方式竞合下判决方式的适用顺位

《行政诉讼法》第 77 条第 1 款规定："行政处罚明显不当，或者其他行政行为涉及对款额的确定、认定确有错误的，人民法院可以判决变更。"变更判决是由法院直接变更行政行为内容的判决方式。变更判决以司法判断直接取代行政判断，避免法院在撤销行政行为后行政机关再次违法使相对人陷入循

---

① 参见程琥：《行政诉讼合法性审查原则新探》，载《法律适用》2019 年第 19 期。

环诉讼，可以有效提升权利救济的效率和效果，是行政诉讼中最能体现司法的权利保障和纠纷化解功能的判决方式。但变更判决涉及司法权与行政权的权力分工、尊重行政首次判断权，因此变更判决的适用应当遵循“有限变更”原则。《行政诉讼法》第 77 条第 1 款将变更判决的适用范围限定在两种情况下：一是行政处罚明显不当；二是其他行政行为涉及对款额的确定、认定确有错误的。这两种情况下人民法院“可以”判决变更，意味着在行政处罚明显不当这一情形下，本应纳入《行政诉讼法》第 70 条适用撤销判决，但因第 77 条的特别规定，产生了法条竞合下“一般法”与“特别法”的关系，应当优先适用变更判决。在一些仅仅是计算错误的情况下，适用撤销重作判决加大了行政成本和司法成本，人民法院亦应直接予以变更，符合诉讼经济原则。

在《行政诉讼法》制定之初，行政机关担心法院滥用司法变更权，但实践中，变更判决的运用非常少。一方面因为变更判决本身的适用范围较小，另一方面在目前的司法环境下，法院经审查认为行政处罚明显不当，出于种种考量，不直接判决变更，而是判决撤销。“效率是人民期盼”，为提升纠纷解决的效率和效果，建议将《行政诉讼法》第 77 条第 1 款修改为“行政处罚明显不当，或者其他行政行为涉及对款额的确定、认定确有错误的，人民法院应当判决变更”，明确变更判决的优先适用顺位，避免撤销重作判决使当事人陷入循环诉讼进而引起的上诉率、申诉率居高不下问题。

（四）细化重作判决的条件与内容

关于重作判决的适用条件，第一，法院认定行政机关行政行为违法并且已被人民法院撤销。这是重作判决依附性质决定的。第二，被诉行政行为需要得到重新处理。撤销被诉行政行为后，争端并未实质性消解，还有赖于行政机关的重新处理行为。第三，法院不宜直接作出有行政行为性质的判决。基于司法权与行政权的分工，该项行政事务专属于行政机关，法院不应替代行政机关作出决定。第四，有重作的现实性。重作事项必须属于现时能够重作的。如果在行政行为中相对人一方已经死亡等，不宜作出重作判决。第五，重作判决不应当带来新的侵权或者损失。法院应当充分考虑重作判决可能对国家利益、公共利益或者他人合法权益造成的损害。当撤销判决后可能对国家利益、公共利益或他人合法权益造成损害时，应当责令重作。

关于重作判决的内容，参考域外法中重作判决制度，英国法院作出撤销令后可以对如何重新作出行政行为附有必要的指示。法国法院则在判决理由中指出违法原因和合法行为本应采取的方式。如涉及专业性和技术性较强的领域，则不宜直接指示。

（五）明确撤销判决的效力

人民法院作出的判决具有拘束力、确定力和执行力。具体到撤销判决的效力，全部撤销判决作出后，行政行为对相对人自始无效，对相对人造成损害的，可依撤销判决向被告请求赔偿。行政机关承担败诉的法律后果，同时不得以同一事实和理由重新作出行政行为，但以违反法定程序为由撤销的除外。部分撤销判决作出后，撤销的部分向前、向后均失去效力，未撤销的部分保留效力。

1. 对相对人和行政机关的效力

撤销判决作出后，行政机关不得以同一事实和理由重新作出行政行为。在余姚市甬兴气体分滤厂诉余姚市住房和城乡建设局燃气经营许可案[①]中，浙江省高级人民法院再审认为，余姚市住建局在余姚市人民政府复议和余姚市人民法院判决撤销其不予行政许可行为的情况下，仍然以相同理由作出不予行政许可决定，应认定为滥用职权。

撤销判决作出后，行政行为对相对人自始无效，但并不意味着应当将当事人的权利义务恢复到撤销之前的状态。行政机关作出将相对人权利义务恢复到撤销前状态的行为，也不一定属于执行人民法院生效判决的行为，其是否可诉应根据撤销判决的事实和理由来判决。在北京北大教育投资有限公司、北京北大公学教育投资有限公司诉海南省工商行政管理局工商登记案中，最高人民法院认为，“如果生效行政判决彻底否定据以作出被诉行政行为的事实认定或法律适用，从根本上否定被诉行政行为存在的合法性，则当事人的权利义务应当恢复到撤销前的状态，行政机关根据该生效行政判决，作出将当事人权利义务恢复到撤销前状态的行政行为，属于执行人民法院生效判决的行为；如果生效行政判决撤销被诉行政行为的理由，仅仅是认为被诉行政行为认定事实不清，主要证据不足，或者认为行政行为适用法律、法规错误，违反法定程序，超越职权等，需要有权的行政机关重新作出行政行为的，则不能认为生效判决已经确认当事人的权利义务需要恢复到撤销前的状态，即便是撤销判决未在判决主文中作出责令被告重新作出行政行为的判项，也是需要行政机关依职权重新进行处理。在此情形下，行政机关作出行政行为，将当事人的权利义务恢复到撤

① 载《最高人民法院公报》2022 年第 2 期。

销之前状态，与生效行政判决内容不一致，是行政机关自行判断作出的新的行政行为，不属于执行人民法院生效判决的行政行为”。[①]

2. 对第三人的效力

对行政行为已经作出撤销判决且发生法律效力的情况下，另一部分相对人针对同一行为提起诉讼，应当认为撤销判决的效力及于第三人。撤销诉讼具有客观诉讼的性质，其判决具有普适性效力。对于第三人在撤销判决生效后提起的诉讼，因诉讼标的已为生效裁判羁束，故应不予立案或者裁定驳回起诉。在郭某诉郑州市管城回族区人民政府房屋征收决定案中，被诉《房屋征收决定》的合法性已经在另案中进行了审理，再审申请人郭某与另案生效裁判原告张某武的权利主张并不存在事实上或法律上的重大区别，一审法院裁定驳回其起诉，二审法院裁定驳回其上诉，并无不当。例外的情况是，如果违法事由仅仅与原告相关，或者被诉行政行为存在对原告与第三人不同处理的可能，则可以否定撤销之诉判决的效力及于第三人，允许其另行提起撤销诉讼。[②]

（六）配合多元化纠纷化解手段，发挥司法能动作用

撤销判决仅仅是对行政行为效力的否定，难以触及当事人背后的实际争议。在倡导实质化解行政争议的背景下，人民法院应当发挥司法能动作用，摒弃机械司法，既关注行政行为的合法性和合理性，又注重对当事人维权动因的关切和回应，积极促进、借助、支持行政机关的解纷力量，在作出撤销判决后，通过协调化解、司法建议、府院联动等方式促进行政机关主动解纷，推动行政争议诉源治理和多元化解，作为撤销判决解纷能力不足的兜底性和弥补性方案。

① 参见最高人民法院（2018）最高法行申 4932 号行政裁定书。

② 参见最高人民法院（2018）最高法行申 2950 号行政裁定书。

履行法定职责判决的司法适用

一、履行判决概述

履行法定职责判决，又称履行判决，是指人民法院经审查，确认被告存在应当履行而不履行法定职责的行为，而作出判决行政机关在一定期限内履行其法定职责的一种判决方式。履行判决最早规定于1989年《行政诉讼法》第54条第3项，该条规定："被告不履行或者拖延履行法定职责的，判决其在一定期限内履行。"《执行行诉法若干解释》对履行判决的适用方式进行了补充：一方面，该解释明确规定法院适用履行判决，应当指定履行的期限，情况特殊难以确定期限时除外；另一方面，被告不履行法定职责，但判决责令其履行法定职责已无实际意义的，法院不再适用履行判决进行裁判。

2014年《行政诉讼法》修正后，第72条对履行判决作出原则性规定，即人民法院经审理查明被告不履行法定职责的，判决被告限期履行。为便于具体执行，《行诉法解释》第91条对履行判决的适用情形、裁判方式予以细化：其一，明确了"不履行"包括"违法拒绝履行"和"无正当理由逾期不予答复"两种情形；其二，根据是否需要被告继续调查或者有无裁量余地，导向实体性裁判与程序性裁判两种裁判方式。

上述规定构成法院作出履行判决的主要法律依据。较之其他判决方式，一方面，履行判决更具"实质化解争议"之潜力。法院依据当事人诉请，直接作出"课予行政机关义务"的判决，有助于当事人实体权益的救济，以真正实现息诉罢访、案结事了，“对当事人而言，可免去不精确之苦，也可防范行政机关假借实施调查而进行反攻，从而就国家总体资源之配置而言系属有效之设计；除此之外，有行政法院以客观第三人之立场就此类型之案件直接加以判决，长此以往，也可收去除行政滥权或恣意之功效”[①]；另一方面，履行判决一定程度上体现了对行政权的监督，法院在裁判过程中仍应遵守“司法审查有限原则”，即“在行政诉讼中，司法权在监督行政权的时候，其介入行政权领域的深度和广度必须保持一个限度，旨在保证行政权的行使有足以控制社会秩序的基本效率”[②]。

因此，法院在作出履行判决时，需要考量司法机关对于行政行为进行审查的边界何在，法院在什么样的情况下可以作出实体性判决，什么情况下又应当尊重行政机关的首次判断权。若允许法院通过履行判决明确设定行政机关作出行政行为的内容、方式，可能出现司法权对行政权之僭越；但若法院在判决中仅有权指出行政机关应当履行一定职责，而将如何履行的裁量权完全给予行政机关，则会导致“程序空转”，行政争议难以实质解决。对于履行判决相关条款的适用问题，如行政机关的“法定职责”包含哪些内容，“拒绝履行”是否属于“不履行法定职责”，法院哪些情况下应当作出实体性裁判，如何指定履行期限等争议，概皆归结于上述原因。本章将视角聚焦于司法实务之中，试图基于具有代表性的个案，对履行判决相关的法律规范作出解释，以供参考。

二、履行判决的实证考察

笔者以中国裁判文书网为基础数据库，以全国中级人民法院、高级人民法院近五年（2018 年至 2022 年）作出履行判决的行政诉讼案件为抽样对象，随机选取 120 份生效判决作为样本，对履行判决的适用现状进行考察，以发现、总结履行判决适用过程中存在的问题并分析其原因。

（一）现状呈现

1. 适用概况

近五年，全国法院共审结原告诉请被告履行法定职责一审案件 14 771 件，二审案件 10 214 件，上诉率为 69.15%。其中，适用《行政诉讼法》

① 马怀德：《行政诉讼原理》，法律出版社 2009 年版，第 125 页。

② 章剑生：《现代行政法总论》，法律出版社 2014 年版，第 55 页。

第 72 条作出履行判决的一审案件 540 件，占原告诉请履责案件的 3.66%。[①]

2. 适用范围

审判实践中，法院针对哪些情况会适用履行判决，在这一问题上，上述样本案件呈现的具体情况如下：

第一，被告在法定期限内未作出具有终结行政程序意义的决定，即一般意义上的行政不作为。行政不作为是适用履行判决的典型情形。法院基于上述情况作出履行判决的案件有 73 件，占比 60.83%。

第二，被告对原告申请作出不予受理的书面或口头答复。行政机关对相对人申请的不予受理，意味着相对人程序权利的丧失，进而，其实体诉求将无法进入行政机关的审查范围。法院因认为被告对原告申请在程序上予以拒绝不当，作出履行判决的案件共 30 件，占比 25%。

第三，被告对原告申请作出实体处理，原告针对处理结论提起行政诉讼。相对人针对行政机关作出的实体处理结果提起诉讼，法院通常针对行政机关作出的处理行为进行审查，并根据审查结果作出驳回诉讼请求或撤销（重作）判决。样本案件中，法院适用履行判决针对上述情形作出裁判的案件共有 17 件，占比 14.17%。其中，因被告对原告部分诉求未予处理，即未完全履行职责的案件 5 件；认为被告实体处理结果不当，判决履行的共 12 件。

3. 法条援引

样本文书中，单独适用《行政诉讼法》第 72 条作出判决的案件 88 件；同时适用第 70 条撤销判决相关条款的 17 件；同时适用第 74 条确认违法相关条款的 15 件。可见，在司法实践中，履行判决与撤销判决、确认违法判决存在共同适用的情况。行政机关作出明示拒绝行为的情况下，与撤销重作判决相比，“履行判决的优势在于明确了实体性裁判的适用条件，但也面临书面拒绝行为之存续力能否被履行判决所排除的诘问”[②]，因此，法院往往在作出履行判决的同时，适用撤销判决以明确法律秩序。确认违法判决与履行判决的组合适用则通常是出于对原告诉讼请求的回应。无论基于何种事由，“组合裁判”的出现既引发了不同判决方式适用边界的疑惑，也与我国的行政审判原则不符。

此外，履行判决与给付判决同样存在适用界限不清的问题。对于二者的界分，学界给出了“行政处理—非行政处理”“行为—金钱”“低审查强度—高

① 以上数据以中国裁判文书网对外公开的文书为统计对象。

② 梁君瑜：《行政诉讼履行判决的构造与边界》，载《北方法学》2021 年第 4 期。

审查强度”三种理想模型。样本案件中，法院因被告未对原告履行征收补偿职责作出履行判决的案件共有 29 件，占比 24.17%；其中，有 8 件法院通过适用履行判决对原告作出项目、数额明确的实体性裁判。

4. 裁判方式

120 份文书中，在判决主文中作出内容明确的实体性裁判的共 16 件，占比 13.33%；要求行政机关作出一定行为，但对行为内容、方式未提出具体要求的 65 件，占比 54.17%；要求行政机关在法定或指定期限内履行法定职责或作出处理的 39 件，占比 32.5%。

（二）问题及原因分析

1. 适用范围不明确，适用率偏低

1989 年《行政诉讼法》对履行判决的适用情形表述为“不履行或者拖延履行法定职责”。2014 年《行政诉讼法》修正后，对履行判决的适用情形规定为“不履行法定职责”，但在第 74 条中仍沿用了“不履行或拖延履行法定职责”的表述。与之配套的《行诉法解释》将“不履行”界定为“违法拒绝履行”与“无正当理由逾期不予答复”两种情况。

对于上述法律规定，学界及实务界均存在不同的观点。“履行判决——行政不作为救济说”认为，《行诉法解释》中的“逾期不予答复”对应“拖延履行法定职责”的概念，而“违法拒绝履行”对应“不履行”的情形，此处的不履行和拖延履行同属消极的行政不作为，二者含义基本相同。根据该学说，履行判决仅适用于狭义上的行政不作为之救济。因此，应当排除行政机关作出明确拒绝行为的情形，既包括实体上的拒绝，也包括程序上的拒绝。“拒绝履行”属于行政行为，应当通过撤销重作判决实现救济。[①] 另一种观点认为，“履行判决——行政不作为救济说”存在严重缺陷，会导致履行判决缺乏救济力度，以“行政不作为”置换法条中的“不履行法定职责”并无根据。[②]“拒绝履行，即行政机关以默示的或明示的方式，否定合法申请人的申请。”[③] 拒绝

① 参见林莉红：《行政诉讼法学》，武汉大学出版社 1999 年版，第 86 页；罗豪才：《中国司法审查制度》，北京大学出版社 1993 年版，第 167 页。

② 参见温泽彬、曹高鹏：《论行政诉讼履行判决的重构》，载《政治与法律》2018 年第 9 期；梁君瑜：《行政诉讼履行判决的构造与边界》，载《北方法学》2021 年第 4 期。

③ 姜明安主编：《行政法与行政诉讼法》（第三版），北京大学出版社、高等教育出版社 2007 年版，第 597 页。相同或相似的观点还可以参见蔡小雪：《行政审判中的合法性审查》，人民法院出版社 1999 年版，第 170 页；叶必丰：《行政法与行政诉讼法》（第三版），武汉大学出版社 2008 年版，第 429 页。

履行和拖延履行构成完全不同的法律概念，履行判决的适用范围应当忠于法条原意，既可表现为行政不作为，也可表现为违法的拒绝行为。[①]但上述观点中，对于拒绝履行无论是实体上的拒绝还是程序上的拒绝并未明确。也有学者认为，《行诉法解释》第 91 条的规定未能涵盖“不履行”的全部表现形式，行政机关不履行法定职责的行为还应当包含不完全履行与不适当履行。[②]

履行判决适用范围的争议，一定程度上反映了当事人能够通过行政诉讼实质取得救济的程度。对于行政机关明示拒绝相对人申请的行为，法院适用撤销重作判决作出裁判，当事人的诉求并不必然得到满足，而是回归原始申请的状态，相对人是否能够得到实质救济仍然取决于行政机关。[③]实质化解行政争议，是行政诉讼需要直面的核心问题。在符合法律规定的情况下，优先适用履行判决，能够更为有效地降低诉讼程序运作成本，减轻当事人诉累。

2. 程序性裁判比例较高，部分案件程序空转

从规范设计角度，行政诉讼立法之初，便以“合法性审查”为基本原则。1989 年《行政诉讼法》的修法说明明确：“人民法院审理行政案件，是对具体行政行为是否合法进行审查。至于行政机关在法律、法规规定范围内作出的具体行政行为是否适当，原则上应由行政复议处理。”[④]根据上述意见，法院仅对法律问题进行审查，对于事实问题应由行政机关作出专业判断，法院不应越俎代庖；对于被告不履行法定职责的情形，1989 年《行政诉讼法》规定“判决其在一定期限内履行”，应当是指法院有权对被告是否应当履行职责进行审查，并作出判令其履行的判决，但对于履行的内容、方式，仍应由被告自主决定。这一观点也是《行政诉讼法》修正前学界的主流观点[⑤]，“对于行政机关拖延履行法定职责的，法院只能审查行政机关在一定期限内没有对相对人的请求作答复是否合法，而答复的内容即是否应给予相对人执照，属于行政机关职权，要由行政机关来审查相对人是否符合法定条件，法院不能代替

① 参见马原主编：《行政诉讼知识文库》，北京师范学院出版社 1991 年版，第 196 页；应松年主编：《行政诉讼法学》，中国政法大学出版社 1999 年版，第 271 页；姜明安：《行政诉讼法学》，北京大学出版社 2001 年版，第 144~146 页。

② 参见梁君瑜：《行政诉讼履行判决的构造与边界》，载《北方法学》2021 年第 4 期。

③ 参见［日］盐野宏：《行政法》，杨建顺译，法律出版社 1999 年版，第 112 页。

④ 王汉斌：《关于〈中华人民共和国行政诉讼法（草案）〉的说明——1989 年 3 月 28 日在第七届全国人民代表大会第二次会议上》，载《最高人民法院公报》1989 年第 2 期。

⑤ 参见章剑生：《行政诉讼履行法定职责判决论——基于〈行政诉讼法〉第 54 条第 3 项规定之展开》，载《中国法学》2011 年第 1 期。

行政机关作出决定”。[①]

2014 年《行政诉讼法》修正后，仍沿用了原履行判决的相应表述。《行诉法解释》第 91 条对实体性裁判与程序性裁判分别使用“可以判决”和“应当判决”的表述方式。基于“司法审查有限原则”的考量，以“尚需被告调查或裁量”为理由，法院有时会回避对履行条件是否满足的深入发掘，沿用既往的裁判思路，通过作出程序性裁判，化繁为简，将具体履行事宜交由行政机关处理，可能导致程序空转、循环诉讼的出现。

三、履行判决的适用情形

根据《行政诉讼法》第 72 条，履行判决适用于行政机关“不履行法定职责”的情形。如何理解“不履行”、行政机关的“法定职责”包含哪些内容，成为界定履行判决适用范围的关键。

（一）“不履行”的认定

1. 违法拒绝履行

行政机关对当事人的申请明确表示拒绝的情况下，是否应当适用履行判决，在学界及实务界均存在较大争议。对此，有两种不同的观点[②]：一种观点认为，行政机关“拒绝履行”也是其行使法定职权的结果，是一种积极的行政行为，而不是不作为，不应适用履行判决。如果行政机关的拒绝不符合法律要件，应当判决撤销并责令重新作出行政行为。另一种观点认为，行政机关违法拒绝当事人的申请，是不充分乃至错误地履行法定职责，是实质意义上的行政不作为，法院适用履行判决，责令行政机关履行法定职责，更能满足当事人的诉求。

作为法律用语，从行为状态上，拒绝履行可以分为积极作为的拒绝和消极的拒绝。[③]消极拒绝履行，是指行政机关没有作出行政行为，其法律效果与“不予答复”相当，因此，下文所讨论的拒绝履行均指积极拒绝履行。从内容上，拒绝履行可以分为实质上的拒绝和程序上的拒绝。前者是指行政机关在

---

① 张步洪、王万华：《行政诉讼法律解释与判例述评》，中国法制出版社 2000 年版，第 433 页。

② 章剑生：《行政诉讼履行法定职责判决论——基于〈行政诉讼法〉第 54 条第 3 项规定之展开》，载《中国法学》2011 年第 1 期。

③ 章剑生：《行政诉讼履行法定职责判决论——基于〈行政诉讼法〉第 54 条第 3 项规定之展开》，载《中国法学》2011 年第 1 期。

对当事人所提出申请的合法性进行实体审核判断后，认为该申请不具有合法性、正当性，是真正意义上的拒绝；后者是指行政机关在对当事人的申请进行合法性、正当性审查之前，在程序上明确表示拒绝受理。[①]

在司法实践中，通常认为，行政机关作出实质拒绝表示的情况下，由于已经行使行政权力对当事人的申请进行了审查、判断，因此不属于履行判决的适用范围；而程序上的拒绝因未进入实体审查范围，行政机关系通过一定形式向当事人明确表示拒绝行政权力的行使，此时行政机关形式上来看是不作为的，应当纳入履行判决的适用范围。在张某等诉湖北省丹江口市人民政府不履行行政复议法定职责案中，最高人民法院明确指出，《行政诉讼法》第26条第3款所说的“复议机关不作为”，“既包括受理之后逾期不作复议决定，也包括对复议申请不予受理；既包括书面决定不予受理的积极不作为，也包括对是否受理怠为处分的消极不作为”。最高人民法院关于审理行政许可案件的司法解释也采纳了这一观点，其第11条、第12条的规定分别对应实质拒绝和程序拒绝的判决方式：第11条规定，原告请求准予许可的理由成立的，可以判决撤销不予许可决定，并责令被告重新作出决定；第12条规定，对于被告无正当理由拒绝原告查阅行政许可决定及有关档案材料或者监督检查记录的，人民法院可以判决被告在法定或者合理期限内准予原告查阅。[②]

2. 逾期不予答复

行政机关对于当事人的申请“逾期不予答复”，是指“行政机关在法定期限或者合理期限内不作出可以终结行政程序的行政行为”[③]，当事人的申请处于一种不确定的状态中。“逾期不予答复”与“拖延履行”具有相同的法律效果，即行政机关在期限内对当事人的申请没有行使权力，未履行其行政法上的义务，本质上属于消极的不作为。“逾期不予答复”或“拖延履行”的情形下，行政机关可能自始至终未作出行政行为，也可能在超过法定或合理期限后作出了相应的行政行为。前者是适用履行判决的典型情形；而后者当事人坚持起诉行政机关不履行法定职责的，法院依法作出确认违法判决。

关于履行期限，一般认为，法律、法规规定有相应期限的，行政机关应当在“法定期限”内作出行政行为；法律、法规未对履行期限进行规定的，行

---

① 温泽彬、曹高鹏：《论行政诉讼履行判决的重构》，载《政治与法律》2018年第9期。

② 参见何海波：《行政诉讼法》，法律出版社2022年版，第500页。

③ 章剑生：《行政诉讼履行法定职责判决论——基于〈行政诉讼法〉第54条第3项规定之展开》，载《中国法学》2011年第1期。

政机关应当在合理期限内履行义务。在彭某诉深圳市南山区规划土地监察大队行政不作为案中，法院认为，在依法作出限期拆除违法建筑的行政决定后，当事人在法定期限内不申请行政复议或者提起行政诉讼的，应当依照《行政强制法》《深圳经济特区规划土地监察条例》等法律、法规规定的强制执行程序作出处理。至于有权机关须在何期限内作出强制执行的决定并依法实施强制拆除，法律、法规并无明确规定，但应在合理期限内履行其法定职责。本案中，被告作出限期依法拆除的行政决定后，在行政相对人未申请行政复议亦未提起行政诉讼、且拒不履行的情况下，至开庭审理之日起，在长达一年多的时间里，其仅作出催告而未对案件作进一步处理，且未提供证据证明有相关合法、合理的事由，其行为显然不当，已构成怠于履行法定职责，应予纠正。①

3.“不履行”的其他表现形式

在司法实践中，除拒绝履行、逾期不予答复外，不完全履行、不适当履行也被纳入履行判决的适用范围。换言之，行政机关不仅应当及时履行职责，还应当以适当的方式、全面履行职责，并实现履行职责的目的，否则，法院将认定其属于“不履行法定职责”的情形，进而适用履行判决作出裁判。根据《最高人民法院关于审理政府信息公开行政案件若干问题的规定》第 9 条第 2 款的规定，被告未以法定的适当形式提供政府信息的，法院应判决按适当的形式提供。

在王某诉寿光市人民政府行政不作为案中，法院认为，被告在履行责令职责时，不应仅限于作出并送达责令通知，还应限定公开的合理期限并应跟进监督村委会对责令通知的执行情况，以实现公开的结果。本案中，被告虽已按法律规定向褚庄村村委会作出责令公开村务信息通知，但未限定公开的合理期限，亦未对褚庄村村委会执行通知情况进行核实，被告的所谓履责行为未达到法律规定的“责令”程度，缺乏约束力和执行力，从而导致褚庄村村委会至本案庭审时也未向原告公开相关村务。因此被告并未完全履行法定义务，其应继续履行责令之责。遂判决被告于本判决生效之日起 60 日内责令褚庄村村委会限期公开相关村务信息。②

与之相似，在刘某诉北京市东城区城市管理综合行政执法局履行法定职责案中，法院认为，行政机关对违法建设的查处，不能仅止于作出《限期拆除决定书》《强制拆除决定书》等法律文书，而应采取有效措施，确保生效的

① 最高人民法院 2015 年 1 月 15 日发布的行政不作为十大案例之一。

② 最高人民法院 2015 年 1 月 15 日发布的行政不作为十大案例之一。

法律文书得以执行，才是完全履行法定职责。该案中，没有证据证明被告作出强制拆除决定后至原告提起诉讼期间就涉案违法建设的拆除进行了相应执法工作，尽管被告于诉讼期间向东城区拆违办申请强制拆除涉案违法建设，但在未有后续进展且该违法建设的拆除不存在法定中止强制执行条件的情况下，被告确未就涉案违法建设的强制拆除履行法定职责。原告请求被告履行法定职责，拆除涉案违法建设的诉讼请求，有事实根据和法律依据，应予支持。因此，法院判决被告履行京东城管拆字〔2016〕070002号《强制拆除决定书》对案涉违法建设进行强制拆除的职责。[①]

（二）法定职责的范围

行政机关负有相应的法定职责，是法院作出履行判决的基础。关于行政机关法定职责的来源，第一种观点认为，法定职责仅指法律、法规明确规定的职责，原则上约定职责、后续义务等不属于履行判决含义下的“法定职责”，应当作为行政协议争议解决。[②]第二种观点认为，行政机关的法定职责可以来自法律、法规以及合法的规章、规范性文件的规定，也可以来自上级行政机关的指令、先行行为乃至行政协议、行政允诺。[③]

在司法实践中，大多采用第二种观点，即广义范围上的法定职责认定标准。在福建省长乐市坤元房地产开发有限公司诉福州市长乐区人民政府不履行法定职责案中，最高人民法院认为，“法定职责”的渊源甚广，既包括法律、法规、规章规定的行政机关职责，也包括上级和本级规范性文件以及“三定方案”确定的职责，还包括行政机关本不具有的但基于行政机关的先行行为、行政允诺、行政协议而形成的职责。会议纪要是行政机关常用的公文格式。会议纪要已经议定的事项，具有法定效力，非依法定程序不得否定其效力，无论是行政机关还是相对人均应遵照执行。会议纪要议定的行政机关职责，亦因此而转化为该行政机关的法定职责。[④]在河南和谐置业有限公司诉郑州市国土资源局、郑州市人民政府不履行法定职责一案中，最高人民法院

---

① 北京市第二中级人民法院（2019）京02行终1905号行政判决书。

② 参见信春鹰主编：《中华人民共和国行政诉讼法释义》，法律出版社2014年版，第193页。

③ 参见最高人民法院行政审判庭编著：《最高人民法院行政诉讼法司法解释理解与适用》（上），人民法院出版社2018年版，第425页；江必新主编：《中华人民共和国行政诉讼法理解适用与实务指南》，中国法制出版社2015年版，第65页。

④ 最高人民法院（2018）最高法行再205号行政判决书。

也明确了政府通过会议纪要、签订框架协议等形式，向行政相对人作出其未来作出某种行为的承诺，其性质属附条件的行政承诺。该承诺可以构成行政相对人提出给付之诉的请求权基础。当所附条件已经成就，政府不兑现其承诺的，属于不履行法定职责。行政相对人可以通过诉讼的途径要求政府履行法定职责，兑现其承诺。①

对行政机关“法定职责”的判定，还应当注意：其一，当事人请求行政机关履行的“法定职责”应当是具有外部效力的职责。在李某诉河南省安阳市人民政府不履行监督职责案中，最高人民法院指出，相对人“请求履行法定职责”，请求行政机关履行的必须是法律、法规、规章等明确赋予行政机关对外行使的行政管理职责，即该职责应当具有外部效力。那些仅限于行政内部领域的措施，如请求上级行政机关对下级行政机关作出一个命令、对下级行政机关实施监管监督，因其不具有对外性、不直接设定新的权利义务，通常不能在请求履行法定职责之诉中提出。②

其二，此处的法定职责，是指行政机关依据法律、法规或者规章等规定，具有针对行政管理相对人申请直接进行处理、直接解决行政管理相对人诉求的职责，不应包括上级行政机关对下级行政机关的层级监督职责。在李某诉广东省梅州市梅江区人民政府不履行法定职责一案中，最高人民法院认为，行政管理相对人申请履行保护人身权、财产权等合法权益的法定职责，一般应当向直接具有管辖职权，能够直接解决其具体请求的行政机关提出。对行政机关处理不满意，可以向上级行政机关投诉、举报、反映，但行政管理相对人对上级行政机关的处理不服，以上级行政机关为被告，要求人民法院责令上级行政机关履行保护人身权、财产权等合法权益的法定职责的，一般不属于人民法院行政诉讼的监督范畴。③

其三，宏观上的管理职权不属于“法定职责”的范畴。在王某诉吉林省人民政府不履行监督、整顿职责一案中，最高人民法院认为，县级以上的地方各级人民政府行使对本行政区域内各项行政工作的管理职权，但该项职权一般为宏观上的管理职权，并非具有直接管辖职权的行政机关的具体处理行政相对人所诉申请事项的职责，不属于《行政诉讼法》第 12 条第 1 款第 6 项规定的“法定职责”的范畴。公民、法人或者其他组织依此申请履行保护人身权、财

① 最高人民法院（2018）最高法行再 126 号行政判决书。

② 最高人民法院（2017）最高法行申 7109 号行政裁定书。

③ 最高人民法院（2017）最高法行申 7482 号行政裁定书。

产权等合法权益的法定职责，一般不属于人民法院行政诉讼监督范围。[①]

四、履行判决的裁判规则

《行诉法解释》第91条将履行判决的客体明确为“原告请求的法定职责”，根据诉判同一原则，一般情况下，法院作出履行判决应当以原告的诉讼请求为依据。在原告因诉讼能力有限，未能提出恰当的履责请求时，法院应当履行释明义务，引导原告提出“适法”的诉讼请求。特殊情况下，经法院释明，原告仍未能正确表述诉讼请求时，法院可以根据原告诉求的实质内容，选择最为合适且能够最大限度地实现原告诉讼目的的判决方式作出裁判。[②]原告诉请判决行政机关履行职责案件中，法院应当通过积极、主动行使司法审查权，对行政机关“履行法定职责”的基础事实是否存在、要件是否充分进行查实，确定原告的诉讼请求是否成立，进而根据不同的情况分别作出履行判决。

（一）履行判决与其他判决方式的适用规则

1. 履行判决与撤销判决、确认违法判决

行政机关拒绝履行的情况下，法院应当适用何种裁判方式一直存在争议。有学者认为，适用撤销判决并附带重作判决更为适宜。理由在于，对于“拒绝履行”的行为，法院适用履行判决，则需要解决行政行为存续力的问题。即如果法院不用撤销判决把行政机关“拒绝履行”的行为从法律上加以消灭，又判令其对当事人的请求作出一个新的行政行为，当事人的同一申请在法律上将会存在两个冲突的行政行为。[③]也有学者主张，为增加判决的确定性和法律关系的明确性，法院在确定履行判决主文时可先行宣告撤销行政机关的拒绝行为，再作出履行义务的内容。如此行事，并不能更改履行之诉和履行判决自身的性质，因为在此情况下，拒绝行为的被撤销并非履行之诉和履行判决的直接目的和根本效果，而只是履行之诉和履行判决的间接和附带后果。同时，无论原告是否附加提出撤销拒绝行为的主张，只要原告提起履行之诉，法院皆可作出先撤销拒绝行为再确定履行义务的内容。[④]对此，最高人民法院在张某诉北京市

---

① 最高人民法院（2018）最高法行申9981号行政裁定书。

② 最高人民法院（2016）最高法行申2496号行政裁定书。

③ 章剑生：《行政诉讼履行法定职责判决论——基于〈行政诉讼法〉第54条第3项规定之展开》，载《中国法学》2011年第1期。

④ 杨伟东：《履行判决变更判决分析》，载《政法论坛（中国政法大学学报）》2001年第3期。

人民政府不履行行政复议法定职责案中认为，尽管行政机关针对当事人的申请作出了明确的拒绝决定，但当事人提起履行法定职责之诉的诉讼目的并不在于撤销行政机关的拒绝决定，而在于要求法院判决行政机关履行某一法定职责。所以，在判决行政机关履行法定职责的情况下，对于拒绝决定的撤销本身并不是非常必要，因为它已经包含于对法定职责的履行中。①

在上述案件中，最高人民法院还指出，在行政机关针对当事人的申请逾期未作答复的情况下，只要所有事实和法律上的前提条件皆已具备，人民法院也可以直接判决行政机关履行原告所请求的法定职责，而不必同时判决确认行政机关逾期不予答复违法。《行政诉讼法》第 74 条规定的确认判决的各种情形都具有"补充性"的特点，仅当原告不能，或者未能通过某个其他诉讼种类，在相同范围内并以相同效力实现其法律保护时，始得提起确认诉讼。具体而言，根据该条第 2 款第 3 项的规定，在被告不履行或者拖延履行法定职责时，只有判决履行没有意义的情况下才适用确认违法判决。判决行政机关履行法定职责能够更好更直接地实现当事人预期目的的情况下，即便当事人坚持确认违法的诉讼请求，法院也没必要选择裁判效果更为间接的确认违法判决。② 在王某诉武汉市洪山区人民政府不履行法定职责案中，最高人民法院再次明确了关于履行判决和确认违法判决的适用原则，并强调，"在原告的诉讼请求明确包括判决履行法定职责，且人民法院查明被告不履行法定职责、且不存在判决履行没有意义的情形下，仅仅判决确认违法，构成遗漏诉讼请求"。③

2. 履行判决与给付判决

关于履行判决与给付判决的适用，最高人民法院在金某诉辽宁省沈阳市浑南区人民政府不履行征收补偿职责一案中予以明确。最高人民法院认为，根据《行政诉讼法》第 72 条的规定，人民法院经过审理认为行政机关应当作出相应的行政行为而不作出的，人民法院应当判决行政机关作出行政行为。根据《国有土地上房屋征收与补偿条例》第 26 条第 1 款的规定，房屋征收部门与被征收人在征收补偿方案确定的签约期限内达不成补偿协议的，由房屋征收部门报请作出房屋征收决定的市、县级人民政府依照本条例的规定，按照征收补偿方案作出补偿决定。行政机关没有作出决定，存在违法之处，人

---

① 最高人民法院（2016）最高法行申 2496 号行政裁定书。

② 最高人民法院（2016）最高法行申 2496 号行政裁定书。

③ 最高人民法院（2018）最高法行申 5484 号行政裁定书。

民法院可以判决其作出补偿决定。这一判决方式属于“答复判决”，法院并不对当事人的实体权益作出裁判，而是交由行政机关自行作出行政处理。但是，对于当事人而言，重要的诉求是获得相应的补偿权益，人民法院应当关注当事人的实质诉求。《行政诉讼法》第73条规定，人民法院经过审理，查明被告依法负有给付义务的，判决被告履行给付义务。根据这一规定，在依法查明事实的情况下，人民法院可以直接针对当事人的实质诉求，即获得补偿权益的诉求作出裁判。在课予义务诉讼和一般给付诉讼的关系上，如果人民法院对于当事人的损失能够查清，相关补偿方式和数额依据比较明确，人民法院应当作出切合当事人诉求的一般给付判决，以便尽快稳定行政法律关系，尽快实现案结事了。[①]

（二）履行判决的裁判尺度

履行判决的裁判尺度，是指法院作出履行判决内容的明晰程度。法院判决内容是否明确、具体，既关系行政相对人的救济与利益保护，也直接影响行政机关对判决的执行程度。

1. 相关的学说争议

法院在裁判时应当如何选择，目前有以下三种观点：

一是原则判决说，即法院在履行判决中只作出程序性的判决，要求行政主体在一定期限内履行法定职责，但对于履行职责的方式、内容并不涉及。原则判决说曾是学界乃至实务界的主流观点。该观点的学理基础在于司法权应当尊重和保障行政机关的首次判断权。即行政诉讼中，法院应当遵循“司法审查有限原则”。主要表现为受案范围有限、原告资格有限、审查范围有限等，在司法判决中的表现就是判决功能的有限，即法院原则上不能直接代替行政机关通过司法判决作出行政行为。[②]

二是具体判决说，即在履行判决中明确判令行政机关为特定行为的具体内容，包括履行事项、期限、要求等。持这一观点的学者认为，法院在判决中明确行政机关所应履行义务的特定内容，能够更快速有效地保护行政相对人的合法权益，减少循环诉讼，且不会有司法权僭越行政权之嫌。因为行政机关不履行或怠于履行的行为，意味着其对本来应当行使的行政权的放弃，

---

① 最高人民法院（2019）最高法行申1248号行政裁定书。

② 于洋：《行政诉讼履行法定职责实体判决论——以“尹荷玲案”为核心》，载《北京理工大学学报（社会科学版）》2018年第2期。

因此，进入诉讼程序后，该权力可视为已移交至司法机关，司法机关有权判定行政机关所应履行职责的具体内容，这是司法权对行政权的正当干预，不会破坏行政权与司法权的平衡。[①] 而且，“理解‘司法审查有限性原则’应该结合‘以事实为依据，以法律为准绳’。”[②] 如果在案证据反映的事实、应当适用的法律规范，只能得出一个行政处理结论时，作出履行法定职责实体判决，是对“法律内容”的进一步重申，这是司法的原始功能，并不构成司法权代替、超越行政权的情形。[③]

三是情况判决说，即依照行政诉讼原告所提出的诉讼请求和被诉行政机关权力职责范围来确定履行判决的具体内容，根据情况的不同而作出内容明晰程度有别的司法判决。[④] 随着《行诉法解释》的发布以及司法实践的发展，情况判决说越来越符合当前的立法及实务现状。在达某、张某诉青海省互助土族自治县人民政府不履行法定职责案中，最高人民法院认为，当事人请求行政机关履行法定职责的理由是否成立是履行法定职责之诉审理和裁判的根本关注点。若理由成立，依照《行政诉讼法》第 72 条的规定，法院可判决行政机关在一定期限内履行法定职责。若在诉讼中难以对公民、法人或其他组织请求行政机关履行法定职责的理由是否成立确定性地作出是或否的判断，宜由行政机关重启行政程序作进一步调查和裁量的，则可依照《行诉法解释》第 91 条的规定，判决行政机关对请求重新作出处理。[⑤]

2. 不同尺度判决的适用要件

行政机关作出行政行为，根据是否具有裁量空间，可以分为“无裁量余地”与“有裁量余地”两类。法院经审理，认为行政机关不履行法定职责，如果事实清楚、法律规定明确，行政机关没有裁量空间或裁量空间缩减为零的情况下，为了减少当事人诉累、避免程序空转，法院可以作出责令行政机关在一定期限内依法履行原告请求的特定职责的判决，即实体性判决；在行政机关尚有裁量空间的情况下，法院可以视情况作出提示性判决或程序性判

---

① 冯珍珍:《浅议行政诉讼履行判决的内容履行程度》，载《传承》2011 年第 14 期。

② 中华人民共和国最高人民法院行政审判庭:《中国行政审判案例（第 4 卷）》，中国法制出版社 2012 年版，第 168 页。

③ 于洋:《行政诉讼履行法定职责实体判决论——以“尹荷玲案”为核心》，载《北京理工大学学报（社会科学版）》2018 年第 2 期。

④ 冯珍珍:《浅议行政诉讼履行判决的内容履行程度》，载《传承》2011 年第 14 期。

⑤ 最高人民法院（2020）最高法行再 266 号行政裁定书。

决。[①] 适用上述不同的判决方式，应当满足不同的适用要求。

实体性判决是指法院在判令被告履行法定职责的同时，明确指定履行职责的具体内容、方式，被告没有裁量空间的判决方式实体性判决有助于行政争议的实质化解，但法院仅在符合相应条件时，方可适用。在尹某诉台州市国土资源局椒江分局土地行政批准案中，二审法院认为，“如果在案证据反映的事实、应当适用的法律规范，只能得出一个行政处理结论时，行政机关作为执法机关，其职权来源于法律规范，在其并不具有进一步裁量审查判断的余地时，司法权进一步判决的时机已经成熟，可以径直设定被告重新作出行政行为的内容”。[②] 因此，法院作出明确履行具体内容的判决，应当符合如下条件：其一，法院经审查，案件事实清楚，法律规定明确，原告提出的请求符合履行条件的；其二，行政行为为羁束行政行为，或行政机关实际上无裁量空间。关于裁量空间，在李某诉北京市公安局顺义分局赵全营派出所不履行法定职责案中，法院认为，“所谓裁量空间，是指行政机关对履行职责的内容、方式等尚有调查、判断余地。行政机关尚有裁量空间通常包括以下情形：1. 案件事实尚未明确，须待行政机关以专业权限认定，或经专业能力调查，或需专业技术机关参与，或经特别程序开展方能确定；2. 依据法律规定，针对同一案件事实有多种处理可能，应首先由行政机关根据事实、法律及政策予以初次判断”。[③]

指示性判决，是指法院在判决履行的同时提出指导意见、原则性要求的判决方式；在程序性判决中，法院仅判令被告在一定期限内履行法定职责，而对履行职责的具体内容不做指定或限定，由行政机关在行政程序中依法裁量决定。相较于实体性判决，指示性判决与程序性判决对于行政机关的履行内容并无十分明晰的规定，但由于履行职责的行政程序通常基于当事人申请而启动，“行政机关对作出其所申请的行政行为所需具备的事实和法律条件的调查认定可能并不完善，相关事实和法律状况并不十分清晰明确”[④]，在此情况下，法院适用指示性判决或程序性判决作出裁判更为恰当。关于指示性判决，在苏某诉儋州市人民政府不履行法定职责案中，法院指出，“履行法定职责案件的

---

① 于洋：《行政诉讼履行法定职责实体判决论——以“尹荷玲案”为核心》，载《北京理工大学学报（社会科学版）》2018 年第 2 期。

② 浙江省台州市中级人民法院（2011）浙台行终字第 136 号行政判决书。

③ 北京市顺义区人民法院（2019）京 0113 行初 413 号行政判决书。

④ 最高人民法院（2020）最高法行再 266 号行政判决书，达某兰、张某钧诉青海省互助土族自治县人民政府不履行法定职责案。

判决形式因案而异。对案件涉及的法律关系较为复杂，不宜在判决主文中直接判令行政主体履行特定法定职责，可以在本院认为部分通过裁判说理的形式，厘清或确认法律关系，提示行政机关按照法院的法律见解作出特定行为”。①

（三）履责期限的指定

《行政诉讼法》第 72 条及《行诉法解释》第 91 条的规定，赋予法院为行政机关指定履行期限的裁量权。

关于法院为行政机关所指定的履行期限的性质及效力，在启东市发圣船舶工程有限公司诉启东市人民政府渡口行政许可及南通市人民政府行政复议案的审理过程中，存在两种不同的观点：一种观点认为，法院在生效判决中为行政机关确定的履行期限，既是判断行政机关履行法定职责是否程序合法的依据，也是行政机关履行生效裁判的期限，换言之，行政机关未在该期限内依照生效判决作出行政行为的，原告可以依法向法院申请强制执行。另一种观点则认为，法院为行政机关指定的履行期限，无法承担上述两种不同性质的功能。按照第一种观点，行政机关超过法院指定的期限作出行政行为时，将面临双重不利后果：一是所作出的行政行为在行政诉讼中将被确认为程序违法；二是法院得依据当事人的申请，对行政机关未履行生效判决的行为通过罚款等方式采取强制执行措施。② 该案生效判决认为，一旦人民法院确定了行政机关的履责期限，即便该期限与法律、法规所规定的行政机关履责期限不一致，也因人民法院具有司法裁判权，进而在案件审理中拥有最终确定行政机关履行法定职责期限的权力，故行政机关应依据人民法院确定的履责期限作出相关行政处理决定。除非存在正当事由或不可抗力，行政机关超过该期限作出行政决定的，构成程序违法。③ 可见，第一种观点最终得到支持。

法院在确定行政机关履行法定职责的期限时，具有一定的裁量权。这种裁量权一方面表现在法院“可以”决定是否为行政机关指定履行期限，另一方面表现在法院对履行期限的长短具有一定裁量空间。但该权力的行使并非不受限制，由于涉及后续行政行为合法性的判断以及生效裁判的执行双重效

① 中华人民共和国最高人民法院行政审判庭编：《中国行政审判案例（第 4 卷）》，中国法制出版社 2012 年版，第 155 号案例。

② 参见史笔、张松波：《履行判决期限的法律属性及确定原则》，载《人民司法》2021 年第 14 期。

③ 江苏省高级人民法院（2018）苏行终 510 号行政判决书，载《最高人民法院公报》2020 年第 12 期。

力，因而，法院在为行政机关指定履行期限时更应保持谨慎。具体而言，法院应当遵循如下原则[①]：

其一，当法律规范明确规定了行政机关履责期限的，除因特殊情形外，法院一般应当按照法律规范的规定确定行政机关的履责期限。立法机关在确定行政机关的履责期限时，通常充分考量了各方利益及行政机关实际履行能力等各类因素，因而，法院在确定行政机关履行期限时，如无特殊情形，应当予以参照。

其二，法律规范未对履行期限作出明确规定的，若法院也不为行政机关指定明确的履行期限，原告的权利何时得到保障将长期处于不确定的状态。因而，除确实无法确定履行期限的情况外，法院应结合个案具体情况，考量行政机关作出相应行为的难易程度、繁简程度、客观条件等因素，根据《行政诉讼法》第47条的规定，以必要、适度为原则，确定行政机关的履责期限。必要是指行政机关处理同类事项所需的最低时限，用来确定合理期限的下限尺度；而适度是指行政机关处理同类事项所需的较宽松的时限，用来确定合理期限的上限尺度。[②]

其三，尽最大可能平衡原告权利保障的及时性和行政机关依法行政的可能性。从原告的角度，由于行政机关怠于行使权力，已然对其合法权益造成损害，加之诉讼程序中损耗的时间，原告所受到的损害进一步扩大，因而，法院在为行政机关指定履行期限时，应最大程度对其进行保护。但法院同时应当考虑行政机关依照法定程序作出行政行为所需的必要时间，换言之，法院所指定的履行期限，应当具有合理性及可执行性。即无论法律规范是否规定有行政机关作出行政行为的履行期限，法院均可在综合考量和平衡上述因素的基础上，酌情确定适当的履行期限。但有法定期限的情况下，法院所指定的履行期限，一般不应长于该行为的法定期限。[③]

---

① 参见江苏省高级人民法院（2018）苏行终510号行政判决书，启东市发圣船舶工程有限公司诉启东市人民政府渡口行政许可及南通市人民政府行政复议案；北京市第四中级人民法院（2021）京04行初980号行政裁判文书，张某山诉北京市丰台区人民政府不履行法定职责案。

② 姜明安：《行政诉讼与行政执法的法律适用》，人民法院出版社1995年版，第467页。

③ 参见史笔、张松波：《履行判决期限的法律属性及确定原则》，载《人民司法》2021年第14期。

第五章 确认违法判决的司法适用

确认违法判决是对被诉行政行为的一种否定性评价，是指经法院审查，对一些被诉行政行为违法但不宜或者不能适用撤销、履行职责判决，而适用确认违法判决。确认违法判决属于非常态判决，是根据利益衡量，基于司法实践而创设出的“变通”裁判方式，一定程度上缓解了撤销判决的刚性，解决了履行判决的可实施性问题。

一、适用条件

（一）适用依据

《执行行诉法若干解释》中第 50 条、第 57 条、第 58 条初步确立了我国的确认违法判决制度。2014 年我国对《行政诉讼法》进行修改，将前述司法解释中的内容正式吸纳为法律的规定，并增加适用确认违法判决的适用情形，即“行政行为程序轻微违法，但对原告权利不产生实际影响”，《行诉法解释》第 96 条对何为程序轻微违法进行了进一步明确，至此，我国的确认违法判决适用体系正式形成。

（二）具体适用条件

根据《行政诉讼法》的规定，确认违法判决共包括五种情形，从对行政行为效力的确定角度，可以分为两大类型：一种是确认违法但保留效力不撤销的判决，另一种是确认违法并且否定行政行为效力的判决。两种判决的适用条件如下：

1. 保留效力的确认违法判决

基于行政执法成本的考虑，并非所有违反法定程序的行政行为的效力都需要被否定。根据《行政诉讼法》第 74 条第 1 款的规定，人民法院判决确认违法，但不撤销行政行为主要适用于以下两种情形：

（1）行政行为依法应当撤销，但撤销会给国家利益、社会公共利益造成重大损害的。这条规定也被称为情况判决，适用的前提是行政行为的违法性已经符合《行政诉讼法》第 70 条规定的应予撤销的条件，但经过利益衡量，如撤销会给国家利益、社会公共利益造成重大损害的，则不予撤销，而确认违法。情况判决制度在一定程度上突破了依法行政原则的限制，一方面体现了对既成事实的尊重，另一方面体现了对公共利益的维护。如在济宁中广新能源有限公司诉山东省济宁市微山县人民政府、山东省济宁市南四湖自然保护区管理局限期拆除违法光伏项目设施行政强制执行决定一案[①]中，最高人民法院认定山东省济宁市微山县人民政府、山东省济宁市南四湖自然保护区管理局作出被诉强制执行决定适用法律错误、超越法定职权，未经催告履行程序，也没有给予中广公司陈述、申辩的机会，违反法定程序应予以撤销。但中广公司光伏项目位于自然保护区实验区内，且相关设施已经全部拆除，撤销被诉强制执行决定将会严重损害国家利益、公共利益，故最高人民法院维持了一审、二审法院确认违法的判决，驳回了济宁中广新能源有限公司的再审申请。在这个案件中，案涉行政机关作出行政行为存在适用法律错误，超越法定职权以及违反法定程序等问题，符合撤销判决的适用条件，但是因为涉案设施已经全部拆除，而且涉及自然保护区，撤销强制执行行为显然会对国家利益、社会公共利益造成严重损害，因此，利益权衡下适用确认违法判决更为适宜。

（2）行政行为程序轻微违法，但对原告权利不产生实际影响的。目前我国法律及司法解释的规定中并未明确规定正当程序原则，《行政诉讼法》第 74 条规定堪称我国的“准正当程序原则”条款，为司法审查行政程序奠定了坚实的基础。值得注意的是，此处的“原告权利”，不仅包括实体权利，也包括某些重要的程序权利。《行诉法解释》第 96 条对于何为“程序轻微违法”作

① 最高人民法院（2020）最高法行申 7063 号行政裁定书。

出了解释，程序轻微违法包括以下情形：（1）处理期限轻微违法；（2）通知、送达等程序轻微违法；（3）其他程序轻微违法的情形。并且上述程序轻微违法对原告依法享有的听证、陈述、申辩等重要程序性权利不产生实质损害的，才属于《行政诉讼法》中规定的程序轻微违法，适用确认违法判决的情形。依据上述解释的规定，“程序轻微违法”，既要属于处理期限轻微违法或者通知、送达等程序轻微违法等此类不影响当事人实体权利的情形，也要对原告的听证、陈述、申辩等重要程序性权利不产生实质损害，这两者并非是“或”的关系，而是“且”的关系。换言之，即使在某些情况下，听证、陈述、申辩等重要程序上的错误不影响原告的实体权利，这种程序性权利对于我国《行政诉讼法》第 74 条第 1 款第 2 项所定义的“原告权利”来说，本身就具有构成性的价值。[①] 在我国行政法上，需要对这些对当事人权利具有构成性价值的“听证、陈述、申辩”等参与性行政程序给予独立的保护。

因此，对于因行政行为程序轻微违法而采用确认违法判决形式的，需要同时具备以下两个条件：一是程序违法属于轻微的程序违法情形，不包括动摇程序法治基本价值的程序违法；二是不影响当事人的权利，包括实体权利和基本的程序性权利。《行政诉讼法》之所以作此规定，亦旨在平衡程序法治和行政效率。对于程序轻微违法，结果正确的行政行为，单独评价其程序问题的同时，维持行政行为的效力，可以避免行政机关重新作出结果一样的行政行为，防止矛盾的进一步激化。确认违法也使行政行为在法律上被给予负面评价，对于行政机关提高对法定程序和正当程序的重视程度产生积极的影响。同时从诉讼经济和诉讼效力角度来看，将当事人从一个又一个的行政程序、诉讼程序中解脱出来，避免程序空转，一定程度上也有利于减轻当事人的诉累，节约行政和司法资源。例如，行政机关未在规定的期限内作出行政行为，但实体上的处理是正确的，该种情形下，程序轻微违法，但并未影响到实体上的处理结果，也没有影响相对人重要的程序权利，那么如果法院采取撤销判决的话，行政机关为了弥补程序问题，可能又重新走一遍程序，在法定期限内作出同样的处理结果，当事人针对这一结果依旧是不服，再次提起新的一轮复议、诉讼，法院对重新作出的符合法定程序并且处理结果与前述一致的行政行为进行审理，因新的行政行为改变了程序的违法属性，法院最终予以维持。造成的结果仅仅是形式上维护了程序权益，并没有有效的实

---

① 林鸿潮：《行政行为审慎程序的司法审查》，载《政治与法律》2019 年第 8 期。

现解决行政争议、监督行政机关的作用，反而让行政机关空走了一遍程序，当事人又重新经历一遍，也并没有最终解决问题。浪费了有限的行政资源和司法资源的同时，让当事人也始终处于程序的循环中，进一步激化矛盾。法院是争议的解决者，并非诉讼的制造者，司法权监督行政权的最终目的在于实现国家的有效治理，实现社会利益的最大化。这种情况下，适用确认判决，确认行为的违法属性，但保留其法律效力不失为一种合理的处置方式。

2. 否定效力的确认违法

否定效力的确认违法判决主要是基于具体行政行为具有违法的属性，不需要撤销或者判决履行，故而采取确认违法判决的方式。根据《行政诉讼法》第 74 条第 2 款的规定，以下三种情形适用确认违法判决：

（1）行政行为违法，但不具有可撤销内容的。即该种情形下适用确认违法判决是基于行政行为违法，已经产生了法律效力，但因一定的原因不具有可撤销性。具体行为是事实行为的话，一经作出即产生效力和法律后果，无法再行撤销。如行政机关作出行政拘留决定，相对人已经被执行拘留，行政行为已经完成，无法再撤销，并且即便撤销，就相对人而言也无实际意义。又如在强制拆除房屋案件中，强制拆除违反了法定程序，但是涉案房屋已经被强制拆除，无法撤销，但强制拆除确实存在违法情形，此种情况下，虽无法撤销，但仍要给予法律上的否定评价，予以确认违法。因此，对于不具有可撤销内容的行政行为而言，作出确认违法判决而非撤销判决更科学合理。

（2）被告改变原违法行政行为，原告仍要求确认原行政行为违法的。被告已经改变了原来违法的行政行为，原来的行政行为实际上已经被新的行政行为取代，但是诉讼中原告仍然坚持要求法院确认改变之前的行政行为违法，因原来行政行为确实具备违法属性，因此法院在此情形下确认原行政行为违法无可厚非。

（3）被告不履行或者拖延履行法定职责，判决履行没有意义的。这一规定是针对行政机关不履行或者不及时履行法定职责设定的，包含以下两层含义：一方面，行政机关不按照法律规定履行法定职责，基于事后履行不能或者没有必要，法院据此作出确认违法的判决。另一方面，行政机关没有按照法定时限要求，拖延履行了法定职责，在此情形下，实际行政机关已经履行了法定职责，法院再次判决继续履行法定职责已无实际意义，故采用确认违法的判决形式。在司法解释中亦有相关规定。《行诉法解释》规定，原告起诉被告不作为，在诉讼中被告作出行政行为，原告不撤诉的，人民法院应当就不作为依法作出确认判决。这种情况实际上属于拖延履行法定职责的一种情形，行政机关没有在法定时限或者依据法律的规定履行法定职责，但是在诉讼中作出了行政行为，如果当事人仍然要求对行政机关的不作为进行审理的话，因事实上的已经履行，法院无法再次作出履行判决，只能针对拖延的情况作出确认违法判决。

二、适用现状和主要问题

《行政诉讼法》的目的在于解决行政争议，保护公民、法人和其他组织的合法权益，监督行政机关依法行使职权[①]。在司法实践中，确认违法判决的法律效果在于行政机关因行政行为的违法性承担了败诉的结果，但实质上行政行为的效果仍然存在，相对人的诉讼目的并未达到，裁判结果也无法实质上解决行政矛盾，造成案结事不了的局面，上诉率居高不下。结合确认违法判决本身的特征，从其适用现状出发，查找暴露在司法实践中的具体问题，以期为其进一步适用完善指明方向，推动行政争议的实质性化解，真正实现案结事了。

（一）确认违法判决的功能与定位

1. 功能

对于确认违法判决的功能，在其确立之初，将其定位为撤销判决和履行判决的补充性判决，具有辅助性判决的性质。在全国人大常委会法工委对《行政诉讼法》的解读中，指出：在某种意义上，确认违法判决是对违法行政行为的“宽容”和妥协，需要严格适用，不能任意解释。适用确认违法判决需要坚持两个原则：第一，确认违法判决是撤销判决、履行职责判决的补充，不是主要的判决形式；第二，确认违法判决必须符合法定条件，法定条件要严格把握。[②] 因此，在立法之初，对于违法的行政行为，首先应该审视其是否符合撤销判决和履行法定职责判决的适用条件，如果对行政行为能够作出撤销判决或者履行判决时，要优先适用撤销判决和履行判决，通过撤销判决及履行判决来实质性解决行政争议。只有在行为不具有可撤销性或者因法定的

---

① 《行政诉讼法》第 1 条规定：“为保证人民法院公正、及时审理行政案件，解决行政争议，保护公民、法人和其他组织的合法权益，监督行政机关依法行使职权，根据宪法，制定本法。”

② 全国人大常委会法制工作委员会行政法室编著：《中华人民共和国行政诉讼法解读》，中国法制出版社 2014 年版，第 204 页。

特殊原因不宜被撤销，判决履行没有实际意义等法定情形时，才适用确认违法判决。换言之，一定程度而言，确认违法判决是对撤销判决、履行判决的补充。如果说撤销判决、履行判决侧重于保护公民、法人和其他组织合法权益的话，确认违法判决则更侧重于发挥监督行政机关依法行使职权的功能。

随着在司法实践中的适用和发展，确认违法判决在一定程度上弥补了撤销判决的刚性，解决了履行判决的可实施性的问题，在平衡公正与效率、解决程序空转等方面的重要作用逐渐凸显。尤其是在避免程序空转以及由此引发的行政、司法资源浪费等问题上，确认违法判决亦体现出其独特的价值。

2. 形式

作为新设立的具有基础性作用的裁判方式，确认违法判决与其他判决形式存在各式各样的联系形式，是其他裁判方式的“变通”判决。如前述分析中所提到的情况判决，适用情况判决的前提是违法行政行为符合撤销判决的适用条件，情况判决就属于撤销判决的一个变种判决，为了维护国家利益和社会公共利益，法院将撤销判决“转化”为确认违法判决，在确认了违法行政行为违法性的同时，也给予其相较于撤销判决较轻的司法负面评价，达到了利益衡量的目的。又如在不履责和拖延履责案件中，行政机关不履行法定的职责或者拖延履行法定职责，基于履行不能、履行无意义或者已经履行等原因，采用履行判决的裁判方式可能导致出现执行层面的问题，适用确认违法判决更科学合理。

（二）司法适用现状

确认违法判决方式的适用主要涉及房屋拆迁、土地征收、行政处罚、工伤认定、行政规划、政府信息公开、行政复议、不履行法定职责等多个诉讼案件类型。尤其是在房屋拆迁、土地征收领域，随着城市专项整治和重大项目实施保障，行政机关着眼于高效与处理结果正确，为了追求效率而牺牲一部分程序利益，明知违法而为之，违法征地、拆迁，违法批准或者许可，这种预期违法更容易对相对人的权利造成侵害。例如，在征地拆迁领域，实际征地拆迁行为完成后，考虑到如果撤销行政行为会给公共利益的造成重大损失，法院更多的适用确认违法判决，并判决行政机关采取补救措施或者赔偿损失。确认违法判决在明确宣示行政行为违法性的同时保留了行政行为的效力，因此，在法律层面上，该行政行为是有效的，应当被执行。相对人必须接受该行政行为的羁束，但可以基于判决确认的行政行为的违法属性对其所受到的合法权益损失提起行政赔偿。因涉及个案中的利益衡量、程序违法程度的判定以及判决类型上的选择，在司法实践中存在较多争议的疑难问题。

针对否定效力的确认违法判决，根源于行政行为不具有可撤销性，如在政府信息公开案件中，行政机关公开了本不应公开的信息，法院对于该行为也只能判决确认违法而无法撤销。此类确认违法判决实际上已经否定了行政行为的效力，因此行政行为的合法性基础已经丧失，一旦因此被确认违法，则不需要继续履行或执行。据此作出的其他行政行为也缺失了合法性基础，应依据具体情况予以撤销或确认违法。

（三）存在的问题

1. 利益衡量标准不够明确

情况判决的适用主要基于利益衡量。一方面，利益衡量存在于法官对具体个案的判断中，具有一定的自由裁量性。何为给国家利益、社会公共利益造成重大损害？何为社会公共利益？何为重大损害？立法采用原则性规定，并没有明确的标准，导致司法实践中判断标准不够清晰。另一方面，对于给善意第三方合法权益有可能造成重大损害的情况下，法律并没有规定可以适用利益衡量的方法采取确认违法的判决形式予以保障。我国的情况判决与日本的情事判决类似，《日本行政案件诉讼法》第 31 条第 1 款规定：关于撤销诉讼，虽处分或裁决是违法的，但撤销它对公共利益又会产生明显障碍时，法院对原告受损程度、损害赔偿或防止程度，以及其他一切事情作出考虑的基础上，认为作出撤销处分或裁决反而不符合公共福利时，可以驳回请求。于此情形，法院必须在该判决主文中，宣告处分或裁决是违法的。但《日本行政案件诉讼法》规定了一项重要的判决内容，即在判决主文中说明行政行为违法性后，驳回原告的诉讼请求。

（1）“公益”的泛滥和重大损害的缩水。一般而言，国家利益、社会利益与个人利益从根本上是一致的，但当国家利益、社会利益与个人利益产生冲突时，会倾向于保护国家利益和社会公共利益。在司法实践中，法院很少基于国家利益的原因确认违法，大量确认违法判决是出于对社会公共利益的考量。但因为社会公共利益规定得不明确，需要法官根据个案的实际情况予以判定。行政机关在作出某些行政行为时以社会公共利益掩盖程序的违法性，导致法院对社会公共利益、重大损失的判定审查标准上相对宽松，社会公共利益多与政府利益、行政机关利益、多数人利益混同，本应被撤销的行政行为变相“合理化”“合法化”。在某些类型化案件中，社会公共利益成为维持行政行为的一个重要依据，对重大损害的判断严重缩水，导致以社会公共利益为由的确认违法判决适用泛滥。

另外，因为法律的原则性规定，法官基于案件事实和法律规定行使自由裁量权而作出判决的司法权就无法受到严格的拘束和制约，并且缺乏有效的内外监督机制。每个法官对事实的判断和看法以及对法律条文和法学精神的理解不一致，导致仅仅依靠法官的个人判断和自由裁量权，容易造成相类似的案情，不同的法官会有不同的判断标准，出现类案不同判的司法裁量统一性缺乏的问题。

从社会效果上来看，情况判决可能产生一些消极影响：法院基于国家利益、公共利益、重大损失的判断当事人不认可，认为法院以保护国家利益、社会公共利益为借口实质来维护行政机关的违法行政行为；行政机关基于该条的规定，在一些涉及国家利益、公共利益的重大项目中，明知自己的行为违法，仍基于该条的保护作用，用违法的行为推动涉案项目的建设，最终只承担被确认违法的结果，依法行政的原则进一步被破坏。

（2）善意第三人的合法权益被忽视。如果仅以经济效益为取向，追求利益衡量所谓的“利益最大化”，很容易造成近乎所有的衡量结果都对行政机关有利，而使个人合法的利益在实质意义上被架空，从而使行政确认违法判决沦为法院对个人合法利益行为正当化的手段，最终落入司法恣意的窠臼。[①]2014 年修正的《行政诉讼法》施行以来，行政诉讼对于当事人的权利救济功能更加凸显，但情况判决忽视了个人利益以及善意第三人的合法权益可能遭受重大损害的情形。在司法实践中，很多重大工程项目涉及个人利益或者善意第三人的合法权益，而且又可能存在涉及人数众多、损害较大的情形，在此种情况下，仅仅以国家利益、社会公共利益之考量来维持行政行为的效力，牺牲个人利益、善意第三人的合法权益，违背了《行政诉讼法》对相对人权益保护的立法目的。

2. 对程序轻微违法判定和处置存在分歧

（1）缺乏统一判定标准。对于程序轻微违法，因相关法律没有规定具体的判定标准，司法实践中存在适用标准不够统一的问题。司法界和学界针对程序轻微违法的适用标准主要有以下几种观点：其一，认为“轻微违反法定

① 邓世豹、付晓君：《情况判决中个人利益的保护》，载《法治论坛》2007 年第 3 期。

程序，是指行政机关的行政行为虽然违反了法律、法规或者规章中的法定程序，但这种程序并不是作出行政行为时主要程序或者关键程序，也不会对相对人实体权益造成影响，只是造成了行政行为在程序上的某种缺陷"。① 其二，认为"不是所有违反法定程序的行政行为都必须被撤销。一个违反法定程序的行政行为的后果，关键是要看被违反的程序的价值追求，被违反程序的重要性和违反程度"。并进步提出了具体判定的三个标准：一是法律明确规定的，必须宣布其无效或者被撤销；二是因程序的违反可能会对具体行政行为的实质内容产生影响的，应当被撤销；三是未对具体行政行为造成现实损害，与此同时，可进行及时补正程序被违反后，此行为不应当被撤销。但是程序的违反随之而来带来的是价值的损害，因此法院在具体案件中应当保持针对具体问题进行区别裁判的能力。② 其三，"行政程序违法 + 未对重要程序性权利产生实质性损害 + 不可能影响行政决定的正确性"，③ 以此来判断是否属于程序轻微违法，适用确认违法判决。司法实践中据此适用确认违法判决的标准为"程序轻微违法 + 对原告权利不产生实际影响"。但是《行诉法解释》第96条用"对原告重要程序性权利不产生实质损害"来界定"程序轻微违法"，是将两个要件合并为一个要件，"可能与该条的立法要旨不合"。④

（2）与程序瑕疵、其他瑕疵的混同。程序瑕疵并非法律上的概念，而是司法实践的产物。是源于"程序轻微违法"自身标准的模糊性和不够确定性，给法院和法官留下了较大的自由裁量空间。何为程序瑕疵？程序轻微违法以及程序瑕疵的边界何在？程序瑕疵是否可以按照司法实践中的做法予以指出即可？因所谓的程序瑕疵而采用驳回诉讼请求判决是否与监督行政机关依法行政相矛盾？确认违法判决体现了行政诉讼的监督功能，但是因为程序问题仅仅给予确认违法而非撤销判决，那么这种监督功能是否能够实现？从一定程度上讲，程序瑕疵亦属于程序轻微违法之情形，在判决主文中指正的司法操作属于没有明显法律依据的行为，容易引发当事人的不满、不理解甚至拒绝接受，并且会给社会公众传递一种行政程序存在问题，但法院依旧予以维

① 江必新主编：《中华人民共和国行政诉讼法及司法解释条文理解与适用》，人民法院出版社2015年版，第472页。

② 朱新力：《司法审查的基准——探索行政裁判的技术》，法律出版社2005年版，第220页。

③ 陈振宇：《行政程序轻微违法的识别与裁判》，载《法律适用》2018年第11期。

④ 章剑生：《再论对违反法定程序的司法审查——基于最高人民法院公布的判例（2009—2018）》，载《中外法学》2019年第3期。

持的负面认知。大量在判决主文中对程序瑕疵的指正，是否存在滥用指正而规避确认违法判决适用的情形，按照《行政诉讼法》的规定，程序轻微违法是需要适用确认违法判决的，实践中通过文书主文指正的方式是否符合法律规定，还能否达到监督行政机关依法履行职权的目的，存在一定的争议，有待商榷。

（3）裁判方式选择不统一。实体上的错误必然会带来实体不公正，而程序上的错误不仅侵害当事人的程序利益，还有可能由此导致实体上的处理错误。因此，在行政诉讼中，程序价值的重要性毋庸置疑。依据行政行为存在的违法程度的不同，在《行政诉讼法》中，对“违反法定程序”可以分为三类：重大明显违法（对应确认无效判决）、一般违法（对应撤销判决）、轻微违法（对原告权利义务不产生实际影响的，对应确认违法判决）。《行政诉讼法》亦明确规定了“程序轻微违法”及其可能呈现的三种样态，即程序轻微违法但对原告的权利不产生实际影响的，适用确认违法判决，而“虽对原告权利不产生实际影响但是程序违法非属轻微的，或者虽属程序轻微违法但对原告权利产生实际影响的，都适用撤销判决”。[①] 新法在“违反法定程序”外增加“程序轻微违法”之立场反映了立法者既重视程序法治，又杜绝过分牺牲行政效率的衡平意旨。[②] 在2014年修正的《行政诉讼法》实施之前，法院对于程序轻微违法的处理均是依据《执行行诉法若干解释》第56条[③] 第4项“其他应当判决驳回诉讼请求的情形”的规定，判决驳回原告的诉讼请求。如在驻马店市经济开发区金山办事处界牌居委会第三居民组与被告驻马店市人民政府及第三人驻马店市驿城区顺河街道刘竹园社区委员会曹庄村民组土地行政确权纠纷一案[④] 中，法院在裁判主文中写明：“关于被告作出确权决定是否程序合法问题。原告提出被告进行确权工作的人员李某等不具备行政执法资格，因被告在法定期限内未按法院要求提交李某等具有行政执法资格的证

① 全国人大常委会法制工作委员会行政法室编著：《中华人民共和国行政诉讼法解读》，中国法制出版社2014年版，第196页。

② 梁君瑜：《行政程序瑕疵的三分法与司法审查》，载《法学家》2017年第3期。

③ 《执行行诉法若干解释》第56条规定：“有下列情形之一的，人民法院应当判决驳回原告的诉讼请求：（一）起诉被告不作为理由不能成立的；（二）被诉具体行政行为合法但存在合理性问题的；（三）被诉具体行政行为合法，但因法律、政策变化需要变更或者废止的；（四）其他应当判决驳回诉讼请求的情形。”

④ 河南省信阳市中级人民法院（2014）信行初字第7号行政判决书。

明，应视为没有相应资格，原告关于被告程序违法的理由成立；被告调查人员李某作为听证会记录人员参与了听证程序，原告提出此举违反了《行政处罚法》第42条第1款第4项而构成程序违法，原告该诉讼理由亦成立。被诉具体行政行为事实清楚，证据充分，实体处理正确，有关程序，有轻微违法性而不影响行政行为的有效性，即属于违法而有效的行政行为。为避免行政机关重新作出结果相同的行政行为所带来的不必要的反复处理和资源浪费问题，宜判决驳回原告诉讼请求，更符合立法精神。"

但2014年修正的《行政诉讼法》对于具体行政行为轻微违法，但对原告权利不产生实际影响的情况，设置了确认违法判决。实践中，依旧有一些判决采用之前的处理方式，在判决主文中对行政行为的程序问题予以指出，同时说明该程序问题并未对当事人的权利义务产生实际影响，最终判决驳回原告的诉讼请求。也有学者提出建议，对程序轻微违法，驳回原告的诉讼请求即可，不必确认整个行政行为违法。① 但是驳回原告的诉讼请求意味着行政行为合法有效，原告的诉讼请求没有事实和法律依据，但事实上，行政行为是存在程序问题的，立法者对此回应认为，考虑到判决涉及当事人的合法权益，涉及社会影响较大，设计判决方式时要兼顾法律逻辑和社会效果，原告本来是对的，法院不仅没有撤销违法行政行为，还要驳回原告诉讼请求，判原告败诉，法理情理都说不通，也必然难以解决行政争议。② 实际上，我国的情况判决一定程度上包含着对原告诉讼请求的支持。对于程序轻微违法实践中有两种不同的裁判方式：一是在裁判文书主文部分对程序问题予以指正，最终判决驳回原告的诉讼请求；二是依照确认违法判决的适用标准予以确认违法。

3. 存在"诉判不一致"问题

（1）对诉讼请求呈"回应不足型"。在确认违法案件中，实际上当事人的诉讼请求集中于要求撤销或者要求行政机关履行法定职责，但经司法审查后法院认为不宜被撤销或者履责无实际意义，并符合确认违法判决方式适用条件的话，会作出确认违法判决。例如，相对人诉请撤销违法行政行为，但因撤销会给国家利益、社会公共利益造成重大损害，而被法院判决确认违法。又如，相对人认为行政机关不履行法定职责违法，要求法院判决行政机关依法履行法定职责，但如因行政机关已经履行法定职责或者判决其履行法

---

① 何海波：《行政诉讼法》（第二版），法律出版社2016年版，第457页。

② 信春鹰：《中华人民共和国行政诉讼法释义》，法律出版社2014年版，第198页。

定职责已无实际意义，法院应舍弃驳回原告诉讼请求的判决方式，采用确认违法的判决方式，对行政机关的不作为给予了法律下的“违法”评价，以达到在一定程度上降低行政机关的信誉度作为处罚，同时也保障相对人获得公平正义的效果。但确认违法判决在这种情况下并不能达到服判息诉效果。当事人认为法院的判决并没有尊重其诉讼请求，针对行政行为，其诉讼请求是要求撤销，要求行政机关履行法定职责，而并非只确认违法。因此，当法院作出确认违法判决时，当事人认为判决并未回应其诉讼请求，与自己的诉讼请求并不一致，法院并没有针对自己的诉讼请求进行判决，而且确认违法也没有达到当事人诉讼目的，法院对当事人诉讼请求的“回应不足”导致对于确认违法判决，当事人大部分情况下是不予认可，通过提起上诉、申诉、申请再审来进行权利救济。

（2）一并判决予以补救的适用率低。相较于撤销判决，确认违法判决没有直接否定行政行为的效力，行政机关承担的败诉责任显著下降，甚至一些行政机关将被确认违法的案件并不按照败诉案件处理。为了弥补确认违法判决中行政行为对相对人权益造成的损害，增强对相对人权利的保障力度，《行政诉讼法》第 76 条[①]对确认违法判决作了补充的规定，将原来司法解释中只有情况判决才适用的判令被告采取补救措施及承担赔偿责任的规定扩大到确认违法或无效判决，给予了法院根据实际情况，判决是否责令被告采取补救措施，是否承担赔偿责任的决定权。这一规定有助于扩大对原告权利的救济范围，与实现“保护公民的权利不受行政机关侵害”这一行政诉讼的目标相契合。

但在司法实践中，一方面，囿于“诉判一致”的限制，一般情况下，法院会基于当事人的诉讼请求作出判决，对于超出诉讼请求的部分，一般不会主动进行裁判。另一方面，基于对行政权的尊重和司法谦抑原则[②]的要求，法院在确认违法案件中一般很少同时作出补救判决，即便作出补救判决，也只

---

① 《行政诉讼法》第 76 条规定：“人民法院判决确认违法或者无效的，可以同时判决责令被告采取补救措施；给原告造成损失的，依法判决被告承担赔偿责任。”

② 司法谦抑，也称司法克制，是指司法机关在裁判案件过程中，应当隐忍、克制行使司法权力的冲动，尊重社会自身的净化作用，尊重包括行政机关在内的其他国家机关在法律规定的裁量权范围内行使权力的方式、幅度的选择权和决定权。黄永维、郭修江：《司法谦抑原则在行政诉讼中的适用》，载中华人民共和国最高人民法院行政审判庭编：《行政执法与行政审判》（总第 79 集），中国法制出版社 2020 年版，第 2 页。

是笼统地判决责令被告采取补救措施，至于在多少期限内采取补救措施、采取何种补救措施均很少予以具体说明，因为判决主文的不明确，法院无法判定行政机关是否履行法院判决，甚至导致执行困难的问题。

当事人的诉讼请求中没有要求行政机关予以赔偿的请求，法院一般不会同时作出赔偿判决。相对人要弥补自身合法权益受到的损害的话，就需要在诉讼请求中明确要求赔偿的请求或单独提起行政赔偿之诉。在具体案件中，当事人提起行政诉讼并未涉及行政赔偿问题，经法院审查行政行为违法并给行政相对人造成了损失，在作出确认违法判决时，也并不会主动就损失部分一并作出赔偿判决。另外，在一个案件中，同时审理行政行为是否违法和是否需要进行赔偿，会增加案件的审理难度和审理周期，基于审判质量和效率的考虑，法官会选择将确认违法和行政赔偿在两个案件中分开进行，除了基于事实行为可以不经过行政确认之诉而直接提起赔偿之诉，其他的赔偿之诉需以确认违法之诉的判决结果为依据。

（3）缺乏对诉讼请求权的限制。确认违法判决情形之一即行政机关改变原行政行为，在原行为或者不作为已经得到改变后，侵害原告权益的原行为或者不作为就已经被新的行政行为取代了，在此情况下，法律规定如果原告坚持起诉原行为或者不作为，那么法院从监督行政机关依法行政出发，判决确认原行政行为或不作为违法未尝不可。但是在这类诉讼中，实际上行政行为已经改变，原行为的效力已经消失，此种情形下，原告坚持起诉原行为或在先的不作为，除了出于对行政机关的监督，更多的是出于对行政机关施加压力，所谓“讨个说法”，或者发泄自己的不满，在增加行政机关的应诉工作的同时，占用了大量的司法资源，缺乏诉的利益导致这些案件并没有实际意义，哪怕采用确认违法判决也很大程度上难以解决当事人的问题，并且面对之后的行政行为，行政争议可能依然存在，实际上行政和司法一定程度上做了无用功，并不能起到实质化解行政争议、定分止争的效果。

三、正确理解和把握确认违法判决适用规则

在新发展阶段，确认违法判决不能片面追求平息争议，忽视合法性和权利保护问题，必须要有足够的制度包容性和弹性，适应社会转型期矛盾纠纷化解的社会治理刚需。因确认违法判决的适用有不同的情形，因此在司法实践中，要区分不同的情形，结合具体行政行为的效力问题，准确适用确认违法判决。

（一）科学运用利益衡量方法，强化权利保护意识

利益衡量作为运用司法裁量权的方式之一，其价值往往体现在通过确认违法判决来寻求法律与当事人的利益平衡方案。正确选择适用确认违法判决，对于维护国家利益、公共利益以及保护当事人的合法权益，妥善处理特定行政争议，具有较大的实践价值和现实意义。

1. 明晰“社会公共利益”“重大损失”的范围

为充分保障个人的合法权益，应当在司法实践中严格限定、从严把握确认违法判决适用的范围，防止对“公共利益”的扩大化和对“重大损失”判定的宽泛化。原则上，需要运用利益衡量方法的案件应该严格限定于涉及国家利益、社会公共利益与个人合法权益存在需要进行平衡和选择的行政案件，不能一味地将国家利益、社会公共利益作为否定个人合法权益的理由。在个案中，要结合案件的实际情况进行利益判断和利益衡量。对于相关法律、法规明确规定“公共利益”的范围的，应该严格按照规定的要求确定，不能恣意扩大范围。如我国《土地管理法》第45条规定了为了公共利益的需要，确需征收农民集体所有的土地的，可以依法实施征收的情形；《国有土地上房屋征收与补偿条例》第8条规定了为了保障国家安全、促进国民经济和社会发展等公共利益的需要，确需征收房屋的情形。以上规定明确了国家利益、社会公共利益的范围，因此在涉及土地、房屋争议案件中审查时就要严格对照上述规定进行国家利益、社会公共利益的判断。对于没有明确规定的，也应该根据案件具体情况，从具有代表性意义的典型案例中总结出司法判决标准，结合行政行为的作出主体、内容以及效果、影响等多方面，对何为社会公共利益、何为重大损害予以科学合理确定，避免因标准的缺失影响司法的公正性。对“重大损害”的判断，亦要具备合理性，可以为常人所理解和判断。

2. 衡平权利保护原则

从利益衡量及诉讼经济角度来看，撤销可能会给国家利益、社会公共利益及第三人利益带来重大损失，而确认违法判决则会实现公共利益和个人利益的最佳融合。如在拆迁案件中，调整规划行为已经实施完毕，拆除涉案建设的行为也已经完成，在此情况下，撤销规划许可已经不具有实际内容，并且如果撤销规划许可，那么已经实施的强制拆除行为和建设行为就失去了正当性和合法性的基础，需要被恢复至调整规划之前的状态，则需要投入更多的人力、物力、财力，不仅不利于国家利益、社会公共利益，对于个人利益，也处于长期得不到保护的状态，实际上仍然是一种侵害，并且不符合诉讼经

济原则。但如果适用确认违法判决，那么虽然维持了行政行为的效力，实际上是权衡了各方利弊以后采取的最优处置。

从实质解决行政争议的宗旨出发，在选择适用确认违法判决，强调保护原告合法权益的同时，适当将善意第三人的利益纳入裁量因素，对行政相对人的合法权益起到应有的保护。“利益衡量的最终结果应尽可能最大限度地满足各种相关利益要求，在就冲突的利益主张给出的妥协方案中，应在确保优位利益的同时把让位利益的牺牲程度降低到最小限度。也就是说，法律应该促进相关利益的最大化整合，或者保证在对某些重要利益的维护与对其他相关利益的最小牺牲之间寻求并接近最佳的平衡点。只有这样，才能获得一个比较合理的、具有说服力的、可以接受的利益衡量决策，即便在如何接近这种利益整合状态的细微问题上仍然可能存在一个不同意见。”将善意第三人的合法权益纳入情况判决的考量范围是司法实践的需要，也是新时代法治理念的需要。如《最高人民法院关于审理房屋登记案件若干问题的规定》第 11 条第 3 款规定：“被诉房屋登记行为违法，但判决撤销将给公共利益造成重大损失或者房屋已为第三人善意取得的，判决确认被诉行为违法，不撤销登记行为。”《民法典》中也有关于“善意第三人”的合法权益的保护，目的在于维护社会交易的稳定性和安定性，亦应属于“公共利益”的范畴。在司法实践中，亦有相应的案件在判决时适当考虑善意第三人的合法权益，如曾某森、温某华与广州市国土资源和房屋管理局房屋行政登记一案[①]，最高人民法院审查认为本案被诉的首次转移登记行为违法，但涉案房屋已由曾某森善意取得，如果撤销首次转移登记行为，取消曾某森善意取得的房屋所有权，不仅会损害善意第三人的合法权益，而且违反法律规定的房屋登记的审查认定标准，影响商品房市场相关交易规则的确立，势必破坏交易秩序，将给社会公共利益造成重大损害，故本案确认被诉登记行为违法但不予撤销，亦符合《行政诉讼法》第 74 条第 1 款第 1 项的规定。

（二）严格遵循正当程序，统一裁判标准与尺度

行政程序正当性之所以为法治国家所有，是因为行政程序正当性蕴含着若干基本价值，而这些基本价值在相当程度上构成了法治国家立国之基石。这些基本价值是尊严、平等、秩序、公正和效率。[②] 在行政程序的设计中，理

① 最高人民法院（2018）最高法行再 165 号行政判决书。

② 章剑生：《行政程序正当性之基本价值》，载《法治现代化研究》2017 年第 5 期。

性原则的中心任务是通过促使行政过程中选择和决定的理性化，以防止行政机关的武断、恣意、专横或反复无常。实际上，只要是违反法定程序，无论是轻微违法还是严重违法，无论是程序违法还是实体违法，都会在不同程度上削弱法定程序这一原则，并或多或少地对当事人合法权益造成损害。从程序法定原则出发，这些在法律上以及司法实践中均应给予负面评价。因此，对于程序轻微违法，但对权利不产生实际影响的行政行为，应严格按照《行政诉讼法》的规定，予以确认违法，而非以程序瑕疵、其他瑕疵为由在裁判文书中予以指正后，判决驳回原告的诉讼请求。防止司法已经认定行政程序存在问题，哪怕是轻微的程序违法，但是仍驳回原告的诉讼请求，造成行政程序有问题，相对人仍要承担不利后果的观感。对于行政行为的其他瑕疵，如笔误、内容上的瑕疵等，这些属于行政机关可以采取有效措施治愈的，要探索建立健全行政行为自我纠正制度，通过补正程序来解决其他瑕疵问题。

从《行政诉讼法》修改后最高人民法院的相关裁判中，对处理上述问题我们亦可以得到一定的启发。如在刘某军、金某艳诉中华人民共和国财政部行政复议一案[①]中，最高人民法院认为，“根据《中华人民共和国行政诉讼法》第69条规定，行政行为证据确凿，适用法律、法规正确，符合法定程序的，判决驳回原告的诉讼请求。据此，行政诉讼判决驳回原告诉讼请求的法定条件并非原告诉讼请求不成立，而是被诉行政行为完全合法。如果被诉行政行为结果正确，但是理由不当，撤销重作又将会大量浪费行政复议和行政诉讼资源，严重损害国家利益、公共利益的，人民法院应当依照《中华人民共和国行政诉讼法》第74条第1款第1项规定，判决确认被诉76号复议决定违法，保留效力，而不是判决驳回原告诉讼请求”。归根结底，对于违法的行政行为采用何种判决方式，是判决撤销还是确认违法，既要考虑司法与行政的分工，又要兼顾实质性化解行政争议的实现。依照《行政诉讼法》的规定和立法本意，我们可以看出，判决驳回原告诉讼请求的判决适用的前提是行政行为完全合法，包括实体上和程序上均符合法律规定，否则，一旦进入诉讼程序，在法律有明确规定行政程序顺序、期限、方式等情形下，行政行为符合程序轻微违法但对原告的权利不产生实际影响的情形，则应严格依照法律的规定予以确认违法。

---

① 最高人民法院（2020）最高法行申9332号行政裁定书。

（三）坚持合法性审查，明确请求权的确认利益

行政诉讼以行政行为合法性为中心的审查模式，对行政行为的合法性审查坚持全面审查原则，不仅要审查其实体是否正确，还要审查作出是否符合法定程序的要求。法院作出司法裁判不受当事人诉讼请求的限制，这一点上确认违法判决更为明显。

1. 坚持以行政行为合法性为审查中心

在行政诉讼中，为实现监督行政机关依法行政的目的，法院不仅审查行政行为的结果是否正确，是否符合法律规定，还会对行政行为的作出主体是否有相应职权、认定事实是否清楚，证据是否确实充分，适用法律是否正确、作出程序是否合法等进行全面的审查。基于全面审查原则，法院裁判结果并非是简单的对当事人诉讼请求的回应，还包括对行政行为合法性的判断，因行政行为的合法性和有效性并不等同，所以会出现与当事人诉讼请求不一致的现象。基于对当事人合法权益的保护，《行政诉讼法》第76条对确认违法判决作了补充的规定，规定了同时判决责令采取补救措施，承担赔偿责任。但法院判决被告采取补救措施或者承担赔偿责任，该项判决可能并不在原告的诉讼请求之中，而是法院基于行政行为的违法属性给予原告的一种权利的补救。虽可能不属于当事人的请求范围，但是符合法律规定，符合对当事人权利的救济，应当成为当事人诉讼请求的必要内涵或者合理延伸。法院在此种情形下，要承担起司法应当承担的责任，要在尊重和判断当事人的诉讼请求的前提下，结合法律、法规、司法解释等的规定以及相关的政策，酌情参考最高人民法院指导案例等，在具体的案件中对原告的诉讼请求作出全面正确的理解，并在政策允许的范围内适当进行延展，本着实质化解行政争议的目的，最终选择合适的判决方式，作出适合的判决内容。“一种利益获得法律保护而导致另一种利益的牺牲在实际生活中有时确实是一种无奈，但是法院如果能够给出一个行政争议妥当性解决的方案，这或许可以消解当事人的一些无奈。”[①] 对原告的诉讼请求，原告可能并不熟知法律规定，因此其诉讼请求可能不能全面反映其真实的要求，在司法程序中，法官应该对原告的诉讼请求进行审核，了解其真实的诉求，并且向原告释明，引导其表达其全面真实的诉讼请求。这样才能真正地实现在一个案件中，当事人可以真正解决其具体问题，而非因诉讼请求的不完全而使当事人陷入一个又一个的诉

① 章剑生:《论利益衡量方法在行政诉讼确认违法判决中的适用》，载《法学》2004年第6期。

讼中。司法更应关注的是依据法律通过司法转化为实际适用后产生的实质上的社会效果，而并非简单的法律条文和具体案件、具体诉讼请求简单的完全契合。

2. 明确请求权的确认利益

基于请求权分析的基本方法，就是当事人向法院提出某项诉讼请求，以及法院审查当事人的诉讼请求时，均需以该项请求具备规范基础并证成其构成要件之具备，作为准备提起诉讼之要件，而法院亦须以此作为裁判之标准，甚至可以作为举证责任分配之依据[①]。依据行政行为全面审查原则，确认违法判决中可能出现的诉判不一致，并不意味着法院不需要对原告的诉讼请求进行审查，即提起行政诉讼仍然必须有需要保护的诉的利益。

在最高人民法院相关案例中，明确了行政诉讼起诉条件之“诉的利益”如何理解和界定，裁判文书主文说理部分指出：“当事人提起行政诉讼应当具有诉的利益，否则起诉就不具备合法的诉讼要件。所谓诉的利益，就是当事人向法院提出的诉讼请求，具有必须通过法院审理并作出判决予以解决的必要性和实效性。其中必要性是指有无必要通过本案判决解决当事人之间的纠纷；实效性是指通过本案判决能否使纠纷获得实质性解决。”[②]行政诉讼旨在保护当事人的合法权益，当事人提起行政诉讼，首先要有需要法律保护的诉的利益，如果不考虑诉的利益的话，可能对当事人因发泄私愤、给行政机关施压或者引发社会关注等原因大量、多次、重复提起的诉讼无法进行有效规制，造成司法资源的浪费。诉的利益属于诉讼的要件，法院对当事人提起的诉予以审理并进行实体裁判的前提是当事人提起之诉具有诉的利益。反之，法院就应当予以审理并作出判决，如果没有诉的利益，就不予审理。

我国《行政诉讼法》中关于继续确认之诉的规定中并未体现对原告请求权的限制，对于被告改变原违法行政行为，原告仍要求确认原行政行为违法的，采取确认违法的判决方式，可能引发滥诉或者无意义诉讼。对此我们可以对当事人的诉的利益进行审查确认，只有需要保护的诉的利益时，才可以提起诉讼，否则不予受理。在继续确认之诉案件中，可以设置对当事人诉的利益的审查，即首先应审查当事人要求保护的合法权益是否可能受在先违法的行政行为损害，如果当事人不能提供有效证据证明其合法权益因在先违法

---

① 周志刚、杜阳：《论行政裁判中的请求权方法》，载《政治与法律》2021 年第 2 期。

② 最高人民法院（2017）最高法行申 3090 号行政裁定书。

行为可能受到侵害或者持续受到侵害，则其提起的诉讼不符合起诉条件；其次，当事人提起继续确认之诉要求保护的权益是否是正当的；最后，要判决该权益是否有保护的必要。如属于权利滥用，诉讼意图并非为了权益保护的，诉讼无效率、无意义等情形的话，则欠缺一般权利保护必要的类型，应予驳回。

（四）依法能动适用，实质解决行政争议

人民法院要衡平司法谦抑与主动作为，在坚守依法审判的底线思维和以人民为中心的行政审判观的前提下，充分发挥确认违法判决方式对行政机关依法行政的监督和对公民、法人或者其他组织的权利保障作用，同时推进行政审判理念现代化，发挥司法能动性，实质性解决行政争议。

1. 坚持公正与效率相结合，防止程序空转

一方面要坚持程序正义，另一方面要考虑司法效率价值，兼顾诉讼经济，以实现保障当事人权益的最大化。司法应摒弃条文主义的机械的司法观，不要将完善行政程序全部寄托于行政程序立法上，而应充分发挥主观能动性，从行政诉讼的目的出发，解决司法实践中的诸多鲜活生动、复杂多样的难题。在司法实践中，对于行政行为违法应予撤销，但是结论正确，行政相对人对行政行为不服提起行政诉讼，经审查确实撤销的话没有实际意义，并且如果作出撤销判决，行政行为被撤销后，行政机关在此经过行政程序后，弥补程序上的违法问题、可能改变理由或者依据等，重新作出一个与之前结果一样的行政行为，最终可知行政相对人仍是不服的，在之后的行政行为作出后，行政相对人还是要进行起诉。在这一处理程序中，行政机关经过了两次行政程序运行，作出两次结论一样的行政行为，耗费了有限的行政资源，甚至如果这种情形长期出现的话，行政机关会作出很多重复劳动，陷入案件循环中；司法机关也是一样，审理完一个行政案件，但是没有实质性解决问题；对于行政相对人而言，面对法院的撤销判决，寄希望于行政机关重新作出的行政行为能够改变之前行政行为的结果，但实际上经过又一次的等待，仍是一样的结果，再次诉至法院。实际上，经过两轮甚至多轮的行政诉讼，当事人陷入一个又一个案件中，无法自拔并且解决不了实际问题。行政机关案件数量增多，亦只能疲于应对。法院表面上审结了一件又一件的案件，但是没有达到应有的案结事了的结果，反而行政机关和当事人对裁判结果均不满意，在这个过程中没有实质性解决行政争议，反而使行政机关和行政相对人的矛盾

更加激化，其实是与司法目的相违背的。

在此种情形下，如果适用确认违法判决，确认行政行为的违法性，维持行政行为的效力，这样使针对这个行政争议，经过司法的一次处理就得以解决，行政机关不需再次经过行政程序，相对人也可以在一次诉讼中即获知最终的结果，一定程度而言，给当事人以确定的裁判结果，使其免于陷入不断的诉累中，也是实质性解决行政争议的体现。对于节约有限的行政资源和司法资源而言，也是大有裨益。如在政府信息公开行政案件中，对于相对人申请的信息，行政机关经检索并不存在，作出政府信息不存在告知。相对人诉至法院，在诉讼期间，行政机关并未依照法律的规定提交相应的检索证据，在这种情况下，按照法律的规定视为行政机关没有进行检索，作出信息不存在告知没有证据支持，属于应予撤销的行政行为。但是，如果经过法院对案件事实的全面调查和审理，能够确定依照现有规定或者现有情况，行政机关确实不会存在相对人申请的信息，那么法院简单地依照法律的规定予以撤销，实际上并没有多大的意义，行政机关无非是再次作出信息不存在告知，并将检索程序相关的证据补齐，对于相对人而言，其仍旧是没有获得其想申请获取的信息，而且在行政程序和司法程序中来回转化。形式上，相对人似乎胜诉了，所诉的政府信息不存在的告知被法院撤销了，而实质上，撤销对于相对人的根源诉求，即要求公开相关信息，并没有起到有效的作用。此时，如能通过能动地适用确认违法判决，并在理由部分予以充分说明之所以确认违法而不予撤销的司法考量，相信对于相对人而言，通过判决明白其申请的信息确实不存在，亦能够体会到法院如此判决的权益考量，从而提高判决的可接受程度，而且也防止了一遍又一遍程序的无意义空转。从某种程度上讲，防止程序空转，提高司法、行政处置效率，减轻当事人诉累是解决争议的一个重要组成部分。但是对于行政机关的违法问题，要通过发送司法建议、司法白皮书等多种方式予以严肃指出，监督行政机关整改，有效发挥司法对行政的监督作用。

2. 有效判决补救，衡平司法谦抑与主动作为

确认违法判决确认了行政行为的违法属性，为相对人获得行政赔偿提供了基础，但赔偿问题不解决，确认违法判决中行政争议的隐患将一直存在。在实质性解决行政争议的要求下，应一次性全面解决行政争议。所以，对于确认违法判决，不能一确了之，应该结合具体个案事实和证据，能动司法，探索在确认违法判决中，在需要予以赔偿或者补偿的情形下，一并作出补救判决，争取实现在一个案件中一次性解决行政争议，防止让当事人重新提起行政赔偿诉讼，再次因同样的行政违法行为陷入又一次的诉讼中。

同时，坚持形式法治与实质法治的统一，深入行政实体法律关系内部，识别并解决当事人的真实利益诉求，既关注行政行为的合法性和合理性，又注重对当事人维权动因的关切和回应，在维护秩序的同时，完成对行政法律关系的整体修复。法院在选择适用确认违法判决的同时，应在行政机关的职责和范围内作出责令行政机关弥补欠缺的补救措施，并且要尽可能地明确补救措施的内容、期限等要求，使判决更具有可操作性及后续的可执行性。以此来弥补因程序问题给相对人造成的损失。如在政府信息公开案件中，行政机关公开的信息中涉及商业秘密、个人隐私或者其他不应公开的信息，法院确认违法后，可以同时判决行政机关期限内删除已经公开的信息或者采取技术手段隐去个人隐私信息，及时消除不利影响。或者通过司法建议的形式，提高行政机关对正当程序原则的重视，以此达到一方面促使行政主体树立程序观念，依法定程序行使职权的目的；另一方面，这也助于慰藉、平息行政相对人在确认违法判决中的不满情绪，缓和行政机关和相对人之间的矛盾，体现法律的公平公正。

3. 强化法官释法，充分发挥审判智慧

“既然社会秩序意味着根据一些规则来调节冲突，那么避免敌对的状态就是社会秩序的一个标志。”[①] 为了确认违法判决中缓解诉判不一致造成的相对人对司法裁判的不理解、不配合问题，法院在司法审查之初就有义务通过诉讼指导等方式，向原告释明，如针对事实行为，原告申请撤销，或者行政行为违法，但是并没有可撤销内容等，告知其坚持撤销的法律后果，引导原告确定确认违法的诉讼请求，只在最终的司法裁判中予以说明，将可能出现的诉判不一致问题解决在行政诉讼之初，从而提高裁判结果的接受度而非一味地埋头审理。行政行为被确认违法，但是当事人并不能基于确认违法判决使行政机关改变行政行为，在诉讼中，原告和被告的行政争议并没有因为行政行为被法院确认违法而实质性解决。因此在确认违法判决作出前，法院经审查如认为行政行为存在程序轻微违法，可以提前与行政机关及行政相对人沟通交流，缓解双方矛盾，消解对立情绪，尽可能地协调各方利益，促使相对人和行政机关之间能够达成和解，最终达到实质性化解行政争议的目的，真正

---

① ［美］E. A. 罗斯：《社会控制》，秦志勇、毛永正译，华夏出版社 1989 年版，第 2 页。

解决相对人面临的实际问题，实现案结事了。实践中，促使行政机关和行政相对人达成和解一方面更有利于行政争议的实质性化解，使行政纠纷的解决更公平高效，比单纯地进行确认违法判决产生更积极的社会效果；另一方面也节约了行政成本和司法资源，同时也避免确认违法判决的顾此失彼，更容易被当事人所接受。这就要求我们的法官充分发挥审判智慧，用确认违法判决形式增强行政程序刚性约束的同时多元、高效化解行政纠纷，维护当事人的合法权益。

确认无效判决的司法适用

一、适用条件

（一）适用依据

2014 年修正的《行政诉讼法》以法律的形式第一次全面承认了“行政行为无效”这一法律概念，并确定了其基本的边界。该法第 75 条规定：“行政行为有实施主体不具有行政主体资格或者没有依据等重大且明显违法情形，原告申请确认行政行为无效的，人民法院判决确认无效。”《行诉法解释》第 94 条、第 99 条又对确认无效判决的适用作出了具体规定。

理论上认为，根据行政行为错误和违法程度的不同，违法行政行为分为轻微违法、一般违法和重大明显违法。[①] 所谓重大明显违法，是指行政行为存在一般正常的有理智的人都足以判断的违法性。[②] 早在行政法理论初创时期，奥拓·迈耶即提出了类似行政行为无效的概念。[③] 现行政法学界通说认为，“行政行为无效的后果是行政行为自始不发生法律效力，也永远不发生法律效

① 姜明安主编：《行政法与行政诉讼法》，北京大学出版社、高等教育出版社 1999 年版，第 235 页。

② 江必新：《中华人民共和国行政诉讼法理解适用与实务指南》，中国法制出版社 2015 年版，第 279 页。

③ 吴庚：《行政法之理论与实用》，中国人民大学出版社 2005 年版，第 251 页。

力”。所以经确认无效的行政行为，自始无效、永远无效、对任何人均无效。[①]

学理上认为行政行为有两种合法的情况：推定合法和实质合法，好似行政行为合法的两副面庞。前者是指“行政行为一经作出，除无效的情形外，即应推定其合法有效，任何个人、组织以及其他国家机关，皆需尊重之。如果相对人认为该行政行为不合法或不正当，也只有通过行政复议或者行政诉讼等法定程序申请撤销。如直接违抗，可能构成治安处罚法或者刑法上的‘妨害公务’”，此即行政行为的公定力。[②]后者是指只有行政行为满足了所有的实体和程序合法要件，包括行政主体职权合法、证据确凿、适用法律正确、程序合法等，才是真正合法。[③]

之所以承认行政行为具有公定力，主要源于承认国家意思的优越效力，源于国家的权威性。从目的论角度来讲，行政机关代表国家主动、积极地执行法律，如果人人可在执行之时即以该行为不合法而提出质疑、不予配合，甚至公然违抗，执行法律则是一句空话。从实际层面来讲，行政机关作为庞大的国家机器，相对于单个公民而言，无论人力、物力、专业水平方面皆有很大优势。单个公民在实际中予以抵抗，多是“以卵击石”，最终难免得不偿失。从法治角度论，现代国家将私力救济限定在极小的范围内。行政机关作为执法者实现行政目标，若公民对其持有异议，可依照法律设定途径寻求救济，不能自行非议、抵抗。由于无效行政行为是行政行为推定合法的例外，即无效的行政行为不具有公定力、执行力等法律效力，从而在否定行政行为合法性的制度设计上，虽然仍以复议、诉讼等法定救济途径为主，但也存在对无效行政行为拒绝权、抵抗权的理论与制度设计。[④]

（二）具体条件

《行政诉讼法》第75条以“原则＋列举”的方式，采取了“重大且明显违法说”这一学说。即行政行为存在重大且明显违法时，才可认定为无效。所谓“重大”是就行政行为的内部要素而言的，即行政行为直接违反了行政

① 江必新：《中华人民共和国行政诉讼法理解适用与实务指南》，中国法制出版社2015年版，第279页。

② 沈岿：《行政行为公定力与妨害公务——兼论公定力理论研究之发展进路》，载《中国法学》2006年第5期。

③ 参见《行政诉讼法》第69条。

④ 抵抗权理论参见陈新民：《德国公法学基础理论》，法律出版社2010年版，第14章“国民抵抗权的制度与概念”；何海波：《公民对行政违法行为的藐视》，载《中国法学》2011年第6期。

法基本理念与原则，行政行为的实施将给当事人权益带来重大影响；“明显”则是就行政行为的外观要素而言的，即行政行为的违法性已经明显到任何人都能作出判断的程度。[①] 此后，《行诉法解释》第94条、第99条对确认无效判决的适用作出了具体规定。结合上述规定，除了“重大且明显违法”之外，确认无效判决具体包括以下具体适用条件。

1. 实施主体不具有行政主体资格

根据《行政诉讼法》的规定，行政主体分为行政机关和法律、法规、规章授权的组织，上述主体可以依法行使行政管理职能，以自己名义作出行政行为并独立承担法律后果。此处所指的“不具有行政主体资格”指的是完全不具有行政主体资格的情形，区别于有行政主体资格但无相应职权的情形。如果有行政主体资格，但无相应职权的，应认定为“超越职权”。[②] 就行政机关而言，行政主体资格的判断主要看是否有法律规定和是否有编制。[③] 所以，一个行政机关行使了另一个行政机关的职权，或者下级机关行使了上级机关的职权，都属于“超越职权”，而并非“不具有行政主体资格”。就授权组织而言，其行政主体资格来源于法律、法规、规章的授权，即授权组织在行使上述规范授权时，具有行政主体资格，在此授权之外，并没有行政主体资格。所以，授权组织超出该授权范围作出行政行为，该行政行为应被认定无效。[④] 这一点和行政机关有所区别。

2. 没有法律规范依据

此处的“法律规范”，既包括法律、法规、规章，也包括规范性文件。“没有依据”，首先是没有任何规范依据，包括以上各种形式的依据都没有。其次是虽然有规范性文件作为依据，但该规范性依据与上位法直接、明显抵触，视为没有依据。[⑤] 规范性文件超出立法权限立法，或者规范性文件直接、

---

① 参见最高人民法院（2022）最高法行再509号行政判决书；章志远：《行政行为无效问题研究》，载《法学》2001年第7期；王贵松：《行政行为无效的认定》，载《法学研究》2018年第6期。

② 江必新、邵长茂：《新行政诉讼法修改条文理解与适用》，中国法制出版社2015年版，第280页。

③ 最高人民法院行政审判庭编著：《最高人民法院行政诉讼法司法解释理解与适用》，人民法院出版社2018年版，第457页。

④ 最高人民法院行政审判庭编著：《最高人民法院行政诉讼法司法解释理解与适用》，人民法院出版社2018年版，第457页。

⑤ 最高人民法院行政审判庭编著：《最高人民法院行政诉讼法司法解释理解与适用》，人民法院出版社2018年版，第457页。

明显与上位法抵触，均属于上述情形。例如，规范性文件设置了限制人身自由的处罚措施，违反了《立法法》《行政处罚法》的立法权设置，又如，上位法针对某项行为已经设置了处罚种类，下位规范又另行增加的。最后需要注意的是，《行诉法解释》将该种情形限于“减损权利或者增加义务”的行政行为，即负担行政行为，授益行政行为则不在此列。

3. 内容客观上不能实施

《行诉法解释》增加了此种情形，即行政机关的行为内容对任何人均属于不能事项。[①] 至于“不能实施”的原因，则非常多样，综合起来主要有以下几种情况：（1）事实上的原因（或客体）不能，如行政机关要求拆除的违建当时已经灭失；（2）法律不能，如房屋登记或者行政许可颁发时，权利人已经死亡；（3）实现不能，如行政机关对相对人课以义务，但履行义务的时限过短，不可能完成；（4）内容不清晰，如征收内容、范围不明确的征收决定；（5）内容属于违法、犯罪行为或者违背风俗习惯。关于内容上客观不能实施，国外亦有立法例。如《联邦德国行政程序法》第44条第2款规定：行政处分因事实上之理由，任何人皆不能实行者；行政处分所要求之行为，构成刑罚或罚锾之违法行为者；行政处分违背善良风俗者，皆无效。[②]

4. 其他重大且明显违法的情形

除了上述无效情形之外，通说认为其他情形包括：（1）以书面形式作出但无法判断作出机关的。（2）应当通过颁发许可证书、特定证件方式作出的，但没有遵守形式规定，如房屋所有权登记行为并未通过房屋所有权证作出。[③]（3）无法实现行政行为的目的，如县政府颁发《宅基地使用证登记卡》上宅基地的长和宽及四至存在明显的涂改行为，无法确定具体内容、涂改的时间及理由。因此，行政行为已经无法起到确定权属、明确边界的行为目的，属于重大且明显违法的情形，应当认定为无效行政行为。[④]（4）违背重要法律原则，如在一起婚姻登记案中，法院认为冒用他人身份证信息办理结婚登记，

---

① 最高人民法院行政审判庭编著：《最高人民法院行政诉讼法司法解释理解与适用》，人民法院出版社2018年版，第457页。

② 章志远：《行政行为无效问题研究》，载《法学》2001年第7期。

③ 最高人民法院行政审判庭编著：《最高人民法院行政诉讼法司法解释理解与适用》，人民法院出版社2018年版，第457页。

④ 山西省晋城市中级人民法院（2016）晋05行初12号行政判决书。

不仅违背了结婚必须男女双方完全自愿原则，且造成结婚当事人身份关系混乱，故该婚姻登记行政行为存在重大且明显违法情形，当属无效。[①]（5）法律规定的情形，如《行政处罚法》第38条第2款规定，违反法定程序构成重大且明显违法的，行政处罚无效。

5. 行政协议适用的特殊条件

2014年《行政诉讼法》修改时将行政协议纳入了行政诉讼受案范围，但在民事法律是否可以适用方面并未明确。具体到行政协议效力而言，众所周知，协议是否有效决定了当事人是否应当履行，以及违约之后的责任认定，是协议争议案件审理的先决问题和关键。《行政协议司法解释》明确了行政协议效力认定依据的"双法"模式。依据《行政协议司法解释》第12条，行政协议存在《行政诉讼法》第75条规定的重大且明显违法情形的，人民法院应当确认行政协议无效。人民法院可以适用民事法律规范确认行政协议无效。

依据上述规定，行政协议与单方行政行为类似，存在重大且明显违法情形的，应当确认无效。[②]具体情况如下：（1）签订行政协议的一方不具有行政主体资格。行政协议是行政机关为了实现行政管理或者公共服务目标的一种手段，自然在签订主体上需要有一方是具有行政主体资格的机关。（2）没有法律规范依据。具体到行政协议领域，行政机关通过协议的方式达到行政目的，尤其是受益性的行政活动，并非必须由法律规定。这里的法律并非指可以适用协议的具体法律条文，毋宁是基于行政职权（组织法）和行政法原则所确立的法律规范。所以，违背公共利益和行政目的订立合同，则属于没有法律依据的情形。同时，按照事件性质或法律、法规明确规定某种情形不能订立协议，也属于此种情形。例如，行政机关与其他主体违法将处罚实行外包，约定特定的罚款额度的"协议"。（3）内容客观上不能实施。此种情况与前述的行政行为类似，包括事实上、法律上、实现可能方面的不能，也包括违背善良风俗、内容导致违法犯罪等。

鉴于行政协议兼具"行政性"和"协议性"，确认协议效力也可以适用民事法律规范。《民法典》第一编第六章第三节、第497条、第506条规定了合

① 安徽省霍邱县人民法院（2016）皖1522行初41号行政判决书。

② 参见最高人民法院行政审判庭编著：《最高人民法院关于审理行政协议案件若干问题的规定理解与适用》，人民法院出版社2020年版，第181~186页。

同无效情形，主要有以下几种：[1]（1）违反法律、行政法规的强制性规定。从《民法典》第153条的规定来看，一般认为此处的强制性规定是指影响合同效力的强制性规定，行政法上管理性规定不属此列。因此，民法通说认为法律、行政法规规定办理批准手续的规定对于民事合同而言属于管理性规定，所以不必然导致合同无效。但在行政协议效力的判断上，公法所规定的批准程序对于行政协议而言，并非均属于管理性规定，需要根据规定的具体情况予以判断。（2）违背公序良俗。公序良俗包括公共秩序、善良风俗两个方面，公共秩序是法律框架下的规范秩序，而善良风俗则是社会道德伦理规范。（3）恶意串通，损害他人权益。恶意串通是指行为人与相对人互相勾结，为谋取私利而实施的损害他人合法权益的民事法律行为。此处的“恶意”是指明知且有损害他人的意图，“互相串通”是指主观上存在意思联络，客观上存在配合行为，“他人权益”包括国家、集体和第三人合法权益。（4）造成对方人身伤害的免责条款；因故意或者重大过失造成对方财产损失的免责条款。免责条款作为立法对契约自由过度扩张的限制，避免强势主体侵害合同弱势方。[2]上述民事合同无效的规定，可以适用于行政协议效力的认定上。

值得注意的是，在审理行政协议案件时，民法规范和行政法规范对法院的适用顺位是不同的。根据《行政协议司法解释》第12条、第27条，前者是“可以”适用，后者则是“应当”适用。最高人民法院在翟某诉海棠区政府安置补偿协议一案中强调，“一、二审判决在行政诉讼法和行政法律规范有相应的判断标准的情况下，援引合同法第52条规定判决确认2015年补偿协议无效不妥，予以指正”。[3]也就是说，在行政协议诉讼中，民事法律规范不是首先考虑应予适用的规范，应当首先适用行政法律规范；行政法律规范没有规定的，在不违反行政协议目的和行政法基本原则的情况下，可以参照民事法律规范。

① 参见程琥：《行政协议案件判决方式研究》，载《法学研究》2018年第6期；最高人民法院民法典贯彻实施工作领导小组主编：《中华人民共和国民法典总则编理解与适用》，人民法院出版社2020年版，第754~777页。

② 最高人民法院民法典贯彻实施工作领导小组主编：《中华人民共和国民法典合同编理解与适用（一）》，人民法院出版社2020年版，第326~329页。

③ 最高人民法院（2017）最高法行申5250号行政裁定书。转引自最高人民法院行政审判庭编著：《最高人民法院关于审理行政协议案件若干问题的规定理解与适用》，人民法院出版社2020年版，第563页。

二、适用现状和主要问题

在搜索的近百份适用确认无效判决的判决书样本中，行政协议案件、婚姻登记案件占比较高，不动产登记案件也有一定比例。此外，还有一部分行政处罚案件。基于对搜索的案例分析，发现问题主要集中在起诉期限的适用、无效判决与撤销判决的适用和转换、民事规范和行政规范的交织三个方面。

（一）起诉期限的适用存在争议

学理上认为，无效行政行为不受起诉期限限制，因为无效行政行为是自始无效、当然无效，不因时间的经过而生效。与之相关的人，可以对之置之不理，也可以在任何时候请求确认该行为无效。[①] 也有观点认为，尽管学理上存在无效行政行为不受起诉期限限制的讨论，但在法律没有明确规定的情况下，法官判案只能依据法律规定，请求判决确认行政行为无效也不例外，应当在法定期限内起诉。[②]

争议的根源在于法律规定与法理认识之间存在的差距。起诉期限是一项法定的起诉条件，应该具有法律依据。法律方面，《行政诉讼法》修正时无效行政行为是否受起诉期限的限制并未明确。《行政诉讼法》虽然规定了确认无效判决方式，但并未在第 46 条规定的一般起诉期限规则之外另行设立例外情况，也就是说，确认无效之诉的起诉期限应包含在一般起诉期限规则内。

全国人大常委会法工委的释义中解释说，“从法理上讲，确认无效诉讼应当不受起诉期限的限制……这里未作出明确规定，主要考虑确认无效判决还是一项新制度，需要司法实践积累经验，有关起诉期限先可由司法解释来作出规定”。[③] 但《行诉法解释》对该问题仍未作出明确规定。

主张无效之诉不受起诉期限限制的观点，也是出于在法理前提下的条文推理解释。该观点认为，根据《行诉法解释》第 94 条第 2 款的规定，可以得出起诉行政行为无效不受起诉期限限制的结论。该款规定：“公民、法人或者其他组织起诉请求确认行政行为无效，人民法院审查认为行政行为不属于无效情形，经释明，原告请求撤销行政行为的，应当继续审理并依法作出相应

① 江必新、邵长茂：《新行政诉讼法修改条文理解与适用》，中国法制出版社 2015 年版，第 280 页。

② 郭修江：《行政诉讼判决方式的类型化——行政诉讼判决方式内在关系及适用条件分析》，载《法律适用》2018 年第 11 期。

③ 袁杰主编：《中华人民共和国行政诉讼法解读》，中国法制出版社 2014 年版，第 208 页。

判决；原告请求撤销行政行为但超过法定起诉期限的，裁定驳回起诉；原告拒绝变更诉讼请求的，判决驳回其诉讼请求。”如果撤销之诉和确认无效之诉均受起诉期限限制的话，则没有必要单独强调“原告请求撤销行政行为但超过法定起诉期限的，裁定驳回起诉”，因为请求确认行政行为无效的情况，也会因为超过法定起诉期限而裁定驳回起诉。所以，只有确认行政行为无效不受起诉期限限制，该种规定才有意义。进而言之，《行诉法解释》第162条也佐证了上述推理。该条规定，公民、法人或者其他组织对2015年5月1日之前作出的行政行为提起诉讼，请求确认行政行为无效的，人民法院不予立案。而《行诉法解释》于2018年施行，一般而言，2015年之前的行为多已超过法定起诉期限，如果不是认可确认行政行为无效之诉无起诉期限限制的话，专门规定新法施行之前确认行政行为无效之诉不予立案，亦无必要。当然，上述法律推理并非严格的逻辑推理，而是在探求司法解释的“言外之意”。但立法之时究竟是如何讨论、定夺，上述推理是否与立法意见契合，则不得其详。这也是主张行政行为无效不受起诉期限限制的观点在实定法上无法排除异议的原因。

而在法理层面，核心观点认为无效行政行为自始无效，故而行政行为无效不受起诉期限限制。例如，全国立法工作机构的法律释义读本中即认为，“行政行为无效是自始无效，无需法院作出无效判断后才没有效力。当事人可以不受行政行为约束，不履行行政行为。……从法理上讲，确认无效诉讼应当不受起诉期限的限制，能随时提出”。[①] 在最高人民法院的司法解释适用读本中对《行诉法解释》第94条第2款论述时，也表达了类似的观点，认为“确认无效诉讼和撤销诉讼的重大差别就在于确认无效诉讼没有起诉期限的限制，而撤销诉讼存在起诉期限的限制”。[②] 加之国外立法例也有类似规定。根据大陆法系国家的实践，确认无效之诉不受诉讼时效的束缚，即当事人可以在任何时候向法院提出无效确认的请求。例如，《葡萄牙行政程序法》第134条规定：任何利害关系人可随时主张行政行为无效；任何行政机关及法院也可随时宣告行政行为无效。[③]

所以，法理和法律规定的差距，导致在司法实践中法院对于确认无效之

① 袁杰主编：《中华人民共和国行政诉讼法解读》，中国法制出版社2014年版，第208页。

② 最高人民法院行政审判庭编著：《最高人民法院行政诉讼法司法解释理解与适用》，人民法院出版社2018年版，第438页。

③ 转引自章志远：《行政行为无效问题研究》，载《法学》2001年第7期。

诉是否受起诉期限限制采取的观点并不一致。归根结底，在于缺少法律条文的支撑，从而引起法律适用层面的争议。

（二）确认无效判决与撤销判决的混同

从理论和法律规定来看，行政行为重大且明显违法的，适用确认无效判决方式；除了重大且明显违法外的其他违法情形，适用撤销之诉。但是，违法严重程度——重大违法、一般违法或轻微违法标准并不十分详尽，界限并不明确，操作中难免存在“灰色”的过渡地带，加之类型化不足，实际上无效和可撤销之间的界分并非泾渭分明，从而导致实际司法审判中法院在确认无效判决和撤销判决的选择及认定上，更多的是倾向于考量原告的诉讼请求而并非被诉行政行为的违法程度，导致确认无效之诉和撤销之诉在司法实务中适用标准并不统一，显现出混同的局面。

1. 无效之诉与可撤销之诉的具体判断标准的混同

如在某确认房屋征收补偿决定无效案中，一审法院在审查《行政诉讼法》第 75 条规定的“重大且明显违法”情形时，认为根据《国有土地上房屋征收与补偿条例》第 26 条，被告县政府是法律法规明确规定的作出征收补偿决定的行政主体，有权作出房屋征收补偿决定。此种认定明显不属于“行政行为实施主体不具有行政主体资格”的判断，而属于《行政诉讼法》第 70 条中行政机关是否存在“超越职权”情形的判断，混同了具体的判断标准。

2. 无效之诉与可撤销之诉的审查范围的混同

例如，在某确认房屋征收补偿决定无效案中，一审法院曾认为被诉行政行为不属于法律规定的无效情形，并依法向原告释明，原告拒绝变更诉请，仍要求确认本案征收补偿决定无效。但二审法院在认定一审法院判决驳回原告确认被诉行政行为违法的诉讼请求并无不当后，又对被诉行为的合法性进行了审查，认为被诉征收补偿决定认定事实清楚，程序合法，适用法律正确。也就是说，二审法院对于被诉行政行为是否存在无效和可撤销的情形均进行了审查，实际上扩大了案件的审查范围。

3. 无效之诉与可撤销之诉转换程序的“虚置”

在某确认行政协议无效案中，原告在一审庭审过程中表示，如果被诉协议不属于无效情形，变更诉讼请求为撤销该协议。在一审、二审审理过程中，两级法院均对被诉行政协议是否存在无效、可撤销的情形进行了审查。所以，虽然《行诉法解释》第 94 条第 2 款规定了无效之诉不成立则向撤销之诉转换的规定，但在实践中，法院可能会基于避免当事人有未审先判而产生抵触情绪、一次性庭审解决争议等考虑，允许原告在无效之诉的庭审中提出撤销之诉这一“备用诉求”，而在实际审理中均予以审查。但此种方式，则会导致诉在转换程序的“虚置”。

（三）民事规范的介入与选择

1. 法院判决确认婚姻登记无效的案件中，并非均根据《行政诉讼法》第75条确认无效，还有依据民法规定甚至民法原理确认无效的。此类案件，反映出在民行交叉案件中，民事规范介入行政诉讼的可能。如在杨某诉某市民政局撤销婚姻登记一案中，杨某以结婚登记申请材料中签字并非其本人所为、其本人也没有亲自到场为由，请求撤销郑某与杨某的结婚登记。但最终法院以婚姻登记材料虚假、存在冒名登记情形，杨某与郑某结婚登记无事实依据，不具有真实性，确认该结婚登记无效，但并未引用《行政诉讼法》第75条。在大量的提交虚假材料进行结婚登记的案件中，原告或提起撤销之诉，或提起无效之诉，而法院在查明婚姻登记机关已经尽到了审慎审查的义务，但由于登记材料虚假、未实际到场、违反婚姻自愿原则等因素确认婚姻登记行为无效。由于《行政诉讼法》第75条确认无效判决的基础是行政机关作出的行政行为存在重大且明显违法情形，而使法院在此类案件中多不会选择适用第75条的确认无效。以冒名而为的结婚登记行为与《民法典》关于婚姻应真实自愿的原则相违背而确认结婚登记无效，无疑在逻辑上更加自洽，但这又导致了行政判决说理及法条援引的不周延。所以，民事领域的无效规定是否能够直接作为行政判决的依据，则是此类民行交叉的案件的根本问题。

2. 行政协议案件准用民事无效规范，增加了此类案件判断行政协议无效的复杂性。一方面，如第一部分所言，《行政诉讼法》第75条所规定的行政行为无效的情形与《民法典》关于民事行为无效的情形存在差异和重叠。具体到行政协议的审查来说，依据前者主要是签订行政协议的一方不具有行政主体资格、协议签订没有法律规范依据等重大且明显违法的情形，而依据民法规范，则主要是违反法律、行政法规的强制性规定（通常排除了行政管理性规定）、违背公序良俗、恶意串通、损害他人权益等情形。例如，“不具有行政主体资格”“没有法律规范”和“违反法律、行政法规的强制性规定”是什么关系，“没有法律规范”是否包括民法所指的行政管理性规定，在两个领域并未达成一致。另一方面，《行政协议司法解释》第12条第2款规定的

“人民法院可以适用民事法律规范确认行政协议无效”的确切含义为何，民事法律规范属于法院确认行政协议效力中必须审查的内容，还是依据当事人的主张或者具体案情，属于法院裁量适用的范围，并不是很明确。虽然在立法过程中，认为“法院审理这类争议，在实体法方面，应当有限适用有关法律、法规或者规章的特别规定，没有特别规定的，适用合同法”，[①]但是具体到行政协议无效的认定上来看，《行政诉讼法》已经有关于确认无效的规定，而且如前所述，与民事法律关于无效的规定也并不是特别法与一般法的关系。实践中，有的法院仅适用《行政诉讼法》第 75 条规定审查行政协议无效的，也有的法院不仅适用上述规定，一并还适用民事法律规范审查行政协议无效的情形。上述问题的症结则在于适用法律规范的范围、次序并不明确。

三、正确理解和把握确认无效判决的适用规则

（一）慎用确认无效判决

行政行为因“重大且明显违法”无效，实际上是行政行为无效的一种极端形态，在确认无效判决的适用上，基本观点认为应采取审慎的态度。例如，全国人大常委会法工委在解读该制度时强调，“确认无效判决的适用情形是很少见的，不能成为常规化的判决形式。……如要解释为重大且明显违法，应当特别慎重和严谨，要经过充分论证”。[②]“确认行政行为无效是对行政行为最严厉的否定性评价，但因为‘重大且明显违法’的标准裁量度较大，故在具体适用中应严格把握。”[③]

慎用确认无效判决主要基于以下几个理由：（1）虽然行政行为无效理论在行政法学界并非新事物，但确认无效判决是 2014 年《行政诉讼法》修正时新确立的制度，在我国行政法治领域属于新概念。在行政诉讼立法中提出行政行为无效的概念，遵循了我国以往行政立法先程序后实体、先诉讼领域后执法领域的发展路子和经验。但由于行政行为无效的认定标准具有较大的裁量性，该制度对行政机关要求高，属于起步和探索阶段，所以立法时整体采

① 袁杰主编:《中华人民共和国行政诉讼法解读》，中国法制出版社 2014 年版，第 45 页。

② 袁杰主编:《中华人民共和国行政诉讼法解读》，中国法制出版社 2014 年版，第 208 页。

③ 江必新、邵长茂:《新行政诉讼法修改条文理解与适用》，中国法制出版社 2015 年版，第 280 页。

取了审慎的态度，明确了适用范围，但适用情形非常有限。[①]从性质上来讲，行政审判活动是实施国家法律的过程，解释和适用法律应当符合立法宗旨和目标，对于立法时考虑到的实施法律中应秉持的审慎态度，应予贯彻。（2）行政行为无效的法律效果决定了应严格、审慎适用无效判决。行政法理论上，无效行政行为自始不产生预期的法律效果，是对于行为效力和违法性最为严厉的否定性评价。没有法律效果和约束力，公民不必服从，行政机关不得执行。[②]虽然说当事人在行政行为是否有效问题上产生争议的，可以请求法院予以确认；但正因为行政行为无效是自始无效，原则上，无须法院作出无效判断后才没有效力。[③]但行政行为一般违法的情形下，在有权机关撤销前行政行为因其公定力对相对人及利害关系人是有约束力的。如果相对人及利害关系人不履行相关义务或者径行抵抗，则要承担相应的法律责任，如妨害公务罪等。

所以，慎用确认无效判决就要求法院在审理行政行为无效的案件时，明晰无效判决适用的范围，不随意对法律规定的适用条件作扩大解释。

（二）撤销判决与无效判决之间的转换

撤销判决与无效判决均是基于对行政行为违法性的判定而适用的判决方式，所以在审查内容上有关联性。两种判决方式的转换，关系着法院审查范围、原告诉讼请求与法院审查关系等多方面的问题。《行政诉讼法》第75条关于确认无效判决的条文中明确规定了“原告申请确认行政行为无效的，人民法院判决确认无效”。有观点认为“原告申请确认行政行为无效”，属于无效判决的适用条件之一。“根据本条规定，人民法院判决确认无效的，应当以原告确认无效的申请为前提，而确认违法的判决则不受此限。”[④]所以，当时有观点认为确认无效判决与撤销判决、确认违法判决等其他判决方式相比，采取了更为严格的“诉判一致”原则。

不过，随着《行诉法解释》的出台，上述“诉判一致”原则发生了调整。该解释第94条第1款规定，公民、法人或者其他组织起诉请求撤销行政行

---

① 袁杰主编：《中华人民共和国行政诉讼法解读》，中国法制出版社2014年版，第206~207页。

② ［德］哈特穆特·毛雷尔：《行政法学总论》，高家伟译，法律出版社2000年版，第253页。

③ 袁杰主编：《中华人民共和国行政诉讼法解读》，中国法制出版社2014年版，第208页。

④ 江必新、邵长茂：《新行政诉讼法修改条文理解与适用》，中国法制出版社2015年版，第280页。

为，人民法院经审查认为行政行为无效的，应当作出确认无效的判决。根据该款规定，只要被诉行政行为存在重大且明显违法情形，即便原告没有请求确认无效，法院也可以作出确认无效判决。也就是说，撤销判决到无效判决的转换，不需要以原告诉讼请求为限，突破了“诉判一致”原则。

对于无效判决向撤销判决的转换，司法解释并没有如此简单处理。根据《行诉法解释》第94条第2款的规定，原告诉请确认行政行为无效的，法院审查不属于无效情形的，应向原告释明，原告变更为撤销行政行为的，继续审理作出相应裁判；原告拒绝变更的，则判决驳回原告请求确认行政行为无效的诉讼请求。从该款的处理方式上来看，对于无效判决向撤销判决的转换方面，似乎又强调需要以原告诉请撤销行政行为为限，保留了较为严格的“诉判一致”原则。

司法解释如此设置可能基于以下考量：（1）对于撤销诉讼转换为确认无效诉讼的，更有利于监督行政机关的行政执法行为，更有利于保障当事人合法权益，法院无须进行释明。也就是说，原告认为行政行为是一般违法，但法院经审查发现是更为严重的违法情形，虽然超出原告预期，但更为有力地肯定了原告的诉讼目的，则无须释明。（2）对于无效诉讼转为撤销诉讼的，法院不进行释明，直接判决驳回其诉讼请求，可能不符合《行政诉讼法》保障当事人的诉权的意旨，因此需要在征求当事人意愿基础上转换。[①]所以，基于现行法律框架，尚需遵循上述规定所确立的判决方式转换释明程序与条件。

不过，也有观点对于上述转换规定提出了疑问。认为原理上讲，法院对于行政行为审查后，可以选择相应的判决方式，而不必受原告诉讼请求的限制。无论从《行政诉讼法》第75条还是《行诉法解释》第94条第2款的规定来看，将判决方式与原告的诉讼请求捆绑，给诉讼带来了更多的复杂因素。[②]其一，确认判决与撤销判决、给付判决相比，具有补充性和替代性，[③]确认违法判决并不要求原告变更诉讼。从性质上来讲，确认无效判决与确认违法判决均属于确认判决方式，应在转换方式上保持一致。其二，确认无效判决与撤销判决之间的转换，并不违反“诉判一致”。此处的“诉”，不宜狭义地理解为诉讼请求，而应是诉讼标的，即诉讼争议的核心内容——行政行为

① 最高人民法院行政审判庭编著：《最高人民法院行政诉讼法司法解释理解与适用》，人民法院出版社2018年版，第439页。

② 何海波：《行政诉讼法》（第3版），法律出版社2022年版，第492页。

③ 江必新、梁凤云：《行政诉讼法理论与实务》，北京大学出版社2016年版，第1186页。

合法性。由于撤销判决、确认无效判决均是对于行政行为合法性、法律效力的评判，并没有实质性差异。所以，法院在对行政行为违法情形作出判断后，选取相应的判决方式，并不违反“诉判一致”。其三，行政诉讼主客观合一的立法宗旨和全面审查行政行为合法性的要求，使法院全面审查行政行为是否违法、无效，成为应有之义。同时，允许法院选择两种判决方式，诉讼效率会更高、当事人选择诉讼请求的难度会更小、法院释明的工作负担会更轻，而对当事人权利救济和行政行为合法性审查会更全面。当然，不将“原告申请确认行政行为无效”作为无效判决的适用条件之一，允许撤销判决与确认判决之间的自由转换，则需要立法和司法解释的进一步明确。

（三）其他“无效”概念的区分

虽然 2014 年《行政诉讼法》修正引入了确认行政行为无效的判决方式，但在此之前，并非没有关于行政行为无效的规定。不过，正是不同话语体系的混用，在适用中需要注意甄别。《执行行诉法若干解释》第 57 条第 2 款规定了确认无效的判决情形，即注意到了行政行为“重大且明显违法”的标准。但同时也认为因程序必备要件欠缺而导致的无效（行政行为不成立）、现有法律法规规定的无效情形，也属于应当确认无效的情形。尤其是对于法律法规规定的情形，虽然法律没有规定“重大且明显”的标准，但规定的无效情形结合法律精神来考虑，可以归纳出“重大且明显”的标准。①

从当时的法律规定来看，如 1996 年《行政处罚法》第 3 条第 2 款规定“没有法定依据或者不遵守法定程序的，行政处罚无效”，第 41 条规定“行政机关及其执法人员在作出行政处罚决定之前，不依照本法第三十一条、第三十二条的规定向当事人告知给予行政处罚的事实、理由和依据，或者拒绝听取当事人的陈述、申辩，行政处罚决定不能成立；当事人放弃陈述或者申辩权利的除外”，②“不遵守法定程序”显然不可能都属于“重大且明显违法”的情形，如处理过程中的程序性告知有瑕疵、超过法定期限等即不在此列。而“未告知行政处罚的事实、理由和依据”或者告知有瑕疵，是否一律按照确认

---

① 最高人民法院行政审判庭编著：《最高人民法院关于执行〈中华人民共和国行政诉讼法〉若干问题的解释》，中国城市出版社 2000 年版，第 123 页。

② 2021 年修订的《行政处罚法》与《行政诉讼法》的规定保持了一致。2021 年《行政处罚法》第 38 条规定，行政处罚没有依据或者实施主体不具有行政主体资格的，行政处罚无效。违反法定程序构成重大且明显违法的，行政处罚无效。

无效予以处理亦不无疑义。《土地管理法》第 79 条规定："无权批准征收、使用土地的单位或者个人非法批准占用土地的，超越批准权限非法批准占用土地的，不按照土地利用总体规划确定的用途批准用地的，或者违反法律规定的程序批准占用、征收土地的，其批准文件无效……"这里无效的情形，既包括"无权批准"等重大且明显无效情形，也包括"超越批准权限"等违法可撤销情形，尤其是"违反法律规定的程序"既可能构成重大且明显违法，也可能构成一般违法。

可见，如果仅依照部门法律规定中的表述作为确认无效判决是否适用的依据并不可行，还要结合行政行为违法程度确定是否适用《行政诉讼法》第 75 条。所以，在作出确认无效判决时，即便法律、法规，甚至是民法规范规定了"无效"表述，也需要加以甄别：其一，如果行政行为构成重大且明显违法，且则属于《行政诉讼法》第 75 条规定的确认行政行为无效的情形，可以判决确认无效，如《土地管理法》第 79 条"无权批准"的情形；其二，仅是部门法律规定了"无效"情形的，但实际上不构成重大且明显违法的，则这里所说的"无效"只是强调行政行为违法的后果，而非特指重大且明显的违法，[①] 可以适用撤销判决、确认违法判决等，例如，前文《土地管理法》第 79 条"超越批准权限"等情形；其三，因为行政行为所依据的基础原因导致该行为违背基本事实、产生错误结果的，在此情况下行政机关并无过错或者说尽到了审慎审查义务，并不属于《行政诉讼法》第 75 条规定的无效情形，但根据原因行为也可能确认无效。例如，冒用他人姓名登记婚姻，婚姻行为无效，直接诉婚姻登记无效的。[②]

① 何海波：《行政诉讼法》（第 3 版），法律出版社 2022 年版，第 492 页。

② 重庆市长寿区人民法院（2016）渝 0115 行初 29 号行政判决书。

变更判决的司法适用

行政诉讼变更判决是由法院直接判决行政行为内容的判决方式。变更判决以判决方式直接替代行政机关作出行政行为，与行政诉讼的其他判决方式相比，可以从根本上解决行政机关与行政相对人之间的纠纷，它是人民法院在审理行政案件的过程中，运用国家审判权直接变更被诉具体行政行为而进行的判决方式。[①] 由此，行政变更判决是对行政行为最强有力的一种司法审查方式和行政诉讼判决方式。变更判决确定后，法院判决的行政行为就已经确定，所以行政机关和行政相对人只能按照法院作出的判决执行，除非具备法定条件，否则不能再起争执。换言之，法院的变更判决一旦宣告和送达，原告不得因为同意这种改变而申请撤诉，被告不得改变和撤销法院已经作出裁判的行政行为，相应法院也不能随意撤销、变更或者废止已经作出的判决，不可以重新审理判决终结的案件，对已经作出的判决置之不理。行政变更判决是一种对作为的具体行政行为的否定性评价，它通过运用司法变更权，在行政机关和相对人之间直接创设新的法律关系，相比其他判决类型，其具有自身特定的优势和价值。相对驳回诉请判决而言，它既体现了对公权力行使的态度，又体现了对诉请的回应。相对撤销判决、确认判决和履行职责判决而言，它既否定了不当行政行为的效力，又解决了悬而未决的权利状态。区别于其他所有判决类型，它既最大限度救济了受损利益，又使纠纷得以实质

① 应松年:《行政诉讼法学》，中国政法大学出版社 1994 年版，第 272 页。

性解决。[①] 可以说，变更判决是最能体现司法的权利保障和纠纷解决功能的判决形式。

2014 年修改后的《行政诉讼法》第 77 条规定，行政处罚明显不当，或者其他行政行为涉及对款额的确定、认定确有错误的，法院可以判决变更。法院判决变更，不得加重原告的义务或者减损原告的权益，但利害关系人同为原告，且诉讼请求相反的除外。与修改前的《行政诉讼法》相比较，有如下变化：第一，该条将旧法条中的“行政处罚显失公正”改为“行政处罚明显不当”。从原来的一项改为单独的一款。根据全国人大常委会法工委和最高人民法院法官的解释，这一改变是为了和撤销判决中的“用语”保持一致且行政复议法中也已经采用了“明显不当”的术语。[②] 第二，该条扩大了变更判决的范围，除针对行政处罚明显不当外，还可以针对其他行政行为涉及对款项的确定、认定确有错误的情形。这里主要是指涉及金钱数量的确定和认定的除了行政处罚之外的其他行政行为，其中“确定”涉及规范问题，如行政机关在支付抚恤金、最低生活保障费、社会保险金待遇的案件中，对抚恤金、最低生活保障费、社会保险金的确定；“认定”涉及事实问题，如拖欠税金的案件中，税务机关对企业营业额的认定。[③] 第三，行政赔偿、行政补偿案件适用变更判决，对行政赔偿、行政补偿案件，人民法院享有司法变更权，不受“明显不当”的限制。据此可以看出，修正后的《行政诉讼法》使变更判决的适用获得了一定的发展，改变了过去“备而不用”的状态，扩大变更判决的主要原因在于行政诉讼解决行政争议的目的，节约诉讼资源（诉讼效益）、审判实践的经验、减少诉累、行政便宜等方面的考虑，修正后的《行政诉讼法》对变更判决的修改扩大和加强了对行政行为的审查，有利于行政争议的实质解决和行政机关的依法行政。

一、范围和选择：《行政诉讼法》第 77 条第 1 款分析——变更判决的适用情形

（一）行政处罚明显不当

行政裁量权随着行政管理领域的不断拓展，行政裁量权也在不断扩大，

---

① 张静：《论行政诉讼变更判决》，载《行政法学研究》2015 年第 2 期。

② 江必新、梁凤云：《行政诉讼法理论与实务》（第三版），法律出版社 2016 年版，第 1662 页。

③ 信春鹰：《中华人民共和国行政诉讼法释义》，法律出版社 2014 年版，第 203 页。

裁量因素也随之不断增加。行政处罚明显不当通常是行政机关行使自由裁量权严重不当引起的，其在形式上并不构成违法，处罚幅度通常在法律规范中给行政机关留下很大的自由裁量空间。但行政机关行使自由裁量权应符合立法的目的和意图，行使自由裁量权无任何标准，任意而为，就不可避免发生明显不当的情况。在行政法上，明显不当属于裁量瑕疵的问题，即属于不合理的范畴。[①] 从字面上看，明显不当就是明显不合理，[②] 对于法院来说，裁量瑕疵就意味着明显不当。

裁量瑕疵通常包括以下几种情形：其一，裁量怠惰，裁量怠惰就是行政机关不行使裁量权，尽管法律规定其应当裁量。例如，《治安管理处罚法》第57条第1款要求公安机关根据房屋出租人违法行为的情节，给予200元至500元的罚款，如果公安机关对于任何有上述违法行为的房屋出租人都给予无差别的罚款，那么就属于裁量怠惰。其二，裁量错误，裁量错误又包括以下几种情况，第一，目的错误，即行政机关没有注意或者没有充分注意法律规定的裁量目的。第二，权衡不足，即行政机关在权衡中没有考虑所有相关的因素，如行政机关在作出行政处罚时，没有考虑"违法行为的性质、情节以及社会危害"。第三，侵犯基本权利和一般的法律原则。基本权利对行政机关的行为提出要求或者作出禁止，在任何情况下都是裁量要考虑的因素，一般的法律原则包括平等原则、比例原则、信赖保护原则等。第四，没有考虑到裁量权收缩为零。例如，《反恐怖主义法》第62条规定："人民警察、人民武装警察以及其他依法配备、携带武器的应对处置人员，对在现场持枪支、刀具等凶器或者使用其他危险方法，正在或者准备实施暴力行为的人员，经警告无效的，可以使用武器；紧急情况下或者警告后可能导致更为严重危害后果的，可以直接使用武器。"可见在紧急情况下，使用武器的裁量权发生了收缩。[③] 对于行政处罚明显不当的适用范围，一般学界共识是裁量结果（处理结果）的不当，那么"明显不当"的适用范围是否包含了事实认定和法律适用问题？不同学者有不同观点和意见，认为不涵盖"认事用法"观点的学者

---

① 当然，从实质合法的角度来看（合法但不限于符合成文的法律规定，还包含符合不成文的法理、原则等），明显不当也可以被纳入广义的合法性审查的范畴。参见何海波：《论行政行为"明显不当"》，载《法学研究》2016年第3期。

② 江必新、梁凤云：《行政诉讼法理论与实务》（第三版），法律出版社2016年版，第1611~1612页。

③ 王锴：《行政诉讼中变更判决的适用条件——基于理论和案例的考察》，载《政治与法律》2018年第9期。

理由为：首先是德国经典的行政裁量理论，以行政处罚决定为例，其处理结果即处罚的法律效果，而这涉及行政裁量，故而可以纳入“明显不当”的适用范围。相比而言，事实和证据、规范依据以此对应于行政处罚决定书中的事实认定、法律适用部分，而二者不涉及不确定法律概念的解释和涵摄，故缺乏“明显不当”的用武之地。其次是立足于本土情势的选择，《行政诉讼法》第70条规定对事实认定、法律适用问题分别采取“主要证据不足”“适用法律、法规错误”的审查标准，这些标准在历经三十多年的行政审判实践中已经为法院所接受并形成一定的共识，且通过撤销（含重作）判决并非不可以对原告权利予以救济，此时再增加“明显不当”标准，会让执法者产生选择疑难，对“明显不当”适用范围的泛化，吞噬的是其他审查标准的应有版图。① 王锴教授亦认为主要证据不足、适用法律法规错误属于撤销判决或者责令重作判决的情形，对其适用变更判决是存在问题的。② 也有一些学者对于明显不当的适用范围是否包含了事实认定和法律适用问题持肯定态度，认为“行政处罚显失公正”改为“行政处罚明显不当”的主要原因在于“公正”强调结果，是结果裁量，也是违法行为和处罚结果之间的衡量和对照；而“不当”涵盖的范围更广，既注重结果又强调要件和过程，是要件裁量、过程裁量和结果裁量。③ 笔者更为同意第一种意见，事实上权威部门的观点同样认为，将“明显不当”界定为被诉行政行为结果的畸轻畸重为宜，④ 而不应该将其延伸至“认事用法”的问题上。

行政机关作出行政行为明显不当具有一定的特征：第一，行政机关作出的行政处罚并未违背法律的禁止性或义务性规定，在表面上似乎是合法；第二，行政机关作出的行政处罚虽然在法定范围内，但明显不合理或不适当；第三，行政机关作出不适当的行政行为，严重违背了法律的目的和精神；第四，具有一般智商的人均能发现，行政机关作出行政行为的不当十分明显，导致了不公正；第五，畸轻畸重是行政机关作出行政行为不当时的表现形式，

---

① 参见于洋：《明显不当审查标准的内涵与适用》，载《交大法学》2017年第3期；梁君瑜：《行政诉讼变更判决的适用范围及限度》，载《法学家》2021年第4期。

② 王锴：《行政诉讼中变更判决的适用条件——基于理论和案例的考察》，载《政治与法律》2018年第9期。

③ 周浩仁：《行政诉讼变更判决的规范分析》，载《西南政法大学学报》2019年第2期。

④ 参见全国人大常委会法制工作委员会行政法室编著：《中华人民共和国行政诉讼法解读》，中国法制出版社2014年版，第197页。

即行政机关实际作出的行政处罚与被处罚人的违法行为应受到的行政处罚相差悬殊，轻错重罚或重错轻罚。[①]

（二）司法实践中人民法院对明显不当的判断标准和方法

第一，行政机关的行政行为结果明显不当，因为行政机关没有考虑到行政处罚的从轻减轻情节导致。如采取补救措施；主观态度好，是未成年人；未造成严重伤害，情节轻微；第三人有过错等事出有因；主动配合等，如有法院在判决中考虑到被上诉人初次违法且积极接受配合上诉人的行政处罚程序，决定从轻处罚。[②]第二，在法定范围内选择处理方式不当，违反比例原则，没有尽可能让相对人的权益遭受侵害最小化。比如在"胡某锋与淄博市周村区食品药品监督管理局食品药品安全行政管理案"[③]中，法院认为，"被上诉人对上诉人作出罚款 30 000 元的处罚决定超过了其行使行政管理措施的必要性，手段和目的不具有相称性，对上诉人的侵害明显大于社会公共利益因此的获利"。第三，行政机关作出的行政行为，违背业内已经形成的裁量基准，如果法律没有规定，行政机关可以通过制定裁量基准、形成行业惯例、宣布处理政策等形成一套稳定的处理模式。[④]例如，有法院根据《四川省食品药品行政处罚裁量基准》予以从轻行政处罚，其中第 9 项"申请已被受理，但许可证或者产品批准证明该文件尚未核发即开始生产或者经营的"；第 10 项"未提出延续申请，在许可证或者产品批准证明文件有效期限届满后继续从事生产或经营的"，应从轻处罚。[⑤]第四，在同一案件或同一类案件中，行政机关对数个相对人进行处罚时，没有正当理由地区别对待，导致处罚结果明显不当，不合理，违背了公正平等原则。相当于使用了行政自我拘束来限缩裁量空间。比如在"王某民诉新疆维吾尔自治区精河县公安局行政处罚案"中[⑥]，王某民和第三人王某防互相殴打，使双方都有轻微伤。精河县公安局对王某民拘留 15 日，对王某防给予罚款 100 元的处罚，王某民不服提起上诉，法院认为王某民和王某防违法程度相同，但精河县公

---

① 梁凤云：《新行政诉讼法讲义》，人民法院出版社 2015 年版，第 441~443 页。

② 参见广西壮族自治区南宁市中级人民法院（2017）桂 01 行终 31 号行政判决书。

③ 参见山东省淄博市中级人民法院（2017）鲁 03 行终 212 号行政判决书。

④ 何海波：《行政诉讼法》，法律出版社 2016 年版，第 319 页。

⑤ 参见四川省成都市中级人民法院（2018）川 01 行终 1085 号行政判决书。

⑥ 最高人民法院中国应用法学研究所编：《人民法院案例选（1992—1999 年合订本）行政卷》，中国法制出版社 2000 年版，案例 34。

安局却对两人给予的行政处罚过于悬殊，于是法院直接变更了精河县公安局对两人的行政处罚。第五，一些“明显不当”是由于处罚机关适用法条错误引起的，比如在“柴某与商县公安局治安管理行政案”中[①]，“被告应当适用《治安管理处罚法》第二十三条第一款第一项而适用了第二十三条第二款”，导致处罚畸重。还有一些“明显不当”是由于处罚机关对法条的解释错误引起的，比如在“佛山市南海区君某电子厂与佛山市南海区人力资源和社会保障局劳动和社会保障行政管理案”[②]中，法院认为，“《禁止使用童工规定》第六条中的‘每月’应指使用天数，而非南海人社局理解的自然月”。本案中，君某电子厂于2016年7月26日开始使用周某工作至2016年8月2日，不满一个月，按一个月计算，南海人社局应按5000元罚款的标准进行处罚，但南海人社局的处罚计算标准中，按7月和8月两个月计算，是对上述规定的理解错误，对君某电子厂处10 000元罚款，处罚数额明显不当。另外还有一些“明显不当”是由行政机关的证据不足导致的，比如在孙某文与舒兰市卫生和计划生育局医疗行政处罚一案[③]再审中，法院认为，“舒兰市卫生和计划生育局认定孙某文系伪造医学文书证据不充分，适用情节严重予以吊销执业证书处罚过重，明显不当”。

总而言之，我国法院在对行政处罚明显不当进行变更时存在一些不统一的问题和非理性的因素。问题如下：第一，大多数法院能够证明原处罚明显不合理，但是没有进一步说理为什么在法院变更之后就是“唯一合理”的处罚结果，也就是说，对于变更判决的最关键要素，即行政机关在行政处罚的选择上是否裁量权收缩为零，大多数的判决都缺乏论证过程。第二，从不当的明显程度上来说，各地法院的认识参差不齐，有的行政处罚数额相差数十倍，有的处罚拘留天数仅相差不到一倍，对于这种不到一倍的处罚差距，能否说明原处罚明显不当？第三，将主观证据不足、适用法律法规错误等造成的明显不当的行政处罚，适用行政变更判决，《行政诉讼法》第70条规定，主要证据不足，适用法律、法规错误属于撤销判决或者撤销并责令重作判决的情形，对其适用变更判决是否适当这一问题学术界一直有争论，司法实践中也有待进一步厘清。

---

① 参见河南省周口市中级人民法院（2016）豫16行终221号行政判决书。

② 参见广东省佛山市中级人民法院（2017）粤06行终610号行政判决书。

③ 参见吉林省吉林市中级人民法院（2018）吉02行再2号行政判决书。

（三）行政行为对款额的确认、认定确有错误的内涵及实践判断标准

如前所述，针对修法中扩展的适用范围“其他行政行为涉及对款额的确定、认定确有错误的，法院可以判决变更”。其中“确有错误”的内涵为何？“确有错误”属于不确定的法律概念，在理论和实务中理解也不一致。如江必新认为，数额的确定，是指行政机关对客观事实的确认，如行政机关按照非法所得的比例计算的金钱数额存在错误；款额的认定，是指行政机关根据案件事实作出的数额判断，如行政机关按照相对人的违法情节确定的金钱数额。[①] 而马怀德教授则认为，确有错误，是指行政处理的“显然错误”，即行政处理因为书写错误、计算错误、疏漏或者自动化作业的错误等导致其所表现的内容与行政机关的意思不一致，即法院判决变更是基于计算错误。[②] 综合学界理论和实践中的做法，笔者将“对款额的确认、认定”的理解作出如下分类：第一种为“广义说”，即有观点认为，“确定”与“认定”分别指向“行政机关就相关款额作出决定”与“对客观事实的肯定”，前者譬如对抚恤金的计算确定，后者譬如对企业应税营业额的认定。[③] 由此推出“确有错误”既包括纯粹误算、误写等明显的技术性纰漏，也包括因与款项相关之事实的认定错误而引发的结果错误。第二种为“狭义说之一”，认为对款项确认有误乃技术性而非原则性问题，无论由法院还是由行政机关完成，其结果应当是一致的。即认为“确有错误”仅仅指明显技术纰漏。如前所述，马怀德教授的观点偏向于此。第三种为“狭义说之二”，不区分“确定”和“认定”，主张确有错误即“行政机关在确定数额时做了错误认定”[④] 因其将“错误”限定于认定行为本身，故指向行政机关的想法本身有误，而不含明显技术纰漏。

我国法院对“确有错误”的理解接近广义说，甚至还在广义说的范围上有所突破。详情可以归纳为以下几种：第一，“确有错误”表现为纯粹漏写、误算等明显的技术纰漏，导致所表现出来的内容与行政机关的意思并不一致，因此显然错误在客观上一望可知，如何改为正确也十分清楚明白。从笔者收

---

① 江必新：《新行政诉讼法专题讲座》，中国法制出版社 2015 年版，第 272~275 页。

② 马怀德：《行政诉讼法》，中国人民大学出版社 2015 年版，第 166 页。

③ 参见全国人大常委会法制工作委员会行政法室编：《中华人民共和国行政诉讼法解读和适用》，法律出版社 2015 年版，第 170 页。

④ 应松年主编：《中华人民共和国行政诉讼法修改条文释义和点评》，人民法院出版社 2015 年版，第 244 页。

集的案件来看，在“曾某与资中县工商行政管理局工商登记行政案件”[①]中，法院指出，“被告在录入相关信息时，由于操作失误，导致合伙人出资情况一项中原告曾某与第三人傅某勋的认缴出资额和出资比例的登记与该企业申报的内容不符”，据此，法院最终变更了合伙人出资情况登记中合伙人的认缴出资额和出资比例。第二，“确有错误”表现为因款额相关之事实或法律的认定或适用错误而引发的结果错误。比如在“超某公司诉株洲市政府行政补偿再审行政案件”中，法院认为，被诉补偿决定所确定的搬迁费“系按照住宅房屋标准进行计算，不符合超某公司被征收房屋为非住宅房屋的实际情况”，遂判决变更包括搬迁费在内的补偿额。这实际上是对被征房屋为非住宅房屋的事实认定有误，进而导致款额错误。又如在“刘某与高青县居民养老保险事业处劳动和社会保障行政管理社会保险行政案件”[②]中，法院责令被告变更养老金月发标准，理由是“被告的标准不符合《国务院关于建立统一的城乡居民基本养老保险制度的意见》第五条规定”。第三，“确有错误”表现为突破了“涉及款额”这一限制。例如，在“江某农业经济合作社诉百色市政府等行政裁决再审案”[③]中，法院认为，“所谓‘涉及对款额的确定、认定’，通常是指被诉行政行为涉及的钱款的具体数字确定，或者与款项相关联的权利归属的认定出现错误，主要包括两种情形：一是行政补偿、赔偿案件中，涉及补偿、赔偿具体数额的计算确有错误；二是土地、山林、草原确权行政裁决案件中，涉及争议地中各方权利归属具体面积的确定确有错误的”。法院虽强调了“与款额相关联的权利归属的认定”，但实际上“权利归属具体面积数额的确定”未涉及款额，且该案最终该判决变更的是行政裁决中的争议地权属，而非款额本身。

《行政诉讼法》第 77 条第 1 款对行政处罚和其他行政行为是分开规定的，且适用不同用语进行规范，即“明显不当”和“确有错误”，之所以有如此区别，笔者分析原因如下，原《行政诉讼法》只规定了行政处罚一种可以变更的情形，因此将行政处罚特别强调后规定其他行政行为。“款额的确定和认定”既有损益型的也有受益型的，“其他行政行为涉及对款额的确定和认定”主要是受益型的，主要是一般行政给付等，而损益型的款额主要是罚款和行政税费等，二者的举证责任不同，损益型的举证责任在行政机关，受益型的

---

① 参见四川省内江市资中县人民法院（2017）川 1025 行初 23 号行政判决书。

② 参见山东省淄博市中级人民法院（2018）鲁 03 行终 89 号行政判决书。

③ 参见最高人民法院（2019）最高法行再 134 号行政判决书。

举证责任在行政相对人。证明标准也有所不同，损益型的证明标准应该高于受益型的，因此行政处罚中的款额认定和确定不同于其他行政行为涉及对款额的确定和认定。对于损益型的款额确定和认定的证明标准要严格于受益型款额的确定和认定，原因在于一个是权利的剥夺而另一个是权利的弥补或赋予。对于受益型的款额确定和认定类似于民事诉讼，往往是对一般行政给付的审查，而对于损益型款额的认定和确定则是对行政处罚行为的审查，不同的行政行为对当事人的权益影响程度不同，此外不同主体对证据的收集能力也不同。有学者认为，对于行政处罚款额的变更标准要严格于其他行政行为对款额的变更，其他行政行为只要有错误，并有证据证实，采取“较大盖然性”的证明标准，人民法院就可以变更；但是对于行政处罚罚款的变更，属于一般合理性或不当的行政处罚款额，人民法院不能变更，只有在符合明显不当且采取“盖然性占优”的证明标准，经过充分说理后才能变更。[①]笔者也认同这一观点，具体到实践当中，如在行政补偿案件中，原告如果有证据证明行政机关应当多支付一定数额的补偿款给原告，应当多支付的金额再小，人民法院也可以进行变更，而在行政处罚的款额中，人民法院在作出变更判决时，应当对变更相差较小或者同一个相差较少的处罚幅度内的罚款作出合理说明，是否有充分合理的理由进行变更，充分论证变更后是否是唯一合理的处罚结果。

（四）“可以”判决变更之分析

“可以判决变更”暗示也可以适用其他判决，新法将变更判决的裁判结果表述为“可以判决变更”，由此表明在满足适当要件时，仍有适用变更判决与否的选择空间，进而需要解决它和其他可选判决之间的衔接问题。《行政诉讼法》第 77 条以行政处罚“明显不当”取代之前“显失公平”的条文表述并与撤销判决中的“明显不当”相呼应，这已经为两类判决的衔接埋下伏笔。从规范层面来说，《行政诉讼法》第 70 条第 6 项将所有行政行为的“明显不当”都纳入适用撤销判决，而第 77 条作为对变更判决的规定，却将明显不当的行政处罚单独提出作出规定，是否应当认为此种情况应当优先适用第 77 条的“特别”？但是第 77 条中“可以判决变更”的“可以”表述“暧昧不清”，两种判决在衔接上发生了分歧。对此全国人大常委会法工委的解释是，法院作出变更判决，需要把案件事实审查清楚，准确适用法律法规。一旦发现不

① 周浩仁：《行政诉讼变更判决的规范分析》，载《西南政法大学学报》2019 年第 2 期。

适用变更判决的客观条件，就不要判决变更。同时认为变更判决是法院直接替代行政机关作出行政判决，这种行为可能存在司法权和行政权的界限不清的状况。所以法院适用变更判决做了软化处理，规定的是“可以”，而非“应当”。另外，“对款额的确定确有错误”和“不依法履行给付义务”也可能发生竞合。依据权威部门的解释，前者中“确定”是指“由行政机关作出决定，如支付抚恤金、最低生活保障待遇，社会保险待遇案件中，对抚恤金、最低生活保障费、社会保险金的确定”。[①] 而依据《行诉法解释》第92条的规定，适用抚恤金、最低生活保障费、社会保险金等的行政给付争议适用给付判决，权威部门对此给出的解释是“被告依法或依照约定应当履行相应的金钱给付义务，或者特定财产的交付义务。但是，逾期未履行、拒绝履行或者未完全履行……法院适用给付判决”。[②] 其中，“未完全履行给付义务”与对款额确定有误很可能同时发生，例如，申请人认为行政机关确定的抚恤金金额少了，也即行政机关未完全履行给付义务。

虽然法律在理论上规定法院可以作出变更判决，但是在司法实践中，很多法院审理案件时，发现行政处罚明显不当，法院可能担心自己作出的行为引起当事人的不满，或者认为还是应当将“首次裁量权”给予行政机关，或者其他因素，最终选择作出撤销判决，而非变更判决，这就忽视了法院在适用判决方式上的选择权。[③] 有的观点认为，从《行政诉讼法》第70条与第77条这一规范层面来说，撤销判决应当优先考虑，变更判决只是最后手段，“可以变更判决”隐含的限定条件包括被告在被诉行为遭到法院判决撤销后，又作出基本相同的行政行为。[④] 也有的学者认为，“可以判决变更”最主要的判断标准为裁量权是否缩减至零，若被告尚有裁量余地，则适用撤销并作出判决，反之适用变更判决。[⑤] 笔者也较为同意第二种观点，因为该观点更为符合行政争议实质性解决的理念，裁量权收缩为零时，如果还要优先适用撤销判

① 参见信春鹰主编：《中华人民共和国行政诉讼法释义》，法律出版社2014年版，第203页。

② 最高人民法院行政审判庭编著：《最高人民法院行政诉讼法司法解释理解与适用》，人民法院出版社2018年版，第429页。

③ 梁凤云：《新行政诉讼法讲义》，人民法院出版社2015年版，第438页。

④ 参见余凌云：《行政诉讼上的显失公正与变更判决——对〈中华人民共和国行政诉讼法〉第54条第（4）项的批判性思考》，载《法商研究》2005年第5期。

⑤ 参见王锴：《行政诉讼中变更判决的适用条件——基于理论和案例的考察》，载《政治与法律》2018年第9期。

决或者撤销重作判决，被告作出与被撤销行为基本相同的行为后才允许判决变更，则无疑会引发二次诉讼，徒增原告诉累。变更判决与撤销判决（含重作）相比有其独特的优势，法院作出变更判决后效力直接产生，节约了司法成本的同时也节约了行政机关的成本。

如前所述，人民法院在选择变更判决时会考虑到诉讼效益、减少诉累、行政便宜等价值与目的。具体而言，“诉讼效益”主要是指人民法院能否查清事实，或者说行政机关去查清事实是否合适，因为查清事实要消耗大量时间，而诉讼是受审理期限约束的，如果人民法院可以查清事实则可以变更。所谓“减少诉累”，是指人民法院在撤销某一行政行为后，行政机关再作出行政行为，但在人民法院已经查清事实的情况下，行政机关再次作出的行政行为会与人民法院期待的一致，而行政相对人可能还会再次起诉，因此可以直接变更，避免再次诉讼，且变更判决可以通过上诉得到救济。“行政便宜”则主要是针对行政赔偿、行政补偿和一般行政给付而言，因为行政机关已经作出了一个行政行为，如果撤销后，行政机关还要再次作出行政行为，人民法院可以结合事实和证据直接变更原行政行为。

二、限制与扩大：《行政诉讼法》第77条第2款分析

（一）禁止不利变更原则——“不得加重原告的义务或者减损原告的权益”

依据《行政诉讼法》第77条第2款，“不利变更”是指“不得加重原告的义务或者减损原告的权益”。因此，“不利变更”是一个规范概念，在具体案件中，必须填补价值观念加以解释。就不利变更的主体而言，应为人民法院，且是人民法院在原告之诉讼请求范围内依职权所为之裁判行为。不利变更之客体，必须限定于原告之请求范围，针对原告之诉讼标的。不利变更之对象，为向法院提起诉讼请求之当事人，包括原告、反诉原告、提出独立请求权之第三人等。禁止不利变更原则，是各国刑事法、民事法、行政法上共有之原则。所谓禁止不利变更原则，是指行政相对人依法通过行政救济程序维护自身合法权益时，行政救济机关不得使相对人处于更加不利之地位。一般认为，禁止不利变更原则发端于德国刑法上的确定力理论。[①]这一理论后来演变为刑事诉讼法上的“上诉不加刑”原则。《行政诉讼法》在2014年修改，首次以法律的形式明确规定了禁止不利变更原则，“人民法院判决变更，不得

① 参见陈蒨仪：《不利益变更禁止原则之探讨》，载《刑事法杂志》1994年第3期。

加重原告的义务或者减损原告的权益。但利害关系人同为原告，且诉讼请求相反的除外”。实际上对变更判决作出了约束性规定，背后的原因在于法院作为司法最终救济机关，不能因原告救济权利的形式而作出对原告更为不利的判决。不过，虽然《行政诉讼法》第77条第2款明确规定了“不利变更”之概念，但是禁止不利变更原则仍非无须实证法规定即得自为法秩序不证自明之法律原则，德国学者甚至将其视为“毋宁只是解释相关法律规定的辅助性手段”[①]。

在民事诉讼中，禁止不利变更原则是指二审法院即使认为上诉理由不成立，也不得作出更不利于上诉人的判决，除非对方当事人提出相反请求，否则，上诉人可能遭受的最大不利仅系上诉被驳回而已。[②]现该原则引入了行政救济领域，则不仅在二审环节，一审和行政复议环节也存在适用的空间。行政诉讼中的第一审其实类似于刑事诉讼或民事诉讼的第二审，行政诉讼一般是指第二次判断，在提起行政诉讼前，行政机关已经根据相关事实作出认定或者对有关争议作出处理，因此“禁止不利变更原则”一般在行政诉讼中一审讨论，而在刑事诉讼和民事诉讼中在二审才讨论。变更判决涉及的“禁止不利变更”发生在一审、二审环节，其初衷是鼓励人们积极寻求救济，以对抗公权力之侵害，若起（上）诉后反而遭到更为不利之结果，无疑会挫伤人们寻求救济保护的积极性，也有悖于行政救济的本旨。有质疑观点认为，《行政诉讼法》第77条第2款中规定的禁止不利变更原则及其例外情形都是针对“原告”，这是否意味着该原则无法适用于二审环节呢？笔者认为，“禁止不利变更原则”既适用于一审也适用于二审，从该原则的目的、诉权保障和二审终审制的角度来说，二审也适用该原则。如果“禁止不利变更原则”适用于二审法院的裁判，就要讨论二审的裁判是相对于一审裁判来讨论“禁止不利变更原则”还是相对于原行为来讨论“禁止不利变更原则”，不同的参照对象可能产生不同的结果。笔者认为，最终产生效力的是二审裁判，二审的“禁止不利变更原则”也应当相对于原行政行为来讨论。

然而，行政诉讼除了扮演权利救济的角色之外，也兼有监督行政机制和纠纷解决机制的属性，作为监督行政机制，行政诉讼本应该强调严格依法行

---

① Andreas Greifeld, Abschied von der reformatio in peius im Widerspruchsverfahren der VwGO?, NVwZ 1983, S.725.

② 参见黄国昌：《不利益变更禁止原则之内涵与操作》，载我国台湾地区《月旦法学教室》2011年第108期。

政，对违法行政行为“有错必纠”，而这与“禁止不利变更原则”是相悖的，正因如此，“禁止不利变更原则”被视为“严格依法行政”向“权利救济”妥协的产物，即在传统的“行政相对人—行政主体”关系中，即使行政行为违法，也不得为了纠正违法而使相对人陷入更不利的境地。但是在“行政相对人—行政主体—利害关系人”的关系中，鉴于对“权利救济”的考量不仅仅涉及相对人，也涉及与其存在相反利益的利害关系人，此时，牺牲受害人的利益而对侵害人适用禁止不利变更原则，显然是不妥当不合理的，故法律上有设置“例外情形”之必要。

（二）禁止不利变更原则的例外

根据法条规定，“禁止不利变更原则”的例外是“利害关系人同为原告，且诉讼请求相反的例外”。作为利害关系人的原告与作为受处罚人的原告可能存在相逆的利益。这时，变更不加重处罚所体现的价值已经不能满足法律公平的需求了，则可以例外地允许加重对原告的处罚。①

在行政处罚案件中，利害关系人同为原告的情形有三种：第一，被处罚人和受害人同为原告。例如，在行政机关作出处罚后，被处罚人认为过重，受害人认为过轻。被处罚人和受害人之间的诉讼请求完全是相反的，存在相逆的利益。法院为了保障受害人的权益，可以作出加重被处罚人的处罚。第二，数个被处罚人同为原告。行政机关对数个被处罚人作出处罚，一方被处罚人认为另外一方被处罚人情节更重，双方都提起诉讼，但是双方诉讼请求完全相反。法院可以根据案件具体情况，对处罚较轻的一方适当加重处罚。在存在数个被处罚人的情况下，一部分人提起诉讼，另一部分人没有提起诉讼，人民法院也不得对未起诉的被处罚人加重处罚，只能对已经起诉的互相之间存在相逆利益的被处罚人加重处罚，这也是为了保障被处罚人的起诉权利。第三，数个受害人同为原告。根据本款规定，如果数个被害人同为原告，且诉讼请求相反，是否可以加重被处罚人的处罚呢？例如行政机关作出行政处罚后，数个受害人中，有的认为行政机关处罚过重，有的认为行政机关处罚过轻，同时提起诉讼，但是诉讼请求完全相反，根据本条规定，法院可以判决作出对被处罚人加重处罚。② 此外，本款规定禁止不利变更原则的表述为不得加重“原告”的义务或减损“原告”的权益，并未涉及第三人。由此可

① 何海波：《行政诉讼法》，法律出版社 2016 年版，第 452~453 页。

② 梁凤云：《新行政诉讼法讲义》，人民法院出版社 2015 年版，第 442~443 页。

以推出，法院对行政机关行政行为合法性审查的过程中，即使发现行政机关对应当给予处罚的没有处罚，也不能直接予以处罚，为了保持司法的谦抑性，应当由行政机关作出相应处罚，而法院只能向行政机关提出司法建议。

“人民法院审理行政案件不得对行政机关未予处罚的人直接给予行政处罚”[①]并没有上升到法律条文，这一规定与禁止不利变更同等重要。人民法院在审理案件中可能发现行政机关对违法人员未予处罚，如果人民法院直接予以处罚，会侵犯行政机关对违法行为的首次判断权和首次处罚权。因此，当人民法院遇到行政机关未对行政案件有关的公民、法人或者其他组织作出应有的行政处罚时，不能直接追加处罚，只能向相关行政机关提出司法建议，充分尊重行政机关的首次判断权。

三、变更判决的完善建议

（一）裁量收缩论的引入

说到裁量权收缩论，首先要了解裁量权。各国对裁量权的定义并不相同。[②]姜明安教授认为：“行政自由裁量是法律、法规赋予行政机关在行政管理中依据立法目的和公正合理的原则自行判断行为的条件、自行选择行为的方式和自由作出行政决定的权利。”[③]正是因为法律中存在不确定概念和没有法律规范的空白区域，所以行政机关方可以在作出行政行为时有裁量空间。行政自由裁量是随着政府干预社会经济生活的力度广度加大而扩大的。从学者们的观点可以看出，我国对裁量权的概念主要集中在行政裁量，对司法裁量权的讨论度热度明显较低。行政法的核心问题是行政裁量权，而救济公民的核心是司法裁量权，尤其是在涉及行政权和司法权敏感地带的变更判决领域，司法裁量权更需要明确其界限。所以我们需要在法律规范和裁量之间找到一个分割点，采取裁量收缩的控制方法，通过控制司法裁量和行政裁量的余地，来解决纠纷。

在我国的行政判决体系中，司法权和行政权之间的关系可以从以下三个

---

① 《执行行诉法若干解释》第 55 条第 2 款。

② 具有代表性的是伽利根的广义裁量和戴维斯的狭义裁量。伽利根认为，裁量只需要具备两个因素，即判断和选择，他还认为几乎所有的权利都具有裁量性。戴维斯认为，裁量是在可作为、也可不作为之间作出选择的权利。

③ 姜明安：《论行政自由裁量权及其法律控制》，载《法学研究》1993 年第 1 期。

指标中推知：第一，是否尊重行政首次判断权。确认违法判决、撤销判决、确认无效判决都是从反面否定行政行为，而没有从正面指出其正确做法，故行政首次判断权被尊重。履行判决、给付判决、变更判决都存在法院代替行政机关作出判断的场合。根据《行诉法解释》第91条、第92条的规定，履行判决在“不需要被告调查或裁量”（裁量权缩减为零）的例外情况下，将由法院决定被告应履行的行为内容，而给付判决之常态便是由法院决定被告履行“相应的”给付义务；至于变更判决，其本就是直接变更行政行为的内容，故上述三类判决不尊重行政首次判断权的程度可以说是依次递增。第二，是否保留行政行为的效力。法院对行政行为的否定性评价包括合法性和有效性两项指标，具体呈现违法失效与违法有效两种状态。前者的否定力度更大。第三，是否需要行政主体在判决后另行作出一个行为。重作判决、履行判决、给付判决、变更判决都有助于实现原告的给付请求权。但是只有变更判决可以一步到位，即在“法院判断取代行政判断”的同时，不需要被告另行作出被要求的行为。为了更好地规范司法权和行政权的行使，有必要对变更判决设置严格的限度——裁量权收缩至零。

造成裁量收缩为零的因素包括内在因素和外在因素。这种内在因素首先来自裁量规范的目的，即立法者为什么要在调整这种事实时联结一个如此严重的法律后果。裁量规范的目的越重大，裁量也就越容易收缩为零。比如对生命和健康的威胁越严重，警察干预的可能性就越大。这种重大性一方面通过其保护的法益的重要性体现出来，另一方面也取决于个案中法益具体受到侵害的程度。这种内在因素其次要考虑到与裁量规范处于相同位阶的法律规定。这些规定也会对裁量收缩产生影响。有人可能说这种影响是来自外部，属于裁量收缩的外在因素，但是，这些规定必须与裁量规范之间存在事务上的联系，如建筑法上的邻人保护条款会对有关拆除建筑物的裁量决定产生影响。除上述两个因素外，内在因素还包括利益权衡。裁量权的行使往往就是在公共利益和私人利益之间进行权衡，如果一方的重要性压倒了另一方并且另一方没有更多的理由存在，那么，就会导致裁量收缩为零。这种外在因素主要来自裁量所处的外部环境，包括基本权利、比例原则和行政的自我约束。首先，基本权利对裁量权行使的影响来自宪法对行政法的约束，因此基本权利主要是作为裁量空间的客观界限而存在的。比如决定裁量通常以作为义务的存在为前提，这又与基本权利作为受益权和分享权以及国家对基本权利的保护义务有关。其次，比例原则要求行政机关在决定采取某项关于或者保护基本权利的措施时必须考虑妥当性、必要性和均衡性，只有这样才不会侵犯基本权利。如果选择其他的行政措施都不合比例，那么此时裁量就会收缩为零。最后，行政自我拘束。这表现为：第一，行政机关可以通过承诺、保证或者公民值得保护的信赖来形成自我拘束。第二，行政机关通过平等原则来形成自我拘束，即相同情况相同对待。当然这并不是说行政机关不能改变先前的行政实践，而是说不能恣意地改变。即使在这种情况下，也可能给予信赖保护导致裁量收缩为零。①

裁量权收缩为零在不少国家已经成为共识，如德国，德国本身就是研究裁量收缩论理论知识的鼻祖，在德国，变更判决的适用条件之一是“诉讼已经达到成熟的裁判时机，并且数额计算无需依赖复杂的、只能由行政机关确认的因素”。② 随之而来的问题是，我国裁量收缩存在什么样的适用条件？第一，《行政诉讼法》为裁量收缩论提供了法律依据。我国对裁量收缩论的研究起步较晚，目前司法权对行政裁量权只能进行有限的审查，主要体现在行政机关的行政裁量不作为、行政拒绝裁量、行政机关裁量逾越以及行政机关裁量滥用等方面。《行政诉讼法》第77条规定了人民法院对明显不当的行政处罚有权变更，实际上就是法院可以对行政机关不当裁量作出变更判决。虽然法院只能在行政处罚明显不当时才能够直接作出变更，但这确实是我国司法应用变更判决的理论依据。第二，“裁量收缩为零”不会导致出现司法权僭越行政权的情形。法院审查行政机关的活动及行政机关的行为是不是符合法律规定，这就体现了司法权对行政权的监督。行政裁量论与司法权的界限论的问题出现于当相关法规承认裁量属于行政主体，法院能不能对这种行政主体进行司法审查，以及法院能否较大程度进行审查。③ 行政机关和司法机关的行政裁量事项通常涉及各个领域，在司法判决中法院并没有明确的法律依据来规定其裁量的界限，所以我们就需要为法院的裁量设置一定的范围和界限。王贵松教授认为，“司法一方面要对行政裁量予以审查，另一方面也要对行政

---

① 参见王锴：《行政诉讼中变更判决的适用条件——基于理论和案例的考察》，载《政治与法律》2018年第9期。

② 参见［德］弗里德赫尔穆·胡芬：《行政诉讼法》，莫光华译，法律出版社2003年版，第589页。

③ ［日］宫田三郎：《行政裁量》，载［日］雄川一郎、盐野宏、园部逸夫编：《现代行政法大系2行政过程》，有斐阁1984年版，第33页。

裁量保持一定程度的尊重”。[①] 如果只存在一种法律结果提供给行政机关和司法机关选择，那么行政机关和司法机关作出选择的法律效果都是一样的，就不可能存在司法权和行政权互相侵犯的局面。此外，国家设置司法权和行政权的部分功能的本质就是为了保障国家大机器的正常运作，保障公民的权利和利益。司法机关在遇到“裁量收缩至零”的案件时，应该本着保障公民权益的原则，直接作出变更行政行为的判决。第三，客观环境因素。在现代国家，公民的生活和国家行政权之间的联系比较紧密。一方面，人们通常根据行政权所固有的属性，强调行政机关行使行政权的重要性。综合观察现在行政机关行使行政权的现状，一些行政机关确实存在大量涉及专业性、科技性和统计性很强的工作，如税务局根据对相关问题的计算预测财政税收数据，设计院依据大量而繁杂的要素的统计结果对公共设施进行设计，如果法院并不能替代行政机关作出适当、贴切的行政行为，那么过分强调行政权可能会导致司法救济不充分的局面。[②] 另一方面，人们也可能会认识到行政机关作出侵权现象时的严重性，可能会完全无视行政，导致过分强调司法权，全面、深入的司法审查，最后的结果可能会导致严重损害司法的权威，也不能充分发挥司法对行政的监督作用。我国目前存在的问题是对公民的权利救济还不充分，对行政机关权力制约的力度也还有待加强。司法权存在的基础是保护、救济公民的权利和利益，法院在审理案件时要兼顾好对公民权利救济和行政机关权力控制的目的，在尊重行政权运行的同时，也要注意保护公民的权益。这为司法裁判中的裁量权收缩提供了前提。

对于纯粹裁量权收缩为零的案件的认定须注意。由于裁量权收缩为零的案件分为法律层面的无裁量和事实层面的无裁量两种情形，究其本质共同点为“司法审判变更与行政行为重作在结果上具有一致性”。无论是羁束行政行为抑或是裁量收缩为零的裁量性行政行为，其必须在适当相对应的法律法规的范围内保持最终结果上的一致性。在此不涉及行政机关在作出行政行为上更具专业性的优势和法官对行政及法官对行政机关行政权的权力上的干涉或让步问题，二者在审判结果的指向上保持一致，法官必然可以在尊重行政机关的前提下，适用其变更权。而法官通过行使司法变更权所作出的变更判决，其更改后的行政行为应当与该案采取撤销判决后由行政机关重新作出的行政

① 王贵松：《行政裁量的构造与审查》，中国人民大学出版社 2016 年版，第 144 页。

② 章剑生主编：《行政诉讼判决研究》，浙江大学出版社 2010 年版，第 644 页。

行为在行为结果上保持相对一致，以变更判决代替传统的撤销判决是给予程序简化的效率使然，在确保法院公平公正与行政行为结果公平公正的基础上提高效率，贯彻一步化解案件纠纷的同时，防止实体处置权返回行政机关之手，对减少重复起诉、循环起诉起到实质作用，并监督行政机关，防止其二次操作。

需要强调的是，裁量权收缩为零案件是指法官对于此类案件的判决无裁量空间，而非无需裁量。针对此类案件适用变更判决，法官仍需要对其是否属于裁量权收缩为零案件进行判断，对此判断分析过程分为两步：首先，要判断案件是否属于羁束性行政案件，如若属于该类，则该案件不具有裁量性，法官可以进行合法性审查并直接作出变更判决；其次，法官应判断该类案件是否为裁量收缩为零的案件，这是指具有裁量性，但因事实因素的原因裁量性接近为零的案件，这类案件属于纯粹无裁量。法官在判断案件的裁量性时应当保持完整的说理结果，判断过程亦应当在判决书中载明。对于涉案行政行为在性质上属于纯粹无裁量案件的判断及变更的适用，法官在判决中应结合具体的案件，对适用的羁束性法律规范或事实层面的无裁量进行必要且详细的说理阐释，不能将案件事实与无裁量行政行为的对应，与无裁量行政行为与变更判决的适用泛泛而谈，应着重强调撤销责令重作的行政行为在合法的预期下与司法机关采用变更判决在结果上具有一致性，从注重司法公平正义与司法行政的公共效率角度出发，变更判决的适用更有利于保障当事人的合法权益。

（二）行政协议变更判决的适用条件

行政协议是国家进行社会管理所作单方性措施的替代和补充，兼具行政性和司法性的双重属性。行政协议应充分把握信赖利益保护原则和比例原则，一方面，行政机关在设计行政协议的内容时，应充分考虑行政机关作为国家公权力的诚信性和公定力，行政协议成立后，一方不得随意变更、解除协议。另一方面，行政机关在行使行政权时要注意行为和手段之间的合适比例，尽量确保具备履行条件的部分按约定履行；除因不具备完全履行条件的现实因素外，行政机关不得随意对协议内容变更或解除。针对目前行政协议案件审判面临的实践问题，由这些基本理论指导司法审判，对行政协议采取最为合适的判决是解决目前实务审判的当务之急。目前《行政诉讼法》中仅明确规定了部分行政协议案件的受案范围，而当事人要求撤销、变更行政协议的诉求并未列入法律的明确规定，这导致一些法院认为部分行政协议争议及诉请不属于行政诉讼受案范围，只能裁定驳回。司法实践中对适法性要件的认识并未统一，部分司法机关对裁判变更行政协议持谨慎态度，如有的法院认为，行政协议应由行政机关单方或由行政协议当事人协商变更，法院无权对行政协议直接予以变更，再审请求人要求法院直接变更协议内容的请求事项不属于法院行政审判权限范围。

目前，司法审判中对行政协议的审判方式的采用存在差异，并没有形成较为统一的裁判方式。可变更行政协议的审查判断标准不一，目前主要有以下三种审查标准：一是被诉行政协议内容是否明显不当或所涉款额是否确有错误，即独立适用《行政诉讼法》第 77 条的规定审查；二是被诉行政协议内容是否存在显失公平情形，导致协议履行明显失衡，将其视为典型的合同行为，即独立适用《民法典》规定的可变更情形予以审查；三是鉴于行政协议具有行政行为和协议行为的双重属性，在适用法律上兼顾《行政诉讼法》第 77 条以及《民法典》的规定来审查判断原告要求变更协议的诉权是否应当予以保护并据此来判决变更。前两种审查判断方式虽简单直接，但是本质上只关注了行政协议的行政性或协商性。第三种方式客观上兼顾了行政协议的行政性和协商性，并优先适用《行政诉讼法》规则，但适用合同法律规范时并未注意行政协议本身的公法属性，忽视了与《行政诉讼法》规则的内在勾连，容易出现以下问题：被诉行政协议出现《民法典》规定的情形，且原告请求法院依此情形变更被诉协议，法院应否皆按照行政协议变更予以处理？而从行政协议变更诉讼的实际出发，如何将《行政诉讼法》上的可变更规则与合同法上的可变更规则予以融通整合，避免出现规则间的矛盾和体系上的混乱。

另外一个司法实践中的问题是变更范围应否固定为款额裁判不一，被诉行政协议的被变更范围主要集中于款额的变更，即严格遵守《行政诉讼法》第 77 条“其他行政行为涉及对款额的确定、认定确有错误的……”之规定。但是也有部分行政协议变更判决的适用范围扩展到款额的计算标准，比如补偿标准或款额管理的计算基数、安置人数等。这两种裁判思路反映了司法实践中对《行政诉讼法》第 77 条的理解不一，进而言之，单纯依据文义解释是否会造成《行政诉讼法》第 77 条规定适用的不周延？以上问题又是否可以依据行政协议争议的实质性解决这一目的性解释方法对第 77 条的规定进行必要修正？

首先正本清源，变更行政协议诉请可以适用变更判决。法院在适用各类判决方式时，应当根据《行政诉讼法》的立法目的，依照相关条款具体规定，严格区分不同判决方式的适用条件，依法作出判决。[①]《行政诉讼法》第1条将保护相对人合法权益、监督行政机关依法行使职权作为立法目的。相较监督行政权依法行使，保护相对人合法权益才是落脚点。现行行政诉讼制度主要围绕行政行为合法性进行审查，对相对人的诉求关注不够，易忽视行政争议的实质性解决。[②]因此，法院除审查行政行为合法性外，还必须对原告主张在公法规范上予以保护的利益予以回应，以对原告合法权益加以周延保护。加之，行政协议约定的是行政机关与相对人之间的权利义务，因此引发纠纷可能是行政机关的原因，也可能是相对人的原因。一旦发生纠纷，相对人的合法权益在行政协议中主张的保护样态会呈现多样化，产生的权利主张也会呈类型化样态，所以从《行政诉讼法》的体系上来理解，变更判决应当对应于其立法目的，即原告诉请变更行政协议在《行政诉讼法》第77条中应有适用空间。此外，《行政诉讼法》第77条规定的"其他行政行为涉及对款额的确定、认定确有错误的，人民法院可以判决变更"，从文义上理解，该规定系概括性规定，为拓宽变更判决适用条件提供了先决条件。鉴于2014年修正的《行政诉讼法》扩张了行政诉讼受案范围，不再局限于单方行政行为，使兼具行政性、协商性的行政协议被纳入了行政诉讼受案范围。综上所述，变更判决在原告诉请变更行政协议纠纷案件中有适用余地。

行政协议变更判决的适用条件至少应当包含以下几个方面：第一，被诉行政协议意思表示要件非为重大瑕疵，即对于行政协议中存在行政主体欺诈、胁迫、乘人之危等重大瑕疵意思表示时，一般不宜直接变更，应确认其无效。但是如果上述重大瑕疵存在不影响协议履行或在协议履行过程中业已形成重要的国家利益或社会公共利益，协议相对人作为原告据此主张对存在上述情形的协议予以变更，从维护协议安定性的角度，亦可以赋予其可变更的法律效力，运用司法裁量权予以适当变更，肯定其存续力，强化履约利益保护。第二，原告权利主张须为与款额变更关联的主观公权利。在行政协议变更诉讼中，原告享有的主观公权利即为要求被告给付精确、特定款额的公权利。行政协议是双方意思一致的结果，协议内容不可能完全按照行政原则来确定，

---

① 郭修江：《行政诉讼判决方式的类型化——行政诉讼判决方式内在关系及适用条件分析》，载《法律适用》2018年第11期。

② 韩明生：《房屋征收补偿协议案件司法审查模式的优化——以解决行政争议为导向》，载《法律适用》2017年第2期。

但又绕不开行政法律规范的具体要求。原告诉请被告给付的内容多系公法规范中已经固定的，因此，协议约定的给付内容与行政机关公法上应给付内容相当。[①] 例如，在“陈某、王某与杭州某街道办行政协议纠纷案”中，法院认为，案涉协议绝大多数内容是法律法规和补偿安置方案直接确定的，如安置人口与安置人口相配备的安置面积的确定系法定，而非意定。[②] 需要指出的是，虽然原告诉请被告给付的内容多系公法规范中已经固定，但法院对此裁判变更时，仍要恪守裁判时机成熟原则，即行政机关裁量空间为零或极其小，无须法院进行复杂专业化的计算或另行调查案件事实。第三，行政裁量权行使明显不当。行政协议作为具有典型受益性的行政给付类型之一，行政给付不完全遵守法律保护原则的特点，亦为行政协议所遵循。有学者对裁量权的合理性审查标准作出如下界定：一是根据行政法比例原则即必要性原则进行合理性审查，纠正瑕疵裁量；二是参照《民法典》第 5 条即合同自由原则、第 6 条即合同公平原则，展开对协议中行政裁量是否适当的审查。[③] 笔者对于这种审查标准也表示赞同。

（三）构建行政机关反向说明程序

反向说明程序是指在行政诉讼审判过程中，法官在审理行政行为案件时，通过适用性判断认为案涉行政行为符合适用变更判决和撤销判决两种审判方式时，法官在作出判决前，提前向行政机关询问是否有必须撤销重作的特殊理由，然后对行政机关的说明进行裁决，若理由不成立则应适用变更判决的特殊程序。

构建此反向说明程序的核心是通过减少法院选择判决种类时的裁量，从而增加法院对行政诉讼案件变更判决的适用，减少行政行为处理权力的回溯。经过程序的选择由法院将行政行为变更，并作出判决。该反向说明程序的构建需要明确两个前提：一是应以法官适用案件类型的“可选择性”为基础。法院在给予对案件的事实和法律的适用考量之后，认定该行政行为存在不合法，对能否变更判决适用作进一步考量。二是明确该程序的性质为司法程序。是指在司法审判过程中法官基于对审判结果的选择，要求行政机关对法院应

① 翁岳生：《行政法》，中国法制出版社 2002 年版，第 757~758 页。

② 参见浙江省杭州市中级人民法院（2016）浙 01 行终 367 号行政判决书。

③ 沈起：《适用行政协议变更判决的条件与限度》，载《人民司法》2021 年第 25 期。

当适用撤销判决而非变更判决进行理由阐述的程序。[①]

行政机关反向说明程序的构建可以分为三个步骤来完成：第一，被告行政机关陈述反对适用变更判决的理由；第二，原告对行政机关的反向说明陈述提出意见；第三，法院依法对该案适用的判决种类作出裁决并进行判决说理。

首先，行政机关陈述理由是指变更判决适用的案件中，法院须向行政机关询问是否有必须适用撤销重作的特殊理由，若行政机关具备特殊理由，则对理由进行简要说明。此步骤的目的在于法官在选择判决种类时行政机关可对此发表意见，在此之前法官对判决种类的选择往往是自行作出，对于同时适用撤销判决和变更判决的案件都为被告败诉，对这两种判决种类的选择上没有任何限制。其次，原告对行政机关陈述的反向说明提出意见，基于诉讼权利平等原则，行政机关对其应当保留行政行为的作出权利的特殊理由进行说明后，原告有权对行政机关的陈述提出反对意见，并表达自身对适用判决意向的理由，原告可以对行政机关的反向说明提出反驳或质疑，从其对行政纠纷背后的案件事实与合法权利寻求法官的内心确信，争取得到法官对判决变更该行为的倾向和支持。

在程序构建中首先应注意的问题是：此程序并非审判中的必经程序，该程序的适用应当满足以下两个因素：第一，对案件的判决可以适用撤销判决和变更判决，该程序是因为法院对于适用变更判决存在选择困难，需要综合双方立场考量。第二，法院在作出裁判种类决定时应当考量多种因素，综合案件事实和法律规范选择判决种类。对此，应当考量的内容包括：（1）诉讼案件的实际情况是否具有复杂性。并非所有案件都适合采取变更判决，有些案件的案情事实较为复杂，涉及的主体及法律关系较多，法院在审查至判决的短时间内无法作出具备专业性的恰当的变更判决，在此情况下，交给原行政机关重新作出，更加能够在时效期限内得到恰当的结果，这也起到了司法对行政的监督作用。（2）案件的事实认定和行政裁量是否超出了法院的能力范围，需要行政机关更为专业的判断。从专业的角度看，法院专注于对法律适用的审判，对事实认定、行政裁量等方面专业性不及行政，出于对结果的客观性和合理性考量，将此类较为专业的行政行为判决撤销，将作出行政行为的权力重新交给行政机关，会平衡行政机关和当事人合法权益，并得到更

① 参见吴松阳：《行政诉讼变更判决适用问题研究》，西南政法大学 2020 年硕士学位论文。

为谨慎客观的结果。（3）此程序可以设置在法庭辩论之后，法院基于法律规范和事实认定作出裁判之前对行政机关行为认定前的阐释。法院裁判步骤中法院不必直接得出裁决结论，因为此程序适用在庭审辩论之后，案件的胜诉方还没有确定，法院需要确定案件胜负后再对案件判决类型进行选择。（4）该程序的构建需要注意释明义务，法官在判决中结合案件详细写明对该程序适用相关的理论和依据。目前法院对于选择判决类型的理由在判决书中少有体现，在判决中法院往往直接选择判决类型。对于该判决理由选择理由往往没有表述，不利于司法公开。[①] 法院可以将选择判决类型所考量的因素，以及选择该判决类型的原因进行说理，同时在判决书中有所体现，将该程序的过程写入判决书中，逻辑自洽，说理闭环，结构完整，内容也更具有说服力，可以起到较好的社会效果。

① 参见吴松阳：《行政诉讼变更判决适用问题研究》，西南政法大学 2020 年硕士学位论文。

第八章

给付判决的司法适用

所谓给付判决，指的是具有公法上请求权的公民、法人或者其他组织对行政机关不履行给付义务的行为不服提起行政诉讼，人民法院判令行政机关依法承担给付义务的判决①。

一、适用条件

（一）行政诉讼法及司法解释对给付判决的规定

2014 年《行政诉讼法》修改的亮点之一，即为在判决类型中增加了给付判决。2014 年《行政诉讼法》第 73 条规定："人民法院经过审理，查明被告依法负有给付义务的，判决被告履行给付义务。"《行诉法解释》第 92 条规定："原告申请被告依法履行支付抚恤金、最低生活保障待遇或者社会保险待遇等给付义务的理由成立，被告依法负有给付义务而拒绝或者拖延履行义务的，人民法院可以根据行政诉讼法第七十三条的规定，判决被告在一定期限内履行相应的给付义务。"

依照上述法律和司法解释的规定，法院作出给付判决应同时具备以下五个条件：原告有给付之请求权；被告依法负有给付义务；被告未履行给付义务；被告未履行给付义务没有法律所规定或认可的理由；判令被告履行给付

① 江必新、邵长茂：《新行政诉讼法修改条文理解与适用》，中国法制出版社 2015 年版，第 272 页。

义务仍有意义。只要所诉案件与以上五个条件相符，人民法院理应作出给付判决[①]。

（二）行政给付判决的内涵

1. 行政给付判决的定性与特征

（1）行政给付判决在形式上是一种主判决。《行政诉讼法》中的给付判决是一种独立存在的主判决，区别于依赖主判决而存在的从判决。一般而言，判决的主从之分是行政诉讼中特有的现象，而主判决、从判决的区分标准在于某一判决类型的作出是否需要以其他判决类型的预先成立为前提[②]。《行政诉讼法》第 70 条中对撤销判决和重作判决的规定，说明了撤销判决和重作判决之间的主从关系。而给付判决则不同，给付判决不像重作判决那般依赖于撤销判决而作出，更无须依赖单独一个确认判决或者其他判决类型的作出。此外，行政诉讼中的多数判决类型内在涵盖了确认判决的功能和效用，但是在给付判决之中，虽然也会对被告的给付义务予以预先的确认，但是此种预先确认没有一个确认判决的外化形式。

（2）行政给付判决在地位上属于一种主体判决。主体判决是行政诉讼判决的主要部分，在一定程度上是依据原告的诉讼请求而设置的，典型的主体判决是撤销判决、履行判决、确认判决、给付判决等判决类型。在这些主体判决之外，依据行政诉讼的需要，会另外设置一些辅助判决，而典型的辅助判决则是驳回原告诉讼请求判决、情况判决、部分判决等判决类型。

给付判决是对原告提出的给付之诉讼请求的最终回应，不是临时性、阶段性的回应方式，是典型的主体判决。但是一些辅助判决亦会在给付诉讼之中发生相应的作用。在给付之诉的诉讼中，如果双方当事人之间对给付请求权的存在与否发生争议，法院就必须对该实体问题予以审查。如果对这一先决问题不予审查，那么后续审理中涉及的给付与否、给付数额等争议就没有必要予以进一步审理。因此，在给付诉讼中，辅助判决的存在可以分担一部分诉讼功能，加快诉讼的进程，提高诉讼的效率，但作为给付诉讼一般结果的给付判决依旧是一种主体判决。

（3）行政给付判决在内容上具有可执行性。依照《行政诉讼法》第 73 条

---

① 江必新、邵长茂：《新行政诉讼法修改条文理解与适用》，中国法制出版社 2015 年版，第 272~273 页。

② 章剑生：《行政诉讼判决研究》，浙江大学出版社 2010 年版，第 313 页。

的规定，结合《行政诉讼法》第96条“行政机关拒绝履行判决、裁定、调解书的，第一审人民法院可以采取下列措施……”及《行诉法解释》第152条第2款“……行政机关拒不履行的，对方当事人可以依法向法院申请强制执行”的规定，可执行性亦是行政给付判决的显著特征之一。行政给付判决从其程序上看，是推进型的，而不是像重作判决那般，仅仅是回复型的。在给付判决之中，人民法院不仅会明确被告的给付义务，还会进一步明确履行给付义务的方式，几乎消除了新的行政纠纷产生的可能性。法院作出的给付判决会将给付的客体、数额及相应的给付期限在判决书中予以明确，如果行政机关在法定的期限之内不予履行，原告可以依据《行政诉讼法》及其司法解释的规定，申请法院强制执行。

2. 行政给付判决的功能

（1）权利救济。给付判决的设立，弥补了撤销判决、确认判决等判决类型的权利救济漏洞，特别是对于2014年《行政诉讼法》修改之前的履行判决而言，给付判决的设立弥补了履行判决在权利救济方面的不足。2014年《行政诉讼法》修改之前的履行判决，一般判决主文仅仅是“判决其在一定期限之内予以履行”，没有对给付的金额作出明确的要求，这样就可能造成这一结果——被告行政机关虽然履行了该判决，但是如果没有履行法律规定的数额，那么就可能引发行政相对人的第二次诉讼，造成不必要的司法资源浪费。而给付判决的判决主文中一般会明确规定给付的义务，具体包括给付客体的种类、数量、方式及时间等，较之履行判决的判决主文，更具有可执行性，且可以大幅度降低循环诉讼的发生几率。因此，给付判决的设立弥补了履行判决等判决类型的不足，丰富了行政诉讼判决类型，同时不仅保证了撤销判决、履行判决等判决类型无法作出回应的原告实体法上的给付请求权有了救济、获得回应的途径，还保障了对公民给付请求权的救济的周延性。

（2）权力监督。在给付判决中，法院根据相关法律、法规的规定，行政协议的约定，甚至行政机关作出的单方允诺，对行政机关是否存在给付义务、其未为给付的行为是否违法、履行给付的义务是否还有现实意义等问题进行审查。这些都体现了司法权对行政权的监督。有权利必有救济，给付判决担负的正是司法权对行政权监督的职责，也即给付判决具有对行政机关侵害公民请求给付权利的最终救济功能。新增给付判决，是权利监督之必然。给付判决对督促行政机关自觉履行义务大有裨益。

（3）实质解决行政争议。诉讼请求背后的利益之争是原告、被告争讼的关键。针对原告的给付请求，过去存在两种错误的做法：一是用履行判决代替给付判决。二是先确认行政行为违法，再用行政赔偿来救济。前者是由制度缺失导致，后者是由于过去行政审判多注重判断行政行为的合法性。以往的判决形式，无法实质解决行政争议，导致各方诉累。给付判决能真正做到正面回复诉讼请求，实质解决行政争议。

（三）给付判决的适用范围

2014 年修正的《行政诉讼法》第 73 条确立了给付判决这一判决类型，但该条文对于给付判决的适用范围未予规定。为了进一步明晰给付判决的适用范围，《行诉法解释》第 92 条对给付判决的适用范围予以规定，列举了抚恤金、最低生活保障待遇及社会保险待遇等三项具体的财产性给付内容。但是结合行政给付概念中除物质权益外还蕴含非物质权益之内涵，《行诉法解释》第 92 条中规定的给付判决适用范围相对不周延。给付判决适用范围的不周延、不确定，会对给付判决这一判决类型的研究形成一定的阻碍，也不利于给付判决的精准适用。此外，结合行政给付的概念，对于《行诉法解释》第 92 条中"原告申请被告依法履行支付抚恤金、最低生活保障待遇或者社会保险待遇等给付义务的理由成立"的"等"字应当作"等外"之理解。在作"等外"理解时，其一，能否从列明的具体财产性给付推导出所有类型财产性给付？其二，若涵括其他类型财产性给付内容，是否还包括非财产性给付内容或类型？这些问题均关系到给付判决适用范围应当扩至何种程度。笔者认为，给付判决的适用范围，可以从以下三个由小到大的范围来作出限定。

1. 限于给付行政范畴内的给付义务

全国人大常委会法工委在对"给付义务"进行解读时，仅列举了受案范围对应的三项内容，即支付抚恤金、最低生活保障待遇和社会保险待遇。[①] 该三项内容均属典型的给付行政。从文义上看，《行诉法解释》第 92 条的"等"所概括的情形或事项应与所列举的事项属同一类，之所以列举支付抚恤金、最低生活保障待遇和社会保险待遇三项内容，就是为了将给付义务限定在给付行政的范畴内。[②] 更为重要的是，给付判决的实体性裁判功能也应限于

---

① 信春鹰主编：《中华人民共和国行政诉讼法释义》，法律出版社 2014 年版，第 194 页。

② 最高人民法院在《关于审理行政案件适用法律规范问题的座谈会纪要》（法〔2004〕96 号）中指出："以'等''其他'等概括性用语表示的事项，均为明文列举的事项以外的事项，且其所概括的情形应为与列举事项类似的事项。"

给付行政领域。给付行政与干预行政之间最明显的差异在于，给付行政的依据除法律、法规、规章外，更多的是政策，政策往往对行政行为的作出给出明确的指引和标准，基于自我约束原则，行政机关在作出行政行为时的选择余地较小。[①] 针对干预行政领域的案件，法官要适用实体性裁判必然需要结合个案进行裁量，对法院机构能力的要求较高，但针对给付行政领域的案件，法官具有充足的政策作为依据，可以得出具体的给付标准，并进而计算出特定的给付数额，对法院机构能力的要求较低，容易驾驭。考虑到当下我国法院有限的机构能力，将给付判决的实体性裁判功能限于给付行政领域是更为现实的做法。

2. 限于法律规范及各类对行政机关具有约束力的规范性文件规定的给付义务

笔者赞同如下观点："给付判决不仅限于法律、法规、规章中明确规定的给付义务，还包括合法有效的行政规范性文件中规定的给付义务。进一步地讲，给付判决中'依法'之'法'应当与履行判决中'法定职责'之'法'，进而与行政诉讼'合法性审查'之'法'相一致。实际上，也就是与依法行政中的'法'相一致。这应当是体系化法治行政的必然要求。"[②] 行政承诺与行政协议本亦不应排除在给付判决之外。但因 2014 年修改后的《行政诉讼法》第 78 条新增设了针对行政协议的判决，故给付判决排除行政协议应当是没有异议的。但行政法学界长期以来对行政奖励、行政承诺行为，从对其行为性质的定性，到争议的处理方式一直存在争议。随着行政承诺的日益广泛使用，应当通过将合法且标的具体明确的、具有金钱或其他财产给付义务的行政承诺争议，纳入给付判决的范畴。这不仅有利于争议的实质性解决，也有利于规范行政承诺行为，进而有利于诚信政府建设。

3. 限于以金钱或财产为内容的给付义务

就给付判决实体性裁判功能的发挥而言，金钱或财产给付与行为给付存在明显差别，正如学者所说："金钱或财产给付与行为给付不同，它不仅具有直接的财产内容，而且义务非常具体，法院没有必要将诉讼之'球'踢回行政机关重新处理一遍，完全可以也应当直接通过给付判决彻底解决行政争议，

---

① 沈政雄：《社会保障给付之行政法学分析———给付行政法论之再开发》，我国台湾地区元照出版有限公司 2011 年版，第 17 页。

② 参见黄学贤：《给付判决在行政诉讼判决体系中的定位》，载《苏州大学学报（哲学社会科学版）》2021 年第 4 期。

实现案结事了。”[①] 这一观点通过体系解释亦能得到很好的说明。《行政诉讼法》第 77 条规定，行政行为涉及款项的确定、认定确有错误的，法院可以判决变更。可见，在立法者看来，涉及金钱或财产给付的案件，法院可以进行高强度审查，直接作出实体性裁判，因为“这个问题不是原则性问题，而是技术性问题，不管由法院承担还是行政机关承担，结果都应当是一样的”。[②]

二、适用现状和主要问题

（一）适用现状

1. 依法适用，实质化解行政争议

自 2014 年修改的《行政诉讼法》及 2018 年《行诉法解释》施行以来，各级人民法院行政审判庭依法做了大量的判令社会保险经办机构支付社会保险待遇、抚恤金及民政部门支付最低生活保障的给付判决。

在工亡职工姚某家属诉某县社保中心先行支付工伤保险待遇一案[③]中，法院查明：姚某系洛阳市某化工有限公司职工，在上班途中发生交通事故，经抢救无效死亡。洛阳市人力资源和社会保障局确认姚某所受伤害为工伤。洛阳市某化工有限责任公司未依法缴纳工伤保险至工伤事故发生时。姚某家属要求从社会保险基金中先行支付一次性工亡补助金、丧葬补助金及供养亲属抚恤金。丧葬补助金为 2014 年度职工月平均工资 3707 元计算 6 个月共计 22 242 元，一次性工亡补助金为 2014 年度全国城镇居民人均可支配收入的 20 倍，即 28 844 × 20=576 880 元。某县社会保险中心坚持应由姚某所在单位先行支付，用人单位不支付工伤待遇应有书面依据才能由社会保险基金先行支付。法院另查明：洛阳市某化工有限公司在诉讼中已明确表示，无能力支付姚某的工伤保险待遇；姚某家属曾起诉洛阳市某化工有限公司支付工伤保险待遇，洛阳市某化工有限公司答辩称，因其为姚某办理了工伤保险，其不应该向姚某家属支付工伤待遇；经法院民事案件承办人和某县社保中心协调后，让姚某家属到社保中心办理先行支付，姚某家属民事案件撤诉。后被告社保中心未给原告办理先行支付，姚某家属以行政诉讼诉至法院。

---

① 胡建森：《行政诉讼法学》，法律出版社 2019 年版，第 467 页。

② 江必新、邵长茂：《新行政诉讼法修改条文理解与适用》，中国法制出版社 2015 年版，第 284 页。

③ 河南省孟津县人民法院（2018）豫 0322 行初 19 号行政判决书。

法院经审理认为，依法缴纳工伤保险，应当是依法办理工伤保险并足额缴纳，洛阳市某化工有限责任公司为姚某办理有工伤保险，但其拖欠社保费应当属于未依法缴纳工伤保险费的情形，洛阳市某化工有限责任公司在民事诉讼答辩中明确表示拒不支付姚某的工伤保险待遇，符合《社会保险基金先行支付暂行办法》第6条第2款第4项职工认为用人单位不支付的其他情况，姚某家属起诉要求某县社保中心先行支付姚某的工伤待遇于法有据。据此，本案中，某县社保中心以职工所在单位拖欠社保费，姚某家属要求某县社保中心先行支付没有书面申请，以及姚某家属没有向某县社保中心提交由社会保险行政部门出具的用人单位拒不支付证明为由，要求其所在单位支付工伤保险待遇，理由不足，且不符合法律规定，法院不予采纳。姚某家属要求先行支付一次性工亡补助金及丧葬补助金，合理合法，某县社保中心应予先行支付。丧葬补助金为2014年度职工月平均工资3707元计算6个月共计22 242元，一次性工亡补助金为2014年度全国城镇居民人均可支配收入的20倍，即28 844×20=576 880元。姚某家属要求过高部分，依法不予支持。姚某家属要求一次性支付供养亲属抚恤金不符合法律规定，应由某县社保中心为其办理按期发放。综上，依照《社会保险法》第41条、《行政诉讼法》第73条之规定，判决某县社保中心于判决书生效之日起十日内先行支付给姚某家属一次性工亡补助金576 880元，丧葬补助金22 242元，合计599 122元。判令某县社保中心于判决书生效之日起十个工作日内对姚某家属履行发放供养亲属抚恤金的法定职责。案件受理费50元，由被告某县社会保险中心承担。

该案判决严格依照法律和司法解释的规定，对于原给付义务依法成立且给付数额明确的诉讼请求依法作出给付判决，对于给付义务成立，但给付义务需分期履行，无法一次性给付的诉讼请求作出了履行判决。

2. 大胆创新，组合适用撤销判决与给付判决方式，一次性解决行政争议

在四川省峨眉山市法院审理的原告工亡职工唐某家属诉被告某市医疗保险事业管理局及第三人用人单位社会保障行政给付一案[①]中，原告请求法院：（1）撤销被告作出的《一次性工亡、丧葬补助金核定表》和《供养亲属抚恤金核定表》；（2）责令被告向原告支付工亡职工唐某的一次性工亡补助金、丧葬费共计448 738.75元，从2017年6月起至2022年7月止按月支付原告唐某2供养亲属抚恤金850.40元；（3）本案诉讼费由被告承担。

① 四川省峨眉山市人民法院（2018）川1181行初42号行政判决书。

法院经审理查明，唐某原系第三人公司职工，工作期间第三人为其参加了工伤保险。原告唐某1、王某、唐某2分别系唐某的父亲、母亲、儿子。2017年5月5日，唐某在下班途中发生交通事故，经抢救无效死亡。2017年6月28日，乐山市人力资源和社会保障局认定唐某受到的事故伤害为工伤。2017年9月13日，唐某交通事故赔偿责任部分由峨眉山市人民法院作出民事判决，判决中国平安财产保险股份有限公司峨眉山支公司赔偿三原告因交通事故造成唐某死亡的各项损失共计507 452.91元。第三人对唐某的工伤保险待遇向被告进行了申报，被告于2018年1月19日作出《一次性工亡、丧葬补助金核定表》，核定唐某工伤死亡一次性工亡补助金为672 320元（第三方支付429 690元），丧葬费24 919.50元（第三方支付19 048.75元），实际支付248 500.75元。被告已将上述“实际支付款项”支付第三人，原告表示认可并同意将被告已支付部分予以扣除。2018年5月2日，被告作出《供养亲属抚恤金核定表》，核定原告唐某2供养亲属抚恤金850.40元/月，第三方支付699.77元/月，实际支付150.63元/月，起始时间2017年6月。庭审中，三原告明确表示对在不扣减第三方支付费用情况下，被告核定的唐某工伤死亡的一次性工亡补助金为672 320元、丧葬费为24 919.50元、原告唐某2供养亲属抚恤金为850.40元/月无异议。

法院认为，关于被告提出唐某的工伤保险待遇应当扣除第三方支付的问题，《最高人民法院关于审理工伤保险行政案件若干问题的规定》第8条第3款规定，职工因第三人的原因导致工伤，社会保险经办机构以职工或者其近亲属已经对第三人提起民事诉讼为由，拒绝支付工伤保险待遇的，人民法院不予支持，但第三人已经支付的医疗费用除外。本案中，唐某因第三方原因导致工伤，其近亲属虽已提起民事诉讼并获得了民事赔偿，但不影响其依法享受《工伤保险条例》规定的相应工伤保险待遇。被告采取“补差原则”核定唐某工伤保险待遇的主张不符合上述司法解释的规定，法院不予支持。因此，被告对唐某工伤保险待遇作出的《一次性工亡、丧葬补助金核定表》《供养亲属抚恤金核定表》缺乏法律依据，依法应当予以撤销。

本案中，三原告对在不扣减第三方支付费用情况下，被告核定的唐某的一次性工亡补助金为672 320元、丧葬费为24 919.50元，唐某2供养亲属抚恤金为850.40元/月无异议，应认定核定支付金额已经确定，符合《行政诉讼法》第73条规定的人民法院判决被告履行给付义务的条件。为减轻当事人诉累，实质性化解行政纠纷，被告应依法履行给付义务。基于被告已将一次性工亡补助金、丧葬费 248 500.75 元支付给第三人，三原告表示认可并同意将被告已支付部分予以扣除，因此被告应当向三原告支付唐某的一次性工亡补助金、丧葬费 448 738.75 元，并向原告唐某 2 按月支付供养亲属抚恤金 850.40 元。综上，法院依照《行政诉讼法》第 70 条第 2 项、第 73 条之规定，判决撤销了被告乐山市医疗保险事业管理局作出的《一次性工亡、丧葬补助金核定表》以及《供养亲属抚恤金核定表》；全额支持了原告提出的给付请求。

该案的大胆创新之处在于贯彻 2014 年《行政诉讼法》修改时新增的“解决行政争议”的立法宗旨，在查明案件事实，厘清基础法律关系的基础上，通过一次诉讼，既撤销了错误的支付决定，又作出了新的给付判决，避免了诉讼参与方的诉累，实质解决了行政争议。

3. 给付判决的适用范围有扩大化的趋势

尽管《行诉法解释》第 92 条明确列举了支付抚恤金、最低生活保障待遇和社会保险待遇三类案件可以适用给付判决，但因《行诉法解释》第 92 条在明确列举了三类案件后又用了“等”字，故在司法实践中，给付判决的适用范围远远超出了上述三类案件。经使用知网“法律案例”选择内容特征“全文”，输入关键字“行政诉讼法第七十三条”“给付”进行检索，作出给付判决的案件案由涉及土地房屋的征收补偿、行政赔偿、行政补偿、行政协议、行政奖励、行政承诺、行政补贴、返还公法上的不当得利等。判决主文涉及行政机关履行特定的金钱给付、财物交付义务的，均有适用给付判决的案例。

（1）适用给付判决方式判决支付村集体经济组织成员征地安置房。在魏某诉驻马店市人民政府、驻马店经济开发区关王庙乡人民政府征收拆迁安置行政给付纠纷一案[①]中，魏某请求法院判决确认驻马店市人民政府、关王庙乡政府不给魏某分配拆迁安置房的行政行为违法，请求法院依据驻政〔2014〕100 号文件规定给予魏某与其他村民同样分配拆迁安置房 40 平方米。法院经审理，确认了魏某在村集体经济组织中的成员资格，依照《行政诉讼法》第 73 条之规定，判决驻马店市人民政府于判决生效后一个月内依据驻政〔2014〕100 号文件规定给予魏某分配拆迁安置房 40 平方米。

（2）适用给付判决方式判决支付国家赔偿金。在原告杨某诉被告都匀经济开发区匀东镇人民政府行政赔偿一案[②]中，法院认为，被告在未与原告协

---

① 河南省信阳市中级人民法院（2018）豫 15 行初 13 号行政判决书。

② 贵州省黔南布依族苗族自治州独山县人民法院（2017）黔 2726 行赔初 2 号行政判决书。

商一致，未给予原告任何补偿，也未向原告送达征收决定书等手续的情况下，强行征收原告经营使用的林地，违反法律规定。根据《国家赔偿法》第4条第3项、第4项、第36条第8项以及《农村土地承包法》第16条第2项规定，原告经营管理林地被征收后有权获得相应的补偿或赔偿。庭审中原告、被告均认可大坪村与原告类似的二十多户被征收林地者，林地补偿款和林木补偿款均直接发放给农户，从公平、公正角度出发，被告也应将征收原告经营管理林地补偿款发放给原告。由于庭审中原告、被告对被征收林地面积为7.2807亩、林地补偿标准为33 420元/亩、林木补偿标准按6000元/亩进行计算均无异议，因此，被告都匀经济开发区匀东镇人民政府赔偿原告损失应为7.2807亩×（33 420元/亩+6000元/亩）＝287 005.2元。综上，依照《国家赔偿法》第4条第3项、第4项、第36条第8项，《行政诉讼法》第73条的规定，判决被告都匀经济开发区匀东镇人民政府在本判决生效十日内给付原告杨某违法征收林地、林木损失赔偿款共计287 005元。

（3）适用给付判决方式判决支付行政补偿款。在上诉人启东市水务局因与被上诉人秦某水利行政补偿上诉一案[①]中，一审判决认为，行政补偿是指国家行政机关及其工作人员在管理国家和社会公共事务的过程中，因合法行为给公民、法人或其他组织的合法权益造成了损失，由国家依法予以补偿的制度。本案中，秦某码头因启东市水务局行为造成无法使用，当然应作为损失部分由启东市水务局补偿。秦某岸上相应的设施、设备，依附于码头存在，在码头不能使用的情况下，该部分也应作为损失由启东市水务局进行补偿。启东市水务局仅补偿直接损失的做法，于情理不符。关于秦某主张的附属设施——机器设备等设施重置价值730 728.14元与获得的补偿136 409.83元之间的差额59.43万元，秦某请求支付差额59.43万元，应予以支持。一审法院依照《行政诉讼法》第73条之规定，判决启东市水务局于本判决生效之日起十日内给付秦某补偿款人民币59.43万元，驳回秦某的其他诉讼请求。

二审法院认为，58项资产中，其中的10项资产（重置价值表中的第1~9项及第18项）为136 409.83元，上诉人已经实际支付给被上诉人，该款项应当予以扣减。扣减后，上诉人应支付的补偿款为594 318.32元。一审法院判决由上诉人支付被上诉人补偿款59.43万元，并无明显不当。但上诉人支付补偿款，意味着上述资产应当归属于上诉人，一审裁判仅判令上诉人给付补偿，

---

① 江苏省南通市中级人民法院（2017）苏06行终745号行政判决书。

未判决明确案涉资产应归属于上诉人，裁判内容未完全真实地体现双方当事人的意思，二审应予纠正。上诉人的该项上诉理由成立，本院应予采信。关于经营损失。上诉人修闸工程施工期内的被上诉人的码头租赁等费用等损失8万元，上诉人已经支付。但施工完成后，因闸基的延伸、加固，被上诉人码头设施无法继续运营，依附于码头的加工经营活动无法正常进行，故应予酌情考虑被上诉人的停产停业损失。被上诉人虽在领取136 409.83元的收款单据上写为经营损失，但实际上，根据评估报告、会议纪要以及上诉人签署的给付事由，均应认定该款实际为被上诉人码头等10项资产的收购价款。一审法院未予支持被上诉人的经营损失不当，二审应予调整。本院参照双方当事人先前的协议及被上诉人生产规模等因素，酌情考虑应由上诉人再行支付被上诉人损失8万元。

综上，依照《行政诉讼法》第73条、第89条第1款第2项之规定，判决如下：一、维持江苏省海门市人民法院（2017）苏0684行初64号行政判决第二项，即驳回秦某的其他诉讼请求；二、撤销江苏省海门市人民法院（2017）苏0684行初64号行政判决第一项，即启东市水务局于本判决生效之日起十日内给付秦某补偿款人民币59.43万元；三、启东市水务局在秦某将重置价值表中所列的58项资产交付启东市水务局后十日内给付秦某补偿款594 318.32元；四、启东市水务局于判决生效之日起十日内给付秦某经营损失补偿8万元。

（4）适用给付判决方式判决行政机关支付行政协议约定的款项及利息。在大英县永佳纸业有限公司（以下简称永佳公司）诉四川省大英县人民政府（以下简称大英县政府）、四川省大英县回马镇人民政府（以下简称回马镇政府）不履行行政协议纠纷一案[①]中，法院依照《行政诉讼法》第73条、第78条第1款以及《行诉法解释》第11条、第14条、第15条第1款、第16条的规定，判决如下：一、永佳公司与回马镇政府于2013年9月6日签订的《资产转让协议书》合法有效，双方应当履行；协议中有关回马镇政府的权利和义务，由大英县政府享有和承担。二、大英县政府应当给付尚欠永佳公司的征收补偿费用人民币794.6万元及资金利息（其中，利息从2014年2月11日起至2014年4月4日按本金917万元计算，2014年4月5日起至付清之日止按本金794.6万元计算，按月息1.5%计付），限在本判决生效之日起十日

① 四川省遂宁市中级人民法院（2015）遂中行初字第28号行政判决书。

内付清。三、驳回永佳公司的其他诉讼请求。案件受理费人民币 74 380 元，由大英县政府承担。

（5）适用给付判决方式判决支付行政奖励资金。在原告杨某因要求被告山丹县财政局履行行政义务，兑现煤矿被关闭的奖励补偿金一案[①]中，法院认为，根据原告、被告提供法庭的甘肃省相关部门关闭煤矿的批复、通知等文件精神，被告系关闭煤矿支付奖励补偿金的主体，因此，原告起诉被告主体适格。庭审中，被告对其负有煤矿关闭后支付奖励补偿金的义务和职责也无异议。同时，通过庭审查明，原告已履行了矿山关闭前，采矿权人应当完成的相关责任，被告应该履行向原告支付奖励补偿金 360 万元的义务。据此，依照《行政诉讼法》第 73 条之规定，判令被告山丹县财政局在三十日内支付原告杨某山丹县丰华煤矿被关闭后的奖励补偿金 360 万元。

（6）适用给付判决方式判决支付行政允诺产生的补贴资金。在原告海原县兴海薯业有限公司（以下简称兴海薯业公司）诉被告海原县人民政府行政允诺一案[②]中，法院认为，被告作出的《2013 年海原县高垄管溉马铃薯示范基地建设实施方案》以县委、县政府办公室名义转发，该文件对所涉及的对象应具有效力。根据该方案的规定，被告于 2013 年在曹洼、树台两乡实施高垄灌溉马铃薯示范基地建设项目，承诺给付实际参与的农户或企业施肥、购买农机等补贴。原告为参与该项目建设承租了海原县曹洼乡曹洼村的土地，并从海原县农业机械化推广服务中心领取了方案中确定的农机，结合被告给付原告施肥补贴款的事实，可以确认被告允诺给付原告购买农机补贴款的事实存在，被告应当依据该方案及诚信原则及时向原告支付补贴款。故原告请求被告给付农机补贴款的理由成立，应予支持。对于应给付补贴款的数额，根据该方案的规定，购置 904 拖拉机 5 台，县财政配套资金 35 万元。本案原告购置了 904 拖拉机 5 台，故被告应给付补贴款 35 万元；同时，根据该方案的规定，被告规划购买马铃薯种植机、犁、旋耕机、收获机具共计 40 台，拟给付补贴款 20 万元。本案原告实际购置翻转犁 5 台、旋耕机 5 台、马铃薯种植机 5 台，共 15 台，依据该方案的规定，被告应支付补贴款数额为 7.5 万元（$20\div40\times15=7.5$ 万元），以上两项共计 42.5 万元。综上，被告允诺支付原告购机补贴款的事实存在，原告的诉讼请求有事实及法律依据，应予支持。依

① 甘肃省张掖市甘州区人民法院（2017）甘 0702 行初 18 号行政判决书。

② 宁夏回族自治区中卫市中级人民法院（2016）宁 05 行初 10 号行政判决书。

照《行政诉讼法》第 73 条之规定，判决如下：一、被告海原县人民政府于本判决生效后三十日内支付原告海原县兴海薯业有限公司购买农机补贴款 42.5 万元；二、驳回原告海原县兴海薯业有限公司的其他诉讼请求。

（7）适用给付判决方式判决返还公法上的不当得利。在原告杨某诉被告山丹县国土资源局履行行政义务，退还原告煤矿被关闭后剩余的地貌恢复保证金一案[①]中，法院认为，《矿山地质环境保护规定》第 18 条规定，采矿权人按照矿山地质环境保护与治理恢复方案的要求履行了矿山地质环境治理恢复义务，经有关国土资源行政主管部门组织验收合格的，按义务履行情况返还相应额度的矿山地质环境治理恢复保证金及利息。第 22 条规定，矿山关闭前，采矿权人应当完成矿山地质环境治理恢复义务。采矿权人在申请办理闭坑手续时，应当经国土资源行政主管部门验收合格，并提交验收合格文件，经审定后，返还矿山地质环境治理恢复保证金。第 23 条规定，采矿权转让的，矿山地质环境保护与治理恢复的义务同时转让。采矿权受让人应当依照本规定，履行矿山地质环境保护与治理恢复的义务。第 25 条规定，县级以上国土资源行政主管部门对采矿权人履行矿山地质环境保护与治理恢复义务的情况进行监督检查。根据庭审查明的事实，被告系对采矿权人履行矿山地质环境保护与治理恢复义务进行监督检查的国土资源行政主管部门，也是组织验收、返还矿山地质环境治理恢复保证金的主体。因此，原告起诉被告主体适格。庭审中，被告对其负有煤矿关闭后退还地貌恢复保证金的义务和职责也无异议。同时，通过庭审查明，原告已履行了矿山关闭前，采矿权人应当完成的矿山地质环境治理恢复义务。根据上述部门规章，被告应该履行向采矿权人返还保证金的义务。起诉前，被告已经向原告返还 12 万元，剩余的 8 万元应该继续履行返还义务。据此，依照《行政诉讼法》第 73 条之规定，判令被告山丹县国土资源局在三十日内退还原告杨某煤矿被关闭后的剩余地貌恢复保证金 8 万元。

（二）主要问题

给付判决的适用边界模糊，适用范围有待进一步澄清。主要表现在以下几个方面。

1. 行政赔偿判决与给付判决

经知网检索，在司法实践中，人民法院作出支付国家赔偿金的行政赔偿

---

① 甘肃省张掖市甘州区人民法院（2017）甘 0702 行初 19 号行政判决书。

判决时，普遍援引《行政诉讼法》第73条的规定。《最高人民法院关于审理行政赔偿案件若干问题的规定》自2022年5月1日起施行，该规定第30条规定，被告有《国家赔偿法》第3条规定情形之一，致人精神损害的，人民法院应当判决其在违法行政行为影响的范围内，为受害人消除影响、恢复名誉、赔礼道歉；消除影响、恢复名誉和赔礼道歉的履行方式，可以双方协商，协商不成的，人民法院应当责令被告以适当的方式履行。造成严重后果的，应当判决支付相应的精神损害抚慰金。第31条规定，人民法院经过审理认为被告对公民、法人或者其他组织造成财产损害的，判决被告限期返还财产、恢复原状；无法返还财产、恢复原状的，判决被告限期支付赔偿金和相应的利息损失。依照该司法解释的上述规定，人民法院作出支付精神损害抚慰金和财产损失赔偿金具有诉讼法上的裁判依据，不必援引《行政诉讼法》第73条的规定。

2. 行政协议案件的判决与给付判决

依照《行政诉讼法》第78条的规定，行政协议案件有独立的判决方式。但如果涉及继续履行的内容为支付数额明确的款项时，人民法院作出行政判决时，同时援引《行政诉讼法》第73条与第78条的规定是普遍做法。笔者认为，依照行政协议的约定及《行政诉讼法》第78条的规定，足以作给付出数额明确的判决，不必援引《行政诉讼法》第73条的规定。

3. 履行判决与给付判决

从中国行政诉讼的立法沿革来看，给付判决脱胎于履行判决。但自2014年修正的《行政诉讼法》施行，给付判决已经成为一种独立的判决方式，给付判决与履行判决的适用，应划定一道相对清晰的界限。通说认为，行政机关不履行相关行为义务的，适用履行判决；认为行政机关不履行金钱给付、财物交付义务的，适用给付判决。此外，原告请求判决被告履行金钱给付义务的，人民法院应当明确判决给付的具体数额，不能简单判决限期履行给付义务。

三、正确理解和把握给付判决适用规则

（一）严格把握行政给付判决的适用要件

与其他判决类型相比，《行政诉讼法》第73条为给付判决设定的规范构造较为原则和抽象。给付判决的适用要件被表述为“查明被告依法负有给付义

务”，裁判方式被表述为“判决被告履行给付义务”。《行诉法解释》虽对其有所填充，但仍留有很多空间。这是导致给付判决功能定位不清的根源所在。

在《行政诉讼法》第73条的基础上，《行诉法解释》第92条对给付判决的适用要件进行了填充。该条规定，原告申请被告依法履行支付抚恤金、最低生活保障待遇或者社会保险待遇等给付义务的理由成立，被告依法负有给付义务而拒绝或者拖延履行义务的，人民法院可以根据《行政诉讼法》第73条的规定，判决被告在一定期限内履行相应的给付义务。据此，可将给付判决的适用要件归纳为两部分：被告依法负有给付义务和被告拒绝或者拖延履行义务。由于被告负有的给付义务存在于特定的给付法律关系中，在审查“被告依法负有给付义务”这一要件时，首先需对原被告间的基础法律关系进行审查，其次才对被告是否负有给付义务进行审查。因此，可将给付判决的适用要件归纳为层层递进的“三层次结构”，即“基础法律关系的成立—给付义务的存在—拒绝或者拖延履行义务”。

1. 基础法律关系的成立

诚然，公法上的给付义务所要实现的制度目标并不仅限于个人权利的保护，给付义务不能直接导出公民的给付请求权，进而导出公法上的给付法律关系。[①] 但是，基于我国行政诉讼以主观诉讼为主的基本定位，公民能够通过诉讼请求行政机关履行的给付义务势必源于给付请求权。就此而言，对原被告的基础法律关系进行审查是“被告依法负有给付义务”要件的题中应有之义。这里所称的原被告基础法律关系应是公法上的法律关系，行政机关作为私法主体与公民形成的法律关系不属此列。

《行政诉讼法》第73条将这一要件表述为“被告依法负有给付义务”，由此推出，作为给付义务之基础的法律关系也应“依法”生成。此处的“依法”作何理解，学界存在争论：一种意见认为“依法”应作狭义理解，即法律关系必须由法律、法规、规章在条款中明确规定；[②] 另一种意见认为“依法”应作广义理解，既可以是依照法律、法规等规范性文件的明确规定，也可以是“依照法律法规所认可的其他名义”，如行政协议、行政承诺、先行行为等。[③] 司法实践中，裁判者更倾向于后一种意见。首先，“依法”所依的规范性文件

① 参见于安：《论社会行政法》，载《现代法学》2007年第5期。

② 应松年主编：《〈中华人民共和国行政诉讼法〉修改条文释义与点评》，人民法院出版社2015年版，第231页。

③ 梁凤云：《新行政诉讼法讲义》，人民法院出版社2015年版，第445页。

并未仅限于法律、法规、规章，也被扩展到行政规定。例如，在“张某将诉亳州市谯城区人民政府等行政给付案”中，法院以安徽省人社厅《关于服务民营经济发展的若干意见》为依据，认定被告谯城区政府应向原告支付经济补偿金。[①] 其次，“依法”生成的法律关系，不仅包括从规范性文件中直接推出的法律关系，还包括通过法律、法规认可的方式形成的法律关系。又如，在“杜某友等人诉临汾市人民政府不履行给付待遇案”中，最高人民法院认为，“只要公民、法人或者其他组织具有给付请求权，就可以依法向人民法院提起给付之诉。而这种给付请求权，既有可能来自法律、法规、规章的规定，来自一个行政决定或者一个行政协议的约定，也有可能来自行政机关作出的各种形式的承诺”。[②]

笔者赞同如下观点：给付判决不仅限于法律、法规、规章中明确规定的给付义务，还包括合法有效的行政规范性文件中规定的给付义务。进一步讲，给付判决中“依法”之法应当与履行判决中“法定职责”之“法”，进而与行政诉讼“合法性审查”之“法”相一致。实际上，也就是与依法行政中的“法”相一致。这应当是体系化法治行政的必然要求。行政承诺与行政协议本亦不应排除在给付判决之外。但因修改后的《行政诉讼法》第 78 条新增设了针对行政协议的判决，故给付判决排除行政协议应当是没有异议的。但行政法学界长期以来对行政奖励、行政承诺行为，从对其行为性质的定性，到争议的处理方式一直存在争议。随着行政承诺的日益广泛使用，应当通过将合法且标的具体明确的、具有金钱或其他财产给付义务的行政承诺争议，纳入给付判决的范畴。这不仅有利于争议的实质性解决，也有利于规范行政承诺行为，进而有利于诚信政府建设。

2. 给付义务的存在

给付判决适用要件的第二个层次，即能够基于公法上的法律关系推出被告的给付义务。这里值得探讨的问题是何谓“给付义务”，而关键在于如何理解“给付”二字。我国行政法上的“给付”多出现在“给付行政”一词中，是一个同“生存照顾”密切相关的概念。2014 年《行政诉讼法》实施之初，有观点即指出，给付判决是“专门针对行政给付行为设置的相应判决”，对应于《行政诉讼法》第 12 条新增的“认为行政机关没有依法支付抚恤金、最

---

① 最高人民法院（2017）最高法行申 8321 号行政裁定书。

② 最高人民法院（2017）最高法行申 3461 号行政裁定书。

低生活保障待遇或者社会保险待遇的”这一受案范围。[①]《行诉法解释》第 92 条明文列举了三项给付义务，尽管内容仍然包括“抚恤金”“最低生活保障待遇”“社会保险待遇”，但末尾之处多了一个“等”字，为给付判决的司法适用突破给付行政范畴留下了空间。

就文义而言，“给付”一般意为“款项等的给予”，给付的内容多限于金钱或财物。[②]但在民法和民事诉讼法中，“给付”一词通常被理解为“基于债权关系的特定义务”，给付内容不仅包括金钱、财物，还包括行为。[③]在行政诉讼领域中，采何种含义为宜，仍需结合《行诉法解释》第 92 条中的“等”字加以分析。《行诉法解释》第 92 条列举的“抚恤金”“最低生活保障待遇”“社会保险待遇”三项内容，均属金钱或财物的给付。有学者认为，“等”所包含的给付内容应与前面所列举的各项内容一致，故“行为”应被排除在给付内容外。[④]在司法实践中，这一观点未被采纳，“给付的内容除了物，还包括行政行为。这里的‘行政行为’是一个大概念，既可能是一种积极的作为，也可能是一种消极的不作为；既可能是一种行政行为，也可能是一种非行政行为”。[⑤]司法实践中的这种理解势必导致“给付义务”与《行政诉讼法》第 72 条规定的“法定职责”产生紧张关系。“给付义务”与“法定职责”间的界限有必要得到明确，否则极易引起司法适用上的不便与混乱。

虽然《行政诉讼法》和《行诉法解释》均未明文规定，但最高人民法院通过司法裁判对“给付义务”作出了另一项限定，即给付义务必须内容明确。在“赵某义诉陕西省乾县人民政府、乾县教育局不履行法定职责案”中，最高人民法院认为，“当事人要求行政机关直接给付金钱的，请求给付的金额必须已经确定；如果须由行政机关事先核定给付金额，则应当由行政机关先行处理”。[⑥]这意味着，给付判决所针对的给付义务必须是已经明确的。所谓内容明确，至少包括两种情形：一种是行政机关已经依法作出行政行为，确定了内容明确的给付义务；另一种是行政机关尚未作出行政行为，法院通过主动查明

---

① 信春鹰主编：《中华人民共和国行政诉讼法释义》，法律出版社 2014 年版，第 194 页。

② 中国社会科学院语言研究所词典编辑室编：《现代汉语词典》，商务印书馆 2018 年版，第 613 页。

③ 张卫平：《民事诉讼法》，法律出版社 2016 年版，第 186 页。

④ 章剑生：《现代行政法总论》，法律出版社 2019 年版，第 501 页。

⑤ 江必新主编：《新行政诉讼法专题讲座》，中国法制出版社 2015 年版，第 276 页。

⑥ 最高人民法院（2018）最高法行申 5903 号行政裁定书。

事实、适用法律，得出内容明确的给付义务。比较法上，基于司法权与行政权的界限，往往肯认第一种情形，对于第二种情形只在“法规范所定之给付标准明确”时例外地予以承认。这一观点基本上也为我国司法实践所吸收。在“太湖县海乐烟花制造有限公司诉安庆市人民政府、太湖县人民政府行政决定及补偿案”中，最高人民法院指出：“提起请求金钱补偿的一般给付之诉，必须是请求金额或者补偿标准已获明确，如果行政机关在作出实际给付之前尚有优先判断或者裁量余地，则不能直接起诉，而是应与行政机关先行协商解决。”[①] 由此可知，只有“行政机关在作出实际给付之前没有优先判断或者裁量余地”的前提下，法院才得以通过查明事实、适用法律，对给付义务加以明确，否则必须由行政机关通过行政行为予以确定。最高人民法院的上述裁判中似乎也隐藏着另一层意思：如果给付义务尚不明确，法院无法作出给付判决。给付判决的判决内容必须是内容明确的给付义务，不能仅是概括性地判决被告承担给付义务。

3. 拒绝或者拖延履行义务

《行诉法解释》第 92 条规定，在“被告依法负有给付义务而拒绝或者拖延履行义务的”情形下，法院可以适用给付判决。这是在《行政诉讼法》第 73 条的基础上增加了被告“拒绝或者拖延履行义务”的审查内容，同时根据行政机关在给付过程中是否作出了带有结论性内容的行政行为，将“不履行给付义务”区分为拒绝履行和拖延履行两种情形。

“拒绝履行”事实上已包含了行政机关明确的意思表示，属于一般意义上的“积极不作为”，与《行诉法解释》第 91 条履行判决中的“拒绝履行”应作相同理解。值得讨论的是，针对“拒绝履行”的情形，应当合并适用撤销判决和给付判决，还是单独适用给付判决。针对《行诉法解释》第 91 条中拒绝履行法定职责的情形，能否直接适用履行判决，学界存在许多争议。有观点指出，由于“拒绝履行”的行为本身已属于生效行政决定，法院应适用撤销判决先否定其存续力，然后作出重作判决。[②] 就给付判决而言，尽管与上述情形相似，但关于“拒绝履行”行为是否必然属于行政决定，亦未形成一致意见。比较法上通行的观点认为，需根据拒绝的内容加以判断，即拒绝履行“行政决定”的行为属于行政决定，拒绝履行“非行政决定”的行为属于事实

---

① 最高人民法院（2017）最高法行申 317 号行政裁定书。

② 章剑生：《行政诉讼履行法定职责判决论———基于〈行政诉讼法〉第 54 条第 3 项规定之展开》，载《中国法学》2011 年第 1 期。

行为。[①] 由于事实行为不具有存续力，也无撤销之必要，直接适用给付判决即可。若吸收这一观点，在“拒绝履行”的情形下，究竟要合并适用撤销判决和给付判决，还是单独适用给付判决，应视原告所请求的给付义务之性质，具体问题具体分析。

“拖延履行”的表现形式为“不予答复”，即行政机关超过法定期限或在约定期限内，没有对相对人的给付请求作出肯定或者否定的意思表示，故不产生终结行政程序的法律效果，致使行政程序一直处于拖延之中。司法实务中，“拖延履行”常被解释为“拖延履行不具有正当理由”。据此可以推出，对于“具有正当理由的拖延履行”，不应作出给付判决的结论。属于“具有正当理由”的情形被认为包括以下四种：（1）原告提交的申请材料手续不全；（2）相关争议正在处理过程中；（3）法律法规或政策发生变化；（4）因财政原因暂时无法支付。[②] 上述四种情形中，前三种可以归入“给付义务内容不明确”之列，无需解释为正当理由；后一种系属行政机关的内部原因，不存在是否正当的问题。即便承认“具有正当理由的拖延履行”，也须对其作出严格解释，谨防“正当理由”在司法适用中被滥用。

（二）给付判决确定的给付义务的形式与内容应明确，足以申请法院强制执行

关于给付判决的裁判方式，《行政诉讼法》第 73 条仅规定了“判决被告履行给付义务”，《行诉法解释》第 92 条在此基础上增加了“一定期限内”和“相应的”两项限定要素。

学理上通常根据裁判内容的明确程度，将行政诉讼裁判类型区分为程序性裁判和实体性裁判两种。程序性裁判仅笼统地要求被告履行义务，而不涉及义务的具体内容；实体性裁判不仅要求被告履行义务，还会在裁判中明确义务的具体内容。[③] 在比较法上，基于司法权与行政权之分工，程序性裁判是行政诉讼的主要裁判类型，实体性裁判只有在行政机关裁量受限的情况下方可适用。我国行政诉讼制度中，履行判决和重作判决在裁判方式上体现了上

---

① 翁岳生编：《行政法》，中国法制出版社 2009 年版，第 609 页。

② 最高人民法院行政审判庭编著：《最高人民法院行政诉讼法司法解释理解与适用》，人民法院出版社 2018 年版，第 429 页。

③ 参见章剑生：《现代行政法基本理论》，法律出版社 2014 年版，第 878 页以下；何海波：《行政诉讼法》，法律出版社 2016 年版，第 470 页以下。

述规律和要求。以重作判决为例，1989 年《行政诉讼法》第 54 条仅原则性地规定了“判决被告重新作出具体行政行为”，唯一的限制是“被告不得以同一事实和理由作出与原具体行政行为基本相同的具体行政行为”，可见重作判决是一类程序性裁判。在《执行行诉法若干解释》中规定，“可以限定重新作出具体行政行为的期限”，但对具体行政行为的内容仍无涉及。直到“尹某玲诉台州市国土资源局椒江分局土地行政批准案”作为典型案例发布，才确立了“在裁判时机成熟时”直接判令行政机关作出内容明确的具体行政行为的规则，例外地承认了实体性裁判的裁判方式。①

从现有条文结构来看，给付判决并未遵守“程序性裁判为原则、实体性裁判为例外”的裁判方式，而有原则上应作实体性裁判的倾向。“一定期限内”和“相应的”两项要素均有限定给付义务的功能。“一定期限内”要求法院在裁判中言明履行给付义务的期限。这里的“一定期限内”并非法定期限或约定期限，而应理解为合理期限。司法实践中，法院“考虑到经过诉讼之后，行政机关耽误的履行期限已经较长，可以据情确定少于法定或约定的期限要求行政机关履行”。② 如果说，“一定期限内”仅是程序性限制的话，“相应的”则构成对给付义务内容的实体性限制。将法院判决履行的给付义务限定为“相应的”，结合前述给付义务内容明确的要求，可以理解为，法院应当判决被告履行原告申请的内容明确的给付义务。在适用给付判决的案件中，原告所申请的给付义务之内容往往已被行政机关作出的行政行为所确定，或者已为法律规范所明确，法院仅需通过查明事实、适用法律即可确定，此时法院已经具备代替行政机关行使行政权的可能，符合作出实体性裁判的条件。司法实践中，给付判决亦多为实体性裁判。例如，在“张某扬诉辽宁省沈阳市浑南区人民政府履行征收补偿职责案”中，最高人民法院认为，“按照规定最高标准即 1000 元 / 月判决浑南区政府给付张某扬自搬离房屋之日起即 2014 年 11 月至实际给付之日期间的临时安置补助费，亦充分考虑了张某扬的合法权益，亦无不当”。“给付判决以实体性裁判为原则”在最高人民法院的会议纪要中也得到了确认：“‘相应的给付义务’是指按照原告申请的内容明确履行给付义务，并明确给付的内容和方式……如果事证明确，法律对于给付事

① 最高人民法院行政审判庭编：《中国行政审判案例》（第 4 卷），中国法制出版社 2012 年版，第 165 页以下。

② 江必新、梁凤云：《最高人民法院新行政诉讼法司法解释理解与适用》，中国法制出版社 2015 年版，第 222 页。

项规定比较明确，行政机关的裁量已经缩减甚至缩减为零，为了尽快实现当事人的实体权利，应当直接针对给付事项作出判决。”①

（三）精准定位给付判决方式在《行政诉讼法》判决体系中的地位

《行政诉讼法》第 73 条为给付判决设定的规范构造较为原则和抽象，后经《行诉法解释》填充，又经最高人民法院所作裁判文书的解释，给付判决的规范内容更加具体和明确了。审判实践中，给付判决的适用不仅需要满足三个层次的构成要件，其给付内容也要符合明确化的要求。经由上述分析，亦可总结出给付判决司法适用的两个特点：其一，给付判决所涉法律概念的内涵并不确定，且包容性极强，留待解释的空间极大。针对“依法”“给付义务”等不确定法律概念，采取不同的解释方案将导致截然不同的适用效果。其二，当前的司法实务倾向于对“依法”“给付义务”等概念作扩张解释，认为“依法”不仅包括“依照法律、法规等规范性文件的明确规定”，还包括“依照法律法规所认可的名义”；“给付义务”不限于给付行政的范畴；给付内容不仅包括金钱或财物，还包括行为。正是在这一意义上，有学者将给付判决称为诉讼上的“多用途武器”。②若从文义出发，给付判决的确有能力负担起“多用途武器”之重任，但“每一个法条，都紧密交织在法体系中，构成一个有意义的整体关系”，③给付判决处于行政诉讼判决体系中，司法适用不能不考虑其与其他判决类型的分工与关系，亦不能忽视其在行政诉讼制度中特有的功能定位。若一味作扩张解释，难免导致给付判决与其他判决类型在适用范围上发生重叠，甚而引发司法适用的混乱，影响给付判决特有功能的发挥。

因此，对于法律和司法解释明确规定了判决方式的案件类型，应避免援引《行政诉讼法》第 73 条的规定，作出判决。另外，对于司法实践中面对的形形色色的给付义务成立的行政案件，应大胆援引《行政诉讼法》第 73 条的规定，作出给付内容明确的给付判决，实质解决行政争议。

---

① 贺小荣主编：《最高人民法院第二巡回法庭法官会议纪要》（第一辑），人民法院出版社 2019 年版，第 320 页以下。

② 梁凤云：《不断迈向类型化的行政诉讼判决》，载《中国法律评论》2014 年第 4 期。

③ 黄茂荣：《法学方法与现代民法》，法律出版社 2007 年版，第 344 页。

第九章

补救判决的司法适用

一、补救判决的法律渊源

《行政诉讼法》第76条规定，人民法院判决确认违法或者无效的，可以同时判决责令被告采取补救措施；给原告造成损失的，依法判决被告承担赔偿责任。第78条规定，被告不依法履行、未按照约定履行或者违法变更、解除本法第12条第1款第11项规定的协议的，人民法院判决被告承担继续履行、采取补救措施或者赔偿损失等责任。被告变更、解除本法第12条第1款第11项规定的协议合法，但未依法给予补偿的，人民法院判决给予补偿。上述法律规定为补救判决提供了相应的法律依据，对补救判决的功能和地位、法律性质和法律适用提供了法律基础，是补救判决最为直接的法律渊源。

早在《行政诉讼法》修正之前，《执行行诉法若干解释》第58条就已经出现了“采取补救措施”的规定，该条规定，被诉具体行政行为违法，但撤销该具体行政行为将会给国家利益或者公共利益造成重大损失的，人民法院应当作出确认被诉具体行政行为违法的判决，并责令被诉行政机关采取相应的补救措施；造成损害的，依法判决承担赔偿责任。但根据条文的字面表述，该条文并未将“判决”与“采取相应的补救措施”直接衔接起来，因此并不能在严格意义上称为补救判决。《最高人民法院关于审理政府信息公开行政案件若干问题的规定》第11条规定，被告公开政府信息涉及原告商业秘密、个人隐私且不存在公共利益等法定事由的，人民法院应当判决确认公开政府信息的行为违法，并可以责令被告采取相应的补救措施；造成损害的，根据原告请求依法判决被告承担赔偿责任。政府信息尚未公开的，应当判决行政机关不得公开。该条规定的法律表述延续了《执行行诉法若干解释》第 58 条的表达方式，即确认违法并可以责令行政机关采取补救措施。而 2014 年修正后的《行政诉讼法》在法律用语的表述上，表述为确认违法或者无效并可以判决责令行政机关采取补救措施。

补救判决的产生和发展有着鲜明的时代特点。“在无法判决被诉行政机关重新作出具体行政行为的情况下，为了防止被诉行政机关推诿、拖延保护原告的合法权益，责令采取补救措施是非常必要的。”① 在表面上看，法律以授权性的规定赋予了法院在行政判决中一定的自由裁量权，但补救判决的适用条件、适用原则、表达方式、执行性与可诉性等，都是需要进一步研究的课题。对法院而言，首先需要明确的是补救判决的概念和内涵。结合《行政诉讼法》的相关法律规定，可以将补救判决定义为人民法院在作出撤销判决、确认违法判决或在行政协议案件中，基于信赖利益保护、正当程序、国家利益或公共利益保护等正当事由，要求行政机关恢复行政程序、采取其他措施等方式积极作出相应的行政行为，减少行政相对人利益损害的判决形式。不同于确认违法判决、撤销判决，补救判决的重要价值功能在于既对行政行为的合法性进行评价，又弥补或恢复了受到侵害的相关权益。补救判决是一种“效力 + 行为”的判决，先确认行政行为的法律效力（确认违法或者撤销等），再通过指令性的司法判决方式要求行政机关履行相应的法律义务。

二、补救判决的特征

（一）依附性

行政判决可以分为主判决和从判决，主判决是指能够对原告的诉讼请求直接作出回应，不需要依附其他判决而存在的判决；从判决是指依附于其他主判决，或以其他判决为前提条件才能成立的判决，一般表现为责令行政机关履行法定职责或行政给付。在当前的行政判决类型中，驳回诉讼请求判决、撤销判决、确认判决、变更判决、维持判决等均属于主判决。而从判决需要依附于主判决，以主判决为前提条件才能成立的判决，如撤销之后的责令重做行为即属于典型的从判决。对于只有主判决的裁判，判决主文部分即为案

① 吉罗洪：《关于判决方式的几个问题》，载《行政法学研究》2001 年第 4 期。

件的裁判结果，而对于有从判决的裁判，主判决和从判决结合在一起才能构成裁判结果，主判决对当事人诉争事项的法律效力作出回应，从判决则对行政机关课以一定的积极作为义务，进而完整地回应当事人的诉求请求。对于补救判决而言，主判决体现为法院对被诉行政行为的效力进行判断，从判决体现为行政机关通过积极的作为义务弥补当事人损失，减轻行政行为对当事人的利益侵害。

（二）给付性

补救判决是通过行政机关的授益性行政行为得以实现的，具有明确且清晰的指向。行政机关按照补救判决的内容履行相应的法律义务，对行政相对人给付物质性的赔偿、补偿或采取其他补救措施，具有执行性。换言之，当行政机关不履行或未按照判决结果履行给付义务时，当事人可以申请法院强制执行（前提是补救判决的主文是清晰且明确的）。对于给付内容而言，法院可以在判决主文里明确给付义务的存在并要求行政机关按照行政程序履行该义务，也可以进一步明确履行义务的方式、期限、内容等，增强补救判决的执行力。

（三）裁量性

补救判决没有固定的格式内容，而是需要根据案件的具体情况作出裁判，其超越的原告的诉讼请求，在保护原告利益的前提下，赋予法院更多的裁量权具体解决案件争议。这里的裁量包括两个方面：一是补救措施的裁量，补救措施包括多种形式，如赔偿、补偿、恢复原状、补办材料等，这些补救措施在适用上具有裁量性和可操作性；二是案件涉及个人利益、公共利益和国家利益的裁量，以及在保护公共利益和国家利益而牺牲个人利益的前提下，相关补救措施的幅度问题。裁量性也表现为一种不确定性，法院需要综合考量案件涉及的多方利益、补救措施的可操作性、行政机关的负担能力等内容，作出个案判决；同时也体现为灵活性，可以基于各方当事人的协商结果作出裁判，实质化解案件争议，实现案结事了。例如，《行政诉讼法》第 78 条第 1 款规定，被告不依法履行、未按照约定履行或者违法变更、解除本法第 12 条第 1 款第 11 项规定的协议的，人民法院判决被告承担继续履行、采取补救措施或者赔偿损失等责任。从广义上讲，继续履行、采取补救措施或者赔偿损失都属于补救措施，在具体的选择上，司法机关有一定的裁量权。

三、补救判决的适用原则

（一）以原告诉讼请求为基础，但又不局限于原告的诉讼请求

行政诉讼秉持全面审查原则，即人民法院对被诉行政行为进行合法性全面审查，不受原告诉讼请求的限制，尤其对行政行为属于可撤销还是无效等法律适用问题，人民法院具有专属判断权，可以依职权进行转换，对于可撤销或无效等法律适用问题判断后所引申出来的补救措施问题，更具有裁量性，其脱离原告诉讼请求的限制，而是借助司法理性回归案件争议本身，以最为实际、最为有效的方法回应原告诉讼请求，实质性解决案件争议。补救判决以原告的诉讼请求为基础，但并不是针对被诉行政行为本身所作出的判决，其核心在于被诉行政行为被法院确认违法或撤销后，法院通过判决的方式责令行政机关对相关损害后果进行补救。

补救判决的请求权基础需要结合被诉行政行为的性质判定。行政行为分为授益性行政行为和负担性行政行为，不同行政行为所依据的请求权基础不同。对于授益性行政行为而言，信赖利益保护是补救判决的请求权基础。对于负担性行政行为而言，消除不利后果是补救判决的请求权基础。当行政机关作出授益性行政行为时，行政相对人基于信赖利益保护原则获得了信赖利益保护权，此时，行政机关变更、撤销、废止行政行为对相对人带来的利益损害，需要通过不同的方式进行补救，第一，该变更、撤销、废止行政行为合法，补救措施集中表现为行政补偿；第二，该变更、撤销、废止行政行为违法被宣布无效或者被有权机关撤销，则需要行政机关通过消除影响、恢复原状等方式进行补救；第三，当行政机关消极不作为或者未依法履责时，补救措施体现为恢复正当程序，及时履行法定职责。在常某存等与北京市东城区人民政府房屋征收决定一案[①]中，二审法院认为，“根据行政诉讼法第七十六条的规定，人民法院判决确认违法的可以同时判决责令被告采取补救措施。鉴于东城区政府上述程序违法行为影响了两上诉人的征收补偿权益，故本院在作出确认违法判决的同时，应同时责令东城区政府采取补救措施，及时启动对两上诉人所居住房屋，包括证载和非证载部分的调查、认定、处理及结果公布程序，并保障两上诉人的异议权，同时保障两上诉人根据涉案项目征收补偿方案对征收补偿方式的选择权及应获得相应奖励的权利”。在判决

① 北京市高级人民法院（2018）京行终 893 号行政判决书。

主文中，二审法院判决："……二、确认北京市东城区人民政府于2017年7月21日作出的东政发〔2017〕28号《关于望坛棚户区改造项目范围内房屋征收的决定》因未履行对常某有、常某存居住房屋的调查、认定、处理及结果公布程序违法；三、责令北京市东城区人民政府于本判决生效之日起七个工作日内启动对征收范围内两上诉人居住房屋的调查、认定、处理及结果公布程序……"

当行政机关作出负担性行政行为时，补救判决则表现为消除不利后果，减少不利影响。在一些案件中，受案件本身事实的限制，法院也缺乏具体、清晰的补救举措，而是要求行政机关去消除不利后果。这里的补救措施形式广泛，需要行政机关根据行政职权有针对性地作出。在张某1与北京市顺义区民政局婚姻登记一案一审行政判决书[①]中，法院认为，"结合民政部门婚姻登记信息系统婚姻信息存储实际，本案如仅判决确认婚姻登记行为无效，张某1与王某1的结婚信息在系统中仍将维持原状，即仍不能彻底解决行政争议。结合《行政诉讼法》第七十六条有关'人民法院判决确认违法或者无效的，可以同时判决责令被告采取补救措施'规定精神，顺义区民政局还应当采取必要补救措施，以确保无效行为对相对人的负面影响降至最低。综上，被诉结婚登记行为存在重大且明显违法情形，依法应当确认无效，顺义区民政局应当对被诉行为造成的不利后果采取补救措施"。在判决主文中，法院判决"一、确认被告北京市顺义区民政局于二〇〇四年四月二十八日对原告张某1与第三人王某1作出的结婚登记行为无效；二、责令被告北京市顺义区民政局于本判决生效之日起六十日内采取补救措施"。在这里，法院要求行政机关采取的补救措施，需要行政机关结合自身职权和案件具体情况，针对性作出相应的行政行为，减少对当事人带来的不利后果。

但同时也应当注意到，根据《行政诉讼法》第78条第1款的相关规定，对于一些行政协议案件，采取补救措施是行政机关承担违约责任的一种表现方式，在违约责任的选择上，应当结合行政相对人的诉讼请求判定具体的责任承担方式，其中有可能会涉及民事方面的法律规范。在民事案件中，支付违约金是承担违约责任的一种方式，但前提是合同各方当事人在合同中约定了违约金条款。对于行政协议案件，也应当遵守上述规定。如果行政机关和行政相对人并未约定违约金条款，法院则不能直接判决双方之间违约金的支付内容，原告的请求权成立的方式虽然方式较多，但具体补救措施的选择

① 北京市顺义区人民法院（2020）京0113行初260号行政判决书。

仍需以双方的约定为前提，否则相关补救措施缺乏相应的事实根据和法律依据。

（二）以解决行政争议为目的，更加突出当事人的权益保护

《行政诉讼法》第 1 条开宗明义地将“解决行政争议”作为一项立法目的，并将其置于“保护公民权利”和“监督依法行政”之前，由此可以看出，立法机关开始更加重视行政诉讼解决行政争议这一基本目的的定分止争功能。单纯的撤销判决、变更判决已经不能满足服务社会大局发展、保护当事人合法权益的法治需求了，依法裁判、多方协调、实质化解才是减轻当事人诉累、实现公平公正的法治手段。从多份司法裁判来看，行政行为—行政复议—行政一审—行政二审—行政再审—检察监督的漫长解决争议路径，极大地浪费了司法资源，拖累案件本身争议的及时解决。同时，也应当注意到，一些终审判虽然在实体上支持了当事人的合法权益，但是当事人合法权益的实现仍依赖于行政机关采取补救性的行政行为。例如，杨某生、河南省杞县人民政府等土地行政管理（土地）行政再审行政判决书[①]中，最高人民法院在“本院认为”中指出“至于目前仍然有效的板木乡政府于 2016 年 2 月 18 日第三次作出的板政〔2016〕01 号处理决定，在本判决撤销被诉 36 号处理决定的内容生效后，杞县政府有义务采取补救措施，监督指导板木乡政府对板政〔2016〕01 号处理决定依法妥善作出后续处理”。该案判决结果为“一、撤销河南省高级人民法院（2014）豫法行提字第 00002 号行政判决；二、撤销河南省开封市中级人民法院（2011）汴行终字第 52 号行政判决；三、撤销河南省杞县人民法院（2011）杞行初字第 43 号行政判决；四、撤销河南省杞县人民政府于 2010 年 11 月 26 日作出的杞政土〔2010〕36 号《关于注销板木乡板木北村四组村民杨光生持有的 1986 年颁发的宅基地使用证的处理决定》”。该案跨度时间近 10 年之久，虽然法院在判决主文部分没有明确指出补救措施的具体方式，但“依法妥善作出后续处理”体现了法院实质化解案件争议，保护当事人合法权益的裁判宗旨。

“行政相对人权利的实效性救济需依靠行政诉讼救济的实效性而得以实现，而行政诉讼判决又是实现行政诉讼救济实效性的根本途径。”[②]行政相对人

① 最高人民法院（2018）最高法行再 112 号行政判决书。

② 陈思融：《论行政诉讼补救判决的功能》，载《四川师范大学学报（社会科学版）》2015 年第 5 期。

权利的实现，与行政机关特定义务的履行分不开。无论是司法判决在判决主文中明确行政机关采取补救措施还是在裁判理由中明确行政机关采取补救措施，都明确了行政机关应当通过积极的行政行为，扭转当前的不利局面，恢复原有权利状态，排除违法行政行为造成的权益损害，实现行政相对人权利的有效保护。

（三）以规范行政权力为手段，严格监督行政机关依法行政

如果行政行为认定事实清楚，适用法律正确，程序合法，人民法院一般会作出驳回原告诉讼请求判决。如果行政行为在事实认定和程序上不符合法律规定，人民法院会作出撤销判决、确认违法判决或补救判决等。但补救判决并不意味行政行为有瑕疵或者错误，部分判决驳回原告诉讼请求的判决在裁判理由说明部分也会体现补救的实质内容。补救体现了司法机关在对行政行为的司法监督上的一种裁量性，其核心要义均围绕公正和效率。公正体现在通过补救措施实现公民、法人和其他组织合法权益的充分保护，效率体现为以解决行政争议为目标，避免确认违法判决或补救判决所带来的诉讼效率低下问题，使行政主体的合法权益尽快获得救济。从另一方面讲，撤销判决或确认违法判决并不一定会对行政相对人的权利义务带来确定性，其并不能以明确的执行力保障相对人合法权益的顺利实现。此外，行政相对人和行政机关、司法机关对判决的认识不在同一法律认知层面，有可能会导致行政相对人对司法公正的怀疑。

补救判决在监督行政机关依法行政上，还表现为提高行政效率。补救判决具有明确且清晰的指向，对行政机关而言，该指向表现为要求行政机关在一定期限内通过积极的作为方式去弥补相关行为对权利人造成的损害。对相对人而言，该补救判决具有强制执行力，在行政机关不履行补救判决所确定的法律义务时，行政相对人可以通过申请法院强制执行的方式获得权益保障。避免通过提起履责申请重复行政程序，提高行政效率。对司法机关而言，有助于行政争议的实质解决，切断二次诉讼的可能性，体现司法为民的原则。补救判决带有给付性质，直接要求行政机关作出相应的行政行为，提高效率，将“起诉—撤销或确认违法判决—行政机关不履行法定职责—再次起诉—责令行政机关在法定期限内履行判决—行政机关不履行判决—申请法院强制执行”简化为“起诉—撤销或确认违法并判决补救—行政机关不履行判决—申请法院强制执行”。

（四）以原告损害后果为核心，同时注重社会公共利益保护

原告的损害后果是补救措施的前提和基础，只有在损害后果仍然持续，还具有补救可行性的基础上，补救判决才有作出的意义。当损害后果不存在，或者缺乏补救内容，补救判决便不能成立。例如，在周某秀诉自然资源部政府信息公开告知一案[①]中，法院认为，“周某秀起诉要求撤销的被诉告知书，系在没有法律依据及事实根据的情况下作出，且与被已发生法律效力的348号复议决定维持的683号告知书的实质内容一致。一审法院据此认定其属于无效的行政行为，并无明显不当。被诉告知书内容与683号告知书的实质内容一致，周某秀对683号告知书申请行政复议后，自然资源部作出了348号复议决定，该决定已经发生法律效力。故就被诉告知书中涉及的周某秀提出的政府信息公开申请事项，已处理完毕，不存在可补救的内容。因此，对周某秀提出的自然资源部重新作出具体行为的请求，本院不予支持”。在高某国与北京市朝阳区人民政府房屋征收办公室履行征收补偿协议一案二审行政裁定书[②]中，法院认为“根据《中华人民共和国合同法》第一百一十条第一项的规定，当事人一方不履行非金钱债务或者履行非金钱债务不符合约定的，对方可以要求履行，但法律上或者事实上不能履行的除外。本案中，高某国的诉讼请求为要求朝阳区征收办继续履行合同义务，修复涉案房屋中位于主卧室的小间的卫生间使用功能。对此，经法院审查，相关证据材料能够证明该房间不具有改造的现实可能性，也就是说高某国该项诉讼请求事实上不能履行”。在此情形下，作为补救措施的继续履行合同行为缺乏现实的可行性，因此不能被法院支持。

对于相当一部分补救判决而言，其均涉及社会公共利益的保护。个人利益让步于社会公共利益，对个人利益造成的损害，通过补救判决的方式进行弥补。在北京市华东电子技术研究所与北京市门头沟区人民政府房屋征收决定一案[③]中，法院认为，“《门头沟区采空棚户区国有土地上非住宅房屋征收补偿方案》和《门头沟区采空棚户区集体土地上非住宅房屋征收补偿方案》，适用了已被废止的北京市人民政府《关于北京市城市房屋拆迁补助费有关规定的批复》（京政函〔2001〕109号）作为补偿依据，且涉案项目属于《征补条

---

① 北京市高级人民法院（2019）京行终6245号行政判决书。

② 北京市第三中级人民法院（2018）京03行终397号行政裁定书。

③ 北京市高级人民法院（2013）高行终字第1665号行政裁判文书。

例》施行后开展的房屋征收项目，应当认定属于适用法律错误，但鉴于第3号征收决定涉及采空棚户区改造公共利益，撤销该征收决定将会给公共利益造成重大损害，因此，依法确认第3号征收决定涉及非住宅房屋征收补偿的部分违法，并责令被告门头沟区政府采取相应的补救措施”。后判决“一、撤销北京市第一中级人民法院（2013）一中行初字第849号行政判决；二、确认北京市门头沟区人民政府门政征字〔2012〕3号房屋征收决定涉及住宅房屋征收补偿的部分合法；三、确认北京市门头沟区人民政府门政征字〔2012〕3号房屋征收决定涉及非住宅房屋征收补偿的部分违法，由北京市门头沟区人民政府采取相应的补救措施；四、驳回北京市华东电子技术研究所的其他诉讼请求”。在张某阁、胡某房屋征收决定再审审查与审判监督一案[①]中，法院认为“因山东省曹县人民政府未能提供充分证据证明作出案涉征收决定时补偿资金足额到位、专款专用，考虑到案涉项目已经实际实施，绝大部分被征收户签订补偿安置协议后房屋已经拆除，撤销会给国家利益、公共利益和其他被征收户造成重大损失，故一审法院确认被诉房屋征收决定违法，并责令山东省曹县人民政府采取补救措施以确保征收资金足额到位、专户存储，二审对此予以维持，符合法律规定”。

四、补救判决的表现方式

就判决书的结构而言，判理部分即“本院认为”部分、判决主文部分即“判决如下”部分是司法裁判文书的核心内容。但判理部分和判决主文对裁判的既判力却有着截然不同的影响，判决主文具有执行力，当行政机关不执行判决主文的内容时，行政相对人可以申请人民法院强制执行，判理部分缺乏执行力，如果将判决主文看作结论，判理部分相当于推导出结论的理由。2004年最高人民法院执行工作办公室作出《关于以判决主文或判决理由作为执行依据请示的复函》也指出，“判决主文是人民法院就当事人的诉讼请求作出的结论，而判决书中的‘本院认为’部分，是人民法院就认定的案件事实和判决理由所作的叙述，其本身并不构成判项的内容。人民法院强制执行只能依据生效判决的主文，而‘本院认为’部分不能作为执行依据”。[②]因此，如何看待、确定补救内容的位置，对是否属于补救判决有着深刻的影响。

---

① 最高人民法院（2020）最高法行申14393号行政裁定书。

② 最高人民法院执行工作办公室〔2004〕执他字第19号。

（一）行政机关已经采取补救措施的判决不属于补救判决

根据补救判决的定义，补救判决是法院责令行政机关采取相应的补救措施，其隐含的一层含义为行政机关在法院作出判决前在对不利影响的消除上实质上构成了行政不作为。行政机关已经采取补救措施，行政相对人对此不服仍然起诉，人民法院判决驳回其诉讼请求的，应当属于驳回诉讼请求判决，不属于补救判决，主要包括两种情形：一是行政机关已要求相关方采取补救措施，人民法院对此予以支持的。在周某永等与北京市通州区住房和城乡建设委员会房屋拆迁管理行政行为一案二审行政判决书[①]中，法院认为，“针对某公司违反上述规定的行为，通州区住建委向某公司发送《3号函》，责令某公司整改并采取补救措施，据此一审法院认定通州区住建委已经履行了房屋拆迁管理职责，不存在怠于履行法定职责的情形并无不当，本院不持异议”。在该案中，行政机关已经责令相关单位采取补救措施，行政相对人对此不服，人民法院判决驳回其诉讼请求，该类案件的判决类型应当属于驳回诉讼请求类型，不属于补救判决。二是原行政行为经过复议的，复议机关责令原行政机关采取补救措施，人民法院对此予以支持的。这种情况在本质上与第一种情况相同。

（二）司法机关责令行政机关采取补救措施的判决

1. 在裁判理由说明部分要求行政机关采取补救措施的

该类案件司法机关一般会在裁判理由部分即“本院认为”部分阐述行政行为对当事人权益的损害以及应当采取补救措施的必要性和可行性。在判决结果上，可能会表现为驳回原告诉讼请求或者确认无效、判决撤销等。例如，李某莲等15人诉山东省菏泽市牡丹区人民政府房屋征收决定一案，一审、二审法院均确认被诉征收决定违法但不撤销，李某莲等15人向最高人民法院申请再审，最高人民法院再审裁定[②]在判理部分写到“应当指出的是，牡丹区政府应当按照二审判决的要求，及时采取有效措施对案涉被征收地块中的集体土地征收采取补救措施”。虽然再审法院驳回李某莲等15人的再审申请，但其同意二审判决的意见，明确指出行政机关应当采取补救措施，保护当事人的合法权益。

---

① 北京市第三中级人民法院（2021）京03行终386号行政判决书。

② 最高人民法院（2020）最高法行申10763号行政裁定书。

2. 在裁判理由和判决主文里均要求行政机关采取补救措施的

该部分是实质意义上的补救判决。判决主文直接决定了判决的既判力。通常情况下，判决的既判力只局限于判决主文，裁判理由不属于既判力的渊源。行政诉讼判决的既判力，原则上也只针对当事人请求解决纷争的事项所作出的判断而发生，或者说只针对判决主文中的法院判断而发生。2004 年最高人民法院执行工作办公室作出《关于以判决主文或判决理由作为执行依据请示的复函》也指出，“判决主文是人民法院就当事人的诉讼请求作出的结论，而判决书中的‘本院认为’部分，是人民法院就认定的案件事实和判决理由所作的叙述，其本身并不构成判项的内容。人民法院强制执行只能依据生效判决的主文，而‘本院认为’部分不能作为执行依据”。

裁判理由和判决主文应当是统一的。裁判理由是判决主文的论理过程，根据已查明的案件事实和生效的法律，结合当事人的诉讼请求，作出的结论性质的论断。判决主文是主客观相结合的产物，客观体现在事实和法律是客观的，主观体现在法官利用自己的审判经验和逻辑推理得出的带有指向性的结论。一般情况下，裁判理由和判决主文是相互结合的。拘泥于篇幅限制，判决主文所体现出来的补救措施只能反映司法机关的结论性意见，而这种意见的基础来源于法院的推理和演绎，这部分需要通过长篇大论得以明确。作为判决核心部分的判决主文，直接处分当事人的权利义务，规范行政机关后续的行政行为。因此，司法机关在判决主文的撰写上，必须要做到全面、准确、具体。全面，是要对当事人的行政争议进行全面回应，不能遗漏当事人的诉讼请求，不能漏判。准确，是指用词不能出现歧义，指向清晰，杜绝含糊不清的用词。具体，是指所指向的行为必须是具体行政行为，不能抽象，具有执行性。

但是在实践中，对于补救判决的表述则不尽相同。张某 1 与北京市顺义区民政局婚姻登记一案一审行政判决书中，法院指出“结合民政部门婚姻登记信息系统婚姻信息存储实际，本案如仅判决确认婚姻登记行为无效，张某 1 与王某 1 的结婚信息在系统中仍将维持原状，即仍不能彻底解决行政争议。结合《行政诉讼法》第 76 条有关‘人民法院判决确认违法或者无效的，可以同时判决责令被告采取补救措施’规定精神，顺义区民政局还应当采取必要补救措施，以确保无效行为对相对人的负面影响降至最低。综上，被诉结婚登记行为存在重大且明显违法情形，依法应当确认无效，顺义区民政局应当对被诉行为造成的不利后果采取补救措施。据此，依照《行政诉讼法》第七十五条、第七十六条以及《行诉法解释》第九十四条第一款之规定，判决如下：一、确认被告北京市顺义区民政局于二〇〇四年四月二十八日对原告张某 1 与第三人王某 1 作出的结婚登记行为无效；二、责令被告北京市顺义区民政局于本判决生效之日起六十日内采取补救措施”。对第二项判决主文进行分析，该判项包含了下列信息，主体北京市顺义区民政局，履责期限判决生效之日起六十日，履责方式采取补救措施，但是至于何种补救措施，法院没有明确说明，这需要行政机关结合具体的案件去采取相应的行政行为。

五、当前补救判决存在的问题

（一）对补救判决的认识不足

理论界对补救判决存在不同的认识。黄学贤在《行政诉讼中的情况判决探讨》中，以情况判决的概念对我国、日本等国家或地区的补救判决进行对比研究。[①] 郑春燕在《论“基于公益考量”的确认违法判决》中，对补救措施的理解进行了详细的阐述，认为责令被诉行政机关采取相应补救措施的设计，“在可能的限度内弥补了原告对依法行政的期待”，并认为要充分发挥补救措施的违法治愈功能。[②] 章剑生在《论利益衡量方法在行政诉讼确认违法判决中的适用》中，将恢复、赔偿原告受到的损害作为补救措施的主要功能。[③] 在学者研究的过程中，并未对补救判决的理论基础、价值和功能、适用条件等作出全面的研究。

同时，相比于驳回诉讼请求判决和撤销判决等，补救判决在实践中应用较少。补救判决的内容在一定程度上具有行政性，而不是司法性，因此司法机关在裁判的适用上较为慎重。过度使用该判决甚至会造成司法权侵越行政权的假象。正如上文所指，补救判决要做到全面、准确、具体。司法机关在作出判决的同时，还需要考虑该补救行为是否会被行政机关所接受。缺乏执行性的补救判决会使司法机关陷入一种尴尬局面，一方面行政相对人申请司法机关强制执行时执行不下去，另一方面行政机关的拒不执行行为又缺乏规制。即便将拒不执行法院生效判决行为作为一种刑事犯罪，但在适用上仍存在很大的困难。执行困难在一定程度上会造成法院在补救判决适用中的尴尬

---

① 黄学贤：《行政诉讼中的情况判决探讨》，载《行政法学研究》2005 年第 3 期。

② 郑春燕：《论“基于公益考量”的确认违法判决》，载《法商研究》2010 年第 4 期。

③ 章剑生：《论利益衡量方法在行政诉讼确认违法判决中的适用》，载《法学》2004 年第 6 期。

局面，为了避免该种局面，法院在司法适用中显得格外慎重。

在具体补救措施的表述上，司法机关具有一定的裁量性，明确要求行政机关履行法定职责的司法裁判在实践中不常见，更多则是以要求行政机关在一定期限内履行某种职责作为判项，较为笼统和宽泛。此时，裁量性转移到行政机关，行政机关具有根据案件事实和司法裁判选择具体行政行为的权力。

（二）缺乏统一的适用规则

2014 年《行政诉讼法》修改过程中以法律的形式确定了补救判决这一判决方式。相比撤销判决、确认违法判决等判决类型，补救判决的发展历史较短，理论研究并不是很充分，在司法实践中的占比也比较小。缺乏成熟、统一的适用规则是补救判决面临的核心问题。

首先，补救判决的适用条件不明确。补救判决的适用是依职权或依原告诉讼请求作出的判决。在适用上，应当同时符合以下条件：一是被诉行政行为被确认违法、撤销或通过其他方式被否定；二是被诉行政行为在客观上造成了相应的损害后果；三是原告的权利与损害后果之间存在因果关系，即原告的结果除去请求权或信赖利益保护请求权成立；四是损害后果能够通过行政机关的行政行为进行弥补，包括物质利益和精神补偿。通过对上述适用条件的梳理，会发现其中穿插行政权与司法权的分工和协作，在“司法权侵越行政权”观念的影响下，导致司法机关在适用上更为谨慎。

其次，补救判决的表述用词不规范。通过对现有补救判决的梳理，发现判决责令行政机关采取补救措施的表述有很大的不同，有的判决明确责令采取补救措施的期限、内容，有的较为笼统。对于可以明确具体补救措施的行政判决，需要结合当事人诉求、补救措施的实践适用性具体表述，因此在司法实践中没有统一的表达规范，但需要注意的是，在该类判决的表述中，必须通过“法言法语”确定行政机关的义务，作为可以约束行政机关行政行为的指令性裁判，补救判决的用语应当规范、清晰，避免口语化。

六、补救判决的发展路径

（一）健全补救措施体系，提高司法判决的精准性适用性

第一，通过裁判文书“本院认为”部分加强对补救措施的叙述和说明，在判决主文部分严谨规范表达具体的补救措施。具体的补救措施一般情形下可以参照原告的诉求，即原告请求法院责令行政机关采取何种行政行为能够

恢复或保护其实体权益。同时也应当考虑到司法判决具有强制执行力，不适当的责令补救行为不仅保障不了当事人的合法权利，也会损害司法权威。在补救措施的表达上，司法机关应当充分认识该判决的执行力如何，行政机关对司法判决的接受性和其他案件背景。不恰当的补救措施甚至会给社会公众带来司法权侵越行政权的假象。在此过程中，需要注意补救措施是否具有裁量性。如果相关补救措施能够在实体法上进行确定，不具有裁量因素，司法机关可以直接确定具体的补救措施。如果补救措施涉及行政机关的自由裁量权，此时，司法机关应当尽可能尊重行政机关，将补救措施的具体行为转移到行政机关上。因此，对于补救措施体系的分类可以分为两种：一是对于羁束行政行为或不具有行政自由裁量权的行政行为，司法机关应该将补救措施的行为主体、履责期限、具体行为方式、行为对象表述清楚。二是对于具有行政自由裁量权的行政行为，司法机关应该将补救措施的行为主体、履责期限表述清楚即可。

第二，将司法建议中建议行政机关采取相应的补救措施直接转化到判决中。行政诉讼司法建议是指人民法院对在行政审判活动中发现的、与案件有关但不宜由法院直接处理的问题，向有关国家行政机关提出建议要求其予以处理的活动。对于具体补救措施的表述，均可以通过司法建议的方式得以实现，在此过程中，可以将明确的、具有可执行性的建议内容直接应用到判决中。

行政诉讼司法建议最早出现在 1989 年《行政诉讼法》第 65 条第 3 款的规定中。《行政诉讼法》第 65 条第 3 款规定："行政机关拒绝履行判决、裁定的，第一审人民法院可以采取以下措施：……（三）向该行政机关的上一级行政机关或者监察、人事机关提出司法建议。接受司法建议的机关，根据有关规定进行处理，并将处理情况告知人民法院……"补救判决是一种责令行政机关履行特定义务的判决，因此可以适用司法建议。合理化的司法建议是弥补法院判决或裁定的一种间接方式，也是保护当事人合法权益的间接方式。行政判决的定分功能和司法建议的止争功能，是实现案结事了、行政争议实质化解的重要方式和手段。发挥司法建议的引领功能，对于有可能出现群体性事件的民生领域，司法建议可以更好地引领行政机关通过一系列的补救行为化解矛盾。发挥司法建议的补充功能，一些补救措施虽然法院知晓与案件有关，且能够解决案件争议，但是不能够直白地通过判决的方式表述出来，因此需要一种半公开的方式实现司法机关和行政机关的良性互动，推动案件的实质化解。对于一些不执行补救措施的行为，司法机关也可以通过司法建议的方式督促行政机关履行法定职责。司法建议的一个明显特征是半公开性，之所以称为半公开，是因为司法建议向行政机关发出后，行政机关需要研究处理并作出答复，部分司法建议的办理情况行政机关会向社会公布，而对行政相对人而言，法院并不会主动告知其司法建议的发送和回函情况，因此司法建议具有半公开性。司法建议的半公开性并不会减损其正当性，相反，该半公开性在一定程度上促进了案件的公正裁判。一些不规范的行政执法行为可以通过司法建议的方式得以纠正。因此，对于司法建议中具有补救措施内容的，可以将补救措施直接转化到判决主文部分，增强判决的公正性和可执行性。

（二）发挥司法能动性，探索实质化解决案件争议新路径

实质解决行政争议是补救判决的核心功能。近年来，司法机关围绕实质化解行政争议探索出许多富有中国特色的实践路径。这里的实质化解行政争议包括以下三层含义：一是诉讼终结性，不再启动检察监督、信访等救济程序，当事人能够通过行政诉讼实现自己的诉讼目的，做到案结事了。二是实现司法机关、行政机关和当事人良性互动，做到社会效果和法律效果的有机统一。补救判决作为具有行政指令性质的判决方式，需要司法机关查明案件事实，准确适用法律，充分考虑到相关利益群体的基本情况和现状，将公平正义落实到具体案件。三是注重社会评价，司法机关的公正裁判需要融入社会生活，对行政机关和社会公众的生产、生活产生正确指引，尤其是对部分群体性案件更要注重社会影响。例如，在衡阳市耀德贸易有限责任公司、湖南省衡阳市珠晖区人民政府城乡建设行政管理房屋拆迁管理（拆迁）再审行政判决书[①]中，一审法院依照《行政诉讼法》第76条之规定，判决确认珠晖区政府强拆耀德公司房屋的行政行为违法，珠晖区政府在判决生效后十日内赔偿耀德公司财产损失1 382 440元。二审法院经审理，依照《行政诉讼法》第89条第1款第2项的规定，裁定撤销一审判决，驳回耀德公司的起诉。最高人民法院在再审裁判中认为，“本案的争议焦点为：一、涉案强制拆除责任主体及本案适格被告的认定问题。二、违法强拆行为发生后行政机关应及时采取补救措施的义务问题。三、关于违法强拆行为发生后行政机关应及时采取补救措施的义务问题”。正如上文所述，补救判决需要根据案件事实考虑多

① 最高人民法院（2020）最高法行再456号行政判决书。

种因素。法院认为，“涉案房屋被违法拆除，但行政主体相应的补偿（赔偿）义务并不能免除。珠晖区政府在强制拆除后确曾多次与耀德公司协商处理相关善后事宜，但在双方未能协商一致的情况下，应及时作出相应的书面决定，将纠纷尽快引导进入法治化解决渠道，以便妥善解决强制拆除与补偿安置的遗留问题。违法强制拆除后行政机关不积极补救且久拖不决，或者以反复协商代替书面决定，既损害被征收人补偿安置权益，又提高补偿安置成本，还扩大国家赔偿责任，损害其依法行政形象。一审法院根据当事人的主张、在案证据，运用逻辑推理和生活经验，结合涉案房屋以及土地的情况，参照衡阳市人民政府办公室《衡阳市人民政府办公室关于调整市城区基准地价的通知》附件 2 中涉案房屋的地段，酌定按每平方米 1900 元予以确定赔偿，并无不当。二审裁定以无证据证明珠晖区政府为涉案房屋拆除主体为由，继而驳回耀德公司的起诉，适用法律错误，增加当事人的讼累，不利于实质化解纠纷，应予撤销。综上，依照《行政诉讼法》第六十九条、第八十九条第一款第二项，《行诉法解释》第一百一十九条第一款规定，判决如下：一、撤销湖南省高级人民法院（2019）湘行终 1298 号行政裁定；二、维持湖南省衡阳市中级人民法院（2018）湘 04 行初 153 号行政判决”。在这起案件中，司法机关将实质解决争议作为案件的核心要义，避免重复起诉、减轻当事人负担、维护行政行为的安定性都是实质化解行政争议的法律后果，此外，通过补救判决的方式要求行政机关积极作为，亦维护了司法权威。因此，司法机关在审理案件过程中，应当将实质化解行政争议作为价值追求，将案结事了作为裁判目标。对于能够通过一次性裁判解决的行政争议应当尽可能在一次诉讼中化解矛盾，防止程序空转给当事人带来时间成本。

此外，驳回诉讼请求判决或裁定驳回起诉也具有可以采取补救措施的可能，该法律基础在于违法行为的持续性，即违法行政行为囿于起诉期限、诉讼时效、证据等情形无法得以纠正，但客观上造成当事人合法权益一直受到侵害。例如，在工商登记案件中，该违法行为超过五年，当事人起诉的，一般会裁定驳回起诉，但是该违法登记行为客观存在且侵害当事人的实体权利，裁定驳回起诉后不具有补救判决的基础，但当事人提起确认无效之诉，为补救判决提供了新的突破口，因此仍然具有探索的必要性和可行性。又如，新证据对行政行为的合法性具有深刻的影响，事后出现的新证据，即便能够证明被诉行政行为作出时所依据的法律事实和客观事实不符，但也不能直接确认被诉行政行为无效或者撤销该行为。但是在事后出现的新证据可以证明该行政行为所依据的事实不清且该行政行为对当事人造成的权利侵害一直处于持续状态，就有责令采取补救措施的正当性。

（三）严格监督行政机关依法行政，更加注重程序正义

程序对于实体正义具有保障作用。行政机关未依照行政程序作出行政行为，会造成该行政行为被确认违法或撤销，此时，便会涉及补救措施的问题。在常某存等与北京市东城区人民政府房屋征收决定一案二审行政判决书[①]中，法院认为，"根据涉案项目征收补偿方案，该项目的补偿方式为货币补偿或房屋产权调换，其中用于产权调换的房源为改建地段房屋，对于在预签征收补偿协议期限或签约期限内签约且选择货币补偿方式的被征收人，可以向东城征收办申请购买奖励房源。同时，征收补偿方案还就'协议生效后住宅房屋相关奖励'进行了约定，其中'签约速度奖'明确，在预签征收补偿协议期限的前30日签约的被征收人，可以享受一次性每户21万元的签约速度奖，每迟延一天、按照每户每天3000元标准扣减。此外还有整体生效奖、分值比例奖、小组比例奖等奖励内容。本案中，由于东城区政府未履行上述程序，导致了上诉人的房屋实际无法进入评估程序，上诉人也无法通过预签订征收补偿协议，获得签约速度奖等奖励。同时，若两上诉人最终选择产权调换，或者选择货币补偿、申请购买奖励房源，两上诉人对相应房源的选择范围也必将受到影响，无法与同等条件已签署征收补偿协议的被征收人获得同等保护。故东城区政府未对两上诉人履行上述程序，对两上诉人的合法权益造成了重大影响。综上，东城区政府未履行上述程序，对两上诉人显已构成程序违法，本院应予纠正"。"根据行政诉讼法第七十六条的规定，人民法院判决确认违法的可以同时判决责令被告采取补救措施。鉴于东城区政府上述程序违法行为影响了两上诉人的征收补偿权益，故本院在作出确认违法判决的同时，应同时责令东城区政府采取补救措施，及时启动对两上诉人所居住房屋，包括证载和非证载部分的调查、认定、处理及结果公布程序，并保障两上诉人的异议权，同时保障两上诉人根据涉案项目征收补偿方案对征收补偿方式的选择权及应获得相应奖励的权利。"在判决部分表述为"……三、责令北京市东城区人民政府于本判决生效之日起七个工作日内启动对征收范围内两上诉人居住房屋的调查、认定、处理及结果公布程序……"该类裁判的审理思路为以行政程序违法的理由责令行政机关继续履行行政程序，补救判

① 北京市高级人民法院（2018）京行终893号行政判决书。

决的具体内容也体现在程序上。而且，在补救措施的规范表达上，该判项包含行政主体、行政对象、履责的方式和期限等具体内容，在行政机关不履行该判决时，也能很好地申请法院强制执行。

程序性的补救措施往往比实体性的补救措施更容易规范表述，行政性违法在确认违法后，补救措施的具体内容往往也与程序有关。在程序重新进行的过程中，行政行为的具体后果也有可能会发生实质改变。更为重要的是，法院对于具有自由裁量权的案件，在缺乏专业化背景的前提下，直接责令具体补救措施的类型往往也不能取得很好的社会效果。因此，在补救判决的适用上，更应该重视程序的价值功能，通过程序违法的裁判理由将实体正义展现出来，尊重行政机关的裁量权。在程序实施完毕后，当事人对相关结果处理不满意的，仍然可以再次申请司法救济。

第十章

行政许可案件判决方式

一、行政许可案件的种类和特点

行政许可是政府依法管理经济社会事务的重要手段，[①] 多年来在行政管理工作中发挥了重要作用。《行政许可法》是关于行政许可最重要的一部行政程序方面的法律。第十届全国人民代表大会常务委员会第四次会议于2003年8月27日通过该法，该法于2004年7月1日起施行，是我国行政法治建设的重要里程碑。《行政许可法》施行至今，第十三届全国人民代表大会常务委员会第十次会议于2019年4月23日对该法部分条款作出了修改。随着“放管服”改革的深入推进以及行政许可事项清单管理制度的全面实行，行政许可在理念、制度、机制、范围、程序、监督等各方面都有了重大调整，在推进政府治理体系和治理能力现代化方面发挥着越来越重要的作用。行政许可案件是行政诉讼的一个重要类型，在行政诉讼中占据重要位置，是行政审判中的热点和难点。在裁判文书网中输入关键词“行政许可”，选择“行政案由”项可以看出，行政许可案件自《行政许可法》施行以来呈逐年递增趋势，在2019年达到峰值，近两年案件数量呈下降趋势。

《行政许可法》第2条规定，行政许可是指行政机关根据公民、法人或者

① 《国务院办公厅关于全面实行行政许可事项清单管理的通知》(国办发〔2022〕2号)。

其他组织的申请，经依法审查，准予其从事特定活动的行为。据此，行政许可是依申请的行为，是行政机关依法审查管理性的行政行为，是一种授益性行政行为，是准予相对人从事特定活动的一种事前控制行为，是一种要式行政行为。

规范行政许可的设定和实施，是《行政许可法》第 1 条规定的立法宗旨之一。《行政许可法》第 3 条第 1 款规定，行政许可的设定和实施，适用本法。由此，《行政许可法》调整的法律关系和范围主要有两种：一种是设定行政许可的行为，另一种是实施行政许可的行为。行政许可的设定，是指哪一级国家机关有权设定行政许可、以何种形式设定行政许可、设定行政许可有哪些限制以及设定行政许可需要遵循哪些程序，属于立法的范畴。① 设定行政许可，是一种立法行为，严格来讲，并不是一种行政许可行为。②《行政许可法》规定，只有法律、行政法规、国务院发布决定、地方性法规、省级人民政府规章可以设定行政许可，设定行政许可的范围和条件也有严格的限制。另外，需要说明的是，行政许可的规定主要是指对设定的行政许可进行具体的细化，与行政许可的设定不同，部门规章、其他政府规章对依法设定的行政许可有规定权。无论是行政许可的设定，还是行政许可的规定，一般都属于针对不特定对象发布的能反复适用的规范性文件。根据《行政诉讼法》及《行诉法解释》有关受案范围的规定，行政许可的设定及规定一般不属于行政诉讼司法审查的范围，当事人提起行政诉讼，法院作出的是驳回起诉的裁定，不属于本章讨论的范围。

行政许可的实施，是指国家行政机关和有关组织依法为公民、法人或者其他组织具体办理行政许可的行为。③ 也就是说，行政许可的实施是行政机关在法定职权范围内依照法定程序对行政相对人提出的申请作出是否准予许可的决定，是具体的行政行为。《行政许可法》第 7 条明确规定，公民、法人或者其他组织对行政机关实施行政许可，享有陈述权、申辩权；有权依法申请行政复议或者提起行政诉讼；其合法权益因行政机关违法实施行政许可受到损害的，有权依法要求赔偿。从申请人申请行政许可到行政机关最终

---

① 贺荣：《行政执法与行政审判实务——行政许可与行政登记》，人民法院出版社 2005 年版，第 8~9 页。

② 许安标等：《〈中华人民共和国行政许可法〉释义及实用指南》，中国民主法制出版社 2013 年版，第 30 页。

③ 杨临萍：《行政许可法与司法审查》，人民法院出版社 2004 年版，第 7 页。

作出行政行为的过程中，会出现一系列的行为，主要包括行政机关是否受理申请人的申请、对申请人作出的是否准予许可的决定，以及就行政许可的变更、延续、撤回、注销、撤销等事项作出的行政行为。实施行政许可行为是可诉行政行为，属于司法审查范围。《最高人民法院关于审理行政许可案件若干问题的规定》第1条规定了行政许可案件的范围，一是行政机关作出的行政许可决定以及相应的不作为，二是行政机关就行政许可的变更、延续、撤回、注销、撤销等事项作出的有关具体行政行为及其相应的不作为。行政管理对象及行政管理方式具有多样性，实际中出现的行政许可事项及形式也是多种多样的。就许可事项所处的具体领域而言，可以分为公安类许可、城乡建设类许可、自然资源类许可、市场监管类许可、药品注册许可、医疗器械许可等许可事项。对行政许可案件所处具体领域的分析，可以了解不同领域的民生情况、矛盾及问题。①具体领域的许可事项涵盖范围十分广泛，但都可以归到某些类别中。就行政许可的种类而言，在现行法律法规和实际做法中存在审批、审核、批准、认可、同意、核准、登记、备案等各种称谓的许可形态。不同类型行政许可的特点不同，实施时的程序也不尽相同。提交全国人大常委会审议的《行政许可法》草案稿曾将行政许可分为普通许可、特许、认可、核准、登记五类。由于行政许可现象的多样性和复杂性，各类许可所适用的特别程序具有不确定性，因此立法上分类意义不大，并且分类容易引起某一类别是否属于行政许可的争议，因此立法采取了取消分类的明智决策。②尽管《行政许可法》取消了分类，用统一的行政许可概念来表达所有的行政许可现象，但该法对有关特别程序的规定无疑印证了前述分类体系的存在。③《行政许可法》第12条区分了五种不同的行政许可类型，并设

① 例如，《法律适用》2010年第9期刊载的北京市朝阳区人民法院行政庭撰写的《关于审理城市规划许可行政案件有关问题的调研报告》，反映了城市开发建设迅猛发展的几年，城市规划许可案件迅速增长，并呈现涉案标的价值巨大、群体性诉讼特征明显、处理难度大等特点。

② 许安标等：《〈中华人民共和国行政许可法〉释义及实用指南》，中国民主法制出版社2013年版，第27页。

③ 姜明安：《行政法与行政诉讼法（第六版）》，北京大学出版社2015年版，第221~225页。

定了兜底条款。[①]

概括来讲，行政许可案件主要分为以下几类：一是对行政机关不予答复等不作为提起的履责类诉讼；二是对行政许可决定不服提起的诉讼；三是对行政机关就行政许可的变更、延续、撤回、注销、撤销等作出行政行为不服提起的诉讼；四是行政处罚类案件；五是行政补偿、行政赔偿类诉讼；六是其他涉及行政许可类案件。

第一，履责类诉讼。《行政许可法》第 32 条规定，行政机关对申请人提出的行政许可申请，应当区分告知申请人是否受理、是否需更正申请材料、是否需补正相关材料等情况进行处理。在法定期限内告知申请人是否受理或者需要更正、补正材料，是行政机关在收到申请人申请材料后应当履行的法定职责。行政机关不履行职责，在法定期限内不予答复，申请人有权提起诉讼。例如，原告北京市申圣通垃圾能源利用技术有限责任公司诉被告北京市门头沟区市政市容管理委员会不履行行政许可法定职责一案[②]，法院认为被告直至原告起诉前长达两个月的时间对原告的行政许可申请未予处理，属于不履行法定职责，判决被告对原告提出的行政许可申请继续履行法定职责。又如，原告开平市鸿杰五金电镀有限公司诉被告开平市环境保护局不履行行政许可法定职责一案[③]，法院认为根据原告要求被告核发排放污染物许可证的诉讼请求，该案应为环保部门不履行行政许可法定职责纠纷，在案证据既不能证明原告已向被告提出了颁发排污许可证的申请，也不能证明原告的排污行为已经得到开平市环保局的许可。被告没有向原告核发排放污染物许可证的

---

① 《行政许可法》第 12 条第 1 项规定，对“直接涉及国家安全、公共安全、经济宏观调控、生态环境保护以及直接关系人身健康、生命财产安全等特定活动，需要按照法定条件予以批准的事项”可以设定行政许可，该条规定的属于普通许可。第 12 条第 2 项规定，对“有限自然资源开发利用、公共资源配置以及直接关系公共利益的特定行业的市场准入等，需要赋予特定权利的事项”可以设定行政许可，该条规定的属于特许。第 12 条第 3 项规定，对“提供公众服务并且直接关系公共利益的职业、行业，需要确定具备特殊信誉、特殊条件或者特殊技能等资格、资质的事项”可以设定行政许可，该条规定的属于认可。第 12 条第 4 项规定，对“直接关系公共安全、人身健康、生命财产安全的重要设备、设施、产品、物品，需要按照技术标准、技术规范，通过检验、检测、检疫等方式进行审定的事项”可以设定行政许可，该条规定的属于核准。第 12 条第 5 项规定，对“企业或者其他组织的设立等，需要确定主体资格的事项”可以设定行政许可，该条规定的属于登记。第 12 条第 6 项规定，法律、行政法规还可以设定其他行政许可。

② 北京市门头沟区人民法院（2015）门行初字第 65 号行政判决书。

③ 广东省江门市中级人民法院（2014）江中法行终字第 50 号行政判决书。

行为并未违反相关法律规定。原告关于责令被告履行法定职责向其核发排放污染物许可证的诉讼请求，理据不足。法院判决驳回了原告的诉讼请求。

对申请人提出的行政许可申请，行政机关应当依据《行政许可法》规定的期限作出许可决定。除《行政许可法》第 34 条规定的当场作出行政许可决定外，《行政许可法》第 42 条至第 45 条规定了行政机关作出许可决定的期限。行政机关应在法定期限内作出是否许可的决定。行政机关在接到申请至作出处理决定过程中认定事实不清，适用法律错误或违反法定程序的，应当认定行政机关未依法履行行政职责。例如，原告南昌弘益科技有限公司、南昌弘益药业有限公司诉被告国家药品监督管理局要求作出药品注册许可及行政复议一案[①]，法院经审理认为被告于 2005 年 9 月 19 日受理原告申报的“穿心莲内酯滴丸”生产注册申请，于 2020 年 3 月 30 日作出被诉审批意见，不批准本品注册申请。国家药监局接到弘益公司药品注册许可申请后所履行的行政职责是否合法，应当从认定事实、适用法律、行政程序等方面予以审查。鉴于国家药监局从 2005 年 9 月 19 日受理涉案申请至 2020 年 3 月 30 日作出被诉审批意见，期限跨度近 15 年，故国家药监局是否在法定期限内履行了行政职责，是本案显著的合法性审查事项，而该事项的确定也影响到新的法律规范和旧的法律规范的选择适用，及新、旧法律规范选择适用之下如何采纳证据、认定事实。本案中，弘益公司向国家药监局申请作出药品注册许可，国家药监局受理申请后履行审查和作出决定行政职责严重超出法定期限，导致适用法律和认定事实亦存在不确定性，据此应当认定国家药监局履行的行政职责违法，其作出的被诉审批意见构成违法拒绝履行法定职责的情形，故对被诉审批意见应予撤销。同时，鉴于国家药监局对于弘益公司的药品注册许可申请尚需进一步调查或者裁量，故应当责令国家药监局针对弘益公司的药品注册许可申请重新作出处理。

第二，起诉行政许可决定类案件。对申请人提出的行政许可申请，行政机关受理后要作出是否准许的决定。《行政许可法》第 34 条至第 45 条规定了行政机关作出行政许可决定应遵循的步骤、方式和期限。无论申请人是对行政机关作出行政许可决定是否符合许可条件的实质内容不服，还是对作出许可决定的程序不服，均可以提起行政诉讼。起诉行政许可决定类案件的被诉行为虽然是行政机关作出的具体行政行为，但该类案件中涉及对行政许可

① 北京市高级人民法院（2021）京行终 1280 号行政判决书。

依据进行审查的问题。如果行政机关作出许可决定的依据不当，法院经审查后将不会支持行政机关作出的许可决定。例如，原告尚某华诉被告荆州市自然资源和规划局荆州区分局行政许可一案[①]，法院认为政府工作纪要作为行政机关用于记载和传达有关会议情况和议定事项的内部公文，其内容在未经法定程序外化为法律、法规或规章、规范性文件前，不对外发生法律效力，不宜作为行政执法的依据。针对原告提出的重建许可申请，原荆州市城乡规划局荆州分局根据政府工作纪要作出被诉不予行政许可决定，属于适用法律错误。再如，原告金某发诉被告盱眙县运输管理所不予交通行政许可决定一案[②]，法院认为《淮安市机动车驾驶人培训市场发展规划（2013—2020）》只是道路运输领域的专项发展规划，属于技术性规范而非法律性规范，把该规范作为审查是否准予行政许可的法律规范依据，属于增设行政许可的条件，不符合上位法的规定，被告以该规范作为审查行政许可的依据不当，对原告的申请作出不予交通行政许可属于适用法律、法规错误。

第三，起诉变更、延续、撤回、注销、撤销等行为类案件。《行政许可法》第 49 条至第 50 条规定了行政许可变更和延续。第 69 条规定了行政机关在特定情形下，可以根据利害关系人的请求或者依据职权，撤销行政许可。第 70 条规定了行政机关在特定情形下应当注销行政许可。关于变更、延续、撤回、注销、撤销行政许可，《行政许可法》未对程序作出明确的规定，行政机关在作出相应行政行为时违反法定程序的情形较为常见。法院在审理该类行政许可案件过程中，适用正当程序原则审理案件作出裁判的情况越来越多。例如，最高人民法院公报案例：原告中国石化销售有限公司、江苏盐城石油分公司诉被告江苏省射阳县国土资源局撤销行政许可一案，确定的裁判规则为行政机关撤销已经生效的行政许可，应当遵守《行政许可法》规定的法定程序；原告射阳县红旗文工团诉射阳县文化广电新闻出版局程序不正当注销文化行政许可一案，确定的裁判规则为行政机关在注销行政许可时仍应遵循程序正当原则，向行政相对人说明行政行为的依据、理由。

又如，中国法院 2021 年度案例原告福建伟杰公司诉被告中国银行保险监督管理委员会撤销行政许可决定一案[③]，被告依据《行政许可法》第 69 条第 2 款的规定撤销了对原告作出的增资许可，法院认为被告在作出撤销行政许可

① 湖北省高级人民法院（2020）鄂行再 13 号行政判决书。

② 江苏省淮安市盱眙县（2014）盱行初字第 0004 号行政裁判文书。

③ 北京市第一中级人民法院（2018）京 01 行初 1165 号行政判决书。

前，没有告知原告撤销的理由，未听取原告的陈述、申辩，有违正当程序原则，构成违反法定程序，故判决撤销被诉决定书中涉及原告的部分。

第四，起诉行政处罚类案件。《行政许可法》第 78 条规定了申请人隐瞒有关情况或者提供虚假材料申请行政许可的，应承担的法律责任。第 79 条规定了被许可人以欺骗、贿赂等不正当手段取得行政许可的，应承担的法律责任。申请人或被许可人承担的法律责任由行政机关单方作出并具有惩罚性质。第 80 条、第 81 条规定了其他行政机关应当给予行政处罚的情形。申请人或被许可人不服处罚的，可提起行政诉讼。例如，原告北京科诺锅炉有限公司诉被告国家质量监督检验检疫总局行政处罚一案[①]，原告在锅炉制造许可证延期申请中提交了虚假材料，被告依据《行政许可法》第 78 条作出了在一年内不得再次申请该行政许可的行政处罚。原告不服该处罚向法院提起诉讼，法院经审理后撤销了该处罚。

第五，行政补偿、行政赔偿类诉讼。行政许可是一种赋予行政相对人某种权利和资格的授益性行政行为，因有信赖利益保护的问题，行政许可不得随意撤销、变更或者废止。《行政许可法》第 8 条规定，行政机关为了公共利益需要，依法变更或者撤回已生效的行政许可的，行政机关应当依法对造成的损失依法给予补偿。例如，原告漳平市南峰石场诉被告漳平市人民政府确认行政行为违法一案[②]，法院认为原告依法取得采矿权许可证及签订采矿权出让合同，依法取得安全生产许可证，被告为维护公共利益，没有依法对原告予以补偿即作出先行关闭原告企业的行为违反《行政许可法》第 8 条的规定，违反法定程序，判决确认被告的行为违法。

《行政许可法》第 7 条、第 69 条、第 76 条规定了行政机关应当给予赔偿的情形。当事人认为行政机关实施行政许可侵犯其合法权益的，可以提起行政赔偿之诉。例如，杨某宏诉原酒泉市卫生局行政赔偿案，酒泉市卫生局违反规定批准设立卫生经营机构门诊部，门诊部违反规定聘用不具备医疗资质的人员为患者杨某宏进行诊治，侵害了患者杨某宏的人身健康权，属于行政赔偿的范围。法院认为原酒泉市卫生局因违反规定颁发医疗机构执业许可证给杨某宏造成身体损害，杨某宏有权要求酒泉市卫生局承担行政赔偿责任，符合《行政许可法》和《国家赔偿法》的规定。

---

① 北京市第一中级人民法院（2017）京 01 行初 680 号行政判决书。

② 福建省三明市中级人民法院（2017）闽 04 行初 96 号行政判决书。

第六，其他类型案件。起诉行政处理类案件。《行政许可法》第66条至第68条规定了被许可人在取得许可后，未依法履行相应义务的，行政机关可以对其采取责令改正等处理措施。当事人对行政机关的处理行为不服的，可以提起行政诉讼。例如，原告开封市天龙汽车出租服务有限公司诉被告开封市道路运输管理局、开封市交通运输局交通行政管理一案①，被告作出服务质量信誉考核评级及处理决定，将原告2013年度出租汽车企业服务质量信誉考核等级评定为B级，并责令原告按照《责令限期改正通知书》进行限期整改，原告对此不服，申请行政复议被复议机关维持后，向法院提起行政诉讼。法院受理后经审查后判决驳回了原告的诉讼请求。

《行政许可法》第27条规定，行政机关实施行政许可，不得向申请人提出购买指定商品、接受有偿服务等不正当要求。实施行政许可过程中，被许可人认为行政机关增加许可条件或者额外增加负担的，亦可提起行政诉讼。

《行政许可法》第5条第2款规定，有关行政许可的规定应当向社会公布。第61条规定，公众有权查阅行政机关监督检查记录。第40条规定，行政机关作出的准予行政许可决定，应当予以公开，公众有权查阅。《最高人民法院关于审理行政许可案件若干问题的规定》第2条规定，公民、法人或者其他组织认为行政机关未公开行政许可决定或者未提供行政许可监督检查记录侵犯其合法权益，提起行政诉讼的，人民法院应当依法受理。根据上述规定，当事人提起的诉讼主要涉及实施行政许可过程中的信息公开、查阅权诉讼。例如，原告南京爱克斯兰医疗器械有限公司诉被告国家药品监督管理局政府信息公开及行政复议一案②，原告要求公开“飞利浦彩超机EPIQCVx、EPIQ Elite、EPIQ Elite W注册审评依据及批准的注册限定内容”，被告认为该信息系其行政许可卷宗中的信息，法院经审理亦查明原告申请公开的该政府信息系被告在审批行政许可过程中形成的执法卷宗中的组成部分之一。最终法院判决驳回了原告的诉讼请求。

二、现行行政许可案件的法定判决方式及其局限

根据《行政诉讼法》的规定，我国行政诉讼判决方式的类型主要有驳回原告诉讼请求判决、撤销或撤销重作判决、限期履行法定职责判决、给付判

① 河南省开封市中级人民法院（2016）豫02行终77号行政判决书。

② 北京市第一中级人民法院（2021）京01行初388号行政判决书。

决、确认违法判决、确认无效判决、变更判决七大类。[①] 行政许可作为一种行政行为，《行政诉讼法》规定的判决方式都可以适用于行政许可案件。

（一）驳回原告诉讼请求判决

1. 一般情况

《行政诉讼法》第 69 条规定了适用驳回原告诉讼请求判决方式的三种情形：一是行政行为证据确凿，适用法律、法规正确，符合法定程序；二是原告申请被告履行法定职责的理由不成立；三是原告要求被告履行给付义务理由不成立。驳回原告诉讼请求判决涵盖了之前的维持判决，更多地关注到了原告的诉求和合法权益，是行政诉讼适用最广泛的一种判决方式。《行政诉讼法》第 6 条确定了法院通过行政审判对行政行为进行合法性审查原则。该原则的确定意味着，法院经审查即使驳回了原告的诉讼请求，也需要对行政行为的合法性进行审查。也就是说，该条的适用必须以被诉行政行为完全合法为前提，不是因为原告诉讼请求不成立作出的判决。结合行政许可案件而言，证据确凿应当审查申请人是否提出行政许可申请、是否具备法定许可条件等行政机关作出许可决定依据的全部事实；适用法律、法规正确应当审查行政机关作出的许可决定等行为是否超越其职权范围，行政行为必须符合法律的目的、原则和精神，行政行为所使用的法律规范必须是与案件法律关系相适应的法律规范；符合法定程序是指行政机关作出的许可决定等行为应当符合法律规定，严格遵循必须的行政程序。除审查前述条件外，某些行政许可案件还需要审查行政机关作出的行政许可是否侵犯了他人的合法权益。例如，最高人民法院公报案例：原告江苏省扬州市念泗三村 28 幢楼居民 35 人诉被告扬州市规划局行政许可行为侵权案，法院认为该类案件审查的重点除了看被告作出的规划许可行为是否符合有关建筑管理的技术规范，还要看是否侵犯了原告的日照、通风、采光等相邻权。在行政许可行为合法，且不侵犯原告合法权益的情况下，才能判决驳回原告的诉讼请求。

不作为类行政许可案件除了前述审查要点外，还需要审查行政机关是否具有法定职责、许可机关不作为是否有法定阻却事由，如《行政许可法》第 78 条、第 79 条规定的事由，是否有不履行或迟延履行的行为。

《最高人民法院关于审理行政许可案件若干问题的规定》第 8 条第 2 款规定，第三人提供或者人民法院调取的证据能够证明行政许可行为合法的，人

---

① 郭修江：《行政诉讼判决方式的类型化》，载《中国审判》2018 年第 7 期。

民法院应当判决驳回原告的诉讼请求。《行政诉讼法》第 34 条及相关司法解释均规定，被告不提供或者无正当理由逾期提供证据，视为没有证据。对于行政许可这种授益性行政行为而言，被告怠于举证的不利后果往往由申请人或者利害关系人承担，甚至还会损害公共利益。根据行政许可案件特点，《最高人民法院关于审理行政许可案件若干问题的规定》就此作出明确的解释性规则。上述途径获得的证据能够证明行政许可合法，被告的违法之处并不在于行政许可行为，而在于诉讼行为，因此应当判决驳回原告的诉讼请求。例如，原告彭某能等人诉被告广东省交通运输厅施工许可纠纷一案[①]，法院经审理后认为广东省交通运输厅在法定举证期限内针对原告起诉的理由提交了证据，并未提交其作出该案被诉施工许可行政行为的全部证据材料，由于涉案潮惠高速公路项目是广东省重点建设项目，涉及公共利益，法院要求广东省交通运输厅补充提交证据，同时该案第三人广东潮惠高速公路有限公司因与被诉施工行政许可行为有利害关系，亦补充提交了相同的证据，法院依据上述规定采纳广东省交通运输厅补充提交的证据认定被诉施工许可行为合法，并无不当。法院认为原告的诉讼理由因缺乏事实根据和法律依据，判决驳回了原告的诉讼请求。

《最高人民法院关于审理行政许可案件若干问题的规定》第 10 条规定，被诉准予行政许可决定违反当时的法律规范但符合新的法律规范的，准予行政许可决定不损害公共利益和利害关系人合法权益的，判决驳回原告的诉讼请求。本条解释明确需要选择新旧法时应选择适用新法，对判决方式而言，考虑到行政许可决定有时不会损害原告和其他利害关系人的权益和公共利益，判决确认违法并无实际意义，此时判决驳回原告的诉讼请求更为合理。例如，上诉人萍乡市自然资源和规划局、中鼎国际工程有限公司与被上诉人张某平等 20 人建设工程规划行政许可一案[②]，法院经审理认为原萍乡市规划局于 2018 年 11 月 12 日向中鼎公司作出的“建字第 2018-6-039 号”建设工程规划许可虽然在作出时违反当时的控制性详细规划，并存在程序轻微违法的情形，但由于被诉建设工程规划许可行为对被上诉人的影响尚在法定允许范围内，且其符合新的控制性详细规划，故对涉案建设工程规划许可行为不予撤销。同时，基于行政诉讼所承载的监督行政机关依法行政这一重要功能，对

① 广东省高级人民法院（2016）粤行终 718 号行政判决书。

② 江西省萍乡市中级人民法院（2019）赣 03 行终 62 号行政判决书。

本案的处理，依法应对被诉行政行为的合法性作出评价，即应确认被诉行政行为违法。

2. 局限

结合行政许可案件的特点，判决主文遗漏适用该判决方式是其局限。

《行政许可法》第 78 条规定，对于申请人隐瞒真实情况或者提供虚假材料申请行政许可的，行政机关不予受理或者不予行政许可，并给予警告；申请事项属于直接关系公共安全、人身健康、生命财产安全事项的，申请人一年之内不得再次申请该行政许可。该条规定的内容包括两个行政行为：一个是不予受理或不予许可行为，另一个是行政处罚行为，是两个不同相对独立的部分。实践中，行政机关适用该条款作出一个包含两个不同行政行为的决定，原告起诉至法院并未将决定中的行为进行区分，请求撤销整个决定。决定具有可分性。若法院仅判决部分撤销行政处罚的有关内容，不予受理或不予许可部分是否可以适用驳回原告诉讼请求的判决，判决主文中包括两种判决方式是否可行。笔者认为是可以的。例如，原告北京科诺锅炉有限公司诉被告国家质量监督检验检疫总局行政处罚一案①，原告在锅炉制造许可证延期申请中提交了虚假材料，被告作出被诉的行政处罚决定书，“依据行政许可法第 78 条的规定，给予原告以下行政处罚：不予受理本次锅炉制造换证申请，原告一年内不得再次申请锅炉制造许可”。原告诉至法院，请求撤销被诉决定书。法院经审理最终仅作出撤销“北京科诺锅炉有限公司一年内不得再次申请锅炉制造许可”部分的判决。针对被诉决定中的不予受理，亦应作出驳回其他诉讼请求的判决。

（二）撤销或撤销重作判决

1. 一般规定

《行政诉讼法》第 70 条规定，行政行为有主要证据不足、适用法律法规错误、违反法定程序、超越职权、滥用职权、明显不当情形的，判决撤销或者部分撤销，并可以判决被告重新作出行政行为。结合行政许可案件的特点而言，撤销判决的适用条件为：被诉行政许可行为违法；被诉行政许可行为成立且有约束力；仅限于作为类行政许可案件；具有可撤销内容；撤销不会给国家利益、社会公共利益造成重大损失。撤销判决分为全部撤销、部分撤销、判决撤销并责令被告重作三种具体方式。全部撤销适用于行政行为全部

① 北京市第一中级人民法院（2017）京 01 行初 680 号行政判决书。

违法或者部分违法但行政行为不可分的情形。部分撤销适用于行政行为部分违法、部分合法，且行政行为不可分的情形。判决撤销并责令重作适用于行政行为违法且需要被告对行政行为所涉及的事项作出处理的情形。行政许可通常是单一、完整、不可分的行政行为，适用的是全部撤销。

《最高人民法院关于审理行政许可案件若干问题的规定》第11条规定，人民法院审理不予行政许可决定案件，认为原告请求准予许可的理由成立，且被告没有裁量余地的，可以在判决理由中写明，并判决撤销不予许可决定，责令被告重新作出决定。适用行政许可案件的撤销重作判决，除了满足撤销判决的适用条件外，还需满足下列条件：针对的是不予行政许可决定案件，准予行政许可的案件不适用本判决；原告请求准予许可的理由成立；被告没有裁量余地。行政许可机关对不同行政许可事项的裁量余地各有不同，有的裁量权限很大，有的几乎没有裁量权限。法院应当尊重行政机关的裁量权，在行政机关没有裁量余地的情况下，才责令被告重新作出决定。例如，原告习水县旱冰游泳馆诉被告习水县文体广电新闻出版局不予行政许可决定一案[①]，法院经审理认为被告作为实施高危险性体育项目经营许可的行政机关，在接受原告的申请后，在原告提供的材料符合《全民健身条例》和《经营高危险性体育项目许可管理办法》规定的情况下，理应按照其承诺在规定的期限内对原告实施许可。被告以原告不符合城市规划为由，不予许可，有违诚信原则。办理高危险性体育项目经营许可，是行政法规授权给被告的法定职责，被告受理原告的申请后，理应主动对相关证据材料进行核实，而不是慢作为、不作为，被告以相关部门未及时反馈相关材料而超过期限进行抗辩，有违行政效率原则。原告要求撤销被告作出的不予行政许可决定，予以支持。据此，依照《最高人民法院关于审理行政许可案件若干问题的规定》第11条的规定，判决撤销被告作出的不予行政许可决定书，并责令被告在判决生效后二十日内重新作出新的行政行为。

2. 局限

部分撤销判决适用于一个行政许可的情形。当一个行政许可包含多个许可事项的情形，且导致被撤销事由涉及所有许可事项时，即应当依法判决全部撤销。能否在特定条件下适用部分撤销?

由于行政许可行为的授益性特点，虽然法院判决撤销违法的行政行为意

---

① 贵州省遵义市播州区（2018）黔0321行初116号行政裁定书。

味着行政机关败诉，但行政相对人的许可状况不能自行恢复到变更之前的状态。申请人若再次提起诉讼要求行政机关作出相应行政行为，增加了申请人的负担，不符合公正、便民、高效的原则。

撤销责令被告重作判决对行政机关没有裁量余地的限制太保守和落后。法院判决撤销不予许可决定后责令行政机关重作，主要是在行政机关的自由裁量权缩减为零时。这是出于司法权对行政权的尊重之考量。但行政机关仍以相同理由再次作出不予行政许可决定，严重违反《行政诉讼法》第 71 条规定，浪费有限的司法资源，增加当事人的讼累。法院能否在特定情况下查明事实，直接作出实体上的决定？最高人民法院公报案例——原告余姚市甬兴气体分滤厂诉被告余姚市住房和城乡建设局燃气经营许可纠纷案，原告向被告申请核发瓶装燃气经营许可证，被告首次作出不予许可决定被法院判决撤销重作后，依然基于相同理由再次作出不予许可决定，后又被法院判决撤销，并认定为滥用职权。本案中，原告为获得许可，几度提起行政诉讼，不符合司法为民的宗旨。

（三）限期履行法定职责判决

1. 一般规定

《行政诉讼法》第 72 条规定，经过审理查明被告不履行法定职责的，判决被告在一定期限内履行。结合行政许可案件而言，适用该类判决需要满足以下条件：行政机关负有履行实施行政许可的法定职责；申请人向行政机关提出了行政许可申请；被告具有履行的能力，且以默示或明示的方式不履行法定职责；被告不履行法定职责没有阻却事由；判决被告履行的原告仍有意义。例如，原告南昌弘益科技有限公司、南昌弘益药业有限公司诉国家药品监督管理局要求作出药品注册许可及行政复议一案[①]，法院认为根据已经查明的事实，国家药监局于 2005 年 9 月 19 日受理弘益公司提出的申请。2005 年 10 月 28 日由药品审评中心开展技术审评，已经超过《行政许可法》规定的法定期限。药品审评中心 2008 年 8 月 12 日完成技术审评后送国家药监局，亦超过了技术审评期限。而 2008 年 8 月 12 日药品审评中心完成技术审评后，国家药监局没有正当理由拖延作出行政许可决定属于严重违反法定程序，被诉不批准药品审批意见应予撤销。被诉复议决定亦应一并予以撤销。弘益公司关于撤销被诉审批意见和被诉复议决定的诉讼请求，予以支持。鉴于是否

① 北京市第一中级人民法院（2020）京 01 行初 457 号行政判决书。

可以准予批准生产注册问题属于国家药监局根据许可申请材料进行调查、裁量的事项，法院不宜直接作出认定。因此，弘益公司关于判令国家药监局依法履行法定职责，20 日内批准弘益公司涉案申请的诉讼请求，不予支持。据此，法院依照《行政诉讼法》第 70 条第 3 项、第 79 条的规定，判决撤销被诉审批意见；撤销被诉复议决定；责令国家药监局于判决生效后的法定期限内对原告的新药申请作出处理。①

行政机关作出撤回或变更行政许可的，未给予行政补偿，当事人不服诉至法院，法院经审理后判决行政机关履行补偿职责。例如，原告玉山县怀玉山萤石矿诉被告玉山县人民政府不履行补偿职责一案②，法院认为玉山县怀玉山萤石矿于 2020 年 9 月 3 日提出履行补偿职责的申请，玉山县人民政府收到申请后未在法定期限内予以答复，故上诉人怀玉山萤石矿向一审法院提起履行职责之诉，符合法律规定。关于申请人对行政机关不予批准采矿权延续决定提出履行补偿职责申请的处理问题。本案由于被上诉人玉山县人民政府未先行处理，根据《行政诉讼法》第 72 条以及《最高人民法院关于审理行政许可案件若干问题的规定》第 14 条的规定，应当判令由被上诉人玉山县人民政府限期履行法定职责。因此，一审法院以怀玉山萤石矿要求玉山县人民政府履行补偿职责及对其补偿 70 664 736 元的理由不成立为由，判决驳回怀玉山萤石矿的诉讼请求，有违司法谦抑原则，予以纠正。原审判决认定事实基本清楚，但适用法律不当。据此，依照《行政诉讼法》第 89 条第 2 项、第 72 条之规定，判决撤销上一审判决；由被上诉人玉山县人民政府自判决书送达生效之日起三个月内履行对玉山县怀玉山萤石矿提出的补偿申请依法履行作出行政处理的法定职责。

另外一种涉及限期履行职责的案件为查阅权履责案件。《最高人民法院关于审理行政许可案件若干问题的规定》第 12 条规定，被告无正当理由拒绝原告查阅行政许可决定及有关档案材料或者监督检查记录的，人民法院可以判决被告在法定或者合理期限内准予原告查阅。

---

① 被告在该案判决后不服提起上诉，认为其作出的被诉审批意见、被诉复议决定职权明确，认定事实清楚、证据充分，适用法律正确，被诉审批意见因超期无法弥补且已被 2 号复议决定确认违法，一审法院撤销被诉审批意见及被诉复议决定裁判方式不当等为由，提起上诉，请求撤销一审判决，驳回弘益公司的诉讼请求。二审法院经审理后作出（2021）京行终 1280 号判决，判决驳回上诉，维持一审判决。

② 江西省高级人民法院（2022）赣行终 5 号行政判决书。

2. 局限

对履行判决深度的把握是难点。法院判决被告履行法定职责，既应考虑国家利益、公共利益、行政相对人利益和第三人利益的平衡，还应考虑行政机关的履行能力和行政效率，谨防主观臆断。除情况特殊难以确定期限外，应确定被告按照法定期限、无法定期限情况下参照类似行政行为的期限标准和实践中行政机关作出该类具体行政行为的一般情况予以确定。另外，在履行判决中，法院除要求行政机关在一定期限内履行职责外，有无权力指明行政机应当如何履行职责。也就是说，法院能否在履行判决中要求行政机关作为什么或者不作为什么。法院若要求行政机关具体作为的事项，司法权是否就侵犯了行政权。法院在要求行政机关履行职责方面一定的自由裁量权应如何把握。这些问题都应予以重视。

（四）确认违法判决

1. 一般规定

《行政诉讼法》第 74 条规定，行政行为依法应当撤销，但撤销会给国家利益、社会公共利益造成重大损害的；行政行为程序轻微违法，但对原告权利不产生实际影响的，判决确认违法，但不撤销行政行为。行政行为违法，但不具有可撤销内容的；被告改变原违法行政行为，原告仍要求确认原行政行为违法的；被告不履行或者拖延履行法定职责，判决履行没有意义的，不需要撤销或者判决履行的，判决确认违法。本条列举了五种应当判决确认违法的情形，均适用行政许可案件。2017 年 11 月 15 日，最高人民法院发布的第十七批指导案例中的 88 号案例张某文、陶某等诉四川省简阳市人民政府侵犯客运人力三轮车经营权案，最高人民法院梁凤云在对该指导案例的选编过程、裁判要点、参照适用等情况解释和说明中指出，判决方式是本案的争议焦点之一。如果判决撤销被诉行政行为将会给社会公共利益和行政管理秩序明显带来不利影响。在本应撤销被诉行政行为时，判决确认被诉行政行为违法，既保障了国家利益、社会公共利益，也兼顾到了保障当事人的合法权益，当事人能够通过行政赔偿等途径解决其实体权益。因此，该指导案例确定的裁判规则之一就是行政机关在作出行政许可时没有告知期限，事后以期限届满为由终止行政相对人行政许可权益的，属于行政程序违法，人民法院应当依法判决撤销被诉行政行为。但如果判决撤销被诉行政行为，将会给社会公共利益和行政管理秩序带来明显不利影响的，人民法院应当判决确认被诉行政行为违法。

行政许可案件判决确认被诉行政行为违法的情形还包括新旧法适用的问题。《最高人民法院关于审理行政许可案件若干问题的规定》第 10 条规定，被诉准予行政许可决定违反当时的法律规范但符合新的法律规范的，判决确认该决定违法。申请人的许可申请不符合旧法但符合新法，被许可人的利益实际上已经受到新法的保护，行政许可已经具有一种值得法律保护的价值，故在判决方式上不宜适用撤销判决。最为适当的处理方式为判决许可违法，保留许可的效力，既可照顾被许可人的利益，也为原告就其损害请求赔偿预留空间。

2. 局限

确认违法判决的适用情形中，国家利益、社会公共利益、程序轻微违法等概念意义不明确、内涵和外延较为模糊，适用该类判决法院的自由裁量权较大。当事人要求撤销行政行为，法院经审理后认为应当判决确认行政行为违法，判决确认违法后行政行为的效力是否保留，并不能在判决中体现，当事人对法院判决难以理解，易增加矛盾。

《行政诉讼法》第 76 条规定，法院判决确认违法或无效的，可以同时判决责令被告采取补救措施；给原告造成损失的，依法判决被告承担赔偿责任。法院确认违法或无效的，根据实际情况来决定是否判决责令被告采取补救措施，这是法院主动而为的。补救措施包括使违法行政行为不失去效力的措施以及消除争议、缓解矛盾的补救措施。司法实践中，较少适用补救措施的判决，是确认违法判决的局限之一。

（五）确认无效判决

1. 一般规定

《行政诉讼法》第 75 条规定，行政行为有实施主体不具有行政主体资格或者没有依据等重大且明显违法情形，原告申请确认行政行为无效的，判决确认无效。《行诉法解释》第 99 条规定，行政行为实施主体不具有行政主体资格、减损权利或者增加义务的行政行为没有法律规范依据、行政行为的内容客观上不可能实施、其他重大且明显违法的情形属于《行政诉讼法》第 75 条规定的“重大且明显违法”。确认无效判决是法院谨慎适用的判决方式，适用情形较少。就行政许可案件而言，判决确认无效的案件寥寥无几。

2. 局限

《行诉法解释》第 94 条第 2 款规定，当事人起诉请求确认行政行为无效，法院经审查认为行政行为不属于无效情形的，经释明，原告请求撤销行政行为的，应当继续审理并依法作出相应判决；原告请求撤销行政行为但超过法定起诉期限的，裁定驳回原告起诉。第 162 条规定，对 2015 年 5 月 1 日之前作出的行政行为提起诉讼的，请求确认行政行为无效的，法院不予立案。起诉无效行政行为受起诉期限的限制，是否会对当事人的现实权利造成无法救济的后果，还待进一步研究。

（六）变更判决

1. 一般规定

《行政诉讼法》第 77 条规定，行政处罚明显不当，或者其他行政行为涉及对款额的确定、认定确有错误的，可以判决变更。判决变更不得加重原告的义务或者减损原告的权益。但利害关系人同为原告，且诉讼请求相反的除外。《最高人民法院关于审理行政许可案件若干问题的规定》第 14 条规定，行政机关依据《行政许可法》第 8 条第 2 款规定变更或者撤回已经生效的行政许可，公民、法人或者其他组织仅主张行政补偿的，应当先向行政机关提出申请；行政机关在法定期限或者合理期限内不予答复或者对行政机关作出的补偿决定不服的，可以依法提起行政诉讼。变更判决是法院直接作出对行政行为的内容予以改变的判决，涉及行政权与司法权的关系。结合行政许可案件而言，变更判决的适用情形很少，基本上只关乎行政许可被变更、撤回或撤销后的行政补偿案件。变更判决是一种对各方都更为经济的判决方式。例如，原告湘潭市岳塘区翰林页岩空心砖厂诉被告湘潭市岳塘区人民政府行政补偿方案一案[①]，法院认为鉴于此前已作出过生效判决责令被告重新作出补偿行为，被告重新作出涉案补偿方案后，原告不服，又提起本案诉讼。在此情况下，原审法院又再次判决责令岳塘区政府重新作出补偿行为既可能引发新的诉累，也不符合审判效率原则。对于本案的补偿数额，二审亦可直接判决，但通过审查上诉人在原审提供的鉴定资料，对于争议事项的判断，还需要进行庭审举证质证，在确定补偿的范围后，具体的补偿数额还要结合当地的生产生活水平、物价水平、房屋的评估水平以及各个企业的生产水平，才能作出一个综合的判断。因此，本案宜由原审法院对具体的补偿数额作出判

① 湖南省高级人民法院（2019）湘行终 2029 号行政判决书。

决为妥，同时也能充分保障当事人的诉权。

2. 局限

变更判决的适用范围较窄，实践中变更判决适用较少。行政机关可能以同一事实和理由作出与原行政行为基本相同的行政行为，导致相对人陷入循环诉讼，司法权威受到影响。

在特定情形下，比如《行政许可法》第 34 条第 1 款规定的，行政机关能够当场作出许可决定的应当场作出决定，就当事人对行政机关当场作出的不予许可决定提起的诉讼而言，法院若作出撤销重作判决，是否意味着法院明确了行政机关应当作出许可决定的意图？此时法院适用变更判决比撤销重作更经济、更效率。

三、行政许可案件判决方式的完善

（一）现行法定判决方式的再拓展

拓展撤销判决的适用情形。行政许可决定通常是一个整体不能被部分撤销，但是特定条件下可以判决部分撤销行政许可决定。具体条件应包括以下几个方面：一是行政机关作出的许可决定符合撤销的法定条件，应当被撤销；二是该行政许可包含多个同类被许可事项、且各个事项之间是可分的，被部分撤销后，其他部分许可仍独立完整；三是部分撤销可以实质性解决行政争议，也可避免行政许可被全部撤销而可能引发的群体矛盾和争议，获得更佳的裁判效果。例如，原告河南省漯河市永冠房地产开发有限公司诉被告河南省漯河市人民政府行政复议决定一案[①]，被告作出复议决定确认漯河市城乡规划局为原告颁发的建设工程规划许可证程序违法，撤销建设工程规划许可证中有关 4 号住宅楼部分的内容。原告向最高人民法院申请再审，最高人民法院认为涉案工程规划许可内容包含永冠湘江路住宅小区（二期）1 号住宅楼、2 号住宅楼、4 号住宅楼、物业房、地下室等建筑物，该工程规划许可属于一个独立、完整的行政行为，其违反法定程序的法律后果应及于许可的全部内容。但涉案工程规划许可对应的建筑物大多已竣工，且有部分业主已入住小区。直接影响复议申请人即国庆氧气厂合法权益的许可事项为 4 号住宅楼，因涉案工程规划许可的不同建筑物之间具有相对独立性，故本院认为行政许可包含多个事项，且各个事项之间是相互独立、可以明确分割的，可以依法

① 最高人民法院（2018）最高法行申 4760 号行政裁定书。

就其中部分事项予以撤销。仅撤销 4 号住宅楼的工程规划许可决定具有明确性、可执行性，且国庆氧气厂对此亦未提出异议。漯河市政府作出部分撤销的被诉复议决定，有助于实质性化解行政争议，不仅可以保障国庆氧气厂的合法权益，亦可避免行政许可被全部撤销而可能引发的大量争议。

挖掘履行判决的深度，增加变更判决的适用情形。如果从"诉讼经济及使人民利益尽速获得终局救济之立场，对于已臻明确之个案事实"，法院变更原行政行为，而自为决定应当得到支持。

对于涉及行政许可自由裁量权、有数量限制，关系重大政策导向、涉及国家利益或者公共利益等事项，基于宪法对司法权和行政权的分工与界定，对法院作出深度判决应有一定限制。对于特定性行政许可情形，如《行政许可法》第 15 条规定的情形，可以当场决定行政许可与否的事项，行政机关无自由裁量余地，又无数量限制，不影响公共利益和他人利益的，当事人符合法定条件，法院基于诉讼经济原则，拟可作出深度判决。例如，原被告对补偿申请不予答复的，法院认为应当予以补偿，是否可以直接判决被告予以补偿。根据《行政许可法》规定的信赖利益保护，目的就是对合法行为造成的损害予以补偿，其标准为依法补偿，人民法院完全可以作深度判决，根据单行法律、法规规定的补偿标准予以补偿，且可以达到诉讼经济高效，切实司法为民的目的。

变更判决的适用范围极其有限，实际上是束缚了变更判决的手脚。就行政许可案件而言，变更判决可以作为撤销判决的一种补充，对于撤销重作判决不能更好发挥作用时，可以适用变更判决。就目前《行政诉讼法》规定的变更判决的适用情形而言，涉及行政许可的补偿类、赔偿类案件可以适用变更判决。

（二）违反行政许可程序判决的精细化区分

《行政许可法》有近 50 个条文涉及行政许可的设定和实施程序，这些程序具有法定性、多样性、分散性的特点。《行政许可法》规定的行政程序主要有听证程序、回避程序、告知申辩等程序。根据《行政诉讼法》第 70 条、第 74 条、第 76 条的规定，违反法定程序的法律效果有判决撤销重作、判决确认违法、判决采取补救措施。因此，因违反法定程序的行政许可案件判决应做细致区分，精细地运用各种判决方式，以更好地在个人利益和公共利益之间进行平衡。应区分主要程序与非主要程序、重大程序瑕疵与轻微程序瑕疵。

对于行政许可中的如听证、告知申辩等主要程序，行政机关若违反的，作出的行政行为应被撤销。不具有可撤销内容的应被确认违法。重大程序瑕疵一般影响当事人的权利义务，应判决撤销行政行为或确认违法。对于法律没有规定相应程序的，如《行政许可法》第69条规定的行政机关撤销行政许可情形，应加大对行政程序的司法审查力度，扩大正当程序的适用范围。违反正当程序的应视情况判决撤销行政行为或确认违法。若行政机关作出的行政许可决定可能影响很多方面的利益，则应尽可能地将利害关系人纳入行政许可程序中，让利害关系人有公平参与许可程序的机会。法院在司法审查中应着重考虑各方面的利益，若行政机关作出许可决定该听取而没有听取利害关系人的意见，法院应判决撤销行政行为或确认违法。

（三）行政许可案件判决方式的新创新

由于资源的公共性及有限性，实践中行政协议许可化现象广泛出现。行政协议的许可化表现为两方面：一方面是协议的实体内容由行政许可规定，另一方面是签订程序采取行政许可的申请审批制。[①] 例如，最高人民法院公报案例：原告江苏瑞达海洋食品有限公司诉被告盐城市大丰区人民政府、盐城市大丰区自然资源和规划局海域使用权行政许可纠纷案，原告参与被告盐城市大丰区自然资源和规划局组织的海域使用权出让招投标，并通过投标与该局签订三份海域使用权出让合同，取得海域使用权许可。行政协议的许可化使行政协议与行政许可杂糅一体，行政协议的签订、履行、争议解决等都必须充分尊重并适用《行政许可法》的规定，行政许可在实施的过程中也体现协议双方性的特点。行政协议许可化的许可类案件，司法审查后的判决方式也应突破许可案件的判决方式，采取行政协议特有的判决方式。比如解除判决方式的适用。行政协议解除有两种情况：一种是相对人有违约行为，行政主体出于对相对人违约行为的制裁而解除合同；另一种是因客观情势的变化，行政协议已不可能或无必要继续履行而解除协议。[②] 具有许可内容的行政协议被解除后，意味着协议不再履行，协议确定的许可内容面临被撤回、被撤销或者不再被延续的可能性，要视具体案件情况而定。

① 陈国栋：《行政协议的许可化研究》，载《环球法律评论》2021年第6期。

② 程琥：《行政协议案件判决方式研究》，载《行政法学研究》2018年第5期。

行政处罚案件判决方式

一、行政处罚案件的种类和特点

（一）行政处罚的概念

《行政处罚法》第 2 条规定，行政处罚是指行政机关依法对违反行政管理秩序的公民、法人或者其他组织，以减损权益或者增加义务的方式予以惩戒的行为。首次在立法上明确行政处罚的核心是对违反行政管理秩序的相对人减损权益或增加义务的惩戒行为。据此，行政处罚是《行政许可法》规定的行政许可行为、《行政强制法》规定的行政强制行为之外，行政机关对相对人所做的有关减损权益或增加义务的具有惩戒性质的行政行为，都有可能属于行政处罚的范畴。

从行政处罚的种类来看，《行政处罚法》第 9 条规定，行政处罚主要包括五种类型，即申诫罚（警告、通报批评）、财产罚（罚款、没收违法所得、没收非法财物）、资格罚（暂扣许可证件、降低资质等级、吊销许可证）、行为罚（限制开展生产经营活动、责令停产停业、责令关闭、限制从业）、人身罚（行政拘留）。在上述五种类型之中，通报批评、降低资质等级、限制开展生产经营活动、责令关闭、限制从业在《行政处罚法》修订之前，没有明确纳入行政处罚种类。新增加的行政处罚类型：通报批评是指通过在一定范围内公开的方式对相对人的违法行为予以批评，目的是希望相对人吸取教训，引以为戒。降低资质等级是指在特定的、需要资质等级才能进行某种活动的行政管理领域内，以降低当事人的资质、等级的方式来降低当事人在该领域内的活动能力。限制开展生产经营活动是指在一定的时间、空间及领域内对相对人的生产经营活动进行控制或缩减，但对相对人的生产经营活动并不停止。责令关闭是停止相对人的生产经营活动，且此种停止无期限限制，产生永久性效力。限制从业是指在行业准入有特定要求的专业领域中，在一定期限内或者永久性禁止相对人从事相关职业。在上述行政处罚类型之外，《行政处罚法》规定了兜底条款。根据《行政处罚法》第 12 条至第 14 条的规定，地方性法规、国务院部门规章及地方政府规章可以在其权限范围内设定行政处罚，但不能创设新的行政处罚种类，创设新行政处罚种类的权力仅限于法律和行政法规。

（二）判断行政处罚的标准

行政行为是否属于行政处罚，应当采用形式判断和实质判断相结合的方式来判断。需要正确理解《行政处罚法》第 2 条定义条款与第 9 条列举条款之间的关系。第 2 条行政处罚定义是判断行政处罚的实质标准，第 9 条行政处罚种类的列举是判断行政处罚的形式标准。判断某一行政行为是否属于行政处罚，首先从形式上判断是否属于第 9 条所列举的行政处罚种类，如果不属于第 9 条所列举的行政处罚种类，再结合第 2 条的定义进行实质判断。实质条件判断对相对人产生减损权益的行政行为是否为行政处罚时，关键在于准确理解行政处罚的目的。行政处罚的目的是对违法行为进行惩罚，减损权益等负担是实现惩罚目的的方式。行政机关对当事人作出的减损权益或者增加义务等具有负担性质行政行为的目的，并非都是为了对当事人进行惩罚。只有将惩罚作为目的的行政行为，才属于行政处罚的范畴。

（三）行政处罚案件的基本类型

行政处罚属于典型的作为行政行为，根据《行政诉讼法》的规定，行政处罚类案件可分为以下三类：第一类是行政相对人对行政处罚决定不服提起的无效、撤销、变更类诉讼；第二类是利害关系人要求行政机关处罚加害人（第三人）提起的履责类诉讼；第三类是因行政处罚引起的行政赔偿类诉讼。

1. 不服行政处罚决定提起的无效、撤销、变更类诉讼

第一，行政处罚无效判决。《行政处罚法》第 38 条规定，行政处罚没有依据或者实施主体不具有行政主体资格的，行政处罚无效。违反法定程序构

成重大且明显违法的，行政处罚无效。《行政诉讼法》第75条规定，行政行为有实施主体不具有行政主体资格或者没有依据等重大且明显违法情形，原告申请确认行政行为无效的，人民法院判决确认无效。如果存在行政处罚没有依据或者实施主体不具有行政主体资格，或者行政处罚程序构成重大且明显违法的情形，原告一般提出起诉请求判决行政处罚无效。例如，江苏省无锡市中级人民法院（2010）锡行终字第43号行政判决书中，二审法院认为“根据本案现有证据和法院的调查进行综合评判，不能认定在作出行政处罚决定之前，市城管局已经向被处罚人履行了法定的告知义务，《行政处罚决定书》亦未以合法方式进行有效送达。因此，市城管局作出的行政处罚决定不能成立”。①

第二，行政处罚撤销判决。《行政诉讼法》第70条规定，行政行为有下列情形之一的，人民法院判决撤销或者部分撤销，并可以判决被告重新作出行政行为：（1）主要证据不足的；（2）适用法律、法规错误的；（3）违反法定程序的；（4）超越职权的；（5）滥用职权的；（6）明显不当的。当事人认为存在上述情形之一，可以诉请人民法院判决撤销或者部分撤销行政处罚决定。例如，北京市高级人民法院（2018）京行终445号行政判决书中，二审法院判决撤销一审判决，撤销被上诉人中国证券监督管理委员会对上诉人苏某鸿作出的〔2016〕56号《行政处罚决定书》和〔2017〕63号《行政复议决定书》。

第三，部分行政处罚变更判决。《行政诉讼法》第77条规定，行政处罚明显不当，或者其他行政行为涉及对款额的确定、认定确有错误的，人民法院可以判决变更。人民法院判决变更，不得加重原告的义务或者减损原告的权益。但利害关系人同为原告，且诉讼请求相反的除外。据此，如果当事人认为行政处罚明显不当或者对相关事实的认定有误，也可以诉请人民法院直接作出变更判决。例如，最高人民法院（2019）最高法行申9339号裁定认为，根据《行政诉讼法》的规定，人民法院在对行政处罚行为坚持合法性审查的同时，还应当进行合理性审查。……根据《行政处罚法》第5条关于“实施行政处罚，纠正违法行为，应当坚持处罚与教育相结合”的规定，行政处罚的目的并不在于罚款本身，而是通过惩戒性的措施教育公民、法人或者其他组织自觉守法。被申请人积极与商标权利人沟通并赔偿了损失，表明被申

① 参见江苏省无锡市中级人民法院（2010）锡行终字第43号行政判决书。

请人已经认识到行为的过错性，并采取了积极措施消除或者减轻违法行为危害后果。再审申请人仍坚持原处罚幅度，有所不当。一审法院根据《行政诉讼法》第 77 条第 1 款之规定，判决变更罚款数额符合《行政处罚法》的立法精神和相关规定。

第四，确认违法判决。《行政诉讼法》第 74 条第 1 款规定，行政行为有下列情形之一的，人民法院判决确认违法，但不撤销行政行为：（1）行政行为依法应当撤销，但撤销会给国家利益、社会公共利益造成重大损害的；（2）行政行为程序轻微违法，但对原告权利不产生实际影响的。《行政诉讼法》第 74 条第 2 款规定，行政行为有下列情形之一，不需要撤销或者判决履行的，人民法院判决确认违法：（1）行政行为违法，但不具有可撤销内容的；（2）被告改变原违法行政行为，原告仍要求确认原行政行为违法的；（3）被告不履行或者拖延履行法定职责，判决履行没有意义的。考虑到行政处罚决定属于典型的作为行政行为，判决确认行政处罚决定违法，一般情况下是行政行为程序轻微违法，但对原告权利不产生实际影响的情形，以及被告改变原违法行政行为，原告仍要求确认原行政行为违法的情形。例如，最高人民法院（2017）最高法行申 6054 号裁定认为，平果华商公司取得管道燃气特许经营权在先，田阳新山公司取得在后，上述违反法定程序行为并未对田阳新山公司的合法权益造成损害，二审判决确认田阳县政府授予平果华商公司管道燃气特许经营权行为违法，符合法律规定。

2. 被害人要求行政机关处罚加害人（第三人）提起的履责类诉讼

《行诉法解释》第 12 条规定："有下列情形之一的，属于行政诉讼法第二十五条第一款规定的'与行政行为有利害关系'：……（三）要求行政机关依法追究加害人法律责任的……"此类情形在治安处罚案件中较为常见，被害人认为公安机关对加害人的处罚过轻，提起行政复议或者行政诉讼，要求加重对加害人的处罚。例如，在（2017）桂行终 666 号案件中，上诉人请求对全部加害人进行处罚，且其复议申请的理由中亦述称仅对加害人施某日处以行政拘留 10 日，罚款 500 元，是法定处罚幅度的最低点，明显畸轻。该复议申请理由已表明上诉人系对灵山县公安局查处其被殴打一案的处罚结果不服而申请复议。根据《公安机关执行〈中华人民共和国治安管理处罚法〉有关问题的解释（二）》第 11 条"根据《中华人民共和国行政复议法》第二条的规定，治安案件的被侵害人认为公安机关依据《治安管理处罚法》作出的具体行政行为侵犯其合法权益的，可以依法申请行政复议"的规定，上诉人的复议申请属于行政复议受理范围。

3. 因行政处罚引起的行政赔偿类诉讼

《国家赔偿法》第 2 条第 1 款规定，国家机关和国家机关工作人员行使职权，有本法规定的侵犯公民、法人和其他组织合法权益的情形，造成损害的，受害人有依照本法取得国家赔偿的权利。该法第 4 条第 2 项规定，行政机关及其工作人员在行使行政职权时有下列侵犯财产权情形之一的，受害人有取得赔偿的权利：……（2）违法对财产采取查封、扣押、冻结等行政强制措施的。根据上述规定，原告认为国家机关和国家机关工作人员违法行使职权对其合法权益造成了实际损害的，可以提起行政赔偿诉讼。当事人认为行政机关作出的行政处罚决定违法，向人民法院提起行政诉讼的同时，一并提起行政赔偿诉讼。例如，（2019）京 03 行赔终 291 号行政赔偿判决书，生效判决确认北京市公安局顺义公安分局（以下简称顺义公安分局）对付某 1 作出的京公顺行罚决字〔2018〕003891 号《行政处罚决定书》超过了法定期限，其执法程序轻微违法，对于付某 1 的权利并不产生实际影响。且付某 1 未提交证据证明顺义公安分局超期作出行政处罚的行为侵犯了其合法权益并造成了损害，故付某 1 要求顺义公安分局赔偿各项损失并向其赔礼道歉缺乏事实及法律依据，一审法院判决驳回其全部赔偿请求并无不当。

二、现行行政处罚案件的法定判决方式及其局限

根据《行政诉讼法》的相关规定，行政诉讼判决方式类型主要有驳回原告诉讼请求判决、撤销或撤销重作判决、限期履行法定职责判决、给付判决、确认违法判决、确认无效判决、变更判决七大类。[①] 行政处罚作为负担性行为，是对行政相对人不利的行政行为 [②]，也是影响行政相对人权利的典型行政行为。根据《行政诉讼法》第 6 条的规定，人民法院是对行政行为的合法性进行审查。人民法院判决撤销被诉处罚决定的，是否需要重新作出新的行政处罚决定，仍然属于行政机关裁量的范围，故人民法院一般不会责令被告重新作出处罚决定。因此，《行政诉讼法》规定的撤销重作判决、限期履行法定职责判决、给付判决一般不适用于行政处罚案件。

---

① 郭修江：《行政诉讼判决方式的类型化》，载《中国审判》2018 年第 7 期。

② 负担性行政行为可能是对权利的侵害，也可能是对优待申请的拒绝。所有的命令和禁令、取消资格、驳回申请等都属于负担行政行为。

（一）行政处罚案件裁判文书特点

行政处罚属于典型的作为类行政行为，人民法院审理行政案件，是对行政行为是否合法进行审查。《行政诉讼法》对判决方式类型化的规定也间接指引行政处罚案件的判决方式。根据《行政诉讼法》第69条的规定，行政行为证据确凿，适用法律、法规正确，符合法定程序的，判决驳回原告诉讼请求，这也明确了行政行为合法性的标准。此外，《行政诉讼法》第70条在撤销判决的适用条件中又规定了主要证据不足，适用法律、法规错误，违反法定程序，超越职权，滥用职权，明显不当等六个要点，明确了行政行为合法与违法的界限，也确定了行政处罚案件主要审查要点。也就是说，行政处罚案件的合法性审查围绕这六个要点进行，裁判文书也围绕这六个要点撰写。在审判工作中，人民法院也要围绕这六个要点对当事人的质疑作出回应。

（二）行政处罚案件裁判文书难点

行政处罚是行政管理实践中运用最为广泛，也是最为普通的管理方式。作为对行政相对人违反行政法律规范的行为给予制裁的一种行为，行政法治的进步与行政执法遭人诟病的问题，往往都在行政处罚中有集中的反映。[①]行政处罚作为典型的作为类行政行为，独特之处在于以下几个方面。

1. 行政处罚职权法定

行政处罚剥夺行政相对人权利或者课予行政相对人义务，体现了对行政相对人的惩罚性、强制性。《行政处罚法》对行政处罚的设定权和实施权有较为严格规定。人民法院在审查行政处罚行为的合法性时，首先要审查有无行政处罚的职权。《行政处罚法》对行政处罚的设定权设置了较高的门槛。例如，《行政处罚法》规定，法律可以设定各种行政处罚，行政法规可以设定除限制人身自由之外的行政处罚，地方性法规可以设定除限制人身自由、吊销营业执照之外的行政处罚，尚未制定法律、行政法规的规定，规章可以设定警告和一定数额罚款的行政处罚，在上位法设定行政处罚种类和范围的情况下，下位法只能作细化规定，不能增设新的条件和种类。在实施主体上，行政处罚不可以任意委托。在当事人有异议的情况下，行政处罚职权是司法审查的重点。《行政处罚法》对行政处罚的设定作出了严格规定。例如，最高

① 参见冯军：《行政处罚法》，中国检察出版社2003年版，第1页。

人民法院发布的第5号指导案例[1]，就涉及行政处罚职权问题，同时也是法律适用问题。2007年11月12日，鲁潍公司从江西等地购进360吨工业盐。苏州盐务局认为鲁潍公司进行工业盐购销和运输时，应当按照《江苏盐业实施办法》的规定办理工业盐准运证，鲁潍公司未办理工业盐准运证即从省外购进工业盐涉嫌违法。2009年2月26日，苏州盐务局经听证、集体讨论后认为，鲁潍公司未经江苏省盐业公司调拨或盐业行政主管部门批准从省外购进盐产品的行为，违反了《盐业管理条例》第20条，《江苏盐业实施办法》第23条、第32条第2项的规定，并根据《江苏盐业实施办法》第42条的规定，对鲁潍公司作出处罚决定书，决定没收鲁潍公司违法购进的精制工业盐121.7吨、粉盐93.1吨，并处罚款122 363元。鲁潍公司不服提起行政诉讼。法院认为，根据《行政许可法》第15条第1款、第16条第3款的规定，在已经制定法律、行政法规的情况下，地方政府规章只能在法律、行政法规设定的行政许可事项范围内对实施该行政许可作出具体规定，不能设定新的行政许可。法律及《盐业管理条例》没有设定工业盐准运证这一行政许可，地方政府规章不能设定工业盐准运证制度。根据《行政处罚法》第13条的规定，在已经制定行政法规的情况下，地方政府规章只能在行政法规规定的给予行政处罚的行为、种类和幅度内作出具体规定，《盐业管理条例》对盐业公司之外的其他企业经营盐的批发业务没有设定行政处罚，地方政府规章不能对该行为设定行政处罚。苏州盐务局未遵循《立法法》第79条关于法律效力等级的规定，未依照《行政许可法》和《行政处罚法》的相关规定，属于适用法律错误，依法应予撤销。

2. 行政处罚证明标准

行政处罚是典型的损益性行为，为相对人设定义务或剥夺、限制其权益，与其他行政行为有着明显差别。在司法实践中，行政处罚证据的采信与否容易引发争议，当事人极为关心裁判文书证据认证，如何采信证据。可以说，证据制度是行政处罚的核心，证据认证更是撰写行政处罚裁判文书的重点。行政处罚种类繁多，证据复杂。行政处罚种类有人身罚、财产罚、行为罚和申诫罚。例如，人身罚的行政拘留、财产罚的罚款和没收违法所得、申诫罚的警告、行为罚的责令停产停业和暂扣或者吊销许可证、执照等。因各类处

① 最高人民法院第5号指导案例：鲁潍（福建）盐业进出口有限公司苏州分公司诉江苏省苏州市盐务管理局盐业行政处罚案，最高人民法院审判委员会讨论通过，2012年4月9日发布。

罚对行政相对人权益影响不同，根据违法行为的性质与程度，采用不同证明标准。具体可分为：

一是排除合理怀疑证明标准。排除合理怀疑标准比较接近刑事诉讼证明标准，要让作出行政决定的人员排除每一个合理怀疑，证据之间形成完整的证据链条且无矛盾。这种证明标准主要适用于限制人身自由的处罚。

二是高度盖然性标准。高度盖然性是从事物发展的高度概率中推定案情，高度盖然性证明标准高于优势证明标准，低于排除合理怀疑证明标准，可以作为一般的行政处罚证明标准予以借鉴和吸收。例如，吊销许可证、营业执照和较大数额的罚款等行政处罚的证据审查，应当采用高度盖然性标准。典型案例如上诉人蒋某、朱某因没收违法所得、罚款及行政复议案上诉案①。北京金融法院经过审理认为，基于内幕交易案件的特点，账户控制关系往往是证券监督管理机构需要查清的关键事实之一。在中国证券监督管理委员会厦门监管局（以下简称厦门证监局）作出被诉处罚决定前所收集的证据中，既有表明"宣某某"证券账户系由蒋某实际控制的证据，也有表明该证券账户并非由蒋某实际控制的证据。在"宣某某"账户是否由蒋某实际控制这一问题上，厦门证监局收集的不同证据之间存在明显的冲突，且表明该账户由蒋某实际控制的证据相较于相反的证据而言并不占明显优势。据此，北京金融法院认定厦门证监局提交的证据达不到高度概然性标准，在被诉处罚决定中作出的"宣某某"证券账户由蒋某控制的认定存在事实不清、证据不足的情形，厦门证监局在认定该账户由蒋某实际控制的基础上进而认定蒋某和朱某存在共同内幕交易行为，亦属于认定事实不清，终审判决撤销被诉处罚决定第三项。

三是优势证明标准。在行政诉讼案件中，对于当事人权益影响较少的行政裁决、行政登记等，为了节省行政资源和提高行政效率，适用优势证据证明标准。例如，廖某荣诉重庆市公安局交通管理局第二支队道路交通管理行政处罚决定案。②2005年7月26日8时30分，原告廖某荣驾驶车沿滨江路向上清寺方向行驶。在大溪沟滨江路口，被告交警二支队的执勤交通警察陶某某示意原告靠边停车。陶某某向廖某荣敬礼后，请廖某荣出示驾驶执照，指出廖某荣在大溪沟嘉陵江滨江路加油（气）站的道路隔离带缺口处，无视

---

① 一审：北京市西城区人民法院（2020）京0102行初680号行政判决书；二审：北京金融法院（2021）京74行终44号行政判决书。

② 载《最高人民法院公报》2007年第1期。

禁止左转弯交通标志违规左转弯。廖某荣申辩自己未左转弯，警察未看清楚。陶某某认为廖某荣违反禁令标志行车的事实是清楚的，其行为已违反《道路交通安全法》的规定，依法应受处罚，遂向廖某荣出具处罚决定书。廖某荣仍不服，提起行政诉讼。本案涉及如何看待交警一人执法证据效力以及处以200元罚款应当适用何种证明标准问题。法院经审理认为对廖某荣是否在此处违反禁令左转弯，虽然只有陶某某一人的陈述证实，但只要陶某某是依法执行公务的人员，其陈述的客观真实性得到证实，且没有证据证明陶某某与廖某荣之间存在利害关系，陶某某一人的陈述就是证明廖某荣有违反禁令左转弯行为的优势证据，应当作为认定事实的根据。

3. 法律适用方面

行政处罚法律适用有其独特规则，需要司法审查和裁判文书予以特别关注。一是教育与处罚相结合。违法行为轻微的，在实施行政处罚的时候，同样需要考虑教育与处罚相结合的内在要求。例如，上诉人深圳市依斯美实业发展有限公司因与被上诉人深圳市市场监督管理局福田监管局、深圳市市场监督管理局行政处罚及行政复议纠纷案。[①] 生效判决认为，“上诉人不仅存在法定应当从轻或减轻的情形，而且上诉人本身系从事网店销售的小微企业，企业规模小，又是身处竞争极为激烈的电商行业，10万元罚款相对于上诉人的经营规模和经济承受能力而言明显过重。尤其是考虑到今年以来的疫情影响因素，这种处罚过重带来的不利后果将被进一步放大，甚至可能会造成上诉人陷入难以为继的困境。这种不考虑相对人经济承受能力的罚款处罚，已背离了《行政处罚法》关于实施行政处罚应当坚持处罚与教育相结合的规定”。终审撤销一审判决、撤销被诉复议决定、变更被诉处罚决定中罚款10万元为1万元。

二是“一事不再罚”。同一违法行为不能给相对人两次以上的罚款处罚。在行政机关职责存在交叉的领域，同一违法行为可能同时触犯两个以上的行政法律规范，或受两个或以上行政机关管辖。如何适用“一事不再罚”规则是司法审查和裁判文书需要重点回应的问题。例如，原告温某乙因不服被告中国证券监督管理委员会警告、罚款行政处罚及行政复议决定案。[②] 丹东欣泰电气股份有限公司（以下简称欣泰电气）首次公开发行股票并在创业板上市

---

① 广东省深圳市中级人民法院（2020）粤03行终18号行政判决书。

② 北京市第一中级人民法院（2017）京01行初4号行政判决书。

申请文件中相关财务数据存在虚假记载；上市后披露的定期报告中存在虚假记载和重大遗漏。违反了《证券法》的相关规定。其作为直接负责的主管人员和作为实际控制人，应当分别承担责任。针对“一事不再罚”的理解，只要违法行为具有单一性，处罚机关即不得对于当事人给予两次以上罚款的行政处罚。在单位违法案件中，对于个人责任的处断，首先应当以个人实施的单个行为作为判断基础，再进一步结合其个人行为能否为单位集合意志所涵盖。原告在公司欺诈发行及违法披露信息过程中作为实际控制人的指使行为和作为董事长所实施的职务行为，应为实质的数个违法行为。原告作为实际控制人对公司欺诈发行和违法披露信息所实施的指使行为，不能为公司集合意志所涵盖。原告应当为公司集合意志以内的违法行为以及公司集合意志以外的个人违法行为分别承担法律责任。

三是“连续”与“继续”。行政处罚时效中“连续”与“继续”状态的认定只有通识，没有直接的概括总结。司法实践中多参照刑法上连续犯、继续犯的规定，认定“连续”“继续”状态认定。例如，原告陈某不服被告中国证券监督管理委员会市场禁入决定案。[①] 关于证券行政处罚中信息披露违法行为的认定，甬某某自 1999 年至 2004 年连续实施了信息披露违法行为，而实施上述行为之目的，均是掩盖上市公司的不良经营业绩，上述行为具有连续性，追责时效应从其行为终了，即其公布 2004 年年报时开始起算。

四是“单独”与“共同”。《行政处罚法》明确规定“共同违法”的处理。对于一个违法案件有多个违法行为人应当如何给予处罚，是应当分别给予处罚，还是应当以一个处罚决定书合并处罚，并由当事人负连带责任。实践存在争议。例如，李某因没收违法所得、罚款及行政复议案[②]。关于马某某与李某是否构成共同内幕交易的问题。法院认定是否构成共同内幕交易可以从身份关系是否密切、是否存在高度的利益趋同、是否均实施了与内幕信息相关的交易行为三个方面予以考量。在共同违法行为中，行为主体一方不以其知悉违法行为全貌、参与违法行为的全部环节为必要，只要其对行为整体性质、手段、目的存在共同违法之认知即可。

4. 裁量是否适当

行政处罚合理性审查的裁判方式有更大的空间，也需要有特殊的理由说

① 北京市第一中级人民法院（2013）一中行初字第 3545 号行政判决书。

② 北京金融法院（2022）京 74 行终 4 号李某因没收违法所得、罚款及行政复议案。

明。对明显不当的行政行为，人民法院一般可以判决撤销。但对于行政处罚明显不当的，不仅可以撤销，还可以直接判决变更。我们分析行政处罚变更判决，发现鲜有直接变更的案例。说明行政处罚判决既要分析行政处罚是否存在明显不当的问题，还要更进一步分析到底如何裁量才是适当的。例如，丹东欣泰电气股份有限公司诉中国证监会证券行政处罚及行政复议案，[①] 被诉行政处罚是否明显不当是该案争议焦点之一。证券期货领域相较之其他行政领域更具有一定的特殊性，金融监管部门对市场的监管奉行依法审慎监管原则，这也要求法院对金融监管执法行为进行司法监督必须在恪守适度原则基础上开展合法性审查，不能逾越金融监管执法规律或者超越司法权边界施以监督。根据《行政处罚法》第 27 条第 1 款第 3 项的规定，当事人配合行政机关查处违法行为有立功表现的，应当依法从轻或者减轻行政处罚。即使欣泰电气有配合调查的情节，但并无证据证明其有“立功表现”，因而其仍然不符合法定的应当从轻或减轻处罚的条件。

三、行政处罚案件判决方式及其局限

（一）行政处罚案件判决方式

1. 驳回诉讼请求判决

驳回诉讼请求判决方式，必须与诉讼请求在诉讼中的地位相适应，“所谓诉讼请求是指因事件满足某一要件而产生法效果的主张。因此，请求包含着权利根据面和权利主张面这两个层面，在诉讼审理阶段权利根据面是其主要对象，而在判决阶段，权利主张面则成为该阶段的诉讼对象。所以，所谓驳回判决，就是指人民法院在行政诉讼一审中经审理认为诉讼当事人的诉讼请求无事实根据，依法予以拒绝的一种判决形式”。[②]

《行政诉讼法》第 69 条规定，行政行为证据确凿，适用法律、法规正确，符合法定程序的，人民法院判决驳回诉讼请求。人民法院经过审查认为需要作出驳回原告诉讼请求判决的，也是应当依法围绕驳回判决的适用条件来审查。结合《行政诉讼法》其他规定，行政行为只有同时具备主要证据确实充分，适用法律、法规正确，符合法定程序，不存在超越职权、滥用职权、明显不当和不履行法定职责和义务等问题时才属于合法的行政行为。

---

① 参见北京市高级人民法院（2017）京行终 3243 号行政判决书。

② 章剑生:《行政诉讼判决研究》，浙江大学出版社 2010 年版，第 158~159 页。

根据上述规定，人民法院审查对象是行政行为的合法性，不受原告诉讼请求的限制。法院经审查即使驳回原告的诉讼请求，也需要对行政行为的合法性进行审查。行政处罚案件驳回诉讼请求判决，亦是人民法院经过审查认为被诉处罚决定合法后，再驳回原告诉讼请求。

（1）证据确实充分。行政行为证据确凿，实质上就是要有事实根据，认定的事实有证据在案佐证，能够形成完整的证据链条。具体包括：一是案件事实有证据证明。在行政诉讼中，行政行为的合法性只能由行政案卷来支撑，行政机关必须依法提交作出行政行为的全部证据和依据。判决书认定的事实都必须有在案证据的支撑。如果行政行为认定的事实不能与在案证据对应，有可能行政行为的证据是不充分的。二是具有证据的真实性、合法性。行政行为认定的事实形式上虽有对应证据，但是否符合证据的真实性、关联性和合法性仍需要审查。如果证据的真实性、关联性和合法性存疑，则行政行为仍然不能认定为合法。三是证明标准达到合理程度。行政管理类型多样，不同行政行为的证明标准不同，可分为排除合理怀疑的证明标准、高度盖然性标准、优势证明标准。如前所述，对限制人身自由或重大财产处理的行政处罚，适用较高的排除合理怀疑证明标准。对于行政机关裁决民事争议的行为，适用优势证明标准。对于其他行政行为，适用高度盖然性标准。如果当事人对行政行为的证明标准提出质疑或疑惑，行政处罚裁判文书应当对此进行回应。

（2）适用法律、法规正确。适用法律是否正确是行政审判司法审查的重要内容。判决驳回诉讼请求中适用法律、法规正确是指“法院在认定事实的基础上进行法律适用后，认为被告正确地认定事实，并根据事实的全部情节全面准确地适用法律法规，是对被告行政机关第一次适用法律的认可”。[①] 行政处罚案件的法律适用，一般可以分为三个层次。一是是否有法律、法规、规章依据。行政机关履行职责、作出行政行为应当在法定职责范围之内，不得在法定职责范围之外行使权力。二是理解和适用是否准确。一方面是适用的法律规范必须与案件事实、法律关系相适应，另一方面是对所适用法律规范本身的理解符合立法目的。三是法律、法规适用不存在技术性错误。例如，不与上位法抵触、新旧法律适用正确等。

（3）程序合法。“法定程序是法律规范预先加以设立的。它实质上是对

① 章剑生：《行政诉讼判决研究》，浙江大学出版社2010年版，第215页。

行政主体行使职权过程设置的一种制约，要求行政主体在行政执法过程中必须履行相应的步骤，而不得任意加以变更或省略。”[①]实践中，判决驳回诉讼请求，围绕程序合法性的审查，一是行政机关按照规定的步骤、顺序、方式及时限，严格履行了规定的程序。二是在没有规定的情况下，行政机关遵循了法律的正当程序。作出行政行为不存在偏私，即不自己处理涉及自己的争议；在对相对人作出不利处分的情况下，听取了相对人的陈述和申辩。

2. 撤销判决

撤销判决是行政诉讼最常用的判决方式，更是行政处罚类案件最为重要的判决形式。无论是英美法系国家，还是欧陆法系国家，撤销判决都是当代各国行政诉讼中一种共同的、主要的裁判手段。[②]根据《行政诉讼法》第70条的规定，行政行为有下列情形之一的，人民法院判决撤销或者部分撤销，并可以判决被告重新作出行政行为：（1）主要证据不足的；（2）适用法律、法规错误的；（3）违反法定程序的；（4）超越职权的；（5）滥用职权的；（6）明显不当的。根据该条规定，行政行为符合上述六种违法情形的应当被撤销。撤销判决与驳回诉讼请求判决审查的内容基本对应，对行政行为合法性审查均为“是”的情况下，判决方式就是驳回诉讼请求，如果有一个或两个以上方面的合法性审查结论为“否”，则判决方式就是撤销或部分撤销，除非有特殊情况转换为确认违法判决。

（1）主要证据不足。行政行为认定的事实，可以分为主要事实和次要事实。对此对应的证据，分为主要证据和次要证据。法律未规定次要证据不足可以撤销。适用本规定撤销被诉行政行为的，必须论证构成“主要证据不足”才能撤销。

（2）法律、法规适用错误。行政行为本应适用此法律、法规却适用了彼法律、法规；行政行为适用法律、法规的条款项目错误；行政行为适用的法律规范违反上位法的规定；行政行为适用的法律规范形式上合法但构成实质上违反法律目的；行政行为没有援引法律规范又缺乏正当理由或者不能作出合理说明。例如，孙某兴诉天津园区劳动局工伤认定行政纠纷案。[③]

---

① 江必新：《中华人民共和国行政诉讼法及司法解释条文理解与适用》，人民法院出版社2015年版，第465页。

② 罗豪才：《行政审判问题研究》，北京大学出版社1990年版，第307页。

③ 最高人民法院第40号指导案例，法院以法律适用违反立法原意和目的为由认定被诉不予认定工伤的结论法律适用错误。

（3）违反法定程序。实践中违反法定程序被撤销的情形较为常见。一是没有遵守法律规范对行政执法程序的步骤、方式、顺序、时限作出规定；二是在法律规范没有规定法定执法程序的情况下，没有履行正当程序。例如，最高人民法院在指导案例6号[①]中认为，行政机关作出没收较大数额涉案财产的行政处罚决定时，未告知当事人有要求举行听证的权利或者未依法举行听证的，人民法院应当依法认定该行政处罚违反法定程序。又如，南通某纺织有限公司行政处罚上诉案[②]，二审法院认为立案是行政处罚的必经程序，是一系列行政处罚程序的起点，除适用简易程序外，立案程序必不可少。集体讨论是《行政处罚法》规定的对情节复杂或者重大违法行为给予较重行政处罚必须履行的法定程序，旨在保证依法实施行政处罚。行政机关对履行立案和集体讨论程序负有证明责任，本案中涉及对某纺织公司3000多平方米建筑的处理，对被处罚人权利造成重大影响，理应经过集体讨论程序。南通市城管局在一审、二审程序中亦称经过集体讨论，对此应当提供证据予以证明。但其未在法定期限内提供证据或者未提供有效证据证明其已履行上述程序，程序违法。

（4）超越职权。行政职权是行政机关作出行政处罚所具有的资格和权能。如果法律、法规没有规定某行政机关享有行政处罚职权，则面临超越职权的风险。具体分为超越事务管辖权、超越地域管辖权。如果具有合法的授权或者委托，则不构成超越职权。例如，原告郑某诉被告文昌市生态环境局行政处罚案。[③]一审法院经审理认为，“在铜鼓岭自然保护区违法建设设施的，应由海南省省级人民政府的环境保护主管部门作出相应处罚。被告作为县级生态环境行政主管部门，无权对在铜鼓岭自然保护区违法建设设施的行为作出相应处罚，其作出10号决定书，已超越其职权，违反了《行政处罚法》第十五条行政处罚由具有行政处罚权的行政机关在法定职权范围内实施的规定”。

（5）滥用职权。滥用职权是指行政机关作出行政行为虽然在其权限范围

---

① 黄某富、何某琼、何某诉四川省成都市金堂工商行政管理局行政处罚案，最高人民法院审判委员会讨论通过，2012年4月9日发布。

② 江苏省南通市中级人民法院（2020）苏06行终666号行政判决书。二审认定被诉处罚决定违反法定程序，终审撤销南通经济技术开发区人民法院（2020）苏0691行初205号行政判决书；撤销南通某市城市管理综合行政执法局作出的通执法罚字（2019）3039号行政处罚决定书。

③ 海南省第一中级人民法院（2019）琼96行初166行政判决书，生效裁判撤销被告文昌市生态环境局于2019年4月4日作出的文环罚决字（2019）10号行政处罚决定书。

内，但行政机关不正当行使职权，违反了法律授予这种权力的目的。行政处罚滥用职权，一是没有超出行政机关的职权范围，二是形式上符合权限范围、条件和幅度，但实质上不符合法律的目的和原则。比如行政机关行使权力不是为了公共利益而是以权谋私，或者行政行为反复无常、朝令夕改，等等。[①]例如，刘某务诉山西省太原市公安局交通警察支队晋源一大队道路交通管理行政强制案。[②]最高人民法院认为建设服务型政府，要求行政机关既要严格执法以维护社会管理秩序，也要兼顾相对人实际情况。行政处理存在裁量余地时，应当尽可能选择对相对人合法权益损害最小的方式；实施扣留等暂时性控制措施不能代替对案件的实体处理，行政机关无正当理由长期不处理的，构成滥用职权。

（6）明显不当。《行政诉讼法》修改增加“明显不当”作为撤销情形。关于“明显不当”，立法部门的解释是“明显不当与滥用职权，都针对行政自由裁量权，但规范角度不同，明显不当是从客观结果角度提出的，滥用职权则是从主观角度提出的。考虑到合法性审查原则的统帅地位，对明显不当不能作过宽理解，界定为被诉行政行为结果的畸轻畸重为宜”。[③]适用明显不当判决撤销行政处罚决定，要论证被诉行政行为的处理结果存在明显不合理的地方，而且这种不合理必须达到“明显”。例如，何某诉广州市公安局交通警察支队番禺大队行政强制措施及行政赔偿纠纷案。[④]法院认为双方当事人对涉案交通事故没有争议，受伤一方伤情轻微，神志清醒，行动方便，并且涉案车辆购买了商业险和交强险，不存在伤者权益没有保障的情形。被上诉人为确保伤者权益有所保障采取以收集证据为由扣留车辆，该行政强制措施明显不当，违反了行政合理性原则。

3. 确认判决

根据《行政诉讼法》的规定，确认判决主要有两种类型即确认违法判决

---

① 江必新：《中华人民共和国行政诉讼法及司法解释条文理解与适用》，人民法院出版社 2015 年版，第 472 页。

② 最高人民法院（2016）最高法行再 5 号行政判决书。

③ 袁杰：《中华人民共和国行政诉讼法解读》，中国法制出版社 2014 年版，第 197 页。

④ （2017）粤 71 行终 547 号行政判决书，二审结论：（1）撤销广州铁路运输第一法院（2016）粤 7101 行初 1703 号行政判决书；（2）确认被上诉人广州市公安局交通警察支队番禺大队对号牌为粤 A ××××× 的小型轿车作出编号 440126××××××8530《公安交通管理行政强制措施凭证》行为违法。

和确认无效判决。

（1）确认违法判决。《行政诉讼法》第74条规定："行政行为有下列情形之一的，人民法院判决确认违法，但不撤销行政行为：（一）行政行为依法应当撤销，但撤销会给国家利益、社会公共利益造成重大损害的；（二）行政行为程序轻微违法，但对原告权利不产生实际影响的。行政行为有下列情形之一，不需要撤销或者判决履行的，人民法院判决确认违法：（一）行政行为违法，但不具有可撤销内容的；（二）被告改变原违法行政行为，原告仍要求确认原行政行为违法的；（三）被告不履行或者拖延履行法定职责，判决履行没有意义的。"该条规定把确认违法判决分为了两款五种情形，第一款列举了两种情形，主要是指本该撤销但不宜撤销的情形，第二款列举了三种情形，主要是不需要撤销的情形。

①行政行为依法应当判决撤销，但撤销会给国家利益、社会公共利益造成重大损害。这是"人民法院基于国家利益或者公共利益的需要，不撤销违法行政行为而是承认其效力，确认其违法的特殊的判决方式"。[①] 在行政处罚案件中，这类判决较少。因为行政处罚决定一般不涉及维护公共利益不宜撤销的情形。

②行政行为程序轻微违法，但对原告权利义务不产生实际影响。行政处罚程序违法本该首选判决撤销，但考虑到行政成本和诉讼经济的价值，在程序存在轻微违法不影响行政行为实体正确性的情况下，判决撤销被诉行为没有实际意义，因而确认行政处罚行为违法。一是行政行为具有事实和法律依据，即实体部分正确；二是行政处罚决定违反法定程序情节较为轻微，不侵害相对人的实际权利。例如，北京市高级人民法院认为中国证监会在听证程序中的违法属于轻微违法情形，并不足以推翻中国证监会关于张某某从事内幕交易的认定，亦未对张某某的实体权益造成实际影响。依据《行政诉讼法》第74条第1款第2项的规定，人民法院判决确认违法，但不撤销行政行为。[②]

③行政行为违法但不具有可撤销内容。"这主要是针对违法的事实行为。事实行为实际影响当事人的利益却不为当事人设定权利义务，如殴打行为或执行行为，不具有可撤销内容。"[③] 行政处罚属于典型的法律行为，作为行为，

① 江必新：《中华人民共和国行政诉讼法及司法解释条文理解与适用》，人民法院出版社2015年版，第493页。

② 参见北京市高级人民法院（2017）京行终2185号行政判决书。

③ 袁杰：《中华人民共和国行政诉讼法解读》，中国法制出版社2014年版，第205页。

一般不涉及事实行为的确认违法判决。理论上的例外情况是先后作出的连环行政处罚，后续行政处罚变更或改变了前置行政处罚，导致前置行政处罚事实上不存在而不具有撤销内容。

④被告改变原违法行政处罚、原告仍要求确认原行政处罚决定违法。例如，被告在行政诉讼程序中自行纠正并改变了原违法的行政处罚决定，原告不服仍坚持诉讼，要求人民法院对原行政处罚决定进行裁判的。此时原行政处罚决定已经被新的行政处罚决定所替代，人民法院经审查认定原行政处罚决定存在违法情形的，此时应依法确认原行政处罚决定违法。

（2）确认无效判决。《行政诉讼法》修改增加确认无效判决类型，实践中，“确认无效判决的适用情形是很少的，不能成为常规化的判决形式”。[①] 行政处罚存在“重大明显违法”的情形，这是构成无效行政行为的条件。“重大是指行政行为的实施将给公民、法人或其他组织的合法权益带来重大影响；明显是指行政行为的违法性已经明显到任何有理智的人都能够判断的程度。”[②]《行政诉讼法》列举了确认无效的两种情形，即行政行为实施主体不具有行政主体资格和行政行为没有依据。例如，原告张某武、李某苗不服被告中国证券监督管理委员会行政处罚决定案。[③] 被告在《行政处罚事先告知书》中认定张某武的违法事实是“向李某苗泄露了内幕信息”，张某武亦仅针对告知的该违法事实进行了陈述和申辩。但被告在最终作出的被诉处罚决定中却认定张某武、李某苗共同从事内幕交易，该认定与事先告知的事实、理由及依据均不一致。在此情况下，应当认定被告在作出本案被诉处罚决定之前，未告知原告张某武作出行政处罚决定的事实、理由及依据，同时也剥夺了张某武进行陈述和申辩的权利，违反原《行政处罚法》第 31 条和第 32 条第 1 款的规定，其针对张某武作出的行政处罚决定不能成立，依法应予确认无效。

4. 变更判决

《行政诉讼法》第 77 条规定，行政处罚明显不当，或者其他行政行为涉及对款额的确定、认定确有错误的，可以判决变更。判决变更不得加重原告的义务或者减损原告的权益。但利害关系人同为原告，且诉讼请求相反的除

---

① 袁杰：《中华人民共和国行政诉讼法解读》，中国法制出版社 2014 年版，第 208 页。

② 江必新：《中华人民共和国行政诉讼法及司法解释条文理解与适用》，人民法院出版社 2015 年版，第 498 页。

③ 北京市第一中级人民法院（2015）一中行初字第 236 号行政判决书，生效裁判确认被告中国证券监督管理委员会于 2014 年 6 月 9 日作出的（2014）59 号行政处罚决定第一项无效。

外。变更判决是法院直接作出对行政行为的内容予以改变的判决，涉及行政权与司法权的关系。结合行政处罚案件而言，变更判决的适用情形很少。变更判决是一种对各方都更为经济的判决方式。例如，翁某芬与江苏省东台市市场监督管理局（以下简称东台市监局）商标行政处罚案。[①] 江苏省盐城市中级人民法院于2018年6月8日作出（2017）苏09行初192号行政判决：变更东台市监局于2016年12月15日作出（2016）东市监案字第0332号行政处罚决定"处以罚款55万元"为"处以罚款20万元"。东台市监局不服提起上诉后，江苏省高级人民法院于2019年6月20日作出（2018）苏行终1490号行政判决：驳回上诉，维持原判。

（二）行政处罚判决方式的局限

1. 部分撤销判决适用于多个被处罚人的情形

当一个行政处罚决定包含对多个当事人处罚情形，部分当事人提起行政复议或者行政诉讼，被撤销事由涉及所有被处罚事项时，是否应当追加其他被处罚人参加诉讼，依法判决全部撤销被诉处罚决定；或者在特定条件下仅部分撤销，有不同的意见。

2. 确认违法判决

确认违法判决是指人民法院通过对被诉处罚决定的审查，依法确认该处罚决定违法，在不宜作出撤销或者履行判决的情况下，对该处罚决定的违法性予以确认的判决形式。尽管在形式上确认违法判决是一种独立的判决形式，但本质上它是作为撤销判决和履行判决的补充性、辅助性判决而存在。撤销判决是对违法行为效力的彻底否定，意味着被撤销的具体行政行为自始无效；确认违法判决却是在确定被诉处罚决定的基础上继续维持其效力。因此，确认违法判决在一定程度上弱化了司法监督行政的力度。在确认违法判决适用情形中，国家利益、社会公共利益、程序轻微违法等概念意义不明确、内涵和外延较为模糊，适用该类判决，法院的自由裁量权较大。当事人要求撤销被诉处罚决定，法院经审理后认为应当判决确认被诉处罚决定违法。由于判决确认被诉处罚决定违法后，被诉处罚决定的效力是否保留，并不能在判决中体现，当事人对法院判决难以理解。

3. 确认无效判决

《行诉法解释》第94条第2款规定，当事人起诉请求确认行政行为无效，

---

① 参见最高人民法院（2019）最高法行申9339号行政判决书。

法院经审查认为行政行为不属于无效情形的，经释明，原告请求撤销行政行为的，应当继续审理并依法作出相应判决；原告请求撤销行政行为但超过法定起诉期限的，裁定驳回原告起诉。司法实践中，确认违法判决较少适用。无效行政行为在程序法上的意义在于救济期限的无限制性。如果在起诉期限内，其效果与可撤销行政行为没有实质差别。[①]基于此认识，有学者认为，“因为无效行政行为无非是一种特殊的违法行为而已，如果没有诉讼程序上的差别，确认无效判决完全可以被撤销判决或者确认违法判决所吸收”。[②]就撤销诉讼与确认无效诉讼二者的关系而言，如果承认无效行政行为与可撤销行政行为有“质”的区别，相对人在诉讼请求中必须加以严格区分，对于无效行政行为不得提起撤销诉讼；反之亦然。如果认为无效行政行为与可撤销行政行为仅有“量”的区别，那么确认无效诉讼对于撤销诉讼则具有补充性，相对人对于无效行政行为或者可撤销行政行为均可以提起撤销诉讼，在无法提起撤销诉讼之后，再提起确认无效诉讼。其可能造成的结果是，“人民实际上如欲谋求权利救济免于落空，乃不得不先行提起处分撤销诉讼，仅于行政法院认为有无效瑕疵后，始转换为无效确认诉讼”。[③]确认无效与撤销判决相比较而言，如果排除诉讼时效上的差异，二者“被诉行政行为自始不发生法律效力”结果相同。虽然行政诉讼法修改增加了确认无效判决，更多时候确认无效判决实际上被撤销判决所吸收。

4. 变更判决

变更判决的适用范围较窄，实践中变更判决适用不多。尤其在行政处罚案件中，法院直接对行政处罚作出变更判决的更为少见。《行政诉讼法》第77条规定，行政处罚明显不当，或者其他行政行为涉及对款额的确定、认定确有错误的，人民法院可以判决变更。人民法院判决变更，不得加重原告的义务或者减损原告的权益。但利害关系人同为原告，且诉讼请求相反的除外。《行政诉讼法》第89条第1款第2项规定，人民法院审理上诉案件，按照下

---

① 正因如此，在日本，确认无效诉讼被认为是“乘坐定期公共汽车”而晚了点的撤销诉讼，两者在诉讼方法上关联十分密切。[日]盐野宏：《行政法》，杨建顺译，法律出版社1999年版，第404页。

② 沈岿：《法治和良知自由——行政行为无效理论及其实践之探索》，载《中外法学》2001年第4期。

③ 刘宗德、彭风至：《行政诉讼制度》，载翁岳生编：《行政法》，中国法制出版社2002年版，第1361页。

列情形，分别处理：……（2）原判决、裁定认定事实错误或者适用法律、法规错误的，依法改判、撤销或者变更。对行政相对人予以行政处罚，并不是法律所追求的目的。法律规定行政处罚是为了预防新的违法行为，纠正侵犯权利的行为，以保障人民权利和社会秩序。从法律规定来看，行政处罚明显不当，人民法院可以判决变更。实践中，明显不当的标准不容易把握。

四、行政处罚案件判决方式的完善

（一）行政处罚撤销判决形成力的考虑

撤销判决属于形成判决，其形成力是指撤销被诉具体行政行为的判决一旦确定，该行政行为的效力便立即溯及既往而消灭。被诉行政行为因违法被撤销后，视为自始就不存在，追溯到其开始采取当时丧失效力，不能产生任何法律效果。

法理上撤销判决的既判力的主观范围仅限于诉讼当事人和特定第三人，但仅限于此不利于对原告权利的保护。例如，某县公安局以刘某因涉嫌赌博为由，作出没收刘某用作赌资使用的汽车的行政处罚决定，并将该汽车拍卖。王某购得该汽车。刘某提起撤销之诉，法院撤销被诉行政处罚决定。后一审判决生效。本案中，刘某仅能向被告主张判决的形成力，而不能对该诉讼之外的购买其汽车的案外人主张所有权，刘某便不能通过撤销判决得到充分的救济。[①] 为了确保对原告的保护，《日本行政案件诉讼法》第 32 条规定，撤销处分或者裁决的判决，对第三人也具有效力。也就是说，撤销判决的形成力具有对世的效力，不仅针对诉讼当事人，对诉讼外的第三人也有效。承认撤销判决的对世效力的原因，正如王名扬先生指出："因为越权之诉是一个客观的诉讼，主要目的在于维护法治，而不在于保护申诉人的利益，所以撤销判决具有绝对性质。"[②] 我国《行政诉讼法》中并没有对撤销判决对世效力的明确规定，原告只能请求国家赔偿而不能直接向诉讼外第三人主张权利。为充分救济原告权利，立法上有必要予以考虑。

（二）现行变更判决方式的完善

变更判决在性质是法院代替行政机关作出决定，一个行政处罚决定通

① 章剑生：《行政诉讼判决研究》，浙江大学出版社 2010 年版，第 590 页。

② 王名扬：《法国行政法》，中国政法大学出版社 1998 年版，第 705 页。

常包括事实认定和处理决定两个部分。法院经过审理，可否变更行政处罚决定认定的事实？如果法院变更了行政处罚决定认定的事实，是否属于变更判决？根据《行政诉讼法》第6条的规定，法院是审查被诉处罚决定的合法性，而不是代替行政机关对事实进行判断。法院切忌以自己认为正确的事实结论代替行政主体的事实结论。[①] 司法实践部门也有人倡议，法院在审查行政主体认定的事实时，应防止代替行政主体认定事实[②]。美国司法审查早期的判决也认为，“如果授权法院监督土地部许多官员的行为，裁决事实问题，那将会导致没完没了的诉讼，只能产生坏的结果”。行政机关是裁定事实的专家，但这并不是说它所作的事实认定必须是终审性决定，否则司法复审权将变得毫无意义。[③]

行政行为一般包含事实认定与处理决定两个部分。事实认定是处理决定的前提，前提条件发生变化必然涉及处理决定的变化。法院改变与行政处理决定有因果关系的事实认定，同样是变更判决。法院能否变更行政主体认定的事实，域外司法可供借鉴。日本法院在撤销诉讼中采取全面审查原则。法院对行政事实的探知采取的是职权调查主义，可以就当事人没有主张的事实展开取证调查，并且可以自行收集支持该事实的证据，甚至对行政解释，法院也可不受行政厅解释的拘束，行使独自的解释权。[④] 德国行政法院可以决定事实调查的范围且没有限制。它不以行政机关的记录为全部审查基础，可以通过自己的调查和自由心证确信，获得作为行政行为构成要件事实的根据是否存在的结论，并进一步以此结论评判行政机关的事实结论。[⑤] 法国行政法院在越权之诉中，发现行政决定的理由错误时，可以用正确的理由代替错误的理由。[⑥]

就目前行政诉讼现状而言，完善行政案件变更判决方式，仅就变更判决而言，一审法院在能够查清案件事实的基础上，根据案情需要可以对不涉及行政行为主要事实作出变更，在遵循禁止不利变更原则的基础上直接作出裁判，不再交由行政机关处理，是解决行政诉讼“程序空转”的有效措施之一。

---

① 朱新力：《论行政诉讼中的事实问题及其审查》，载《中国法学》1999年第4期。

② 高若敏：《行政审判中的“十防五审”》，载《人民司法》2000年第6期。

③ [美]伯纳德·施瓦茨：《行政法》，徐炳译，群众出版社1986年版，第550页。

④ [日]盐野宏：《行政法》，杨建顺译，法律出版社1999年版，第354页、第349页。

⑤ 朱新力：《论行政诉讼中的事实问题及其审查》，载《中国法学》1999年第4期。

⑥ 王名扬：《法国行政法》，中国政法大学出版社1988年版，第703页。

行政登记案件判决方式

以婚姻和收养登记、不动产登记、市场主体登记为代表的行政登记制度是国家治理体系的重要组成部分，登记机关依法行政的水平关系到国家治理能力的提升。同时登记制度也关系到市民生活的方方面面，关涉私权利主体的切身利益。行政登记案件作为解决行政登记争议的最终环节，判决方式的适用直接影响争议解决效果。行政登记案件虽属行政审判传统领域，但由于公法与私法的双重关联，理论和实践层面的很多争议仍然未能有效解决。随着国家行政登记制度的完善和相关法律规范的变迁，新的争议也不断出现在行政审判视野中。本章以审判实践案例为基础，探讨行政诉讼法定判决方式在登记案件中的适用标准，以期推动行政登记案件判决方式的完善，促进行政登记争议实质解决。

一、行政登记案件的种类和特点

（一）行政登记的内涵和分类

长期以来，理论界与实务界对于行政登记的性质存有较大争议，形成了行政许可说、行政确认说、法律属性多元说、独立行为模式说等多种理论观点。[①] 从通用行政法教科书的观点来看，行政登记并非一种独立的行政行为类型，而

① 有法官对上述理论观点进行了梳理，参见霍振宇：《行政登记与司法审查》，法律出版社 2010 年版，第 18~19 页。

是在行政许可、行政确认或其他行为类型项下，将其作为一种行为形式对待，[①]在一定程度上认可行政登记存在多种法律属性，可视为行政登记性质认定的通说。其中胡建淼教授将行政登记定义为，行政机关依法对主体资格、行为状态、法律关系以及其他有关事项进行审核、确认、记载以赋予其权利或宣示其效力的行为。[②]

关于行政登记的类型，学界也出现了多种分类方式。有学者依行政登记的特性，将其分为确认性登记、许可性登记和备案性登记，三者从行为性质上分别为行政确认行为、行政许可行为和事实行为。[③]有学者将行政登记区分为许可类行政登记和非许可类行政登记，前者进一步分为解禁性的命令行为（如一般的商事登记）和赋权性的形成行为（如特许、事业单位及社团法人登记），后者进一步分为作为事实行为的登记（如户籍登记、税务登记、排污登记、暂住登记等）和作为法律行为登记（如产权登记、机动车登记、婚姻登记、收养登记、抵押登记等）。[④]根据应用领域不同，可分为公行政登记与私行政登记，前者受行政法规范调整，后者受民商法规范调整，作为民事法律关系设立、变更、消灭要件。根据登记内容的不同，可分为对主体资格的登记、对权利归属的登记、对法律关系的登记、对事实状态的登记。根据相对人登记的权利属性不同，可分为财产权登记和人身权登记。[⑤]

2021年1月1日起施行的《最高人民法院关于行政案件案由的暂行规定》将行政登记与行政许可、行政确认确定为并列的二级案由，同时将工商登记、社会团体登记列为行政许可项下的三级案由，在行政登记项下列举了包括产权登记、

---

① 张树义：《行政法学》，北京大学出版社2005年版，第191页；姜明安：《行政法与行政诉讼法》，北京大学出版社、高等教育出版社2019年版，第223页、第243页；胡建淼：《行政法学》，法律出版社2015年版，第266页、第270页、第385页。

② 胡建淼：《行政法学》，法律出版社2015年版，第270页。

③ 崔卓兰、吕艳辉：《行政许可的学理分析》，载《吉林大学社会科学学报》2004年第1期；胡建淼：《行政法学》，法律出版社2015年版，第270~271页。胡建淼教授对三种类型登记行为的定义表述为：确认性登记指行政机关对当事人业已存在的法律事实和法律关系进行核实与认定，确认与宣示其法律效力的行为；许可性登记指行政机关对当事人的有关条件与理由进行审查的基础上赋予当事人可从事某种特定行为的权利或解除法律对其行为的禁止；备案性登记指行政机关为了收集信息和事后监督而对当事人的有关信息进行记载的行为。

④ 李昕：《论我国行政登记的类型与制度完善》，载《行政法学研究》2007年第4期。

⑤ 霍振宇：《行政登记与司法审查》，法律出版社2010年版，第14~15页。

身份登记、税务登记等20项三级案由[①]。从司法大数据研究院对2019~2021年行政登记案件的统计分析可知（见表1），上述案由涉及的行政登记案件在审判实践中均有涉及，除此之外仍存在大量的其他类型的行政登记案件。从上述司法文件及实践数据来看，最高人民法院将行政登记案件作为一类独立案由，并未对行政登记行为进行理论层面的定性分析。对于具体案件中涉及的行政登记行为的性质争议仍需结合实体法规定、行政法理论及案涉登记行为的具体情形予以判断。

表1　2019~2021年行政登记案件类型、数量司法统计

单位：件

登记种类	2019年	2020年	2021年	总计
房屋所有权登记	9872	6421	7369	23 662
集体土地所有权登记	541	302	523	1366
森林、林木所有权登记	298	222	676	1196
矿业权登记	197	155	139	491
土地承包经营权登记	5983	4725	5110	15 818
建设用地使用权登记	1724	2056	3763	7543
宅基地使用权登记	875	893	1198	2966
海域使用权登记	35	29	52	116
水利工程登记	1	3	4	8
居住权登记	3	6	9	18
地役权登记	67	59	96	222
不动产抵押登记	698	862	998	2558
动产抵押登记	1009	768	838	2615
质押登记	184	131	176	491
机动车所有权登记	1867	1027	2327	5221
船舶所有权登记	87	65	72	224
户籍登记	693	741	867	2301
婚姻登记	411	398	344	1153
收养登记	18	13	9	40
税务登记	1099	947	988	3034
著作权登记	556	421	587	1564
工商登记	2931	1586	2188	6705
其他	2507	3163	2671	8341

① 具体包括房屋所有权登记，集体土地所有权登记，森林、林木所有权登记，矿业权登记，土地承包经营权登记，建设用地使用权登记，宅基地使用权登记，海域使用权登记，水利工程登记，居住权登记，地役权登记，不动产抵押登记，动产抵押登记，质押登记，机动车所有权登记，船舶所有权登记，户籍登记，婚姻登记，收养登记，税务登记，著作权登记，工商登记和其他登记。

（二）行政登记案件的特点

1. 涉及登记种类多样，行为性质多元

我国现行法律规范中规定的行政登记类型主要有：不动产登记，如集体土地所有权登记，房屋等建筑物、构筑物所有权登记，森林、林木所有权登记，耕地、林地、草地等土地承包经营权登记，建设用地使用权登记，宅基地使用权登记，海域使用权登记，地役权登记，抵押权登记等；动产登记，如船舶登记、航空器登记、机动车登记等；权利登记，如债权登记、著作权登记、注册商标登记、专利权登记等；市场主体登记，如公司、非公司企业法人及其分支机构登记，个人独资企业、合伙企业及其分支机构登记，农民专业合作社（联合社）及其分支机构登记，个体工商户登记，外国公司分支机构登记等；其他主体登记，如事业单位登记、社会团体登记、律师事务所登记、司法鉴定机构登记、仲裁委员会登记、外国商会登记等；身份登记，如户籍登记、婚姻登记、收养登记等；还有域名登记、税务登记、危险物品登记、农药登记、排污登记、特定合同登记、社会保险登记、就业登记、劳动鉴证登记、广告经营登记、证券登记等其他类型登记。根据表一中的统计数据可知，行政诉讼司法实践中出现的行政登记也有 20 余类。从行为性质角度来看，有涉及身份关系或财产关系的行政确认行为，也有涉及企业或者其他组织的设立等事项的行政许可行为，还有涉及行政备案性质的事实行为。

2. 涉及民事法律关系与行政法律关系交叉问题，存在多种诉讼方式及裁判方式

行政登记案件中有一种穿行于公私法之间的登记现象，某些行政登记作为私法关系变动的生效或对抗要件，同时登记的具体运作程序却被公权力机关所掌握，并由行政法规范所规制，由此呈现你中有我、我中有你的交织格局。[①] 民事法律关系与行政法律关系交叉问题属于行政登记案件中的难点，其根源在于民事法律规范与行政法律规范的交融，表现为民事实体法规范与行政登记行为法规范的二元结构。此类案件中，行政争议与民事争议的处理结果之间具有因果关系，一个争议涉及的实体法律关系，构成另一个争议涉及的实体法律关系的基础法律关系。[②] 在司法实践中，面对民行交叉问题，当事人表现出采取不同的诉讼方

---

① 霍振宇：《行政登记与司法审查》，法律出版社 2010 年版，第 15~16 页。

② 谭秋桂、陈雷：《行政民事交叉问题中基础法律关系特征论析》，载《湘潭大学学报（哲学社会科学版）》2021 年第 2 期。

式救济权益，与此相应，法院也会采取不同的审判方式。比如，房屋登记行为完成后，若对房屋登记行为本身无异议，而是对基础民事法律关系产生争议，有以下四种诉讼方式：一是依照《行政诉讼法》第 61 条关于行政诉讼一并审理相关民事争议的规定，对登记行为提起行政诉讼，申请一并解决基础民事法律关系争议；二是就登记行为和基础民事争议分别提起行政诉讼和民事诉讼；三是仅就登记行为提起行政诉讼；四是直接对基础民事法律关系提起民事诉讼，若民事诉讼改变基础民事法律关系，则申请登记机关办理变更登记或就登记行为提起行政诉讼。[①] 法院根据当事人的诉讼方式，选取相应的裁判方式。

3. 行政登记机关的审查标准及司法审查深度不一

行政登记机关的审查标准关系到登记机关对申请材料的审查程度，关涉交易效率和交易安全的平衡，也进一步涉及司法机关对登记行为进行合法性审查的深度，关系到登记错误情况下登记机关是否承担赔偿责任及赔偿责任的轻重。就不动产登记而言，《民法典》第 212 条规定了不动产登记机构的职责，该条规定并未明确登记审查应采何种审查标准。《不动产登记暂行条例》第 18 条、第 19 条规定了不动产登记机构材料审查职责和实地查看职权，亦未明确审查标准。理论界针对该问题形成了多种审查标准学说。总结而言，主要存在形式审查说、实质审查说、区分审查说、审查标准未定说、形式审查为主实质审查为辅说五种观点。[②] 就市场主体登记而言，理论界存在较大争议，存在形式审查标准、实质审查标准及折中审查标准三种类型，每种审查标准均存在相应的理论基础。从《行政许可法》第 34 条第 2 款、第 3 款规定中难以判断审查标准。《市场主体登记管理条例》从规范的角度采纳了形式审查标准。但形式审查标准和法院司法实践中形成的“审慎合理的审查义务”标准关系为何，是非此即彼还是互相融合仍存在争议，因此可能会导致司法实践中不同法院产生不同的裁判标准。

二、行政登记案件法定判决方式的实践应用

（一）行政登记案件中撤销判决的实践应用

撤销判决是人民法院经审查认定被诉行政行为部分或者全部违法而部分或全部撤销被诉行政行为，并且在必要的情况下要求被告重新作出行政行为

---

① 最高人民法院行政审判庭编：《最高人民法院行政审判庭法官会议纪要（第一辑）》，人民法院出版社 2022 年版，第 28 页。

② 王亦白：《不动产登记审查的法理与构造》，中国政法大学出版社 2018 年版，第 95 页。

的判决方式。[①] 撤销判决属形成判决，是对被诉行政行为效力的否定性评价，集中体现了司法权对行政权的监督，[②] 是行政诉讼判决体系的核心部分。撤销判决包括判决全部撤销、判决部分撤销、判决撤销并同时判决被告重新作出行政行为三种形式。审判实践中，行政登记案件适用撤销判决主要集中在《行政诉讼法》第 70 条规定的前三种情形 [③]。

撤销判决的一个突出特点表现为可分性，即存在部分撤销的情形。适用部分撤销判决意味着判决的效力仅及于行政行为中的违法部分，并不影响其他部分的合法性。而且基于法的安定性及行政法律秩序的稳定性要求，部分撤销判决应优先适用于全部撤销判决。适用部分撤销判决的前提为行政行为存在可分性。判断可分性的方法为，将违法部分去除后，总体处理内容中剩下的部分具有独立的意义。[④] 审判实践中，部分撤销判决主要集中于登记行为具有可分性，部分登记内容错误予以撤销的情形中。

从《行政诉讼法》第 70 条规定来看，撤销判决是重作判决的前提条件，重作判决是撤销判决的从判决，且重作判决属于司法裁量的范畴。法院在裁量时，应当考虑重作必要性、可能性及适当性。必要性主要表现在撤销被诉行为后，仍然需要行政机关对于不稳定的法律关系予以恢复，或者不判令重作将对当事人或国家利益、公共利益、他人合法权益造成不利影响的情形。可能性表现为判令重作在法律上及事实上是可能的。适当性表现为基于审判权与行政权的分工，法院适宜直接作出具有行政行为性质的认定和处理。审判实践中，撤销重作判决主要集中于存在拒绝性答复的行政登记案件中。

全部撤销判决在司法实践中的常见情形如下：

1. 拒绝性答复认定事实不清，主要证据不足，适用法律错误

在李夏某诉上海市公安局浦东分局户口登记案 [⑤] 中，法院经审理认为，户口登记机关在原告提供收养登记档案及书面说明的情况下，仅因离婚协议书中称原告为“双方所生一女”而质疑收养登记机关认定的原告系“弃婴”的身份，证据不足。且被告提交的政策依据在适用对象上与原告身份并不相

---

① 章剑生主编：《行政诉讼判决研究》，浙江大学出版社 2010 年版，第 547 页。

② 程琥：《行政协议案件判决方式研究》，载《行政法学研究》2018 年第 5 期。

③ 涉及主要证据不足，适用法律、法规错误，违反法定程序三种情形。

④ ［德］哈特穆特·毛雷尔：《行政法学总论》，高家伟译，法律出版社 2000 年版，第 262 页。

⑤ 最高人民法院发布 98 例未成年人审判工作典型案例之九十六：李夏某诉上海市公安局浦东分局户口登记案，发布日期 2014 年 11 月 24 日。

符，适用法律错误。在郭某诉深圳市不动产登记中心、深圳市规划和自然资源局不予受理通知及行政复议案[①]中，法院经审查认为，存在公证遗嘱的情况下，不动产登记中心还要求郭某提交所有继承人或受遗赠人放弃继承的声明等材料，并无明确法律依据。

2. 登记机关未尽到审查义务导致登记行为被撤销

（1）登记机关对收养登记申请应履行实质审查义务，未尽审查义务的收养登记行为应予撤销。在周某某、王某某诉某市民政局收养登记案[②]中，法院经审查认为，金某某关于捡拾婴儿的报警内容纯属虚假，被收养的孩子不属于查找不到生父母的弃婴，不符合法定的收养条件。民政局未依法履行审查义务，未履行公告程序，被诉收养登记行为应予撤销。

（2）登记机关对不动产登记申请应履行审慎审查义务，未尽审查义务的不动产登记行为应予撤销。在马某甲与西宁市不动产登记服务中心房屋转移登记行政纠纷案[③]中，法院经审理认为，根据《房屋登记办法》的规定，房屋登记机构总体上应以“形主实辅”为标准，履行合理审慎的审查义务。申请材料中的房屋所有人身份证明系审慎审查的对象。登记机关未对申请材料中所有权人身份证号码予以基本的核实审查，导致登记错误。在郭某申请撤销不动产变更登记案[④]中法院亦采取了审慎注意义务标准。

（3）登记机关对监事登记申请未尽到审查义务，致监事登记行为错误。在戚某诉上海市虹口区市场监督管理局工商登记案[⑤]中，法院经审理认为，登记机关对于申请材料是否符合法定形式应予审查，而监事姓名的正确性、一致性显然是重要审查内容之一。……在两份文件上的监事姓名和身份证不一致的情况下，登记机关未进一步核实，径行根据身份证姓名进行登记，显然

---

① 广东省深圳市中级人民法院发布2021年度行政审判十大典型案例之五：郭某诉深圳市不动产登记中心、深圳市规划和自然资源局不予受理通知及行政复议案，发布日期2022年8月28日。

② 2020年度南通行政审判十大典型案例之二：周某某、王某某诉某市民政局收养登记案，发布日期2021年3月16日。

③ 青海省高级人民法院与省司法厅联合发布2019年行政机关败诉典型案例之一：马某甲与西宁市不动产登记服务中心房屋转移登记行政纠纷案——房屋登记机构在登记时应履行审慎审查义务，发布日期2020年5月20日。

④ 北京市第二中级人民法院发布五个涉不动产登记行政案件典型案例之一：郭某申请撤销不动产变更登记案，发布日期2018年10月11日。

⑤ 上海市高级人民法院发布13起2021年行政审判典型案例之六：戚某诉上海市虹口区市场监督管理局工商登记案，发布日期2022年11月2日。

未尽到审查义务。

3. 登记机关尽到审查义务，但申请材料虚假，登记行为应予撤销

（1）登记机关对婚姻登记申请尽到形式审查义务，但因申请材料虚假导致婚姻登记行为错误，属于主要证据不足。在高某某诉即墨民政局结婚行政登记案[①]中，法院经审理认为，被告依据《婚姻登记条例》的规定对申请材料进行了形式审查，认定申请符合婚姻法的规定，予以登记并颁发结婚登记证，符合法律规定。因申请人使用虚假的申请材料导致登记机关错误认定结婚登记申请符合婚姻法的规定，婚姻登记行为构成主要证据不足。

（2）登记机关对车辆抵押登记申请尽到审查义务，但抵押登记申请材料系伪造，解除车辆抵押登记行为主要证据不足。在某公司诉淄博市公安局交通警察支队车辆管理所行政登记案[②]中，法院经审理认为，因国泰公司在办理解除抵押登记时所提交的某公司相关材料及印章均系伪造。被告作出解除抵押登记主要证据不足，应依法撤销。

（3）登记机关对公司注销登记申请尽到审查义务，但据以登记的申请材料存在虚假，登记机关拒绝纠正错误登记行为。在王某、王某元诉无锡市锡山区市场监督管理局撤销公司注销登记案[③]中，裁判要旨认为，《公司登记管理条例》规定，公司登记申请人应当对申请文件、材料的真实性负责。对经查证确系申请人提供虚假材料骗取公司注销登记的，登记机关应当本着实事求是的原则撤销登记。登记机关以错误登记系申请人提供虚假材料所致、其已经尽到审查义务为由拒绝纠正，利害关系人起诉要求撤销公司注销登记的，应予支持。

4. 登记机关尽到了审查义务，但因基础民事法律关系变化，不动产登记行为丧失事实基础

在王某与北京市规划和自然资源委员会城乡建设房屋登记纠纷案[④]中，法院经审查认为，现因办理房屋产权转移登记所依据的《房屋买卖合同》已经被依法确认无效。虽然被告在办理被诉转移登记时尽到了审查义务，但现

---

① 山东省即墨市人民法院（2011）即行初字第30号行政判决书。

② 山东省高级人民法院公布十件典型行政案例之九：马尼托瓦克（中国）租赁有限公司诉淄博市公安局交通警察支队车辆管理所行政登记案，发布日期2014年7月3日。

③ 王某、王某元诉无锡市锡山区市场监督管理局撤销公司注销登记案，载《江苏省高级人民法院公报》2017年第6辑（总第54辑）。

④ 北京市西城区人民法院发布四个积极推动行政争议实质性化解典型案例之一：王某与北京市规划和自然资源委员会城乡建设房屋登记行政登记纠纷案——北京房屋买卖合同被撤销或确认无效可直接申请办理更正登记，发布日期2022年11月8日。

进行房屋产权转移登记的基本事实和前提已经发生改变，被诉行政行为已失去重要事实依据，属于证据不足。在苏某申请撤销不动产登记案[①]中，法院亦采取了相同的判断思路。

5. 不动产登记行为认定事实不清，证据不足

黄某某不服南宁市住房保障和房产管理局房屋产权登记案[②]中，法院经审理认为，登记机关是根据赖某某的申请及提供的继承权证明书向其颁发案涉房屋契证。基于原有房屋已经被拆除重建及扩建，原有房屋已不存在，且黄某某在现有房屋居住等事实，登记机关明知房屋权属存在争议，仍向赖某某发证，明显违反当时房屋登记的相关规定。故案涉不动产登记行为构成认定事实不清，证据不足。

6. 不动产更正登记行为违反法定程序

在合利公司诉珠海不动产登记中心房屋行政登记纠纷案[③]中，法院经审理认为，案涉更正登记直接影响房产的归属，登记机关明知初始登记时的所有权人珠海永恒公司已注销，案涉房产相应权利已由合利公司承受，但更正登记之前未向合利公司告知事实和理由、听取陈述申辩，更正登记之后也未告知合利公司，违反法定程序。

7. 登记基础条件发生变化，登记行为缺乏事实依据

在珲春林业局诉珲春牧业局草原行政登记案[④]中，法院经审查认为，珲春牧业局为湖龙村颁发《吉林省草原使用权证》的行为，是基于《牧业用地委托经营书》而实施的行政许可，因该经营书已于2004年11月终止，颁证行为无事实依据，程序违法。且案涉草地中162公顷已被纳入珲春东北虎国家级自然保护区范围，无论牧业局颁证行为是否合法，依法都应予撤销。

8. 抵押权人不构成善意取得，相应抵押登记行为属主要证据不足

在朱某某诉淮北市房地产管理局房屋登记案[⑤]中，法院经审理认为，邵

---

① 北京市第二中级人民法院发布五个涉不动产登记行政案件典型案例之四：苏某申请撤销不动产登记案，发布日期2018年10月11日。

② 广西壮族自治区南宁市中级人民法院（2010）南市行终字第85号行政判决书。

③ 广东法院粤港澳大湾区跨境纠纷典型案例之九：合利公司诉珠海不动产登记中心房屋行政登记纠纷案——准许澳门企业申请变更内地不动产登记请求，发布日期2019年12月19日。

④ 最高人民法院发布2019年度人民法院环境资源行政典型案例之八、吉林法院环境资源典型案例之八：吉林省珲春林业局诉珲春市牧业管理局草原行政登记案，发布日期2020年5月8日。

⑤ 安徽省高级人民法院发布行政诉讼十大典型案例之七：朱某某诉淮北市房地产管理局房屋登记案，发布时间2017年。

某某所实施的房产登记行为及抵押行为是其为骗取郭某钱款所实施的诈骗行为，具有刑事违法性，且郭某已被确认为该刑事案件的被害人，其被骗财物已由刑事生效判决予以退赔，故郭某关于善意取得涉案房屋抵押物权的理由不能成立。涉案房地产他项权证的证据不足，依法应予撤销。

部分撤销判决在司法实践中的常见情形如下：

1. 有违物权法定原则的不动产登记附注内容，应予撤销

在昆山某公司诉昆山市国土资源局不动产行政登记及行政赔偿纠纷案①中，裁判要旨认为，不动产登记系对物权的公示，涉及民事、行政双重法律关系，既应遵循物权法定等民事法律规范，又应符合不动产登记相关行政法规。物权的种类和内容由法律规定，当事人无权通过约定变更物权的法定内容。登记机关如将缺乏法律依据的约定内容进行登记，有违物权法定原则。

2. 登记机关对于不动产抵押登记附记内容未尽审慎审查义务，属于主要证据不足

在张某某等诉上海市不动产登记局房地产抵押登记案②中，法院经审理认为，房地产抵押登记有专门的法律规定。登记机关对于附记的审查应当尽到审慎的义务，记载事项应当慎重，不宜随意记载限制他人权利的内容。虽然房地产抵押登记行为中的附记行为不发生抵押登记的法律效力，但也可能对相对人的合法权益产生影响。附记内容虽属抵押借款合同内容，但张某某等未签字，也未向登记机关作出相关意思表示，登记机关仅依合同内容予以登记，没有进行审查核实。故被诉抵押登记的附记行为主要证据不足。

3. 法定代表人、股东、监事等登记申请材料存在虚假，登记机关拒绝纠正错误登记行为

在秦某某诉南陵县市场监督管理局工商行政登记案③中，法院经审理认为，注册公司时申请材料上股东签名不是秦某某本人签名也不是其授权签名，秦某某未参与该公司的实际经营活动，汪某某冒用秦某某的签名办理股东变更登记。且诉讼中登记机关拒绝变更，遂判决撤销设立登记中将秦某某登记

---

① 昆山城开锦亭置业有限公司诉昆山市国土资源局不动产行政登记及行政赔偿纠纷案，载《最高人民法院公报》2022 年第 8 期（总第 312 期）。

② 上海行政审判十大典型案例（2017 年）之五：张某某等诉上海市不动产登记局房地产抵押登记案，发布日期 2018 年 6 月 18 日。

③ 安徽省高级人民法院发布行政诉讼十大典型案例之六：秦某某诉南陵县市场监督管理局工商行政登记案，发布日期 2018 年 8 月 29 日。

为股东的行为。在李某新诉广州市白云区市场监督管理局工商登记案[1]中，法院经审理认为，公司设立登记时提交的李某新身份证并非有效证件，属于虚假材料，且登记机关未提供实名认证时李某新的人脸识别视频资料，亦未能证明其曾经从事过该公司的相关管理和经营活动。遂判决撤销被诉核准登记通知书中关于李某新的登记内容。

撤销重作判决在司法实践中的常见情形如下：

1. 不予办理不动产（变更）登记的答复适用法律错误

在丁某诉某市自然资源和规划局不动产行政登记案[2]中。法院经审理认为，申请材料中的《留言》符合原《继承法》关于遗嘱的法律规定，应属于自书遗嘱。自书遗嘱未注明年、月、日属于形式上之瑕疵，不能仅因此而直接否定其法律效力。登记机关不予处理系法律适用错误。遂判决撤销拒绝性答复，责令于判决生效后 30 个工作日内对变更登记申请重新处理。在张某湘等 4 人诉翁源县国土资源局土地行政登记纠纷案[3]中，法院经审理认为，县政府通告明确该县国土资源局是不动产登记机构。该县不动产登记中心仅是不动产登记业务的办事机构，该县国土资源局将经办机构视为法定登记机构，告知张某湘等 4 人应向不动产登记中心提出登记申请，适用法律、法规错误。遂判决撤销拒绝性答复，限国土资源局重新作出处理。

2. 不予工商（变更）登记决定的规范性文件依据与上位法相悖或未经法律、法规授权制定

在丹阳市珥陵镇鸿润超市诉丹阳市市场监督管理局不予变更经营范围登记案[4]中，法院经审查认为，鸿润超市申请变更登记增加的经营项目并非法律、行政法规禁止进入的行业。登记机关依据的规范性文件内容与商务部等规范性文件不相符，也违反上述市场平等准入、公平待遇的原则，依法不能作为认定被诉登记行为合法的依据。遂判决撤销拒绝性决定，责令被告于判

---

① 广州铁路运输中级法院发布 2021 年度行政诉讼十大典型案例之六：李某新诉广州市白云区市场监督管理局工商登记案，发布日期 2022 年 5 月 16 日。

② 江苏省苏州市中级人民法院发布 10 起行政审判典型案例之六：丁某诉某市自然资源和规划局不动产行政登记案——房产遗嘱变更登记，该办则办，发布日期 2021 年 8 月 19 日。

③ 广东省高级人民法院发布 2019 年度广东法院行政诉讼十大典型案例之九：张某湘等 4 人诉翁源县国土资源局土地行政登记纠纷案，发布日期 2020 年 8 月 16 日。

④ 丹阳市珥陵镇鸿润超市诉丹阳市市场监督管理局不予变更经营范围登记案，载《最高人民法院公报》2018 年第 6 期（总第 260 期）。

决生效后15个工作日内对申请重新作出登记。在广州市淦灿贸易有限公司诉原韶关市新丰县工商行政管理局工商行政登记案[①]中，生效判决认为，根据《广东省商事登记条例》的规定，县政府无权公布经营场所禁设区域，故县政府的规范性文件不能作为驳回通知的依据。遂判决撤销拒绝性答复，责令对申请重新作出行政行为。

3. 不予受理公司类型变更登记决定程序违法

在深圳宇辉公司诉市场监督管理局行政纠纷案[②]中，生效判决认为，市场监管局作出的不予受理决定，没有载明法律法规依据、未履行告知补正程序、未明示应当提交的申请材料目录、同时作出不予受理和不予登记处理，均构成程序违法。且深圳宇辉公司申请公司类型变更登记未违反法律禁止性规定或者强制性规定。遂撤销不予受理决定，判令市场监管局重新作出行政行为。

（二）行政登记案件中确认违法判决的实践应用

确认违法判决是指人民法院经审查后认为被诉行政行为违法但不宜作出撤销判决或履行判决，仅宣告被诉行政行为的违法性的判决方式。确认违法判决系确认判决的一种形式，属于宣告判决。《行政诉讼法》第74条规定了确认违法判决的五种情形。

确认违法判决在司法实践中的常见情形如下：

1. 备案登记行为违反正当程序原则，但房屋已经销售给他人，恢复备案登记已无实际意义

在王某某诉淮南市房地产管理局房屋登记案[③]中，法院审理认为，虽然法律法规没有明确规定撤销商品房网上备案的程序，但应当依据程序正当原则，在程序上应充分保障当事人的参与权、知情权、异议反驳等权利。登记机关依据某公司单方申请撤销涉案备案登记，属于程序违法。鉴于案涉房屋已经销售给他人，被撤销的商品房网上备案无法恢复，遂判决确认被诉撤销备案登记行为违法。

---

① 最高人民法院发布9起产权保护行政诉讼典型案例之七：广州市淦灿贸易有限公司诉原韶关市新丰县工商行政管理局工商行政登记案，发布日期2020年7月27日。

② 广东法院第二批粤港澳大湾区跨境民事纠纷典型案例之二十：深圳宇辉公司诉市场监督管理局行政纠纷案——规范行政机关办理香港跨境独资企业变更登记，发布日期2020年6月1日。

③ 安徽省高级人民法院发布行政诉讼十大典型案例之三：王某某诉淮南市房地产管理局房屋登记案，发布日期2018年。

2. 登记机关未对不动产转移登记申请履行审慎审查义务，但房屋已被第三人善意取得

在朱某某诉东营市住房和城乡建设委员会房屋转移登记案[①]中，生效判决认为，登记机关对申请登记双方提交的身份证、房产证、买卖合同等相关材料进行了审查，但未对身份证与身份证持有人是否同一人进行严格比对，对该事项的审查未尽到审慎审查职责。但上诉人刘某对涉案房屋构成善意取得。遂判决确认转移登记行为违法。

3. 登记机关对不动产转移登记申请尽到审查义务，但登记申请材料虚假，且第三人善意取得抵押权

在李某、陈某诉上海市自然资源确权登记局房屋行政登记案[②]中，法院经审理认为，刑事判决确认经公证的委托书内容虚假，登记机关作出的转移登记行为从程序上失去了权利人委托代理人办理登记手续的基础，应予撤销，但考虑到公证书被建议暂停使用，以及被确认内容虚假均发生在涉案房屋转移登记行为之后，不能归责于登记机关，且涉案房屋目前处于设立有抵押权并被人民法院查封的状态。遂判决确认变更登记行为违法。

（三）行政登记案件中确认无效判决的实践应用

确认无效判决是指人民法院经审查认为被诉行政行为存在重大且明显违法的情形，进而判决确认行为自始无效的判决方式。确认无效判决系确认判决的一种形式，是对行政行为效力的否定性评价。《行政诉讼法》第75条规定了两种重大且明显违法的情形，《行诉法解释》第99条对“重大且明显违法”作了细化解释。

确认无效判决在司法实践中的常见情形主要集中在婚姻登记领域。

1. 登记机关确认离婚登记行为无效的自行纠错行为应属于无效

在梁某某诉徐州市云龙区民政局离婚登记行政确认案[③]中，裁判要旨认为，离婚登记一经完成，当事人之间的婚姻关系即告解除，婚姻解除情况即

---

① 山东省高级人民法院公布十件典型行政案例之四：朱某某诉东营市住房和城乡建设委员会房屋转移登记案，发布日期2014年7月3日。

② 上海市高级人民法院发布10起2020年行政审判典型案例之十：李某、陈某诉上海市自然资源确权登记局房屋行政登记案，发布日期2021年7月19日。

③ 梁某某诉徐州市云龙区民政局离婚登记行政确认案，载《最高人民法院公报》2022年第1期（总第305期）。

产生对外效力，具有社会公信力。不具有级别管辖权的婚姻登记机关为符合离婚实质要件的涉外婚姻当事人进行离婚登记，其后又以无管辖权为由、以自行纠正方式确认离婚登记行为无效的，对于该自行纠正的行政行为，人民法院不予支持。

2. 登记机关未尽到审慎审查义务导致登记对象明显错误、登记内容无法实现，错误婚姻登记行为应予确认无效

在尚某某诉某县民政局婚姻登记案[①]中，法院经审理认为，婚姻登记机关确认形成婚姻关系，应当根据《婚姻法》《婚姻登记条例》的相关规定进行，经过必要行政程序、尽到审慎审查义务。行政机关没有严格依照法定程序和注意事项进行审查，以致登记对象明显错误，登记内容无法实现，且严重侵犯了尚某某的婚姻自由权、名誉权，符合重大且明显违法标准，应当确认为无效行政行为。遂判决确认被诉结婚登记行为无效，并由登记机关对错误结婚登记信息采取删除的补救措施。

3. 登记机关对冒名申请未尽审查义务导致登记错误、内容无法实现，错误婚姻登记行为应予确认无效

在张某诉某市民政局婚姻行政登记案[②]中，法院经审理认为，镇政府在审查孙某与汪某的结婚登记时，未能发现汪某冒用他人身份申请婚姻登记的事实，没有尽到审查义务，导致涉案婚姻登记错误，其内容客观上不可能实现，严重侵犯了张某的婚姻自由权和名誉权，属于重大且明显违法的情形。遂判决确认婚姻登记行为无效。

4. 登记机关作出的同性结婚登记行为应予确认无效

在王某诉重庆市永川区民政局确认婚姻登记行为无效案[③]中，法院经审理认为，喻某莉作为女性冒充男性李某军并持“李某军”的身份信息，和女性王某骗取结婚登记，实质上是同性结婚，而我国现行法律没有关于同性结婚登记的规定，二人的结婚登记行为不符合我国“一夫一妻”婚姻制度的规定，案涉结婚登记的行为构成重大且明显违法，遂判决确认被诉

---

① 2020 年度南通行政审判十大典型案例之一：尚某某诉某县民政局婚姻登记案，发布日期 2021 年 3 月 16 日。

② 江苏省苏州市中级人民法院发布 10 起行政审判典型案例之二：张某诉某市民政局婚姻行政登记案——冒名他人结婚登记，理应撤销，发布日期 2021 年 8 月 19 日。

③ 重庆市高级人民法院发布 2021 年行政诉讼十大典型案例之八：王某诉重庆市永川区民政局确认婚姻登记行为无效案，发布日期 2022 年 6 月 14 日。

婚姻登记行为无效。

（四）行政登记案件中履行判决的实践应用

履行判决是指人民法院经审查认定被告存在应当履行而不履行法定职责的情形，判决行政机关在一定期限内履行法定义务和职责的判决方式。履行判决属于给付判决的形式之一。[①]《行政诉讼法》第 72 条系履行判决的法律依据。《行诉法解释》第 91 条规定了履行判决的两种情形，即违法拒绝履行及无正当理由逾期不予答复。

履行判决在司法实践中的常见情形如下：

1. 违反上位法的规范性文件不能成为登记机关不履行房屋登记法定职责的依据

在陈某华诉南京市江宁区住房和城乡建设局不履行房屋登记法定职责案[②]中，法院经审理认为，《联合通知》是由司法部和建设部联合发布的政府性规范文件，不属于法律、行政法规、地方性法规或规章的范畴，其规范的内容不得与《物权法》《继承法》《房屋登记办法》等法律法规相抵触。登记机关依据《联合通知》的规定要求申请人必须出示遗嘱公证书才能办理房屋转移登记的行为与法律法规相抵触，不予办理转移登记的行为违法。遂判决撤销拒绝性答复，责令在判决生效后 30 日内履行对陈某华办理该涉案房屋所有权转移登记的法定职责。

2. 登记机关拒绝履行办理土地权属登记法定职责缺乏法律依据

在某集团有限公司与某市国土资源、房屋管理局土地登记纠纷案[③]中，法院经审理认为，土地出让合同的受让方办理土地权属证明时，需要提交建设用地规划许可证，但法律法规未规定办理土地登记必须提交建设用地规划许可证，登记机关要求申请人办理建设用地规划许可证方能办理土地权属登记，无法律依据。遂判令于判决生效之日起 60 日内依申请事项依法履行法定职责。

---

① 程琥：《行政协议案件判决方式研究》，载《行政法学研究》2018 年第 5 期。

② 陈某华诉南京市江宁区住房和城乡建设局不履行房屋登记法定职责案，载《最高人民法院公报》2014 年第 8 期（总第 214 期）。

③ 最高人民法院发布人民法院充分发挥审判职能作用保护产权和企业家合法权益典型案例（第一批）之七：某集团有限公司与某市国土资源、房屋管理局土地登记纠纷案，发布日期 2018 年 1 月 30 日。

3. 登记机关对符合登记条件的房屋登记申请应予办理，登记机关无裁量空间时，可直接判令登记机关予以登记

在裴某诉合浦县自然资源局不履行行政登记职责案[①]中，法院经审理认为，裴某因继承取得涉案房屋，并有法院生效裁判文书予以确认。根据《物权法》规定的地随房走权利合一原则，裴某继承取得涉案房屋所有权，该房屋用地使用权也随之由裴某继承。遂判决于判决生效后一个月内将该房屋登记在裴某名下。

4. 登记机关履行房屋登记职责不得附加法定外的条件

在曾某某诉荣县城乡规划建设和住房保障局不履行房屋登记法定职责案[②]中，法院经审理认为，曾某某提交的证据能够证明涉案房屋的权利已约定归其享有，登记机关仅以曾某某的前配偶是该房共有人，未在产权转移登记时到场作真实意思表示为由，不予受理并拒绝办理房屋转移登记，理由不能成立。遂判令于判决生效后 30 个工作日内，对曾某某与第三人就案涉房屋的所有权转移登记申请，履行房屋登记职责。

（五）行政登记案件中驳回判决的实践应用

驳回判决是指人民法院经过对行政案件的实体性审查，认为原告诉讼请求不能成立，但又不适宜对被诉行政行为作出其他类型判决的情况下，直接作出否定原告诉讼请求的一种判决方式。[③]驳回判决属于确认类判决，体现了人民法院对被诉行政行为合法性的认可或对原告诉讼请求的否定性评价。《行政诉讼法》第 69 条规定了驳回判决的两种情形，即被诉行政行为合法或者原告申请被告履行法定职责或给付义务不成立。然而，行政登记案件司法实践中，适用驳回判决的情形较之上述规定要宽泛得多。

驳回判决在司法实践中的常见情形如下：

1. 户口登记申请有违公序良俗原则，登记机关拒绝办理的行政行为合法

在“北雁云依”诉济南市公安局历下区分局燕山派出所公安行政登记

---

① 广西壮族自治区高级人民法院发布实质解决行政争议 10 个典型案例之九：裴某诉合浦县自然资源局不履行行政登记职责案，发布日期 2021 年 11 月 11 日。

② 山东省荣成市人民法院（2012）荣行初字第 6 号行政判决书。

③ 江必新主编：《中华人民共和国行政诉讼法理解适用与实务指南》，中国法制出版社 2015 年版，第 321 页。

案[①]中，裁判要旨认为，公民选取或创设姓氏应当符合中华传统文化和伦理观念。仅凭个人喜好和愿望在父姓、母姓之外选取其他姓氏或者创设新的姓氏，不属于《全国人民代表大会常务委员会关于〈中华人民共和国民法通则〉第九十九条第一款、〈中华人民共和国婚姻法〉第二十二条的解释》第2款第3项规定的"有不违反公序良俗的其他正当理由"。

2. 结婚登记行为合法，当事人起诉撤销婚姻登记行为的理由不能成立

在孙某诉上海市普陀区民政局结婚登记案[②]中，生效判决认为，国家法律并未规定某种疾病患者绝对不能结婚。《民法典》不再将"患有医学上认为不应当结婚的疾病"作为禁止结婚或婚姻无效的情形。孙某智力残疾的身体状况本就不能归类于前述禁止结婚或应不予结婚登记的情形。且孙某能长期独自在国内生活，代表其并非无民事行为能力人。监护人孙某某代为提起的本案诉讼实质指向孙某和陆某的婚姻效力。严格来说，就结婚登记行为提起的行政诉讼，人民法院就结婚登记程序进行审查，婚姻效力不属于行政诉讼审查的范围。且除非发生作出婚姻登记的机关不具有婚姻登记权限等极端情形，一般应提起撤销诉讼，而非无效诉讼。在小孙与民政局婚姻行政登记纠纷案[③]中，法院经审理认为，现场视频资料证明孙某与林某自愿复婚，且婚姻登记机关为特殊人群提供上门服务并无不当，小孙认为孙某复婚并非自愿、结婚登记的行政程序不合法，请求撤销涉案结婚登记的理由不成立。

3. 登记机关不予办理婚姻登记行为合法

在孙某麟、胡某亮诉芙蓉区民政局结婚登记行政行为案[④]中，法院经审理认为，孙某麟、胡某亮均为男性，其结婚登记申请不符合《婚姻法》《婚姻登记条例》的相关规定，登记机关不予办理结婚登记，并当场告知结婚登记申请不符合我国法律、行政法规关于男女双方登记结婚的规定，符合法律、行政法规的规定，且行政程序合法。

---

① 指导案例89号："北雁云依"诉济南市公安局历下区分局燕山派出所公安行政登记案，发布日期2017年11月15日。

② 上海市高级人民法院发布10起2020年行政审判典型案例之三：孙某诉上海市普陀区民政局结婚登记案，发布日期2021年7月19日。

③ 江苏省高级人民法院、中国法学会案例法学研究会江苏研究基地联合发布第四批10起弘扬中华优秀传统文化典型案例之十：小孙与民政局婚姻行政登记纠纷案——申请撤销亡父婚姻登记，法院判决驳回诉讼请求，发布日期2022年6月30日。

④ 湖南高院行政审判30年十大典型案例之五：孙某麟、胡某亮诉芙蓉区民政局结婚登记行政行为案，发布日期2020年10月14日。

4. 登记机关在诉讼中主动纠正错误的房屋登记行为，当事人诉讼请求已经实现仍不撤诉

在王某一等与镇江市人民政府等房屋登记行政复议纠纷上诉案[①]中，法院生效判决认为，殷某隐瞒再婚事实、虚假陈述，其子女明知前述情形仍然与其交易并办理房产登记，导致有关行政登记行为错误，殷某及其子女应对该错误登记行为承担法律责任。生效民事判决已认定相关房屋买卖合同无效，登记机关业已主动纠错，实现了王某一等的诉讼请求，其仍不撤回起诉，应当判决驳回其诉讼请求。

5. 当事人诉请登记机关履行补办国有土地使用证法定职责，理由不能成立

在苏某某与惠来县国土资源局等土地行政登记纠纷上诉案[②]中，法院经审理认为，苏某某以土地权利证书遗失为由申请补办国有土地使用证，但在案证据否定了苏某某土地权利证书遗失的主张。遂判决驳回其要求补办国有土地使用证的诉讼请求。

6. 公司设立登记申请材料虚假，但被冒名人对公司经营行为知情，且从事过相关的管理和经营活动，被冒名人诉请撤销登记一般不予支持

在南京某建筑工程有限公司诉滁州市工商行政管理局企业登记案[③]中，生效判决认为，滁州市工商局在登记过程中并不具备鉴定公章及签名真伪的职权和能力。即便申请材料存在虚假……故依据上述资金流向及相关招投标的法律规定，能够证明南京某建筑公司对其滁州分公司的设立登记并持续经营行为是知情的，且也在此基础上从事过相关的管理和经营活动。在付某诉某市行政审批服务局公司设立行政登记案[④]中，法院综合全案证据对于付某对第三人公司设立之事是否知情、付某是否被冒名登记为公司股东进行综合判断，认为不能排除付某知情，且付某亦未对身份被冒用作出合理说明。

---

① 江苏省镇江市中级人民法院发布2021年度弘扬和践行社会主义核心价值观十大典型案例之三：王某一等与镇江市人民政府等房屋登记行政复议纠纷上诉案——隐瞒再婚办理不动产登记法院判决隐瞒人对错误登记承担责任，发布日期2022年2月23日。

② 广东省揭阳市中级人民法院（2011）揭中法行终字第1号行政判决书。

③ 安徽省高级人民法院发布行政诉讼十大典型案例之十：南京某建筑工程有限公司诉滁州市工商行政管理局企业登记案，发布时间2017年。

④ 山东法院发布10起优化营商环境行政诉讼典型案例之五：付某诉某市行政审批服务局公司设立行政登记案，发布日期2021年4月14日。

三、法定判决方式在行政登记案件实践应用中存在的问题

（一）类案中判决方式的适用标准尚不统一

类案同判意味着类案中判决方式的适用应尽可能保持一致，事关司法裁判的公正性、可接受性、可追责性、未来规划性。从上文案件的梳理情况来看，类案判决标准不统一的问题仍然存在。类案不同判主要是由法律规范语言具有概括性和抽象性、裁判者的个体差异等原因引发的，具体到行政登记案件判决方式选择中体现为各类裁判方式的适用标准仍然存在不明确或交叉的情况。例如，因申请材料虚假导致市场主体登记错误情形下，实践中存在撤销判决、确认违法判决、驳回判决或履责判决等多种判决方式。又如，婚姻登记机关未尽到审查义务导致登记对象错误，实践中存在撤销判决和确认无效判决等判决方式。再如，存在拒绝性答复的情形下，无论是适用撤销判决与履行判决，还是撤销判决与重作判决，抑或是只适用履行判决，实践中存在不同做法。

（二）裁判文书说理质量良莠不齐

裁判文书说理的质量关系到裁判结果的正当性以及裁判对象对于裁判结果的可接受性。从判决方式的角度来看，充分说理是选择判决方式的论证基础。充分说理能够清晰地展示裁判方式应用过程中法官认定事实和适用法律的考量因素。观察上文案例的文书说理情况，明显存在良莠不齐的现象，有些说理过于简单，对于裁判方式选择的核心影响因素说理不充分。例如，对于行政登记案件中行政机关采取何种审查标准存在不同的理解，有实质审查标准、形式审查标准和审慎审查标准之分，法院确定审查标准后，没有对为何选取该标准进行说理论证。

（三）新型判决方式的应用尚显不足

2014 年修改的《行政诉讼法》创设了行政诉讼一并解决民事争议制度。该项制度设计对于解决行政民事交叉类行政争议，提升诉讼程序效益有积极作用，能够拓展裁判方式的种类以便应对实践中的复杂情形。审判实践中亦有法院适用行政诉讼一并解决相关民事争议制度的典型案例。[①] 行政登记案

① 山东省高级人民法院（2018）鲁行再 57 号行政判决书、浙江省宁波市鄞州区人民法院（2010）甬鄞行初字第 36 号行政判决书。

件的特点之一表现为民事法律关系与行政法律关系交叉，民事争议一并解决制度也成了实质解决行政登记争议的良方。然而，囿于制度设计的条件限制、法院不同审判庭的机构设置、法官的专业能力等因素的影响，该项制度的实践应用效果并不理想。

四、行政登记案件判决方式适用中的实践难点及解决

（一）行政登记案件中撤销判决适用的实践难点及解决

1. 登记错误情形下的判决方式选择

登记错误是行政登记实践中的多发现象。在司法实践中，当事人一般提出撤销错误登记的诉讼请求。法院经审查确实存在登记错误情形，实践中存在多种判决方式的应用。多数情况下以主要证据不足为由适用撤销判决。即使在不可归责于登记机关的事由导致登记错误时，也会适用撤销判决，仅于文书说理中表明登记机关尽到了审查义务并无过错，以便与国家赔偿制度衔接。涉及国家利益和社会公共利益及第三人善意取得时则适用确认违法判决。亦存在基于行政行为违法性判断基准时理论采取驳回判决的情形。

实践中导致登记错误的原因多元。可能是登记机关没有尽到审查义务，也可能是不可归责于登记机关的原因导致登记错误。例如，上述案例中申请人提供虚假材料且超出了登记机关识别能力的情形，或者因基础民事法律关系变化导致登记行为丧失事实基础的情形。对此，法院应当厘清导致登记错误的不同原因及不同因素的作用。既要通过判决方式的选择体现出对违法登记行为的充分监督，避免诉累，有效解决行政争议；又不能以明显高于登记机关审查能力的标准衡量登记行为的合法性，符合行政行为违法性判断基准时的法理。

笔者认为，大体上可以将登记错误分为两种情形：一种是可归责于登记机关的登记错误，应适用撤销判决或确认违法判决，体现法院对违法行政行为的监督。另一种是不可归责于登记机关的登记错误，不宜采取否定行政行为合法性的撤销判决和确认违法判决，否则将造成登记机关尽到了审查义务却为无过错的行为承担责任，对于登记机关而言明显不公平。即便有些判决的说理中明确说明登记机关已经尽到审查义务，判决理由与裁判结果之间的逻辑也并不顺畅。此种情况下，采用驳回判决，并释明引导当事人通过登记更正（撤销）程序救济权益，将行政机关自我纠错程序作为解决此类登记错

误的主渠道是可行之举。例如，《行政许可法》第69条第2款、《公司法》第198条、《市场主体登记管理条例》第40条等规定的撤销登记程序。《民法典》第220条、《不动产登记暂行条例》第14条等规定的更正登记程序。如果当事人申请更正（撤销）登记后，认为登记机关未履行登记的法定职责，则可以提起履责之诉。法院经审理后视案件具体情况采取履责判决或驳回判决。

2. 行政登记案件中登记机关对申请材料的审查标准

诉讼中判断登记机关审查申请材料时应当采取何种审查标准直接决定判决方式的种类。从上述案例来看，法院对不同种类的行政登记行为采取了不同的审查标准，如收养登记中应尽到实质审查义务，婚姻登记中应尽到形式审查义务，不动产登记中应尽到审慎的审查义务等。在同种类的登记行为中亦存在不同的判断标准，如是市场主体登记中应尽到审慎的注意义务还是形式审查义务存在不同的案例。上述裁判标准不统一的问题亟待解决。

理论层面上，关于登记机关审查标准的观点争议较大，主要有形式审查标准，即行政机关只对申请材料的形式要件进行审查，包括材料是否齐全，是否符合法定形式。[①] 实质审查标准，即登记机关对于登记申请人的登记申请，不仅审查登记手续是否合法，还要审查其是否与实体法上的权利关系一致，实体法上的权利关系是否有效。从登记机关的调查权限上来看，接受登记申请后，应当对登记内容进行询问和调查，以确保登记内容的真实性。[②] 折中审查标准，即登记机关对登记事项有实质审查的职权，而无必须进行实质审查的义务，也不承担实质审查的法律责任。[③] 区分审查标准，即登记机关应当针对不同的登记申请资料分别进行形式审查或实质审查。[④] 上述理论探讨对于理解审查标准的内涵有重要意义，但抽象论争对于涉及繁杂登记领域的司法实践而言，指导作用有限。

司法实践中，法院采取何种审查标准。首先，从法律规范出发，确定基础审查标准，比如《市场主体登记管理条例》明确规定，登记机关应当对申请材料进行形式审查。其次，在基础审查标准的基础上应尽到合理审慎的注意义务。登记机关对申请材料尽到合理审慎的注意义务，尽力避免登记错误。这不仅是平衡公正与效率价值的需求，也体现了行政机关对相对人负责、对

---

① 张民安：《商法总则制度研究》，法律出版社2007年版，第447页。

② 黄薇主编：《中华人民共和国民法典释义》，法律出版社2020年版，第419页。

③ 李慧阳：《商主体登记法律制度研究》，对外经济贸易大学出版社2009年版，第188页。

④ 程啸：《不动产登记法研究》，法律出版社2018年版，第442页。

自己负责的态度，能够减少行政争议的产生，节约行政、司法资源。

关于“是否尽到了合理审慎的注意义务”的认定标准。该问题的实质是诉讼中如何把握登记机关对登记材料的审查强度。要求登记机关履行合理审慎的注意义务并非否定法律规定的审查标准，无论是采取形式审查标准还是实质审查标准，登记机关尽到合理审慎的注意义务都是必需的，只是程度不同而已。该要求的法理基础在于行政机关不能怠于履行行政义务，应履职尽责。实质上是对作为专业机构的登记机关课以高于一般人的注意义务。履行合理审慎的注意义务意味着，登记机关审查申请材料时主观上必须尽到作为职业人员的合理注意义务，在客观上必须采取适当的措施并防止危害后果的发生，否则视登记机关主观上存在过错。

例如，在市场主体登记案件中，有观点认为，《市场主体登记管理条例》明确了形式审查标准，司法实践即应以此为判断标准。笔者认为，该条例规定的形式审查标准，指的是登记机关不对材料的真实性负有实质审查的义务，但仍需尽到合理审慎审查的义务。如果申请材料存疑应通过询问、实体调查、司法鉴定等方式予以确认，不能以形式审查为由，不履行进一步核实调查义务。通过梳理相关案例，市场主体登记审判实践中未尽到审慎审查义务的常见情形有：申请材料中同一人的签名存在明显不一致[①]；申请人提供的并非有效的证件[②]；未审查出缺少批准文件的情形[③]；将审查核对义务交由当事人自行完成，以当事人说明代替法定的证明材料，多份申请材料于申请当日取得[④]；对股东会议决议事项所涉及的股东身份、表决方式及结果未尽核实义务[⑤]；变更登记时提交的股东会决议、公司章程修正案，不符合其备案的公司章程规定，也不符合公司法的规定[⑥]。

3. 与行政赔偿案件的衔接

发生登记错误时，如果因登记机关的原因导致登记错误，由登记机关承

---

① 上海市高级人民法院发布13起2021年行政审判典型案例之六：戚某诉上海市虹口区市场监督管理局工商登记案，发布日期2022年11月2日。

② 广州铁路运输中级法院发布2021年度行政诉讼十大典型案例之六：李某新诉广州市白云区市场监督管理局工商登记案，发布日期2022年5月16日。

③ 河南省洛阳市中级人民法院（2011）洛行终字第57号行政判决书。

④ 河北省秦皇岛市中级人民法院（2012）秦行初字第13号行政判决书。

⑤ 《中国行政审判指导案例（第1卷）》第10号案例：赵某斌不服黑龙江省大庆市工商行政管理局萨尔图分局企业法人工商行政登记案。

⑥ 北京市昌平区人民法院（2007）昌行初字第22号行政判决书。

担赔偿责任并无争议。如果因登记材料虚假导致登记错误，相关责任承担则显得复杂得多。对此，可从是否赔偿和如何承担赔偿责任两个角度分析。首先，是否尽到了合理审慎的注意义务是判断登记机关是否承担赔偿责任的重要标准。其次，混合过错情形下行政机关承担赔偿责任的方式可分为连带赔偿责任和按份赔偿责任两类。对于有意思联络的共同侵权，登记机关应承担连带赔偿责任。例如，登记机关与提交虚假材料的第三人恶意串通，登记机关与其他行政机关共同实施违法登记行为，或者登记机关与其他行政机关分别实施违法行政行为造成同一损害，每个行政机关的违法行为都足以造成全部损害。对于无意思联络的共同侵权，登记机关承担按份责任。例如，由于第三人提供虚假材料，导致登记机关作出的违法登记行为侵害合法权益的情形，应当根据登记机关的过错程度及其在损害发生和结果中所起作用大小承担相应的赔偿责任。[①]

（二）行政登记案件中确认违法判决适用的实践难点及解决

不动产登记中的善意取得问题。《最高人民法院关于审理房屋登记案件若干问题的规定》第 11 条第 3 款规定："被诉房屋登记行为违法，但判决撤销将给公共利益造成重大损失或者房屋已为第三人善意取得的，判决确认被诉行为违法，不撤销登记行为。"根据上述司法解释的规定，善意第三人取得房屋所有权的情形下，即便被诉房屋登记行为违法，法院也不适用撤销判决，而应适用确认违法判决。该条规定的理论基础系信赖利益的存续保护，旨在保障善意第三人的权益，构成了法院适用撤销判决的阻却事由。但鉴于信赖利益的存续保护理论与依法行政原则存在紧张关系，该阻却事由应限定在特定范围内。

物权善意取得的构成要件。《民法典》第 311 条规定了不动产所有权善意取得的几个条件：无权处分人将不动产转让给受让人；受让人受让该不动产时是善意；以合理的价格转让；转让的不动产依照法律规定应当登记的已经登记。在房屋登记案件中，房屋所有权善意取得中的无权处分应指向登记错误的情形，且处分人与登记人应为同一人，法院判决房屋买卖合同无效并不

① 中国银行江西分行诉南昌市房管局违法办理抵押登记案，载《最高人民法院公报》2004 年第 2 期。

能必然排除善意取得的适用。[①] 根据上述规定，当事人善意取得其他物权参照适用不动产所有权善意取得的条件。以房屋作为抵押物设立抵押权，符合法定条件的，第三人亦可构成善意取得。

根据上述分析，所有权的善意取得构成撤销判决的阻却事由。然而，由于抵押权具有物权追及力，无论抵押物的所有权辗转于何人之手，均不影响抵押权的行使。[②] 因此，即便第三人善意取得房屋抵押权，也并不影响法院撤销违法的房屋转移登记行为，撤销判决并不影响第三人实现善意取得的抵押权。故抵押权的善意取得不构成撤销判决的阻却事由。

（三）行政登记案件中确认无效判决适用的实践难点及解决

婚姻登记行为适用确认无效判决是否适当。婚姻登记行政案件的审查标的是婚姻登记行为的合法性。判断婚姻登记行为的合法性关键在于审查登记机关是否尽到了《婚姻登记条例》规定的审查义务。同时《民法典》第 1051 条规定了婚姻无效的情形，包括重婚、有禁止结婚的亲属关系、未到法定婚龄。第 1052 条、第 1053 条规定了可撤销婚姻的情形，包括胁迫结婚、患有重大疾病未如实告知另一方。根据上述规定，婚姻行为的效力问题属于民事法律规范调整的范畴，应通过民事诉讼途径解决争议。同时，由于《民法典》对《婚姻法》关于胁迫结婚的情形下登记机关的撤销权进行了修改，《婚姻登记条例》第 9 条规定的通过申请登记机关撤销胁迫婚姻的救济途径也应进行相应的修正。

关于婚姻登记行政诉讼裁判方式的选择。鉴于婚姻登记行为的合法性问题和婚姻行为的效力问题分属行政法律关系和民事法律关系，行政诉讼中不应将两者混淆。对婚姻登记行为的合法性审查应当以登记机关是否尽到审慎注意义务为标准予以判断。如果登记机关未尽到审查义务则可采用撤销判决或确认违法判决，构成重大且明显违法的可采用确认无效判决。如果登记机关尽到审查义务则应采用驳回判决。需要说明的是，此处的撤销判决和确认无效判决系对婚姻登记行为的合法性判断，并非对婚姻行为的效力作出的判断，对于婚姻效力的争议仍应通过民事诉讼解决。当事人对于婚姻效力提起行政诉讼，应采用驳回判决。

① 赵锋：《不动产善意取得制度在房屋登记行政案件中的适用》，载《中国律师》2014 年第 9 期。

② 霍振宇：《行政登记与司法审查》，法律出版社 2010 年版，第 217 页。

（四）行政登记案件中履行判决适用的实践难点及解决

1. 履行判决的深度

履行判决除了具有其他判决方式所共有的拘束力和既判力之外，还具有较强的执行力。人民法院判决登记机关履行法定职责，应明确指出履行职责的内容和履行期限。

2. 撤销 + 履行判决与撤销 + 重作判决的选择

根据《行诉法解释》第 91 条的规定，履行法定职责案件包括登记机关明确拒绝履行法定职责和无正当理由逾期不予答复两种情形。存在拒绝性答复的案件中，法院经审理认为登记机关所作拒绝性答复不合法，应采用撤销判决对拒绝性答复作出处理，同时判决登记机关履行相应的法定职责。如果申请事项仍需登记机关调查裁量的，采用撤销重作判决更为适宜。

五、行政登记案件判决方式的发展与完善

（一）精细设计适用条件，促进判决方式适用标准统一

深入分析研究各类判决方式的法定适用条件及其内在逻辑联系，有助于细化行政审判规则，规范法官选择判决方式的裁量权，实现行政审判职能作用。[①] 行政登记案件判决方式的实践应用中存在的突出问题之一表现为标准不一，原因在于法定判决方式在行政登记案件中系统性欠佳和精细化不足。行政判决方式是一个内容庞杂的体系，准确把握体系性要素不仅要研究个别的行政判决方式，而且要弄清楚不同判决方式之间的关系，避免行政登记案件中出现“判决方式适用标准不统一”现象。另外，精细化的适用条件分析，是弥合立法的原则性与社会生活复杂性之间差距的必备条件。从规范层面来看，设计法定判决方式的适用条件面向的是所有种类的行政案件，针对行政登记案件这一特定领域，法律规范的供给不足。从理论研究层面来看，现有研究成果中，部分研究成果仍显粗疏，部分研究成果适用条件设计的科学性有待进一步论证，部分研究成果的实践应用性欠佳，部分研究成果之间存在难以达成一致的观点争议，理论供给仍显不足。不同判决方式在行政登记案件中的恰当应用，取决于对判决方式适用条件的精细化研究，关键在于确定行政登记案件中适用不同判决方式的难点、重点问题的标准。规范层面出台

---

① 郭修江：《行政诉讼判决方式的类型化——行政诉讼判决方式内在关系及适用条件分析》，载《法律适用》2018 年第 11 期。

司法解释，理论层面结合案例进行针对性研究应当是行政登记案件判决方式体系化与精细化的应然路径。

（二）提升文书说理质量，增强判决方式的正当性与可接受性

行政裁判文书说理充分化正是通过在法律实施的细节上进行改革完善以便更好地实现公平正义。总体而言，需要从“人的进路”与“制度的进路”两方面协同推进。从不说理到说理，从说理不充分到规范说理，从规范说理到充分说理，从充分说理到有重点的充分说理，以符合事物发展规律的方式方法，逐步提升行政裁判文书质量，充分实现其应有功能。[①] 具体到行政登记案件判决方式的说理。应当重点从案件事实与行政诉讼法定判决方式的适用条件的对应性方面进行详尽说理，为本案裁判方式的正当性提供论证基础。案件涉及不同种类的裁判方式选择适用时，应充分说明法官选择裁判方式的考量因素。例如，在不动产登记案件中，所有权的善意取得构成撤销判决的阻却事由，根据案件事实论证是否构成善意取得就成了案件说理的重点之一。又如，不同种类的行政登记案件中，登记机关采取的审查标准直接影响司法审查的标准，进而影响裁判方式的选择。因此，法院对于为何适用本案审查标准应予充分说理，避免因标准不清晰，影响裁判的正当性和可接受性。

（三）充分应用制度内资源，丰富判决方式的种类

从行政登记相关案例的情况来看，判决方式主要集中于撤销判决、驳回判决、履行判决、确认违法及无效判决等，多数涉及的是传统的行政判决方式。为有效应对审判实践中复杂多元的案件情况，实质解决行政争议，充分保障当事人的合法权益。一方面要在细化传统判决方式的适用条件、拓展适用范围上下功夫。另一方面也需要在传统判决方式之外寻求解决方案。对此，《行政诉讼法》进行了多种制度创新，包括行政诉讼一并解决民事争议制度、规范性文件附带性审查制度、检察机关提起公益诉讼制度和行政诉讼调解和解制度等。依托上述制度创新，在审判实践中总结经验，反思不足，完善制度适用机制，进而为行政登记案件的妥善审理提供多元化的判决方式和解决途径，也成了实质解决行政登记争议的另外一个着力点。完善传统判决方式与行政诉讼制度创新相结合，两者相辅相成，双管齐下方能提升判决方式对

---

① 肖克：《国家治理现代化视野下的行政审判方式改革研究》，法律出版社 2022 年版，第 185 页。

行政登记案件的包容性与适应性。

（四）合理运用智能化成果，助力判决方式的完善

审判与人工智能相遇改变了传统的审判工作场景，从传统的线下庭审到在线庭审，从纸质办公环境到无纸化办公环境，从封闭的司法环境到审判流程公开，从翻阅典籍到类案检索，从人工记录到智能语音识别，审判方式智能化成了审判方式现代化的重要方面。[①] 将近年来智慧法院建设的相关成果合理应用于行政判决方式的适用中，有助于判决方式的完善。例如，将类案检索与判决方式深度结合，对于统一裁判标准、强化文书说理质量、提升审判效率均可以产生积极的影响，助力法官有效完成行政登记案件的审判工作。

司法实践中行政登记案件种类多样、行为性质多元，因交织民事法律关系与行政法律关系而显得疑难复杂，登记机关的审查标准及司法审查深度不一。法定判决方式应用于行政登记案件，应把握其特点，针对司法实践中选取判决方式时出现的重点、难点问题进行精细化研究，统一适用条件及标准，并就案件事实与法定判决方式适用条件的对应性充分说理，发掘制度内资源拓展行政登记案件判决方式的种类，合理利用智能化成果的辅助功能，以便在行政登记案件中准确适用法定判决方式，实质性解决行政登记争议。

---

① 肖克：《国家治理现代化视野下的行政审判方式改革研究》，法律出版社 2022 年版，第 211 页。

行政协议案件判决方式

2014 年《行政诉讼法》修正后，行政协议案件被正式纳入行政诉讼受案范围，一些新难问题也随着行政协议案件审理而不断出现。2014 年《行政诉讼法》对行政裁判方式作了相应的修正，建立了相对严谨的判决形式体系，这无疑将对行政协议案件判决方式产生重要影响，也是行政协议案件审理中亟待研究的问题。

一、行政协议案件判决方式的内涵

简言之，行政协议案件判决是人民法院对行政协议案件经开庭审理后，作出的实体权利义务的判决。《行政诉讼法》第 12 条第 1 款第 11 项规定，公民、法人或者其他组织认为行政机关不依法履行、未按照约定履行或者违法变更、解除政府特许经营协议、土地房屋征收补偿协议等协议的，可以提起行政诉讼。根据上述规定，公民、法人和其他组织认为行政机关不依法履行、未按照约定履行或者违法变更、解除政府特许经营协议、土地房屋征收补偿协议等协议的案件属于行政诉讼受案范围。这里需要明确的是，尽管行政协议具有“行政性”和“协议性”的双重属性，行政协议仍然属于行政行为的一种类型，应当受到《行政诉讼法》的调整。在理解和把握行政协议案件判决方式时，需要注意以下几个方面问题。

（一）行政协议属于双务行政行为

有观点认为行政协议不是行政行为，这是对行政协议性质的不准确认识。所谓行政行为，是指“行政机关或者法律、法规、规章授权的组织在实施行政管理过程中的所有作为、不作为行为”。[①] 行政协议作为行政行为，是行政机关为实现公共利益或者行政管理目标，在法定职责范围内，与公民、法人或者其他组织协商订立的具有行政法上权利义务内容的协议。行政协议是行政机关通过协商一致与行政相对人之间签订的具有行政法上权利义务关系的协议。随着市场经济的发展，平等、自由、民主、法治等价值观念的弘扬，政府社会治理方式发生变革，从传统的“命令—服从”型管理方式向温和、民主、协商的权力行使方式转变，如行政协议、行政指导方式。行政权力行使方式的变革，更容易促使行政相对人在心理上从原来的抵触情绪变为积极配合。当前行政协议在实践中普遍存在，不仅普遍存在于行政管理的各个领域，已经发展出丰富多样的形态，并且仍处于快速扩展的进程中。随着民主行政、给付行政的推进，行政协议的应用空间越来越大。行政协议的普遍性意味着它已经成为一种常态性的行政行为，在行政实务中逐渐占有一席之地。[②]

行政协议作为公共管理和服务的一种方式，具有鲜明的公权力属性。国有土地使用权出让合同、国有土地上房屋征收和补偿协议、治安处罚担保协议、行政强制执行协议、城镇污水与排水特许经营合同、招商引资协议等，均属于行政协议范畴。行政协议作为双务行政行为就是通过协议的方式在行政机关与行政相对人之间确定的权利义务关系。行政协议作为双务行政行为，与行政机关与行政相对人之间单纯的管理和被管理的单方行政行为不同。单务行政行为是行政机关依职权单方作出的不需要与行政相对人协商一致的行政行为，如行政处罚、行政强制、行政许可等都属于单务行政行为。行政协议需要行政机关与公民、法人或者其他组织经协商一致订立，不经协商一致不能形成行政协议。由于行政协议在性质上属于行政行为，《行政诉讼法》应当适用于行政协议案件的审理和裁判中，无疑《行政诉讼法》规定的行政判决方式都可以适用于行政协议案件。

---

① 江必新主编：《中华人民共和国行政诉讼法理解适用与实务指南》，中国法制出版社 2015 年版，第 56~57 页。

② 江必新：《中国行政合同法律制度：体系、内容及其构建》，载《中外法学》2012 年第 6 期。

（二）行政协议案件法定判决方式及其局限

《行政诉讼法》将行政协议案件纳入受案范围，第78条规定了行政机关不依法履行、违法变更或解除本法第12条第1款第11项规定的协议的，法院判决被告承担继续履行、采取补救措施或者赔偿损失等责任。被告变更、解除本法第12条第1款规定的协议合法，但未依法给予补偿的，法院判决给予补偿。从上述法律规定来看，在审查行政协议合法性的基础上，针对原告提出的诉讼请求，法院可以判决被告承担继续履行、采取补救措施或赔偿、补偿等责任。从实践中看，由于行政协议是双务合同，约定的是行政机关与公民、法人或者其他组织之间权利义务的协议，因此引发纠纷原因可能是行政机关方面原因，也可能是公民、法人或者其他组织方面原因。一旦发生纠纷，既可能是条文明确列举的四种行政协议行为方式引发纠纷情形，即认为行政机关“不依法履行、未按照约定履行或者违法变更、解除行政协议”，也可能是除此之外的其他原因，如公民、法人或者其他组织认为行政协议不成立、无效、违法，或者根据情势变更原则，请求继续履行、撤销、变更或者解除协议等情形。[①] 总体而言，当事人的诉求主要包括以下几类：与协议效力有关的，如诉请法院确认合同违法或无效；与解除协议有关的，如要求解约或要求不解约；与协议履行相关的，如要求继续履行；与解除协议后损害赔偿有关的，如要求赔偿损失。[②]

《行政诉讼法》规定的行政协议案件法定的判决方式主要包括继续履行判决、采取补救措施判决、赔偿判决、补偿判决。这些判决方式都是建立在行政协议已经合法有效订立的基础上，只有当行政协议合法有效，这样才能判决继续履行协议、采取补救措施、赔偿、补偿。事实上，行政协议案件成因复杂，可能是当事人诉请法院确认行政协议违法或无效、撤销行政协议、变更协议等。针对当事人多样诉讼请求，行政协议案件法定判决方式显然难以作出针对性判决。法定判决方式的局限性会直接影响法院对行政协议案件作出正确判决，也很难让法院的判决对当事人的诉讼请求进行回应，不利于行政协议争议的有效解决。为此，必须跳出行政协议案件法定判决方式的桎梏，对法定方式进行必要完善。

---

① 程琥：《审理行政协议案件若干疑难问题研究》，载《法律适用》2016年第12期。

② 陈无风：《行政协议诉讼：现状与展望》，载《清华法学》2015年第4期。

（三）行政协议案件未来可以采用的判决方式

实践中，除行政协议案件法定判决方式之外，是否还包括其他判决方式，《行政诉讼法》并没有作出明确规定。2014年修正的《行政诉讼法》实施以来，行政法学界和司法实务界对于行政协议的认识已经有了根本性转变，不再拘泥于相关条文对于行政协议作出的有限规定。“行政协议是一个系列行为，包括行政协议的要约、协议的签订、协议的履行、协议的解除、协议的无效、违约责任、补偿与赔偿责任等。”[①] 行政协议从签订到履行的整个过程都有可能涉诉，行政协议案件类型的广泛性也就决定了行政协议案件判决方式的类型多样性。

由于行政协议案件不同于传统行政案件，“行政协议案件是一种新类型的案件，撤销判决、确认判决、驳回诉讼请求判决、变更判决等传统的判决方式与行政协议案件不相适应，需要为其设定相应的判决种类”。[②] 同时，也应当注意到，《行政诉讼法》规定的行政协议案件的法定判决方式有限，不能完全满足审判实践需要。这就需要在行政协议案件法定判决方式之外，结合审判实践需要探索把《行政诉讼法》规定的传统判决方式适用于行政协议案件裁判中。行政协议在性质上原本属于行政行为，《行政诉讼法》规定的判决方式原则上都可以适用于行政协议案件。实践中，针对非因合同履行和解除而产生的纠纷，即对合同成立、合同效力、合同合法性产生的纠纷，仍然可以沿用确认判决、撤销判决或履行职责判决。[③] 行政协议案件法定判决方式可以适用的情形，则适用法定判决方式；法定判决方式不能适用的，则适用《行政诉讼法》规定的传统判决方式。因此，有必要结合行政协议案件特性，对传统判决方式进行进一步丰富和发展，以满足行政协议案件判决方式的需要，促使行政协议案件回归到合法性审查轨道上来。

二、行政协议案件判决方式的主要类型与适用条件

结合《行政诉讼法》规定的判决方式，法院经对行政协议案件的合法性和合约性审查，行政协议案件的判决方式主要包括以下类型。

---

① 江必新主编：《中华人民共和国行政诉讼法理解适用与实务指南》，中国法制出版社2015年版，第71页。

② 江必新、邵长茂：《新行政诉讼法修改条文理解与适用》，中国法制出版社2015年版，第287页。

③ 陈无风：《行政协议诉讼：现状与展望》，载《清华法学》2015年第4期。

（一）驳回诉讼请求判决

驳回诉讼请求判决是指人民法院经过对行政案件的实体性审查，认为原告诉讼请求不能成立，但又不适宜对被诉行政行为作出其他类型判决的情况下，直接作出否定原告诉讼请求的一种判决方式。[①]《行政诉讼法》第69条规定："行政行为证据确凿，适用法律、法规正确，符合法定程序的，或者原告申请被告履行法定职责或者给付义务理由不成立的，人民法院判决驳回原告的诉讼请求。"2014年修正的《行政诉讼法》取消了原有的维持判决，对《执行行诉法若干解释》中驳回诉讼请求判决的适用范围作了重大改变。这一规定不仅在功能上替代了维持判决对于合法行政行为的支持，而且更多地倾向于对原告诉求和权益的关注，并在行政机关需要对行政行为进行调整时留有了余地。当然，需要明确的是，"即便作出驳回原告诉讼请求判决，法院仍要坚持对被诉行政行为进行合法性审查的原则，而不能将审查重点转为对原告诉讼请求和提出的证据，也不宜以原告诉讼请求和所提出的证据不成立为由直接驳回原告诉讼请求"。[②]

由于驳回诉讼请求判决包含原维持判决的功能，而且具有原维持判决所不具有的功能，故用驳回诉讼请求判决取代维持判决事实上扩大了原维持判决的适用范围。行政协议案件判决驳回诉讼请求情形远比《行政诉讼法》第69条规定的范围要广，在被诉行政协议合法有效的；原告起诉被告不履行协议而理由不能成立的；原告起诉被告解除协议或变更协议违法而理由不能成立的；被诉行政协议合法，但因情况变化需要终止或解除的等情形下，均可以适用驳回诉讼请求判决。驳回诉讼请求判决是行政协议案件适用范围最为广泛的判决方式之一，法院经审理认定原告诉讼请求没有依据，法院可以作出驳回原告诉讼请求判决。实践中，以下情形可以适用驳回诉讼请求判决：

1. 原告请求被告履行行政协议而其请求理由不成立的

比如，在原告王某某因请求被告甘泉县人民政府履行行政协议一案中，法院经审查认为，原告起诉请求被告提前收回原告位于甘泉县城关镇北关旧

---

① 江必新主编：《中华人民共和国行政诉讼法理解适用与实务指南》，中国法制出版社2015年版，第321页。

② 江必新主编：《中华人民共和国行政诉讼法理解适用与实务指南》，中国法制出版社2015年版，第323页。

桥头面积180平方米的土地后，与县政府达成口头土地补偿协议，现要求履行该协议。被告答辩认为原告所诉口头补偿协议并不存在。原告应当就其与被告之间存在口头土地补偿协议承担举证责任，由于原告在庭审中未能提供充分的证据证明其所诉口头土地补偿协议的存在，故应当承担举证不能的法律后果。因此原告请求被告履行口头土地补偿协议没有事实依据，其请求理由不能成立，遂判决驳回原告王某某的诉讼请求。[①]

2. 原告要求确认行政协议无效并撤销而其请求缺乏事实和法律根据的

比如，在赣州经济技术开发区嘉年华业主管理委员会诉赣州市城乡规划局赣州经济技术开发区分局城建行政协议一案中，法院经审查认为，原告、被告于2012年11月19日签订的协议是双方经过协商签订的协议，系双方真实意思表示，协议的内容没有违反国家法律强制性规定，该协议合法有效。原告提出该协议系被告采取语言施压、暴力逼迫、乘人之危的手段，致使原告在2012年11月19日签订的，该协议违反业主委员会的决定与赣市府90号文件相悖，显失公平、侵犯了业主的合法权益。原告主张上述观点提供的证据与本案没有关联，无法证明被告实施语言施压、暴力逼迫、乘人之危的手段，故原告要求确认与被告于2012年11月19日签订的协议书第2条、第3条、第4条无效并予以撤销的诉讼请求没有事实和法律根据，应予驳回。遂判决驳回原告嘉年华业主委员会关于要求确认与被告赣州市规划局经开分局于2012年11月19日签订的协议书第2条、第3条、第4条无效并予以撤销的诉讼请求。[②]

3. 原告请求确认行政协议无效并予以行政赔偿而其请求缺乏事实和法律根据的

比如，在原告开封市服装行业商会诉被告兰考县人民政府行政协议及赔偿一案中，法院经审查认为，原告、被告签订涉案协议，是双方的真实意思表示。原告未提交证据证明其签订涉案协议系受胁迫的情形，且涉案协议不属于《合同法》第52条规定的无效情形。涉案协议合法有效。原告要求确认涉案协议第3条无效并撤销的诉讼请求，不予支持。原告的赔偿请求亦无事实根据和法律依据，不予支持。遂判决驳回原告开封市服装行业商会的诉讼请求。[③]

---

① 陕西省延安市中级人民法院（2015）延中行初字第00010号行政判决书。

② 江西省赣州经济技术开发区人民法院（2015）赣开行初字第6号行政判决书。

③ 河南省开封市中级人民法院（2017）豫02行初48号行政判决书。

4. 原告请求撤销行政协议并判令被告赔偿差额而其请求没有事实和法律依据的

比如，在原告杨某某诉被告遵义市汇川区人民政府行政合同纠纷一案中，法院经审查认为，原告、被告双方签订的上述补偿协议系双方真实意思表示，被告具有征收原告房屋的主体资格，协议内容事实清楚，符合征收补偿方案精神，合法有效。原告请求撤销于2016年8月10日与被告签订的《遵义市房屋征收安置补偿协议书》，并判令被告赔偿原告被征收房屋市场价与征收价的差额没有事实和法律依据，依法应驳回其诉讼请求。遂判决驳回原告杨某某的诉讼请求。[①]

（二）撤销判决

撤销判决是法院经审查认定被诉行政行为部分或者全部违法而部分或全部撤销被诉行政行为的判决形式。撤销判决意味着法院对被诉行政行为的否定评价，是司法机关纠正违法行政行为的有效手段。《行政诉讼法》第70条规定，行政行为有下列情形之一的，人民法院判决撤销或者部分撤销，并可以判决被告重新作出行政行为：（1）主要证据不足的；（2）适用法律、法规错误的；（3）违反法定程序的；（4）超越职权的；（5）滥用职权的；（6）明显不当的。

行政协议案件可否适用撤销判决，《行政诉讼法》并没有作出规定。从审判实践来看，撤销判决可以并且也经常适用于行政协议案件。行政协议案件适用撤销判决需要满足以下条件：（1）行政协议违法或无效。（2）被诉行政协议已经成立生效并且仍有约束力。（3）被诉行政协议具有可撤销内容。（4）被诉行政协议仍然存在，如果行政协议已经被撤销或者变更，则应作出确认违法判决。（5）撤销不会给国家利益、社会公共利益造成重大损失。判决撤销会导致行政协议自始无效，如果该撤销判决会给国家利益或者社会公共利益造成重大损失，则应当判决确认违法并保留其效力。撤销判决可以分为三种具体方式：（1）全部撤销。它适用于整个行政协议全部违法或行政协议部分违法但行政协议不可分的情况。此种判决生效后，行政协议不再对相对人发生任何法律效力，行政协议给相对人造成的损害，相对人有权请求赔偿；同时被诉行政机关承担败诉法律后果。（2）部分撤销。它适用于行政协议部分违法、部分合法，且行政协议可分，法院只作出撤销违法部分的判决

---

① 贵州省遵义市中级人民法院（2017）黔03行初173号行政判决书。

情况。这种判决使部分行政协议失去效力，通常适用于行政协议具有可分性并且行政协议部分合法、部分违法的情况。（3）判决撤销并责令被告采取补救措施。它适用于违法行政协议撤销后尚需被告对行政协议所涉及事项采取补救措施的情形。《行政诉讼法》第70条规定的撤销判决的情形可以适用于行政协议案件中。比如，在原告赵某甲不服被告壶关县人民政府于2017年4月23日与赵某乙签订的房屋征收补偿安置协议一案中，原告赵某甲与第三人赵某乙、赵某丙系亲兄弟关系，父母均已去世，留下位于壶关县龙泉镇龙潭河村宅基地及房屋一套。2017年4月23日，壶关县房屋征收管理中心代表被告壶关县人民政府与第三人赵某乙签订了《房屋征收补偿安置协议》，该协议中就其父母留下的房屋进行了拆迁补偿的约定，侵犯了其合法权益。故请求法院依法撤销壶关县房屋征收管理中心与第三人赵某乙签订的《房屋征收补偿安置协议》。法院经审查认为，根据不动产所有权的固有法律属性和房屋拆迁安置过程中普遍性的政策规定，被征收房屋的补偿安置权是由该房屋的所有权转化而来，在所涉房屋部分权属尚不明确的情况下，壶关县房屋征收管理中心与第三人赵某乙签订补偿安置协议侵犯了涉案房屋其他共有人的合法权益，协议签订时所依据的主要证据不够确实充分，符合法律所规定的撤销情形。遂判决撤销2017年4月23日壶关县房屋征收管理中心与第三人赵某乙签订的《树人街、团结街和龙泉镇龙潭河村城中村改造房屋征收补偿安置协议》。①

（三）履行判决

履行判决是指人民法院经过对行政案件的审查，确认被告存在应当履行而不履行法定职责的行为，而作出判决行政机关在一定期限内履行其法定义务和职责的一种判决形式。履行判决在性质上属于给付判决的一种。《行政诉讼法》第73条规定“人民法院经过审理，查明被告依法负有给付义务的，判决被告履行给付义务”；第78条第1款规定“被告不依法履行、未按照约定履行或者违法变更、解除本法第十二条第一款第十一项规定的协议的，人民法院判决被告承担继续履行、采取补救措施或者赔偿损失等责任”。上述规定是行政协议案件履行判决的法律依据。对于如何具体适用履行判决，原《最高人民法院关于适用〈中华人民共和国行政诉讼法〉若干问题的解释》（法释〔2015〕9号）第15条第1款规定：“原告主张被告不依法履行、未按照约定

① 山西省晋城市中级人民法院（2017）晋05行初98号行政判决书。

履行协议或者单方变更、解除协议违法，理由成立的，人民法院可以根据原告的诉讼请求判决确认协议有效、判决被告继续履行协议，并明确继续履行的具体内容；被告无法继续履行或者继续履行已无实际意义的，判决被告采取相应的补救措施；给原告造成损失的，判决被告予以赔偿。"虽然该司法解释目前已经废止，但是该司法解释上述规定精神仍然可以作为适用履行判决的参考。行政协议案件适用履行判决需要满足以下条件：（1）行政机关负有履行协议的法定职责或约定义务；（2）存在行政机关不履行或者拖延履行协议法定职责或约定义务的事实；（3）行政机关不履行或者拖延履行协议法定职责或约定义务没有正当理由；（4）行政机关继续履行协议法定职责或约定义务仍有意义。实践中，以下情形中针对当事人主张履行协议请求，法院可以结合案件不同情况作出判决。

1. 原告主张被告不依法履行行政协议，理由成立的，法院判令被告限期履行行政协议

比如，在原告虞某某诉被告台州市椒江区人民政府不依法履行行政协议一案中，原告认为其与台州中心大道椒江段工程建设指挥部签署《椒江区房屋易地拆迁协议书》，但被告时至起诉之时没有给予任何安置。请求判令被告履行《椒江区房屋易地拆迁协议书》，给予原告套房安置，安置面积为 140 平方米，计人民币 1 820 000 元。法院经审理认为，本案双方争议的是涉案协议第 3 条约定的"易地建房由钗洋村在居民点内按照有关政策、法规给乙方安排宅基地"内容可否履行问题，该条款项下合同义务应由被告承担。被告作为县级以上地方人民政府，依法具有安置补偿的职责。因此，在涉案协议对安置补偿条款约定不明无法继续履行的情况下，被告应先作出处理决定。综上，原告起诉要求被告履行安置协议的理由成立，予以支持。遂判决限被告台州市椒江区人民政府在本判决发生法律效力之日起两个月内对原告虞某某作出安置补偿的处理决定。①

2. 原告主张被告未按照约定履行行政协议，理由成立的，法院根据原告的诉讼请求判决确认协议有效、判决被告继续履行协议，并明确继续履行的具体内容

比如，在原告何某某认为被告南昌市湾里区人民政府、湾里区梅岭镇人民政府未按照约定履行拆迁安置行政协议一案中，原告认为至起诉时二被告

① 浙江省台州市中级人民法院（2017）浙 10 行初 114 号行政判决书。

也没有向原告交付符合安全、质量标准的房屋。请求法院依法判决被告交付符合质量、安全标准的证件齐全的并符合《梅岭休闲接待中心控制性详细规划》要求的红线范围内的房屋。法院经审理认为，原告何某某与被告湾里区梅岭镇人民政府签订了编号为梅岭镇瓦窑自然村 ××× 号的《梅岭镇农房拆迁产权调换安置补偿协议书》是双方真实意思的表示，合法有效。但被告湾里区梅岭镇人民政府违反了合同中第十项的规定于 2015 年 6 月 30 日交付质量合格的安置房给原告，应承担相应的违约责任。遂判决：一、确认《梅岭镇农房拆迁产权调换安置补偿协议书》合法有效、继续履行；二、限被告南昌市湾里区人民政府、湾里区梅岭镇人民政府在 2017 年 10 月 31 日前按《梅岭镇农房拆迁产权调换安置补偿协议书》中的约定，向原告何某某交付质量合格、证件齐全、面积相等的安置房；三、被告湾里区梅岭镇人民政府未按《梅岭镇农房拆迁产权调换安置补偿协议书》规定时间交房，应承担违约责任，按协议约定每月双倍支付（赔偿）原告何某某临时安置补助费。①

3. 原告主张被告未按约定履行协议，请求支付违约金，理由成立的，法院判令被告支付相应违约金

比如，在原告董某某认为被告白水县人民政府未按照约定履行土地房屋征收补偿协议一案中，原告认为在双方约定的期限内被告方未履行协议约定，故恳请法院判令被告支付违约金 15 292 元。法院经审理认为，双方约定的违约金明显高于被告逾期支付补偿款给原告所造成的损失，被告主张约定的违约金过高，请求予以调整，应予采纳。根据公平原则，兼顾公共利益和个人利益之间相互平衡及被告因违约给原告所造成的损失，法院对双方约定的违约金予以适当调整，以不超过逾期期间银行贷款利率的 1.3 倍确定违约金为宜。遂判决：一、被告白水县人民政府于本判决生效之日起十日内，以房屋拆迁补偿金总额 152 920 元为基数，按照中国人民银行公布同期同类贷款利率的 1.3 倍向原告董某某支付违约金（从 2017 年 5 月 15 日起计算至 2017 年 6 月 16 日止）。二、驳回原告其他诉讼请求。②

4. 原告主张被告未按照约定履行协议，被告无法继续履行的，法院判令被告赔偿损失

比如，在原告张某某诉被告抚顺市新抚区人民政府未履行非住宅产权调

---

① 江西省南昌市中级人民法院（2016）赣 01 行初 80 号行政判决书。

② 陕西省渭南市中级人民法院（2017）陕 05 行初 121 号行政判决书。

换协议法定职责并赔偿一案中，原告认为与被告签订的《非住宅房屋拆迁产权调换协议书》，在实际施工中，被告未在约定地点修建约定建筑物，导致被告对原告未予以安置。原告要求被告依据协议支付原告房屋补偿款、临时安置费、违约赔偿金、交通费、复印费、误工费。法院经审理认为，因约定回迁安置房屋未实际建设，且双方对其他位置房屋未重新达成安置协议，则被告已经无法继续履行协议，被告应当对原告进行赔偿。遂判决：一、被告抚顺市新抚区人民政府于本判决生效后60日内给付原告张某某房屋损失补偿531 820.8元及从2016年7月1日起至给付之日止的利息（利息以531 820.8元为本金乘以本判决生效时中国人民银行公布的一年期人民币整存整取定期存款基准利率计算）；二、驳回原告张某某的其他诉讼请求。①

5. 原告主张被告未按约定履行协议，理由不成立的，法院判决驳回原告诉讼请求

比如，在原告陈某某诉被告龙海市人民政府履行行政协议一案中，原告认为其作为本村村民，现安置土地及拆迁补偿款均未得到的前提下，请求法院判令被告按照漳州市人民政府漳政〔2006〕综69号文件履行对原告的拆迁安置补偿。法院经审理认为，原告在庵兜村已拥有一处住宅，其不符合漳政〔2006〕综69号文件规定安置建房用地的条件。且原告签订的《房屋拆迁安置补偿协议书》(No.56)并没有约定被告应为原告安置建房用地的内容。被告已对原告履行了拆迁安置补偿义务，原告请求判令被告按照漳州市人民政府漳政〔2006〕综69号文件履行对其拆迁安置补偿义务理由不能成立。遂判决驳回原告陈某某的诉讼请求。②

（四）给付判决

给付判决是指具有公法上请求权的公民、法人或者其他组织对行政机关不履行给付义务的行为不服提起行政诉讼，人民法院确定当事人之间存在行政法律关系的前提下，判令负有义务的当事人履行一定义务的判决。法院作出给付判决必须同时满足五个条件：（1）被告负有给付义务。给付义务是法定职责以外的其他行政义务。（2）被告未履行给付义务。（3）原告有给付之请求权。如果原告没有相应的请求权，则不发生给付判决。（4）被告未履行给付义务没有法律规定或认可的理由。（5）判决被告履行给付义务对原告仍

① 辽宁省抚顺市中级人民法院（2016）辽04行初142号行政判决书。

② 福建省泉州市中级人民法院（2017）闽05行初57号行政判决书。

有意义。[①]

对于行政协议案件而言，实践中适用给付判决的情况也是存在的。例如，在原告杨某某诉被告沈阳市苏家屯区国有土地房屋征收管理办公室、被告沈阳市苏家屯区人民政府临湖街道办事处拆迁行政协议一案中，原告杨某某认为其与二被告签订了《房屋征收补偿协议》。但该协议签订后，时至今日被告既没有为原告安置回迁住房，也没有按照约定给付原告搬家补偿费等各项金额。现请求法院依法判令被告给付原告搬家补偿款 800 元、搬迁奖励 10 000 元、房屋拆迁后租房补偿款 39 000 元（2012 年 8 月至 2015 年 12 月），以上共计人民币 49 800 元。法院经审理认为，本案中原告与二被告签订的《房屋征收补偿协议书》约定被告沈阳市苏家屯区国有土地房屋征收管理办公室应补偿原告一次性搬家补助费 800 元、搬迁奖励 10 000 元、过渡期间补助费每月 600 元及超期后每月双倍支付的过渡期间补助费共计 39 000 元（2012 年 8 月至 2013 年 12 月共 17 个月，每月 600 元共计 10 200 元，2014 年 1 月至 2015 年 12 月共 24 个月，每月 1200 元共计 28 800 元），被告沈阳市苏家屯区国有土地房屋征收管理办公室至今没有履行。此外，本案被诉的协议还约定二被告应为原告安置 48 平方米回迁房屋，原告应在协议签订后 15 日内以现金的方式缴纳 96 000 元，但由于二被告一直没有为原告安置房屋，且经庭审询问，对何时何地能够为原告安置房屋被告表示不确定，此外原告、被告签订的协议也未约定原告主张的款项可与原告应预交的房款互相抵销。综合上述事实及原告、被告达成的《房屋征收补偿协议书》的内容，原告杨某某要求被告履行协议的理由成立。遂判决责令被告沈阳市苏家屯区国有土地房屋征收管理办公室于本判决生效之日起三十日内给付原告一次性搬家补助费 800 元、搬迁奖励 10 000 元、过渡期间补助费 39 000 元，共计 49 800 元。[②]

（五）确认判决

确认判决是指人民法院经过对行政案件的审查，对某种行政法律关系是否存在，以及行政行为是否有效、是否违法予以确认的一种判决形式。行政协议案件确认判决与传统行政行为确认判决存在不同。对于行政协议案件而言，实践中比较常见的确认判决方式是确认合法有效或者确认违法或无效。

---

① 江必新主编：《中华人民共和国行政诉讼法理解适用与实务指南》，中国法制出版社 2015 年版，第 336 页。

② 沈阳高新技术产业开发区人民法院（2015）沈高开行初 919 号行政判决书。

1. 确认协议合法有效判决

合法的行政行为应同时具备主要证据确实、充分，适用法律、法规正确，符合法定程序，不存在超越职权、滥用职权和不履行法定职责等问题。行政机关所作出的行政行为只有同时具备这几个条件的，才属于合法的行政行为，缺少其中任何一个条件的，都属于违法行政行为。[①]法院通过审理行政协议案件，认为被诉行政协议主体适格、意思表示真实自愿、协议内容合法有效、协议订立程序合法、符合法定形式要件的，可以判决确认行政协议合法有效，并可以判决继续履行协议。例如，在原告胡某某诉被告武功县人民政府行政协议纠纷一案中，原告认为2017年5月左右，原告向被告提出协议履行如何安置的问题，直到2017年5月28日，被告仍未按照协议履行。现请求被告履行《房屋征收产权调换协议》，并按协议约定优先安置原告124.34平方米框架结构的高层住宅房屋；请求被告按照《房屋征收产权调换协议》支付每月的过渡费124×16＝1984元，直至安置原告为止。法院经审理认为，根据双方签订的协议约定，甲方（武功县人民政府）用于产权调换的房屋，位于征收宗地内新建框架结构高层住宅楼，具体按《武功县石油家属楼征收补偿方案》中条款执行。庭审中被告并未提供证据证明已按协议向原告提供了安置房屋，故原告诉请被告依照协议安置原告124.34平方米框架结构的高层住宅房屋，法院予以支持。双方签订的房屋产权置换协议约定，原告完成搬迁交付被告房屋之日起36个月内，被告给予原告临时安置补助费为每平方米每月8元，被告已按照约定支付了原告36个月临时安置补偿费，现原告要求被告支付每月过渡费1984元的诉请，因双方签订的协议中未有约定，故该诉请缺乏事实依据，不予支持。遂判决：一、原告胡某某与被告武功县人民政府于2014年5月23日签订的房屋征收产权调换协议合法有效，依法应继续履行。二、被告武功县人民政府于本判决生效后，按照房屋征收产权调换协议安置原告124.34平方米安置房一套。三、驳回原告要求被告支付每月过渡费1984元至安置之日止的诉讼请求。[②]

2. 确认违法判决

确认违法判决是指人民法院经审查后认为被诉行政行为违法但不适合作出撤销判决或履行判决，转而确认被诉行政行为违法的判决。确认违法判决

① 程琥：《审理行政协议案件若干疑难问题研究》，载《法律适用》2016年第12期。

② 陕西省咸阳市中级人民法院（2017）陕04行初107号行政判决书。

是对被诉行政行为的一种否定性评价，是对撤销判决的修改和补充。行政协议案件确认违法判决有其不同于传统行政行为确认违法判决的特征。行政协议案件确认违法判决是指人民法院经审查认为被诉行政协议在协议主体、职责权限、履行程序等方面违法，法院作出确认行政协议违法的判决。例如，在原告蒋某某认为被告固原市原州区开城镇人民政府、被告固原市原州区人民政府不依法履行调解协议一案中，原告认为所签协议不能履行，无法实现原告的利益。故请求确认二被告不履行行政合同行为违法；被告赔偿拆除原告房子给原告造成的损失 118.7865 万元、请求二被告赔偿租房损失 9500 元。法院经审理认为，本案中，被告固原市原州区开城镇人民政府作为协议的一方当事人，且在履行协议中占主导地位，造成协议不能履行的责任在被告，其行为构成违约。遂判决：一、确认被告固原市原州区开城镇人民政府不履行调解协议的行政行为违法；二、由被告固原市原州区开城镇人民政府支付原告蒋某某房屋及其他建筑物、构筑物赔偿款共计 848 524.91 元；三、由被告固原市原州区开城镇人民政府支付原告蒋某某房屋租赁费 9500 元；四、驳回原告蒋某某的其他诉讼请求。案件受理费 12 380.25 元，由被告固原市原州区开城镇人民政府负担。①

3. 确认无效判决

确认无效判决是指人民法院经审查认为被诉行政协议属于无效情形而确认其无效的判决。《行政诉讼法》第 75 条规定，行政行为有实施主体不具有行政主体资格或者没有依据等重大且明显违法情形，原告申请确认行政行为无效的，人民法院判决确认无效。经确认无效的行政行为，意味着行政行为自始无效、永远无效，对任何人无效。《民法典》也规定了合同无效的相关情形。结合《行政诉讼法》和《民法典》的规定，行政协议无效判决主要适用于行政主体不具备法律规定的缔约能力的；违反法律法规对行政协议的形式所作的强制性规定的；违反法律法规对行政协议的订立方式所作的强制性规定的；严重违背行政机关的法定职责或侵害国家利益、公共利益的；协议的履行将侵害他人合法权益的，且订立时未征得他人同意的；以欺诈、胁迫手段或乘人之危而订立，且损害国家利益的；依法应经其他机关核准、同意或会同办理，但未履行该程序，事后又未补正的；违反法律的强制性规定的其

① 宁夏回族自治区固原市中级人民法院（2017）宁 04 行初 172 号行政判决书。

他情形等。[①]实践中，原告请求解除协议或者确认协议无效，理由成立的，判决解除协议或者确认协议无效，并根据《民法典》等相关规定作出裁判；理由不成立的，判决驳回原告诉讼请求。

（六）赔偿判决

被告在行政协议中行使优益权给原告造成损失的，依法判决被告承担赔偿责任。行政机关行政协议行为侵犯行政相对人的人身权和财产权的合法权益，造成损害的，应当纳入行政赔偿的受案范围。作为行政协议案件的行政赔偿责任，主要包括以下四个要件：一是作为行政协议一方主体的行政机关违法行使行政优益权或单方解除协议；二是行政优益权或单方解除协议行为给原告造成损害且损害已经发生；三是行政机关行使行政优益权或单方解除协议行为与损害后果有因果关系；四是赔偿范围为原告因签订协议和为履行协议作准备及被告解除协议后原告处理善后工作所造成的直接经济损失。

行政协议案件只要具备行政赔偿的四个要件，法院可以判决被告承担赔偿责任。例如，在原告王甲、王某某诉被告淮南市土地储备开发中心、淮南市谢家集区人民政府行政协议一案中，两原告以被告未按约履行《补偿安置协议》，且实际已无法履行为由，于2017年5月24日起诉至法院，请求判令:（1）二被告赔偿其拆迁补偿安置房价款、搬迁一次性补助费、临时安置费合计477 517元;（2）二被告赔偿其违约金44 551元;（3）本案的诉讼费用由被告承担。法院经审理认为，两原告依约腾空了房屋，并缴纳了安置房的大部分应补房款，应认定其基本履行了约定。而拆迁办至今未交付协议约定的安置房屋，且因该安置房客观上已无法交付，现两原告要求被告赔偿其损失，符合法律规定。涉诉的《补偿安置协议》中，并未明确约定违约金；且协议中约定，如违约按照《合同法》赔偿对方相应的经济损失，故两原告关于赔偿金的诉请无法律根据，依法不予支持。遂判决：一、被告淮南市谢家集区人民政府于本判决生效之日起十日内赔偿原告王甲、王某某经济损失合计406 182元（房屋评估价款445 510元－两原告至今未付的59 575元＋搬迁一次性补助费471元＋临时安置费19 776元）；二、驳回原告王甲、王某某的其他诉讼请求。[②]

---

① 陆平辉、郭宏杨:《论行政合同的法律适用》，载《汕头大学学报（人文社会科学版）》2007年第2期。

② 安徽省淮南市中级人民法院（2017）皖04行初44号行政判决书。

（七）补偿判决

被告因公共利益需要或者其他法定、正当事由单方变更、解除协议，给原告造成损失，但未给予补偿的，法院判决被告依法给予补偿。行政协议案件补偿判决需要满足以下条件：（1）作为行政协议一方主体的行政机关合法行使行政优益权或单方解除协议。（2）行政相对人的合法权益遭受损失。（3）行政机关行使行政优益权或单方解除协议与行政相对人遭受损失有因果关系。（4）行政机关没有补偿或者补偿不合理。例如，在原告辽宁天润德对外经济贸易有限公司诉被告满洲里市中俄互市贸易区管理委员会、满洲里综合保税区管理委员会行政协议一案中，原告认为十几年来，满洲里出口加工区一直没有获得国务院批准，被告通知原告停建在建工程，造成原告的投资无法按预期收回。原告的投资收益遭到严重破坏，致使原告生产经营活动无法正常运行，遭受重大经济损失。由此给原告带来的损失，被告应依法给予补偿。法院经审理认为，根据《国有土地上房屋征收与补偿条例》第 17 条的规定，作出房屋征收决定的市、县级人民政府对被征收人给予的补偿包括：（1）被征收房屋价值的补偿；（2）因征收房屋造成的搬迁、临时安置的补偿；（3）因征收房屋造成的停产停业损失的补偿。原告诉请被告给付原告投入资金原值的补偿，予以支持。遂判决：一、被告满洲里综合保税区管理委员会于本判决生效之日起三十日内补偿原告辽宁天润德对外经济贸易有限公司投入资金原值补偿金 12 664 124 元。二、被告满洲里综合保税区管理委员会于本判决生效之日起三十日内补偿原告辽宁天润德对外经济贸易有限公司投入资金原值补偿金利息 8 113 587.64 元（暂计算 2004 年 5 月 1 日至 2015 年 12 月 31 日，实际计算至本判决生效之日止）。①

（八）其他判决方式

行政协议案件除了上述较为常见的判决方式外，还包括补救判决、变更判决、解除判决等判决方式，这些判决方式对于丰富行政协议案件判决方式，构建完整的行政协议案件判决方式体系具有重要意义。

1. 补救判决

补救判决是被告不依法履行、未按照约定履行或者违法变更、解除行政协议，被诉行政协议已无继续履行可能的情形，法院可以判决责令被告采

① 内蒙古自治区满洲里市人民法院（2015）满行初字第 25 号行政判决书。

取补救措施。《民法典》第566条规定，合同解除后，尚未履行的，终止履行；已经履行的，根据履行情况和合同性质，当事人可以要求恢复原状、采取其他补救措施，并有权要求赔偿损失。关于采取补救措施的具体方式，《民法典》等相关民事法律中作了规定，《行政诉讼法》并没有规定具体的补救措施。由于行政机关在行政协议中享有行政优益权，并且具有广泛的行政管理权限，掌控大量公共资源，本身具有采取补救措施的职能优势。一旦行政机关违反行政协议约定，法院可以判决行政机关在法定权限内对相对人予以补救。

2. 变更判决

变更判决，是指人民法院对被诉行政行为所确定的内容予以直接改变的判决。《行政诉讼法》确立了有限的司法变更规则。《行政诉讼法》第77条规定，行政处罚明显不当，或者其他行政行为涉及对款额的确定、认定确有错误的，人民法院可以判决变更。人民法院判决变更，不得加重原告的义务或者减损原告的权益。但利害关系人同为原告，且诉讼请求相反的除外。行政协议案件变更判决适用需要满足以下条件：（1）变更权只能在公共利益需要的范围内行使，不能变更与公共利益无关的条款。（2）协议的某些内容一般不能变更，如协议的标的不能单方面变更，协议的价金条款不能单方面变更。（3）如果协议的变更超过一定的限度，或接近一个新的义务时，应另行签订协议。（4）行政主体变更权行使要补偿相对人因此而遭受的损失。[①]

3. 解除判决

行政相对人向行政主体提出解除合同请求，行政主体不同意，相对人向法院提起行政协议诉讼请求解除协议，法院认定协议具有无效和可撤销情形，作出解除协议判决。行政协议解除有两种情况：一种是相对人有违约行为，行政主体作为对相对人的违约行为的制裁而解除合同；另一种是因客观情势的变化，行政协议已不可能或无必要继续履行而解除协议。[②]行政协议一旦解除，将产生原协议不再继续履行、过错方承担必要的责任等法律后果。实践中，原告请求解除协议或者确认协议无效，理由成立的，判决解除协议或者确认协议无效，并根据《民法典》等相关规定作出裁判。例如，在上诉人宁海县越溪乡人民政府、禹顺生态建设有限公司因被上诉人浙江宁波京案爆破

① 张树义：《行政合同》，中国政法大学出版社1994年版，第172页。

② 张树义：《行政合同》，中国政法大学出版社1994年版，第171页。

工程有限公司与上诉人越溪乡政府水利、地矿行政协议一案中，原审法院认为涉案《施工合同》在法律上已经无法履行，原告要求解除《施工合同》的诉讼主张，法院予以支持。遂判决解除被告宁海县越溪乡人民政府与原告浙江宁波京安爆破工程有限公司、第三人禹顺生态建设有限公司组成的联合体于 2014 年 4 月所签订的《宁海县白溪整治工程（蒲岙塘 – 石马塘）越溪段防洪工程 I 标施工合同》；被告宁海县越溪乡人民政府返还原告浙江宁波京安爆破工程有限公司支付的风险保证金 21 408 709 元，限于本判决生效之日起七日内履行完毕。宁海县越溪乡人民政府、禹顺生态建设有限公司不服一审判决提起上诉，二审法院经审理判决驳回上诉，维持一审判决。[①]

三、构建行政协议案件判决方式体系的基本路径

鉴于行政协议案件的成因复杂性、样式多样性，有必要构建行政协议案件判决方式体系，为不同的行政协议案件选择最为适当的判决方式。总体而言，行政协议案件判决方式选择适用时既要考虑行政协议的行政属性，又要考虑行政协议的合同属性。

（一）利益平衡是构建行政协议案件判决方式体系的重要基础

审理行政协议案件，实现利益平衡是行政协议案件判决方式选择适用的前提和基础。一是要维护合同安定性。对于行政协议合法有效，已经履行且仍然可以继续履行或者有必要继续履行的，法院要适用履行判决，从而维护合同安定性和契约自由。被告不依法履行、未按照约定履行或者违法变更、解除协议的，法院可以根据原告的诉讼请求确认协议有效，判决被告继续履行协议，并明确继续履行的内容和方式。实践中，确认合法有效、继续履行判决作为第一顺位的判决形式。[②]如果是原告提出的要求解除协议、确认协议违法或无效、变更协议、撤销协议等诉讼请求的，法院经审理认为协议合法有效，且有继续履行可能和必要的，则判决驳回原告诉讼请求。如果无法继续履行或者继续履行已没有实际意义的，判决被告采取补救措施；给原告造成损失的，判决被告予以赔偿。因此，补救判决、赔偿判决都是作为履行判决的后续判决方式，或者说是第二顺位的判决形式。二是要尊重行政优益权。行政协议法律关系的重要体现，即在于当事人双方是一种管理与被管理

① 浙江省宁波市中级人民法院（2016）浙 02 行终 145 号行政判决书。

② 陈思融：《行政协议诉讼各类判决方式之关系》，载《政治与法律》2017 年第 8 期。

的关系，在法律地位上不对等，行政主体一方享有行政优益权，即行政主体在行政协议的履行中享有指挥权、监督权、单方解除权等行政优益权。[①]法院经审理，如果认为行政主体行使行政优益权符合法律规定和协议约定，符合公共利益的需要，可以适用驳回原告诉讼请求、确认合法有效、变更判决、解除判决等判决方式。当然，尊重行政优益权并不意味着要放弃监督，放纵行政优益权滥用，在司法审查中一旦发现行政优益权被滥用，法院则判决撤销、确认违法或无效，判决采取补救措施，判决承担赔偿责任等。三是保障相对人权利。法院在审理行政协议案件中，对于原告请求解除协议或者确认协议违法无效，理由成立的，判决解除协议或者确认协议违法无效。对于协议合法有效，行政主体不履行或者拖延履行协议的，法院判决行政主体继续履行协议。对于行政协议无法继续履行的，法院判决行政主体采取补救措施。因行政协议违法或无效，违法变更或解除给相对人造成损害，法院判决行政主体承担赔偿责任。被告因公共利益需要或者其他法定、正当事由单方变更、解除协议，给原告造成损失，但未给予补偿的，判决被告依法给予补偿。

（二）改革创新是构建行政协议案件判决方式体系的内在动力

一是针对行政协议案件个性化要求对传统行政案件判决方式进行适当调整。行政协议属于行政行为，同时又有别于传统行政行为，这就决定了行政协议案件判决方式既要体现行政案件判决方式的共性要求，又要体现行政协议案件判决方式的个性需求。现行行政案件判决方式适用于行政协议案件时，要根据行政协议案件特性进行适当调整，虽然判决方式的类型可以保留，但是不宜按照传统行政案件判决方式的适用条件来约束行政协议案件。二是结合行政协议案件的具体案情、诉讼请求和诉讼理由综合运用各类判决方式。行政协议案件具有行政性和合同性的双重属性，涉及行政审判规则和民事审判规则的综合运用，因此一起行政协议案件的判决方式选择可能是一种判决方式，也可能需要综合运用多种判决方式。三是把民事判决方式适当地引入行政协议案件判决方式中，进一步丰富行政协议案件判决方式。

（三）加强说理是构建行政协议案件判决方式体系的基本抓手

近年来，在最高人民法院的大力推动下，各地法院致力于行政裁判文书改革，行政裁判文书总体质量和水平得到明显提升，特别是行政裁判文书说

① 程琥：《审理行政协议案件若干疑难问题研究》，载《法律适用》2016 年第 12 期。

理普遍受到重视。大多数判决书在说理部分均有所加强，对案件争议的焦点问题能够从法律上和法理上加以分析论证，从而增强了判决的针对性和说服力。行政协议案件裁判文书的说理要针对行政协议案件的特点，围绕全面审查被诉行政协议合法性合约性及当事人的诉争焦点进行，应说明被诉行政协议是否合法有效、当事人的诉辩理由是否成立，并视案件的具体类型和不同的判决方式等具体情况应当说明的理由。行政协议案件裁判文书的说理应侧重于当事人争议焦点和法院审理重点，根据不同审级，体现不同特点:（1）一审行政协议案件裁判文书的说理应全面反映当事人举证、质证和法院认证的动态过程，体现法院依据法律适用规则对被诉行政协议是否合法有效、原告诉讼请求是否成立的论证理由。（2）二审裁判文书应体现对原审判决和被诉行政协议双重评判的特色，把原审判决的正确性以及对被诉行政协议的合法性审查，贯穿说理的始终。（3）再审裁判文书因再审分别适用一审或二审程序而可以相应参照一审或二审裁判文书的说理要求，但应体现再审案件的特点。对当事人没有争议的问题、非审理重点的问题，以及不属于合法性审查范围的问题，可以简略表述。

（四）统一标准是构建行政协议案件判决方式体系的主要途径

行政协议案件判决方式多种多样，为避免各地法院在审理行政协议案件时出现判决方式适用标准差异过大，加快制定审理行政协议案件的相关司法解释和行政协议案件文书样式非常必要。当前有必要加快制定审理行政协议案件的司法解释和文书样式，进一步规范和完善行政协议案件裁判文书制作，不断提高行政协议案件审判工作水平。

村务公开监督案件判决方式

一、村务公开监督案件的种类和特点

村务公开是由《村民委员会组织法》所规定的，为保障村民有效进行民主管理和民主监督的一项基本制度。具体是指由村民委员会将本村涉及国家、集体和村民利益事务的办理情况，通过一定的形式和程序告知全体村民。村务公开本质上是群众当家作主，村民参与村级事务管理的一种民主行为。村务公开作为强化基层民主监督、深化村民自治实践的重要手段，直接影响乡村治理体系和治理能力现代化水平，是反映基层群众自治体制下治理关系、农村党风廉政建设和党群干群关系的一个重要切口。根据《村民委员会组织法》的规定，我国村民委员会实行村务公开制度，同时乡镇政府、县级政府以及县级政府的有关主管部门都负有监督村务公开的法定职责。对于村民反映的村民委员会不及时公布应当公布的事项或者公布的事项不真实等问题，有关人民政府或者主管部门应当负责调查核实，责令依法公布。近年来，随着乡村的振兴和发展，村民参与农村民主决策、民主管理和民主监督的意愿增强等，村民对于所在集体经济组织村务公开的要求越来越高（如征地补偿款的发放使用情况、农村集体经营性收入的分配等），同时因认为其所在村民委员会不及时公布应当公布的事项或者公布的事项不真实而要求乡镇政府、县级政府及其有关主管部门履行村务公开监督职责的申请不断增多，由此引发了一系列的行政争议和行政案件，行政机关的涉诉和败诉风险持续加大，司法审查也面临一些问题。

通过对某直辖市法院近四年村务公开监督行政案件从案件数量、案件类型、裁判结果、败诉原因等方面进行统计分析，研究该类案件的司法审查现状，可以发现此类案件具有集中度高、监督形式多样、行政机关败诉率高等鲜明特点。同时，村务公开监督行政案件司法审查中也反映出村务公开监督依据不足、效果不理想，司法审查标准不统一、审理效果有待提升，行政机关履责不规范、面临客观履职困境以及乡村治理体系和治理能力亟待强化等方面问题。

（一）案件集中特点突出，有信访化趋势

第一，涉诉机关及地域集中。近四年来，某直辖市法院审结的以区政府为被告的村务公开监督行政案件共计 208 件，占全部村务公开监督类行政案件的 85% 以上，特别是其中以某区人民政府为被告的此类行政案件有 115 件，占全部村务公开监督行政案件的 50% 左右，涉诉机关集中在区级政府，仅有少数案件涉及乡镇政府，没有以区政府有关主管部门为被告的该类案件。该类案件涉及某市 11 个区，其中 8 个为远郊区，但是案件却主要集中在相对中心的城区，共占全部案件的 4/5 以上。其中某区政府以涉诉 115 件居于首位，占比达 55.2%，远远高于其他区。

第二，矛盾纠纷集中。此类案件共涉及某市各区三十余个村民委员会，其中某区某村涉案案件数居于首位，占比在 1/4 以上，另有一村居于第二，占比达 12.4%。从原告角度考察，某区某村村民以个人名义提起该类行政诉讼案件数量最多。可见引发案件的基础矛盾纠纷较为集中。

第三，公开内容集中。提起村务公开申请的村民要求公开的村务多涉及征收拆迁、补偿安置、人事选举、集体组织财务等关系全体村民的民生问题，矛盾较为突出，群体性申请情形较为普遍。

从整体集中的趋势看，部分村民因与所在村民委员会的矛盾纠纷，以所在村民委员会未及时公布或者公布的村务事项不真实为由，选择向较高级别的行政机关（区政府）多次提起村务公开监督申请，并由此提起大量的相关行政诉讼，凸显出该类案件逐步信访化的趋势，行政机关和司法机关面临较大的工作难度和压力，成为个别地区较为突出的社会治理难题。

（二）均为实质履责之诉，监督形式复杂多样

由于村务公开监督职责属于乡、民族乡、镇人民政府或者县级人民政府及其有关主管部门根据村民的申请应当履行的法定职责，因此，从本质上看，村务公开监督行政案件均为履责之诉，包括消极不作为类的履责之诉和积极作为类的履责之诉，区别于撤销之诉，不管是否作出答复，原告的实质诉讼目的在于要求行政机关履行监督村务公开的职责，诉讼标的则是原告请求行政机关履行法定村务公开监督职责的请求能否成立。

行政机关监督村务公开的表现形式复杂多样，多数情况下，区政府接到村民的村务公开监督申请后，直接转办或者通过信访部门转办属地乡镇政府或者有关主管部门（农业农村局、民政局等），由受转办部门直接答复或者代区政府拟稿；另有区政府组织相关部门，如司法局、民政局、属地乡镇政府等组成联合督查组或者调查组进行调查核实；还有个别情况下区政府通过向村民委员会发函、通知书、责令书等方式直接向村民委员会要求调查核实、责令公布等。

（三）多作出实体判决，行政机关败诉率高

以某直辖市法院近四年该类案件的审理结果为例，进入实体审理的 159 件，实体审理率达 76%，高于行政案件的整体实体审理率。因原告提出的村务公开申请不属于村务公开范围或者提起诉讼没有事实根据而裁定驳回原告起诉的案件有 49 件，占比不足 25%。行政机关因为没有及时、全面、准确履行村务公开监督职责而被判决撤销重做、履行法定职责或者确认违法的案件达 51 件，行政机关整体败诉率为 32%。

之所以出现这种情况，是由于《村民委员会组织法》对行政机关村务公开监督职责履行的规定较为原则，导致该类案件中，行政机关对于《村民委员会组织法》等法律法规的规定理解不透彻，对监督义务的履行程度把握不准确，败诉案件的数量和比例相对较高，成为行政机关依法行政的薄弱地带。例如，区政府接到村民的村务公开监督申请后，将信件转交乡镇政府处理，乡镇政府要求村民委员会作出说明，而区政府直接以村民委员会的说明答复村民，这种方式实质上并未真正履行监督义务。不过，在全部的败诉判决中，均未出现直接判令被告责令村民委员会公开相关村务信息的履责判决。

（四）村务公开监督的依据不足，效果不理想

1. 行政机关监督村务公开的依据不足

目前村务公开的现行法律依据为《村民委员会组织法》，该法第31条赋予了乡镇政府、县级政府及其有关主管部门调查核实村务公开是否及时、是否真实的职责。但是其在村务公开监督方面的规定明显较为原则和抽象，导致在“村务事项”“调查核实”“责令公布”等方面存在模糊地带，同时法律规范并未对行政机关调查核实工作主体、内容、手段、程序、期限、效果等一系列问题进行具体规定。这直接导致在当前的实际工作中，行政机关无法可依，滞后的法律规定与日益增长的群众诉求造成了行政机关依法履职的困难，行政机关处理该类事项只能通过不断总结经验教训而摸索前行。

2. 行政机关监督村务公开的效果不理想

《村民委员会组织法》明确规定，村民委员会属于基层群众性自治组织，乡镇政府不得干预依法属于村民自治范围内的事项。从法律层面上来看，与上下级行政机关的领导关系不同，村民委员会在其自治范围内可不接受行政机关的领导和管理。特别是《行政强制法》施行后，行政机关的强制权被约束，虽然《村民委员会组织法》赋予了行政机关“调查核实”“责令公布”的权力，但《村民委员会组织法》等法律规范并未赋予行政机关强制村民委员会村务公开的权力或者规定明确的程序。在行政机关对村民委员会基本没有强制力的前提下，村民委员会对于行政机关开展的调查核实工作，仍存在不配合的情形，导致监督效果并不理想。目前，行政机关只能通过书面往来函、现场调查、召开协调会的方式调查核实村务公开情况，并妥善保管好调查核实相关书面材料、视听图像资料（调查函、回函、调查笔录）等，作为行政机关勤勉履行调查核实义务的证据。但是对于已经穷尽调查核实手段，且责令村民委员会公开村民申请的村务信息，但是村民委员会明示拒绝或者拖延公布村务信息的，实践中通常做法是协调解决或者多次作出责令公布决定，但均非有效解决争议手段。相对人在未获得所申请村务信息的情况下，会再次申请行政机关履行监督职责，行政机关只能再次作出责令公布村务决定，如此循环往复，不符合实质解决行政争议的要求。

（五）乡村治理体系和治理能力亟待强化

近年来，某直辖市相对中心城区（城乡接合地区）率先凸显村务公开监督问题，这反映出随着乡村的振兴和发展，村民参与农村民主决策、民主管

理和民主监督的意愿增强，但是现实村务公开现状无法满足村民需求，“供需”矛盾逐渐尖锐，这是基层治理民主化、法治化发展的过渡阶段中产生的问题，也是今后该市远郊区乃至全国农村地区将会面临的问题。农村基层自治组织在村务公开和民主管理中还存在重形式、轻实效，制度不健全、决策不民主等问题，无法满足农村改革发展稳定的新形势、新情况和新任务，乡村治理体系和治理能力亟待强化。例如，个别村民多次大量提出监督申请并进行诉讼的情况普遍，凸显出个别集体经济组织内部基础矛盾突出，影响农村社会稳定。

由于该类案件中行政机关的败诉情况多发，败诉率高于其他行政案件，越来越多的村民开始在形式上借助村务公开监督机制和相应的行政诉讼反映诸如征地拆迁补偿不公正、村集体组织内部财务腐败、村民委员会人事选举舞弊等深层次的问题，同时借机获取其他案件的证据线索。例如，虽根据《村民委员会组织法》的规定，乡镇政府、县级政府及其有关主管部门都负有依村民申请进行村务公开监督的法定职责，但村民普遍选择向更高级别的县级政府提出履责申请并进而提起行政诉讼。村务公开监督制度呈现逐步工具化、信访化的趋势，仅靠完善村务公开这一表层机制无法彻底解决基层社会治理面临的深层次问题，有待于全面推动乡村治理体系和治理能力现代化。

二、现行村务公开监督案件法定判决方式的实践应用及存在问题

（一）法定裁判方式的实践应用

1. 撤销判决

撤销判决是原告撤销诉讼请求成立的判决形式。撤销诉讼是公民、法人或者其他组织认为行政行为违法侵犯其合法权益而请求法院撤销该行为的行政诉讼类型。撤销诉讼通过撤销为原告设定的负担性行政行为的方式形成权利，[①] 因此，也是一种形成诉讼。一般而言，在撤销诉讼中法院审查的行政行为是行政机关单方面的处分决定。《行政诉讼法》第 70 条规定：“行政行为有下列情形之一的，人民法院判决撤销或者部分撤销，并可以判决被告重新作出行政行为：（一）主要证据不足的；（二）适用法律、法规错误的；（三）违反法定程序的；（四）超越职权的；（五）滥用职权的；（六）明显不当的。”人民法院作出撤销判决之后，原有的行政法律关系发生消灭或者变更的法律效果。

① ［德］弗里德赫尔穆·胡芬：《行政诉讼法》，莫光华译，法律出版社 2003 年版，第 211 页。

撤销诉讼与下文中提到的课予义务诉讼是一种非此即彼的关系。撤销诉讼旨在撤销一个加予其上的已经作出的行政行为，以便恢复该行政行为没有作出时的法律状态；而课予义务诉讼则是原告寻求获得一种较原来的法律状态更为有利的授益行政行为。对于一个部分地课以负担的行政行为，如果原告对课以负担不服，则应当提起撤销诉讼；而如果原告对不能完整实现授益，要求实现完全授益的，则应当提起课予义务诉讼。

撤销判决在村务公开监督案件中应用于行政机关针对原告履行村务公开监督职责所作的答复主要证据不足、认定事实不清，常见情形有：

（1）被告区政府称其收到原告提交的村务公开监督申请后进行了调查核实，对原告作出答复认为其申请公开的村务信息已由村民委员会按程序进行了公开，但被告未提供其进行调查核实及村民委员会对相关信息已按程序进行了公开的证据，亦未对原告提出的申请中的第一项内容作出处理，故被诉答复事实不清，主要证据不足，应予以撤销。[①]

（2）被告区政府作出的责令公开决定未对调查过程中原告申请村务公开监督的事项及相关村民委员会反映的情况进行具体的分析判断，未在责令公开的决定中确定村民委员会履行村务公开义务的范围及方式，属于认定事实不清。被告据此对原告作出的被诉答复亦存在主要证据不足的问题。被诉答复依法应予撤销。[②]

（3）被告区政府收到原告的村务公开监督申请后，在未调查核实原告申请公开的事项是否系村民委员会应当及时公布的事项及公布事项是否真实的基础上即对原告作出《告知》，并未充分、全面地履行调查核实某村是否存在不及时公布应当公布的事项或者公布的事项不真实的法定义务。故法院依法撤销被诉《告知》。[③]

（4）被告区政府收到原告村务公开监督申请后作出转送函，要求镇政府对原告提交的申请进行调查，镇政府收到该函后作出复函，说明其已督促村进行调查核实，并将村集体提交的情况说明及相关证据报送被告，但村集体报送的材料不能证明其已对原告要求公布的村务进行公布，且被告提交的证据亦不能证明其在收到镇政府的调查结果后，对该调查是否准确、全面进行了进一步的核实。该案现有证据不足以证明被告充分、全面地履行了《村民

① 北京市第四中级人民法院（2021）京04行初183号行政判决书。

② 北京市第四中级人民法院（2019）京04行初1669号行政判决书。

③ 北京市第四中级人民法院（2019）京04行初1050号行政判决书。

委员会组织法》规定的村务公开的义务。被告对原告所作的《回复》认定村民委员会不存在不及时公布应当公布的事项或者公布的事项不真实的情形，该认定事实不清，证据不足。故应依法予以撤销。[①]

2. 履行判决

履行判决是原告课以义务诉讼请求成立的判决形式，是指人民法院对不履行或者拖延履行法定职责的情形作出的要求其在一定期限内履行的判决。《行政诉讼法》第72条规定："人民法院经过审理，查明被告不履行法定职责的，判决被告在一定期限内履行。"该条规定的"不履行法定职责"主要包括以下几种情形：一是拒绝履行。拒绝履行因行政行为的不同样态而有所不同。对于有法定期限行政行为，行政机关只有超出法定期限拒绝履行的，才属于拒绝履行；对于没有法定期限，但是有合理期限的，行政机关只有超出合理期限拒绝履行的，才属于拒绝履行。对于合理期限的判定，适用《行政诉讼法》第47条"两个月"的规定。对于没有法定期限或者合理期限的，或者需要行政机关即时履行，则不受此限制。二是部分履行。行政机关履行法定职责，应当遵循全面履行的原则。部分履行是指行政机关虽然履行部分义务，但是没有履行全部义务。例如，相对人向行政机关提出数个申请，只有部分申请获得核准。三是拖延履行。拖延履行是指行政机关在法定或者合理的时间内以不作为的方式不履行行政义务。《行诉法解释》第91条对《行政诉讼法》第71条作了细化规定，即原告请求被告履行法定职责的理由成立，被告违法拒绝履行或者无正当理由逾期不予答复的，人民法院可以根据《行政诉讼法》第72条的规定，判决被告在一定期限内依法履行原告请求的法定职责；尚需被告调查或者裁量的，应当判决被告针对原告的请求重新作出处理。

履行职责判决在司法实践中的常见情形如下：

（1）被告区政府认为原告申请的村务公开监督事项不属于被告的职责范围。根据《村民委员会组织法》第36条第2款的规定应由乡、镇人民政府管辖，被告为区级人民政府，街道办事处属于县级人民政府。被告区政府收到原告递交的履行监督村务公开职责申请后，将原告申请转送街道办事处办理，未对原告的村务公开履职申请事项是否属于村务公开范围进行审查核实，亦未将审查核实结果以及对原告的村务公开履职申请的后续处理情况答复原告，未充分、全面地履行法律规定所赋予的有关村务公开法定职责。法院认为被

① 北京市第四中级人民法院（2020）京04行初602号行政判决书。

告诉讼理由没有法律依据，依法判决被告在一定期限内履行法定职责。①

（2）拖延履行职责。原告于2019年7月2日向被告邮寄履行村务公开监督职责申请，被告区政府于同年7月3日收到后，虽然转交镇政府组织调查并代为拟稿，但直至2019年9月24日原告向法院提起行政诉讼时，仍未给予原告回复。在该案审理期间，被告亦未对原告的申请作出回复。故法院判决被告在一定期限内履行法定职责。②

（3）部分履行职责。被告区政府收到原告的村务公开监督申请书，转办并责成区农业农村局核查督促村民委员会做好答复工作。区农业农村局根据《关于印发农村集体经济组织财务公开规定的通知》（农经发〔2011〕13号）文件规定，认为《村务信息公开申请书》中有3项涉及财务公开工作，其余3项为村务工作，不属于该单位负责内容；该单位仅对涉及财务公开工作的第2项、第5项、第6项事项向街道办事处及村民委员会进行了督促。对第1项、第3项、第4项申请内容并未进行调查处理，同时区农业农村局也将该情况一并告知被告。被告在接到反馈情况后，也未针对第1、3、4项申请内容进行调查处理，遗漏了原告《履行法定职责申请书》中的部分申请内容，并未依据《村民委员会组织法》的规定全面履行其法定职责。故依法判决被告在一定期限内履行法定职责。③

3. 确认违法判决

确认违法判决是确认判决的一种形式，属于宣告判决。主要包括五种情形：第一类是情况判决。是法院在对行政行为合法性审查之后，认为行政行为违法，符合作出否定判决的条件时，参酌可能导致的国家利益以及公共利益遭受损失的可能性而作出的确认违法判决。第二类是程序瑕疵确认违法判决。行政行为虽然符合撤销判决中“违反法定程序”的条件，应当撤销，但考虑到该程序轻微违法，且对原告权利不产生实际影响，人民法院判决确认违法，但不撤销行政行为。第三类是行政行为违法，但不具有可撤销内容时的确认违法判决。第四类是被告改变原违法行政行为，原告仍要求确认原行政行为违法的。第五类是被告不履行或者拖延履行法定职责，判决履行没有意义的确认违法判决。这五类判决是人民法院根据案件具体情况，将其他诉讼转换为确认诉讼的结果，可能并非当事人选择的结果。例如，当事人并不

① 北京市第四中级人民法院（2021）京04行初1049号行政判决书。

② 北京市第四中级人民法院（2019）京04行初1492号行政判决书。

③ 北京市第四中级人民法院（2021）京04行初394号行政判决书。

希望得到一个确认行政行为违法的情况判决，其本意是希望撤销行政行为。

确认违法判决在司法实践中的常见情形如下：

（1）程序轻微违法。被告区政府于2018年9月28日收到原告的村务公开监督申请，应在两个月内作出答复，被诉答复虽然落款为2018年11月26日，但被告于2018年12月6日才寄出该答复，邮寄时间已超过法定履责期限数日，被告未提供充分证据证明因何法定事由晚于落款时间十天寄出被诉答复，故系超期作出决定，属于程序违法。鉴于被告的上述违法之处并未对原告的合法权益造成实际损害，法院依法确认被诉答复违法。①

（2）程序违法且被告改变原违法行政行为后原告仍不撤诉。被告区政府于2019年12月19日收到原告村务公开监督履责申请后，区民政局于2020年1月15日向镇政府发函转办，镇政府在2020年4月8日向区民政局回函，被告于2020年6月初向原告邮寄《回复》。2020年1月24日因新冠肺炎疫情，某市启动突发公共卫生事件一级响应，即使认定镇政府由于新冠肺炎疫情导致其调查处理的期间可以不计入履责期限，而除此之外被告履行职责的期限业已超过两个月，且不能作出合理解释。庭审中，针对被告在诉讼过程中作出《回复》，原告明确表示不愿意撤回起诉，故法院依法判决确认被告在法定期限内未对原告提出的履责申请作出答复违法。②

4. 驳回原告诉讼请求判决

驳回原告诉讼请求判决属于确认类判决，体现了法院对被诉行政行为合法性的认可或对原告诉讼请求的否定性评价。主要适用于以下三种情形：一是在形成诉讼（包括撤销诉讼和变更诉讼）中，行政行为证据确凿，适用法律、法规正确，符合法定程序的，人民法院判决驳回原告诉讼请求；二是在义务诉讼中，原告申请行政行为机关履行法定职责理由不能成立的，人民法院判决驳回原告诉讼请求；三是在给付诉讼中，原告请求原行政行为机关履行给付义务，复议机关作出驳回申请复议决定（属于广义上的行政复议维持决定），理由不能成立的，人民法院判决驳回原告诉讼请求。

驳回原告诉讼请求判决在司法实践中的常见情形如下：

（1）被告区政府已经履行村务公开监督职责，原告仍然诉请履行职责。法院经审查认为原告申请公开事项不属于村务公开的范围，需通过其他途径

---

① 北京市第四中级人民法院（2019）京04行初27号行政判决书。

② 北京市第四中级人民法院（2020）京04行初291号行政判决书。

另行解决；或已有证据证明村民委员会已经主动公开相关村务信息，而原告仍然要求单独向其公开。故法院以履责不到位诉讼请求不成立为由，判决驳回。

（2）程序瑕疵问题已得到生效判决的否定性评价，不再重复评价。被告区政府收到原告的履行职责申请后进行了核实、调查，并根据调查结果作出被诉回复，认为某村民委员会不存在不及时公布应当公布的事项或者公布的事项不真实的情形。法院经审查认为被告履行职责的行为符合《村民委员会组织法》的规定。另关于被告作出被诉回复的程序，法院已于2021年3月21日作出《行政判决书》，确认被告未在法定期限内针对原告提出的责令公开申请作出答复的行为违法。故本案针对被诉回复的程序不再重复确认。依法判决驳回原告诉讼请求。

（3）因不可抗力耽误履责期限，但未明显超出合理期限。因新冠肺炎疫情，2020年1月24日，某市启动突发公共卫生事件一级响应。新冠肺炎疫情作为突然发生、造成社会公众健康严重损害的重大传染病疫情，导致机关、企业事业单位、社会团体无法正常开展工作，属于不能预见、不能避免、不能克服的客观情况，造成被告客观上无法正常履行村务公开监督职责，构成不可抗力。本案原告请求被告区政府履行职责的事项亦非保护其人身权、财产权等重大、紧急事项。因此，被告辩称因不可抗力耽误履责期限，具有合理性。待疫情好转后，被告继续开展调查工作，被告对原告申请事项的调查处理并未明显超出合理期限，不属于消极违法不作为的情形。因此，法院依法判决驳回原告诉讼请求。

（二）上述裁判方式在村务公开监督案件实践应用中存在的问题

1. 司法审查标准不统一导致判决方式适用标准不统一

司法审查标准问题源于我国行政诉讼构造。从全国行政审判实务情况可知，村务公开监督相关规定的模糊性导致人民法院在相关案件的司法审查中审理规则不明确，裁判标准不统一，对是否属于应当公开的村务事项、行政机关履行监督义务的审查力度、政府监督权力与村民自治权利边界等问题产生较大争议。例如，就是否已履行“监督”职责，全国范围的裁判文书出现了司法审查标准不统一的现象。在同样认定原告申请的信息属于应当公布的村务事项情形下，针对行政机关以函、通知单、决定书等形式作出的责令公布行为，法院对上述责令行为是否符合履行法定职责要求有不同的认定：一方面，有的认为行政机关已经履行了法律规定形式或者程序上的职责；有的认为判断行政机关是否存在不作为不能以其形式上是否实施了某个行为为标准，而应当以其实质上是否对法定职责作出响应为依据。另一方面，不同法院对履责结果（行政机关作出责令公布行为后村民委员会是否依法公开相关村务信息）的审查标准不同，有的认为履责结果属于司法审查的范围，即使积极履行了“监督”职责，但是如果村民委员会仍然没有依法公开相关村务信息，依然属于未履行法定职责；有的未将履责结果纳入审查范围，只对行政行为合法性进行审查，认为行政机关“已经出具了督办通知单，被上诉人已履行法定职责”。

2. 履行判决明确度低导致循环诉讼现象较为明显

在司法实务中，村务公开监督类行政案件中，行政机关败诉比率相对较高，但是循环诉讼的现象较为明显。法院认定行政机关未履行法定职责后，在作出履行判决时，绝大部分判决是“撤销答复”“责令处理”的履行判决。在查阅到的裁判文书中没有行政判决书作出“判令被告责令村民委员会公开相关村务信息”的履行判决，主要的判决理由是法院认为案件事实仍“需行政机关进行调查、裁量”。判决内容明确程度低等问题使履行判决仅起到撤销判决的作用，没有进一步明确行政机关的义务，原告的权利义务回到“原点”，行政机关重新作出行政行为的空间过大，容易导致循环诉讼和诉权保障不足等问题。履行判决明确程度低，后续执行亦成为难题。虽然根据禁止不利变更原则，行政机关不能作出更加不利于相对人的行政行为，但是如果相对人对行政机关再次作出的履行行为依然不服，又要进入行政复议或行政诉讼程序，形成循环诉讼。村务公开事项往往涉及全体村民，容易发生群体诉讼。

之所以出现这种现象，首先是由于行政机关通过信访答复、职责转移、形式履责等方式怠于履行“调查、核实”职责，案件事实未达到“裁判时机成熟”的程度，故法院以“尚需被告调查裁量”为由作出答复判决；其次，实体性履行判决要求较高，需要明确行政机关具体的履责义务，从“省时省力”又不会出错的衡量出发，司法审查一定程度上存在依赖行政调查的问题。

3. 行政机关履职规范性不足导致面临客观履职困境

目前村务公开监督案件体量不大，但是部分接到监督申请较多的行政机关已经面临诸多困难。一方面，行政机关在客观上面临着法律规定的模糊地带多、规范依据不足、监督手段匮乏、责令公开效力弱等履职困境，在村民委员会不配合的情况下监督效果不理想。例如，近几年的涉诉案件中，一部分案件中行政机关已经向村民委员会作出责令公开村务信息的决定，因为村民委员会执行不到位而涉诉。另一方面，村民动辄要求村民委员会公开几项乃至几十项村务事项，进而向行政机关提出村务公开监督申请，引发行政机关大量的调查核实工作、应诉工作，大量的时间因此被占用，可能影响政府履行其他更为重要的职责。虽然行政机关在村务公开监督中客观上面临着监督依据不足、监督手段缺失等困境，对于模糊地带，司法审查的标准也并不统一。但是不可否认的是，从近年来某直辖市法院审理村务公开监督案件的情况看，行政机关败诉率总体上高于全部行政案件的平均值，在现有规定下，行政机关在村务公开监督过程中仍然存在未及时、全面、准确履行职责的情况。行政机关败诉的重要原因之一在于认定事实不清、主要证据不足，包括行政机关未依法尽到调查核实职责，行政机关在调查过程中未收集并固定证据，行政机关涉诉后未在法定期限内全面提交证据。

三、村务公开监督案件判决方式的发展与完善

（一）准确把握村务公开监督案件审查范围，精细匹配法定判决方式

村务公开监督行政案件属于典型的履责之诉，原告提起诉讼的实质目的是要求行政机关履行监督村民委员会公开相关村务的职责。此类案件在实践中可能以撤销之诉的形式表现，如原告请求撤销区县政府对其作出答复，但其诉讼标的仍然是原告请求行政机关履行法定职责的请求能否成立。行政机关作出的答复当然属于案件审查范围，但又不能等同于案件审查范围的全部。适当的诉讼类型及判决方式的选择始于对原告请求权的准确把握。原告请求权审查的重要性在于如果司法审查拘泥于行政行为而忽视原告请求权，即使原告胜诉后依然只获得“撤销答复”“责令处理”的程序性判决，而原告的实质利益诉请需要行政机关再次处理，有可能依然无法得到实现。履行判决的意义不应仅是对行政行为合法性与合理性的审查，从而得到行政行为被撤销之法律效果，而是司法机关通过对行政行为和原告请求权的审查认定行政机关未履行法定职责，在原告的请求权成立、被告亦没有裁量空间的情况下，直接作出课以行政机关明确具体义务的实体性履行判决，更加充分救济原告的合法权益。法院在审理此类案件中，审查对象不能仅局限于被诉行政行为的合法性。

1. 要求行政机关履行村务公开监督职责属于行政诉讼受案范围

监督村务公开形式上类似“行政机关内部上下级之间的督促履行事项”，容易导致行政机关将两行为混淆。虽然都是法律明确规定的行政机关应履行职责，但是实质上两者并不相同，村务公开监督的对象是村民委员会这一基层群众性自治组织，并非是监督主体的下级机关，因此，区别于行政机关内部上下级之间的监督关系，要求行政机关履行村务公开监督职责属于行政诉讼受案范围。

2. 针对行政机关不履行村务公开监督职责提起诉讼需要有事实根据

第一，村务公开监督的履责申请应当通过恰当的方式提出，并提供其向被告提出村务公开监督申请的证据。例如，申请人不能通过政府信息公开的途径要求公开村务信息或者提出村务公开监督申请。同时由于村务公开是村民委员会根据《村民委员会组织法》应当主动履行的义务，因此，申请人提起村务公开监督申请的前提不是已经向所在村民委员会提起村务公开申请，也不是所在村民委员会收到申请后进行答复的期限已经届满两个月。[①]

第二，诉请行政机关履行村务公开监督职责要有基本的原因事实依据。例如，村务公开监督的对象是申请人所在的村民委员会，申请人申请行政机关监督居民委员会或者已经不存在的村民委员会，则起诉没有基本的原因事实依据。

第三，村务公开监督涉及两个以上行政机关对某一事项都具有法定职责应当如何处理的问题。有观点认为，应当遵循“就低不就高”原则，两个以上的行政机关系平级关系的，申请人在先申请的行政机关具有法定职责；该两个以上行政机关系上下级关系，申请人申请上级行政机关履行职责并提起履责之诉的，应当认定缺乏事实根据。另有观点认为，《村民委员会组织法》并非规定乡镇以上人民政府负有村务公开监督职责，而在乡镇政府、县级政府主管部门之外明确点明县级政府也具有村务公开监督职责，因此，应当视为三个主体具有平行的职责。

第四，履责期限是否届满。《村民委员会组织法》并未规定行政机关的履责期限，司法实务中一般参照适用《行政诉讼法》第 47 条的规定，确定履责期限为“两个月”。不过，通过梳理各地关于村务公开的地方性规定发现，不少地方明确了少于或者等于 60 日的履责期限，属于行政机关自己给自己设

① 北京市第四中级人民法院（2019）京 04 行初 826 号行政判决书。

限，在司法审查中，如果存在此类的地方性规定，应当适用。

3. 当事人确定问题

第一，原告资格。考察原告资格的标准是请求权基础，即原告是否具有请求被告作出“给付”的法定权利。因此，并非所有的履责答复相对人都具有原告资格，只有具有请求权基础的履责申请人才具备原告资格。村务公开制度是为了保障村民对涉及本村村民利益、村民普遍关心事项的知情权，只有村民才有权请求相关人民政府或主管部门履行村务公开监督法定职责。对此，村务公开监督行政案件中，适格的原告不仅应当是履责申请人或者答复的相对人，还应当具有要求行政机关履行村务公开监督职责的请求权基础，即属于被监督的村集体经济组织的成员，否则其不具有针对该村民委员会村务公开工作提起村务公开监督申请的权利。另外，虽然实践中并没有村民委员会针对责令公开决定提起行政诉讼的情况发生，但是由于责令公开的决定影响了村民委员会的权利义务，因此从理论上讲，村民委员会是有权利针对责令公开决定提起行政诉讼的。

第二，被告适格。由于村务公开监督职责属于行政机关依申请履行的法定职责，对此，在确定适格被告时，如果行政机关对原告的履责申请不予答复，则应当以所提履责申请书上载明的履责机关为被告；如果行政机关对原告的履责申请作出答复，则应当以作出答复的行政机关为被告。需要注意的是，申请人向县级政府提出村务公开监督申请，县级政府将申请转办主管部门或者乡镇政府等同样具有村务公开监督职责的行政机关，最后乡镇政府或者县级政府主管部门向申请人作出答复。笔者认为，如果县级政府只要批转乡镇政府或者有关主管部门即属于履行职责，那么村务公开在区县层级的监督就会流于形式，接到村民监督申请的县级政府或乡镇政府、有关主管部门的调查处理及答复行为以及相应的不作为均属于行政诉讼受案范围，三个职责主体均可成为行政诉讼的适格被告。即如果对该答复不服，应当遵循上述原则，以作出答复的行政机关为被告；如果以县级政府对履责申请未作答复为由提起诉讼，则以履责申请中载明的履责机关为被告。

例如，在王某诉某区政府、某区某镇人民政府村务公开监督答复案[①]中，法院经审理认为，被诉《答复书》系由某镇政府作出，某镇政府作为一级政府，属于能以自己名义行使行政职权并能独立承担相应法律责任的行政主体。

① 北京市第四中级人民法院（2020）京 04 行初 326 号行政判决书。

根据《村民委员会组织法》第 31 条的规定，乡镇政府和县级政府均具有村务公开监督职责，某镇政府作出的被诉《答复书》和某区政府作出的《回复》应分别由作出的行政机关承担责任。原告因某区政府将原告提交的责令村务公开申请转某镇政府办理而认为某镇政府的答复系基于某区政府的委托，缺乏法律依据，且某区政府随后以自己的名义作出了《回复》。原告以某区政府为被告提起本案诉讼，诉请撤销某镇政府作出的被诉《答复书》，并判令某区政府重新作出书面答复，明显缺乏事实根据。

第三，是否追加村民委员会为第三人。有观点认为，鉴于村务公开工作与农村生产生活工作息息相关，各地对于村务公开工作的相关规范较为滞后，且县级政府部门并未持有相关村务信息，导致诸多历史事实需要经由村民委员会相关人员进行解释说明，故建议在审查此类案件中，将村民委员会追加为第三人。就北京法院而言，绝大多数案件并未追加村民委员会为第三人参加诉讼，仅有个别案件在诉讼程序上追加村民委员会。

是否需要追加第三人取决于原告提出的履责申请及诉讼请求的内容。原告申请被告履责的村务公开监督职责其实包含了对第三人（村民委员会）权利义务的处分，因此需要考虑追加第三人的问题。此时，是否需要追加村民委员会作为第三人需要结合当事人的申请事项来确定。如果行政机关怠于答复原告提出的履责申请，且原告的诉讼请求仅仅是要求被告作出程序性答复或处理决定，则无需追加第三人。理由在于，此时的案件审理焦点是被告是否依法履行了法定的答复或作出处理决定的义务，即便被告败诉，法院也仅仅是判决被告针对原告提出的履责申请进行答复或处理，而不会涉及答复或处理决定的具体内容，不会对第三人的权利义务产生影响。如果被告之后作出的答复或处理决定涉及了第三人的利益，各方当事人还可以针对该答复或处理决定起诉。反之，如果原告明确要求法院判决被告对第三人的权利义务进行处分，则案件的审理焦点必然会集中在被告是否应当对第三人的权利义务进行处分这一问题上，第三人当然与案件具有法律上的利害关系，应当通知其参加诉讼。

4. 起诉期限

村民申请行政机关履行村务公开监督职责，如果行政机关在接到申请后履责期限内不予答复的，起诉期限从履责期限届满之日起起算，期限为六个月。如果行政机关在法定期限内作出答复，相对人不服提起诉讼的，应当按照撤销之诉计算起诉期限，即从知道或应当知道该答复内容之日起计算，期限为六个月，未告知诉权和诉期的，适用一年的起诉期限。

5. 村务公开的范围

《村民委员会组织法》对于村务公开范围采取的是“列举式”+“涉及本村村民利益，村民普遍关心的其他事项”兜底条款。根据《民政部关于进一步建立健全村务公开制度深化农村村民自治工作的通知》(民基发〔1997〕23号)、《中共中央办公厅、国务院办公厅关于在农村普遍实行村务公开和民主管理制度的通知》(中办发〔1998〕9号)、《中共中央办公厅、国务院办公厅关于健全和完善村务公开和民主管理制度的意见》(中办发〔2004〕17号)等规定，财务公开是村务公开的重点工作，凡属群众关心的热点问题，以及村里的重大问题都应向村民公开，同时要根据本地实际情况，制定具有自身特点的村务公开内容，并随着形势的发展变化和村民的要求，及时调整、充实村务公开的内容，真正做好凡涉及群众切身利益的大事，都以一定形式向村民公开，接受群众的监督。

由此可见，村务公开的目的在于让村民委员会接受村民的监督，落实和深化村民自治，因此，村务公开的范围相对较为广泛，且范围并非一成不变，具有动态性和地域特殊性。判断是否属于村务公开的范围的标准在于是否涉及作为村民的利益，是否对村民利益产生重大影响。例如，村民会议和村民代表会议记录作出的决议影响原告权益，作为载体的会议记录属于公开范围，但是“村民代表会议签字的人员名单”属于会议形式而非实质决定、属于程序事项而非最终结论，对原告的权利义务并不产生实质性影响，不符合上述法律规定的村务公开的范围。①

反过来推断，如果申请人申请公开的信息不属于村务公开范围，则该信息并不涉及其作为村民的利益，行政机关对于其村务公开监督申请是否进行答复均对其权利不产生影响，行政机关没有必须对其申请进行回复的职责，即便申请人提起行政诉讼，也应当以不符合起诉条件为由裁定驳回起诉。

不过，对比政府信息公开制度，上述村务事项的判断标准仍相对较为原则和抽象，有观点认为，可以参照《政府信息公开条例》第2条的定义，将村务信息理解为村集体在履行其法定职责中制作、获取、保存的信息。从这个角度出发，对于村务信息范围在实践中的界定问题，就可以有着较好的判断依据，具体来讲，（1）先界定清楚村集体的法定职责，或者直接判断拟申

---

① 北京市第四中级人民法院（2018）京04行初1013号行政判决书。

请信息是否涉及村集体资产的处分、是否涉及集体性事务。（2）如果涉及集体事项，则判断申请的信息是否存在（模仿政府信息公开制度，看是否制作、获取、保存）。（3）如果存在，则需要判断是否存在豁免情形。需要注意的是，村务公开立法虽然未规定豁免情形，但是，信息的特性自形成之日起即客观存在，故豁免情形亦应客观存在，对此，村集体不能一味地强调公开，还须保护第三方合法权益。如拟公开信息可能涉及商业秘密、个人隐私，也可能是处于研究、讨论中的不成熟、过程性信息等。

6. 行政机关在接到村民村务公开行政监督申请后是否尽到了调查核实职责

主要审查：（1）行政机关对监督申请是否进行了审核判断，包括判断申请内容是否属于村委公开范围，对于描述不清的申请是否要求申请人予以明确等；（2）行政机关是否进行了调查核实，包括是否以实地走访、会议等形式对村务公开的内容、形式进行调查并形成相关证据材料；（3）区县政府交办给乡镇政府的，是否有合法有效的村务公开监督办理流程。需要注意的是，“监督”职责属于行政机关的法定职责，行政机关不能以信访、行政指导行为、政府信息公开等程序进行处理。即便行政机关通过信访方式进行处理，作出的信访答复仍属于可诉的行政行为。

对于该类案件中经常出现的转办问题，有观点认为，在履责类案件中，对履责机关应当遵循“就低不就高”的认定原则，上下级机关针对履责事项均有管辖权的，一般应由下级机关行使初始管辖权，上级机关已经交由下级机关处理的，不构成不履行法定职责。就村务公开监督案件而言，村民向县级政府反映村务公开问题，县级政府转批乡镇政府或者有关主管部门办理，当事人仍然起诉县级政府的，可以认定县级政府已经履行了法定职责，判决驳回原告诉讼请求或者裁定驳回原告起诉。根据这一观点，有地方直接通过地方性规定的方式对不同层级的行政主体履行村务公开监督义务设定先后顺序，确定属地的乡镇政府作为村务公开监督申请的首要和核心调查处理主体，在其进行调查处理的基础上，才由县级政府责令乡镇政府处理或者直接进行调查核实。部分关于村务公开的地方性规定，实际上在一定程度上改变了《村民委员会组织法》中的村务公开监督主体。主要存在以下三种情况：第一，未规定县级政府监督村务公开的职责。例如，对于村民委员会不及时公布应当公布的事项或者公布的事项不真实等，《海南省村务公开办法》《湖北省村务公开实施办法》《宁夏回族自治区村务公开办法》均规定了村民可以向县级以上人民政府民政部门或者乡（镇）人民政府举报，明确了县级政府负责村务公开监督的有关主管部门为民政部门，同时未规定县级政府监督村务公开的职责。

第二，仅规定乡镇政府具有村务公开监督职责。例如，《西藏自治区村务公开办法》规定，县级以上人民政府统一领导本行政区域内的村务公开工作。乡镇政府负责村务公开的日常检查指导工作，包括接受村民对村务公开有关事项的申诉、调查和协调村民委员会处理村民对有关村务公开的争议。县级以上人民政府民政部门负责村务公开的组织协调和指导工作。同时规定村务监督委员会和村民对村民委员会针对村务公开方案中的内容、程序、时间或者形式异议作出的答复不满意的，可以向乡镇政府反映情况，由乡镇政府进行调查处理并作出书面答复。这一规定从本质上看缩小了监督义务主体范围，仅规定了乡镇政府的村务公开监督职责。

第三，规定不同监督主体的监督权限。例如，《陕西省村务公开民主管理办法》规定，乡（镇）人民政府负责村务公开民主管理的日常检查指导工作，包括接受村民对村务公开有关事项的申诉，调查和协调处理村民委员会和村民有关村务公开的争议。县级以上人民政府民政部门，负责村务公开工作的组织协调和监督；县级以上人民政府财政、农业部门，负责村务公开工作中财务公开的指导、监督。

对此，笔者认为，如果有相关的地方性法规、规章，则司法审查中应当认可县级政府转办乡镇政府，由乡镇政府履行监督职责行为的合法性。但是，如果所在地区没有相关规定，由于《村民委员会组织法》等并没有明确规定不同行政机关履行村务公开监督职责的顺序或者步骤，且特别规定了县级政府具有该项职责，因此，行政机关可以自行调查亦可以委托下级机关或者相关机关进行调查，但履职责任主体仍应为该行政机关，仅仅进行转办不属于履行法定职责，否则将会架空《村民委员会组织法》对县级政府村务公开监督职责的专门规定。[①]

7. 行政机关在调查核实后是否作出了相应的答复或决定

主要审查：（1）履行“监督”行为均需以书面要式形式进行，如函、通知、决定书等，有条件的可以数据电文形式，但不能通过口头、电话形式。行政机关在履行调查核实、责令公布职责后应当以书面形式答复申请人。（2）答复或决定内容是否有相关证据支持。（3）答复或决定内容是否明确，

① 北京市第四中级人民法院（2020）京04行初226号行政判决书。

责令公开的是否确定了合理的期限和方式，具有可执行性。（4）答复或决定作出时限及送达情况，相关法律对责令公开或不予公开决定的作出时限没有规定，实践中应参照适用《行政诉讼法》关于履行职责期限为两个月的规定。同时，应当准许行政机关根据具体情况适度延长履责期限，或者扣除因不可抗力导致的履责不能的期限。如果行政机关延长履责期限后仍没有作出答复，或者不当延长履责期限、履责期限过长，抑或扣除因不可抗力导致的履责不能的期限，仍没有在法定期限内作出答复，应当承担败诉责任。（5）行政机关在作出责令限期公开的通知或决定后，是否以适当形式对村民委员会的履行情况进行了复核。行政机关不仅应当及时履责，还应当全面履责，并要依法实现履责的目的。

8. 原告对被告履行行政监督职责的请求在实体法上能否成立

在履责类案件中，法院可以直接审查原告监督请求能否成立。如果行政机关作出的拒绝性答复合法，原告要求履责的请求当然不能成立；拒绝性答复理由不当，但经过审查原告的履责请求能够成立且行政机关已无判断裁量空间的，法院可以直接判决行政机关履行特定的法定职责；拒绝性答复理由不当，但原告的履责请求经过审查确实不能成立的，也可以判决驳回原告的诉讼请求，并在判决理由中指明拒绝性答复理由的不当之处。这种做法既有利于行政争议的实质解决，同时通过指明答复不当之处的方式明确事实和法律关系。

9. 行政机关履行职责是否还有判断裁量空间

法院可以直接判决行政机关履行特定内容的法定职责。法院如果审查认为原告的履责请求能够成立，行政机关履行职责明显已无进一步判断裁量空间的，有权直接判决行政机关履行相应的职责。如果行政机关尚有判断裁量空间的，法院也可以判决行政机关针对原告的申请重新作出处理。

（二）准确把握村务公开监督案件审查强度，促进判决方式适用标准统一

司法审查过程有其内在的局限性，对于履责之诉的审查亦应具有一定的限度。法院在审查履责之诉时，应当给予行政机关适度的尊重，避免不当干预。同时，在审查强度的具体拿捏上，应当考虑政策及专业色彩之浓淡、对相对人权益影响之深浅、稳定性之大小、其他手段（如行政程序）控制作用之强弱以及主要涉及法律问题还是事实问题等因素。

具体到村务公开行政监督案件，行政监督的目的是保障村民的知情权，

该制度本身不能发挥决定或改变村务事项、要求村民委员会工作人员对其履职行为承担法律责任的作用。此类案件中，由于上位立法较为原则、笼统，村务公开的内容、形式受地方性政策、行业性政策影响较大。同时，村民会议及村民代表会议是农村村民实行自治，发展农村基层民主，维护村民的合法权益的根本方式。村民会议有权撤销或者变更村民委员会不适当的决定；有权撤销或者变更村民代表会议不适当的决定。综合考量上述因素，我们认为可以从以下方面合理确立司法审查的强度。

其一，对行政机关是否尽到调查核实职责，作出相应的答复和决定进行严格、深入的审查。上述审查事项既涉及事实问题，又涉及法律问题。即一方面法院要认定法律对行政程序的步骤、顺序、时限、方式等有何要求；另一方面查明行政机关实际上遵循了哪些步骤、顺序、时限和方式；然后将二者进行对照，认定行政机关是否全部遵循了法定要求，如果没有完全遵循，接着再衡量程序违法的程度和后果。上述与行政程序相关的事实问题不涉及专业知识，并且是行政机关实际履行的具体情况，是一种裁决性事实。同时，法律对程序的规定往往比较明确，即使需要进行法律解释，通常也不涉及专业技术性问题。因此，对于上述问题的审查理应采取严格审查标准。

需要指出的是，获得所申请村务是申请人的最终目的，但是在"监督"程序与行政诉讼程序中原告的目的是希望行政机关责令村民委员会公布村务，上述两个目的分别对应的是村务公开和责令公布两个行为，从某种意义上讲村务公开亦是责令公布的履责结果。一般情况下，履责结果属于司法审查标准具有一定的公正合理性且回应了原告的诉请。但是监督村务公开案件具有一定特殊性，责令公布行为并不必然产生村务公开的法律效果，这属于两个阶段的行为：行政机关监督行为需要村民委员会合作或者补充，两个行为是独立存在的。村民委员会基层群众性自治组织的特殊地位决定其与行政机关不属于上下级行政领导关系。在行政机关已经履行了具有约束力和执行力的实质调查核实、责令公布行为的情形下，村民委员会仍然拒绝履行、拖延履行或者不完全履行的，区政府并无法律层面的强制力，也没有法律上的义务和能力。行政机关切实履行责令公布职责后原告利益诉求未得以实现的责任主体不是行政机关而是村民委员会或者有关人员。

其二，对于原告请求能否成立以及被告行政机关是否有裁量判断空间进行适当审查，避免过度审查。在当前涉及村务公开及其监督的上位立法较为原则，概括性较强的情况下，上述审查事项更多涉及价值判断因素。而行政机关通常被认为具有知识经验、资源、程序以及验证能力的优势，因此法院应当避免进行过于深入的审查，给予行政机关适当的尊重。对于原告请求能否成立的审查还应关注到原告的诉讼目的，避免使村务公开行政监督工具化、信访化。

在村务公开监督案件中，行政机关履责结果不应作为严格掌握的司法审查标准，而应作为履责行为合理性的重要参考因素。最高人民法院公布案例“王某升诉寿光市人民政府行政不作为案”的裁判文书说明被告“未限定公开的合理期限，亦未……进行核实”的不完全履行行为导致原告诉求未实现，最高人民法院在典型意义中亦说明被告未全面履行行为造成原告的知情权和监督权未得到落实，故应理解为村务未公开的履行结果系未完全履责行为的后果，属于履行行为合理性审查的重要参考因素，而不能理解为村民委员会未公开村务的行为导致行政机关未完全履责或者属于未完全履责的一部分。[①]如此才符合法律规范的内在逻辑，避免责任主体不清，有效规制村民委员会的行为；避免循环诉讼，有助于实质解决行政争议。不过，人民法院还是要审查行政机关在作出责令公开决定或通知后是否有跟进，这种后续的跟进可以灵活多样，表现为多种形式，例如向反映的村民了解情况等。在司法审查中灵活把握审查的内容，结合个案进行分析。申请人提起履责申请的目的应当是希望能够获得其所申请的村务信息，其出于多种因素和目的明知或者错误地借村务公开之名实质上试图实现要求行政机关监督征收拆迁等事项中存在的违法乱纪、追究有关人员贪赃枉法等问题，不属于监督村务公布事项。行政机关应当对包含上述内容的申请予以区分，排除不属于村务公开事项的内容，但是在答复中应予以告知并阐述理由。[②]

其三，准确运用比例原则和利益衡量的方法。民主监督和民主管理有其自身的发展过程和发展规律。在审理村务公开行政监督案件中，尤其要注意尊重规律，准确运用比例原则和利益衡量的方法评价行政监督行为的合法性。比例原则是行政机关依法行政所应遵循的一般原则，其基本要求是：公权机关实现行政管理目标所采取的手段对于相关法益的影响与目标实现的公益维护应当是均衡的。首先，行政机关的决定、行动或措施可以实现行政目的，即妥当性要求；其次，行政机关在可以采取实现行政目的的多种方式中，

① 参见 2015 年最高人民法院公布的关于行政不作为十大案例。

② 北京市第四中级人民法院（2019）京 04 行初 1033 号行政判决书。

应当选择对当事人合法权益侵害最小的方式实施，即必要性原则；此外，行政机关的决定、行动或措施的成本和收益应当是均衡的、符合比例的。在村务公开行政监督中，行政机关进行监督的目标依法保障村民知情权，通过调查核实，经审查判断后作出责令公开的决定或作出不予公开的答复能够实现行政目的，具备比例原则中的妥当性要求，同时也要选择对当事人合法权益侵害最小的方式实施，使其符合必要性原则。同时，要对运用监督权保护的权益与行政成本之间进行利益衡量，从而决定实施该措施的合法性与适当性。在村务公开监督行为中，行政机关应当依据《村民委员会组织法》等相关规定，在法律授权范围内履行调查核实监督职责，既不能不作为，也不能超越法律授权范围作为。行政机关作出的村务公开监督行为不仅影响作为申请人的村民的利益，同时也影响村民委员会的权利义务，在法律规定及农村集体经济组织村务公开、财务公开领域的规范性文件均未对村务公开的形式作出具体明确的要求的情况下，如果申请人要求必须以合同文本、书面回复、加盖印章等形式公开相关村务信息，司法审查中也应当考虑申请人请求的合理性和合法性，一般情况下只要村民委员会已经依法及时全面公开村务信息，实现了村民监督所在集体经济组织的制度目的，则行政机关不应对村民委员会公开村务信息的方式进行过度的限制，人民法院也不应对行政机关在该方面的履责程度进行过度的要求。①

（三）准确把握履行判决裁判时机，合理判断行政机关裁量空间问题

村务公开监督行政案件均为履责之诉，包括消极不作为类的履责之诉和积极作为类的履责之诉，区别于撤销之诉，不管是否作出答复，原告的实质诉讼目的在于要求行政机关履行监督村务公开的职责，诉讼标的则是原告请求行政机关履行法定职责的请求能否成立。由此，第一，人民法院有权直接判决行政机关履行特定内容的法定职责；第二，人民法院有权超出原告诉讼理由以及拒绝性答复的范围审查原告请求能否成立；第三，如果行政机关仍有进一步调查裁量空间时，人民法院可以将原告的请求交还给行政机关重新处理，而在本次诉讼程序中不作最终裁判；第四，人民法院应当从有利于行政争议实质解决和一次性解决的角度审理案件。例如，拒绝性答复理由不当，但原告的履责请求经过审查确实不能成立的，也可以判决驳回原告的诉讼请求，并在判决理由中指明拒绝性答复理由的不当之处，既有利于行政争议的

① 北京市第四中级人民法院（2019）京04行初1033号行政判决书。

实质解决，同时通过指明答复不当之处的方式明确事实和法律关系。

被告对原告申请事项作出处理，是否具有裁量空间，关系判令被告对原告申请事项直接作出具体处理之可能性。所谓裁量空间，是指行政机关对履行职责的内容、方式等尚有调查、判断余地。比如案件事实尚未明确，须待被告以专业权限认定，或专业能力调查，或须专业技术机关参与，或经特别程序扩展方能确定；依据法律规定，针对同一案件事实有多种处理可能，应首先由被告根据事实、法律及政策予以初次判断。村务公开“监督”行为具有裁量性行为和羁束性行为的双重属性：调查核实、责令公布的方式、程序属于行政机关裁量内容，法律规范并无具体明确规定，但是被申请信息是否属于村务公开事项、经调查核实认定为未公布的村务后必须责令公布、履责程度必须达到具有执行力和约束力的合理性要求等属于羁束性行为，不具有自由裁量空间。

监督村务公开案件中行政机关调查的事实即“责令公布”的条件，包括被申请信息是否存在或者应当存在、是否属于村务公开事项、村民委员会是否未公布，如果上述事实在审理过程中业已查明，法院可以直接作出实体性履行判决。如果该事实尚未达到明确的程度，法院可以根据自身权限通过调取证据、举证责任分配、追加村民委员会为第三人等方式主动查明未尽事实，以促使裁判时机的成熟。司法机关审查行政机关责令村民委员会村务公开行为，无论是从利害关系角度还是调查案件事实角度，均可将村民委员会追加为行政诉讼第三人。行政机关“责令公布”决定对村民委员会负担了义务，而村民委员会并不是下级机关，行政机关的决定无法直接产生村务公开的法律效果；法律法规亦未赋予行政机关强制村民委员会公布的权力和程序。村民委员会作为第三人参加诉讼，则被申请信息是否存在或者应当存在、村民委员会是否未公布等案件事实可以在司法审查阶段予以明确。在行政机关“责令公布”的条件全部具备的情形下，法院不宜再以“尚需行政机关调查、裁定”为由作出“责令处理”的程序性履行判决，应当作出课以具体明确公布义务的实体性履行判决。因此，有必要在尊重行政机关调查裁量及当事人诉讼请求的基础上，深入具体案件情境，对法律规定、公众期待、客观条件等相关因素综合考量，最终对判决适用实体性履行判决还是程序性履行判决作出合乎案情的准确判断。

目前村务公开监督类行政案件虽体量不大，但也显现出“点—线—面”的蔓延趋势，成为基层群众自治体制下反映基层治理矛盾、农村党风廉政建设和党群干群关系的一面镜子。这一表层问题的解决需要行政机关和司法机关看到乡村振兴过程中，农民脱贫致富后主体意识、法治意识、参与意识、监督意识的提升，合力从维护农村发展改革稳定大局出发，强化乡村治理体系和治理能力，着力解决影响广大农民民生福祉的关键问题。人民法院依法裁判此类案件，应着重把握以下原则：一是立足行政审判职能，依法保护诉讼权利。始终把依法受理、审理和裁判放在第一位，妥善处理涉村务公开行政监督案件。根据《村民委员会组织法》关于民主监督和民主管理的立法精神和制度设计，既要依法保障村民行使知情权，更要切实维护村民自治、民主管理这一根本原则，实现法律效果、社会效果和政治效果的有机统一。二是准确把握审查重点和强度，兼顾公共利益维护和个人权益保护。要深入分析村务公开行政监督案件的特点和客观复杂环境，把握此类案件的特殊性。法院在进行裁判时应当综合考虑法律规定，维护村民自治、民主管理的现实需要，对个人权益影响的程度等因素，选择恰当的审查强度，既依法保护个人利益，又切实维护公共利益。三是强化矛盾纠纷多元化解，切实维护社会稳定。村务公开行政监督案件往往具有关注度高、群体性突出的特点。要积极借助多元化解机制，尤其是基层矛盾纠纷调处机构，加强协调和解工作，及时回应村民关心问题，努力实现争议实质性解决。四是积极参与社会治理，加强司法与行政良性互动。要充分发挥行政审判能动性，及时梳理总结涉村务公开行政监督案件中存在的执法问题，及时通过依法裁判、发送司法建议等方式向相关机关提出，帮助其进一步增强行政监督工作的规范性，实现对村务公开更加有效有力的监督，提高依法行政和社会治理的能力水平。

行政投诉举报案件判决方式

投诉举报对于维护我国行政管理秩序具有积极的社会价值，也是中国式现代化在法治领域的重要体现。然而审判实践中，投诉举报案件法定判决方式存在投诉举报案件审查原告资格标准不一、审查要点标准不清、适用条件不明确、尚不能满足投诉举报案件多样性和复杂性裁判要求等问题。基于投诉举报案件的特殊属性，应首先对投诉举报人原告资格、投诉举报人的“请求”、行政机关的“处理”、投诉举报人“权利保护”进行四阶式审查框架的建构，其次对投诉举报案件判决方式进行类型化，明确各判决方式具体适用条件，最后对投诉举报案件判决方式进行相应完善，逐步实现投诉举报案件行政诉讼精细化的发展道路。

一、检视：行政投诉举报案件的裁判现状及存在的问题

（一）行政诉讼投诉举报案件的裁判现状

根据本章的研究方向，为了对行政诉讼投诉举报案件司法现状有总体把握，笔者以行政诉讼、投诉举报为关键词，裁判时间为2018年至2022年，在中国裁判文书网一共获得有效裁判文书3557份，其中以判决方式结案为1885件，在1885件随机抽取100份。根据100份裁判文书研究样本，发现投诉举报案件呈现以下四大表征。

1. 涉及领域范围广

由于投诉举报人涉及的群体不一，实践中一般分为民事侵权领域消费者、警察行政领域受害者、劳动保障领域投诉者、一般监督领域举报者，所涉及的利益也是多元的，故投诉举报案件涉及的领域范围非常广。投诉举报案件至少涉及食品药品、证券监管、产品质量监管、工商行政管理、银行业监管、电信管理、司法行政管理、税收监管、违章违建等领域。

2. 裁定驳回起诉率高

在100件案件中，从裁判结果上看，以判决方式结案的54件，占全部案件的54%；以裁定方式结案的46件，其中裁定驳回起诉39件，占全部案件的39%；撤诉的案件6件，占全部案件的6%。不难看出，投诉举报案件裁驳率较高，其提起的行政诉讼往往因不具备原告资格而无法进入实体审理阶段。

3. 判决方式相对集中

行政诉讼判决方式类型主要有驳回原告诉讼请求判决、撤销或撤销重作判决、限期履行法定职责判决、给付判决、确认违法判决、确认无效判决、变更判决七大类型。[①] 投诉举报案件的判决方式多集中在如下几种判决：在以判决方式结案的54件中，判决驳回原告诉讼请求的案件有5件，占全部案件的5%；判决撤销或撤销重作的案件有28件，占全部案件的28%；判决确认违法的案件有8件，占全部案件的8%；判决履责的案件有13件，占全部案件的13%。

4. 投诉举报案件的鉴别

一是以申请政府信息公开的形式咨询投诉举报的相关情况。在原告贾某诉被告吉林省通信管理局、中华人民共和国工业和信息化部政府信息公开及行政复议一案[②]中，法院经审理认为，原告贾某的申请实际上系以政府信息公开的方式向被告吉林省通信管理局咨询其投诉举报的相关情况，该行为不属于《政府信息公开条例》的调整范围，其据此提起的诉讼亦不属于人民法院行政诉讼的受案范围，故对原告贾某的起诉裁定驳回。

二是以信访的形式将投诉举报事项加以受理并作出答复。在再审申请人

① 郭修江：《行政诉讼判决方式的类型化——行政诉讼判决方式内在关系及适用条件分析》，载《法律适用》2018年第11期。

② 北京市西城区人民法院（2021）京0102行初37号行政裁定书。

余某诉中国银行业监督管理委员会广东管理局不履行法定职责一案[①]中，最高人民法院认为，余某向广东银监局投诉举报中国民生银行广州分行违规放贷、侵犯其合法权益，要求予以查处，实质是申请行政机关履行保护财产权的法定职责。广东银监局具有对商业银行的贷款等情况进行检查监督的法定职责，其对余某的投诉举报进行核查并作出处理，虽然采用《信访事项答复意见书》的形式，但实质上是履行监督管理职责的行为，对余某的权利义务产生实际影响，故余某的起诉属于人民法院行政诉讼的受案范围。

（二）行政投诉举报案件法定判决方式存在的问题

1. 投诉举报案件审查原告资格标准不一

投诉举报案件以判决方式还是裁定方式结案，关键在于判断投诉举报人是否具有原告资格。实践中针对近乎一样的事实和理由提起行政诉讼，有的没有获得原告资格，有的却获得了原告资格，反映出投诉举报案件审查原告资格标准不一的问题。

2. 投诉举报答复审查要点标准不清

实践中，不同法院对于投诉举报答复审查要点标准不清，有的法院对诉讼类型认定有误，混淆了案件的审查要点。

3. 投诉举报案件法定判决方式适用条件不明

在要求公安机关依法追究第三人（加害人）法律责任的投诉举报类案件中，公安机关认为投诉举报人报警的事项不属于公安机关管辖范围，往往会作出不予调查处理或立案的通知。根据《公安机关办理行政案件程序规定》第 61 条第 1 款第 3 项的规定："对不属于公安机关职责范围的事项，在接报案时能够当场判断的，应当立即口头告知报案人、控告人、举报人、扭送人、投案人向其他主管机关报案或者投案，报案人、控告人、举报人、扭送人、投案人对口头告知内容有异议或者不能当场判断的，应当书面告知，但因没有联系方式、身份不明等客观原因无法书面告知的除外。"公安机关可以向投诉举报人口头告知其不予调查处理或立案的通知，但投诉举报人坚持要求书面答复，公安机关须按照上述规定，向投诉举报人作出书面答复。对此，实践中，有的法院认为未按照规定作出书面答复属于程序轻微违法，且未对举报投诉人的权利产生实际影响，最终作出确认违法判决。但基于同样的事实与理由，有的法院却作出履责判决。

---

① 最高人民法院（2018）最高法行再 10 号行政裁定书。

二、成因：行政投诉举报案件判决方式存在问题的深层次分析

（一）原告资格判断标准的分歧

行政诉讼审判实践中，对投诉举报人原告资格判断标准的分歧，主要存在于“自身合法权益”标准与“保护规范”标准之间。

1. 自身合法权益标准

该标准的逻辑是加害人（第三人）对投诉举报人自身的合法权益进行非法侵害，投诉举报人于是与行政机关对投诉举报事项的处理有了一种关系，且这种关系是直接利害关系。[①]笔者认为，投诉举报人维护的自身合法权益一般为加害人（第三人）的违法侵害、投诉举报权利、要求行政机关依法追究加害人（第三人）法律责任。如果投诉举报人维护的是加害人（第三人）的违法侵害，但侵害人是被投诉举报人，而非行政机关，即投诉举报人和加害人（第三人）的违法侵害与被诉行政行为之间没有因果关系。如果投诉举报人维护的是自己的投诉举报权利，一般情况下，当事人的投诉举报权并不会受到侵害，因为行政机关对投诉举报人投诉举报事项处理的结果和他们的投诉举报权行使不是一个法律概念，他们之间没有必然的法律关系，除非行政机关拒绝向投诉举报人进行答复或者逾期答复。如果投诉举报人要求行政机关依法追究加害人（第三人）的责任，投诉举报人所主张合法权益也可以通过提起民事诉讼主张自己的权利。

2. 保护规范标准

该标准的逻辑是投诉举报人不仅以维护公共利益为目的，还应具有保护自己合法权益的情况下，投诉举报人才能获得公法上的法律资格，并于权利受到侵害时，可以请求司法救济。[②]笔者认为，将保护规范标准作为判断投诉举报人原告资格的标准，目前情况下是行不通的。一方面，宪法作为我国的根本大法，审判实践中法院不能直接引用宪法中相关法条作为裁判依据，不具有可操作性。另一方面，审判人员对于保护规范标准中的反射利益、集合性利益等概念的运用不易理解，更不用说让没有学过专业法律知识的广大当事人去接受了。

---

① 李凌云：《行政诉讼中投诉人与举报人的原告资格之区分》，载《辽宁大学学报》2020年第1期。

② ［德］哈特穆特·毛雷尔：《行政法学总论》，高家伟译，法律出版社2000年版，第152页。

（二）对权益侵害的认定缺乏类型化梳理

投诉举报人的诉求往往具有多元性。一方面，如果简单地给予或者不给予投诉举报人原告资格，难免会造成滥诉或者有限制公民的投诉举报权之嫌。另一方面，正是因为投诉举报人的诉求不同，投诉举报的事项也就不同，投诉举报案件中法定判决方式的适用还需对其合法权益是否受到行政机关侵害进行类型化分析。例如，要求对投诉举报事项予以答复，实践中就包括行政机关不予答复和不予受理两种方式；要求行政机关重新作出答复包括行政机关作出确认被投诉举报人存在违法行为和不存在违法行为两种方式；要求对举报事项予以奖励需要区分奖励条件是否成就，即投诉举报是否成立依赖行政机关的调查处理结果。如果不进行具体的分类，实践中法院采取何种判决以及采取判决方式适用条件便容易出现混同或者自相矛盾的地方。

（三）投诉举报答复行为与投诉举报处理行为的混同

通过行政过程分析，受理行为和分流行为还未涉及对投诉举报所反映内容进行处理，此阶段可以称为受理阶段，经受理行为与分流行为作出的答复可以称为受理答复行为。而从调查行为开始直至作出行政处理行为后作出的答复已经涉及对投诉举报所反映内容进行处理，此阶段可以称为处理阶段，经调查行为并由行政机关作出确认是否违法、如何处理的答复可以称为处理答复行为。[①]受理答复行为，投诉举报人要求对投诉举报事项予以答复，实践中又分为行政机关不予受理和不予答复，判决方式往往是履责判决；针对处理阶段行为，因涉及行政机关的具体认定以及行政奖励条件成就，判决方式根据不同情况，往往是驳回诉讼请求、履责、撤销、确认违法判决。答复行为和处理行为的混同，往往造成审查要点的不清晰以及适用条件的不统一。

三、构建：投诉举报案件法定判决方式的四阶式审查框架

解决投诉举报案件的法定判决方式存在的问题，需要进行如下四阶式审查框架构建：一阶，投诉举报案件采用判决的方式首先需要审查投诉举报人具有原告主体资格，即可以进入实体审理；二阶，在具有原告资格的基础上，对投诉举报人的请求事项和请求权进行审查；三阶，在审查投诉举报人“请求”的基础上，对行政机关的“处理”行为进行审查；最后，在一阶、二阶、

① 参见罗仙凤：《论行政诉讼投诉举报答复的可诉性》，载《齐齐哈尔大学学报（哲学社会科学版）》2020 年第 4 期。

三阶的基础上对投诉举报人"权利保护"规范体系与范围进行审查，进而决定判决方式的适用，此为四阶。

（一）一阶：投诉举报人原告资格的审查

《行政诉讼法》第2条、第25条的规定是认定投诉举报人原告资格的基本法律依据，然而认定投诉举报人原告资格的关键在于如何理解利害关系。《最高人民法院关于进一步保护和规范当事人依法行使行政诉权的若干意见》规定为保护和规范投诉举报人行使投诉举报权提供了良好的指引，应当在认定利害关系具有公法调整范畴、直接性关联、受害人地位三个构成要件的基础上，同时结合投诉举报人原告资格的"请求权 + 诉的利益"，明确投诉举报人原告资格认定的逻辑进路，为投诉举报人原告资格的认定提供判断标准。

1. 公法调整范畴

公法调整范畴是指行政机关在履责过程中需考量的因素。[①] 例如，经营者对市场存在违法建筑向有权机关进行投诉举报，投诉举报内容一般是要求有权机关对上述违法建筑进行查处，其涉及的是政府对城市规划和管理等公法权益的维护，却不是要求行政机关在履行查处违法建筑的职责过程中要考虑投诉举报人的经营权。如果投诉举报人要求有权机关在查处违法建筑过程中考虑其经营权未果，进而提起行政诉讼，往往得不到原告资格。

2. 直接性关联

所谓直接性关联是指因行政机关的作为或不作为，投诉举报人的合法权益遭受损失，即行政行为与投诉举报人合法权益受损之间具有法律上的因果关系。[②] 在上诉人袁某等244人要求被上诉人南通市规划局履责一案[③] 中明确阐述，上诉人对涉案商铺有法律上值得保护的经营权，然而，并非任何行政行为都会对袁某等人的经营权产生不利影响。行政机关对涉案违法建筑进行查处的行为并未对他们的这种经营权造成侵害，即两者之间并不存在法律上的因果关系。

3. 受害人地位

受害人地位是指投诉举报人认为自身的合法权益受到被投诉举报人的非

---

① 伏创宇：《行政举报案件中原告资格认定的构造》，载《中国法学》2019年第5期。

② 参见章剑生：《行政诉讼原告资格中"利害关系"的判断结构》，载《中国法学》2019年第4期。

③ 江苏省南通市中级人民法院（2018）苏06行终306号行政裁定书。

法侵害后，向有权机关进行投诉举报，进而维护自身合法权益。[①] 此时，投诉举报人就等同于被投诉举报行为的受害人，行政机关对投诉举报事项的处理结果直接关系到投诉举报人合法权益的维护，两者之间有直接的利害关系。假如法院没有及时给予这些投诉举报人行政诉讼原告资格，他们的合法权益很可能因行政机关处理结果的不当或者违法而得不到公平的司法救济。

4. 请求权＋诉的利益

（1）请求权。请求权是指投诉举报人有要求行政机关作为或不作为的权利，包括行政诉讼法上基础性请求权和救济性请求权。基础性请求权是一种行政实体权利，是指在行政机关与投诉举报人之间形成的特定权利义务。投诉举报人的权利需通过行政机关积极履职才能够实现。如果行政机关不履职或者履职不当，投诉举报人的基础性权利就会遭到侵害，但投诉举报人并不能通过该基础性权利强行要求行政机关积极的作为，而需要通过在行政实体法上启动相关救济程序，此时救济性请求权便会出现。救济性请求权是行政程序性权利，对于投诉举报人而言是十分重要的，其目的在于投诉举报人的利益遭受行政机关的违法侵害时可以对其加以救济，进而要求行政机关承担相应的法律责任。[②] 对于投诉举报人而言，基础性请求权和救济性请求权缺一不可，同时救济性请求权一般需要通过行政诉讼中诉的利益的方式进行体现。

（2）诉的利益。诉的利益是指投诉举报人认为自己的合法权益因受到行政机关的作为或不作为而遭受侵害，可以提起诉讼；反之则不得提起行政诉讼。[③]

有学者建议从以下三个方面来理解诉的利益：第一，投诉举报人的诉讼请求是法院可以审理的对象。一方面，投诉举报人向法院提起行政诉讼，需提交相应的事实证据来主张他们的诉讼请求；另一方面，这些事实证据能证明他们的合法权益可能因行政行为而遭受损害，此时才存在诉的利益。第二，当事人对于请求存在正当利益。所谓正当利益，就是法律上应当保护投诉举报人的利益。换言之，包括一切合法正当的利益在内。第三，有权利保护必要。判定投诉举报人的起诉是否有权利保护必要，一般根据投诉举报人向法院提出的诉讼请求是否具有值得保护的利益，来认定投诉举报人的利益有没

① 参见龙非：《行政诉讼中“受害者”原告资格之反思——以德国法作为比较》，载《法律适用》2017 年第 22 期。

② 黄锴：《行政诉讼中举报人原告资格的审查路径———基于指导案例 77 号的分析》，载《政治与法律》2017 年第 10 期。

③ 陈鹏：《行政诉讼原告资格的多层次构造》，载《中外法学》2017 年第 10 期。

有保护的必要。[①] 如果投诉举报人的起诉没有法律上保护的利益，法院应予以裁定驳回起诉。

从上述逻辑关系来看，投诉举报人的合法权益规定在行政法律规范中，一般情况下，行政机关履责的过程与投诉举报人在行使投诉举报权的过程，当行政机关履行法定职责时，投诉举报人一般也不会通过提起行政诉讼去维护自己的合法权益，当且仅当投诉举报人的合法权益遭受到行政机关的不法侵害时，投诉举报人便具有利害关系，同时在投诉举报人与行政机关双方之间便产生纠纷，行政诉讼法上的请求权也随之出现。当投诉举报人选择诉诸法院解决，投诉举报人对其投诉举报事项也具有行政诉讼法上诉的利益，投诉举报人由此具有行政诉讼原告资格。反之，则投诉举报人不具有行政诉讼原告资格。

（二）二阶：投诉举报人“请求”的审查

在投诉举报人具有原告资格的基础上，法院会审查投诉举报人的“请求”，具体分为请求事项和请求权。第一，关于请求事项，根据投诉举报人提起的行政诉讼涉及的事项具体可以分为要求对投诉举报事项予以答复、要求行政机关重新作出答复、要求对举报事项予以奖励、要求赔偿损失并支付十倍赔偿金、要求行政机关依法追究加害人（第三人）法律责任的五种情形。第二，关于请求权，一般涉及两类公法上请求权：一是程序性权利请求权，在权利来源上属于公民依据宪法管理国家事务、管理经济和文化事业、管理社会事务的基本政治权利，相对应的行政行为系行政机关基于投诉举报人的投诉举报作出处理后的告知行为。二是实体性权利请求权，即投诉举报人因第三人侵权而享有的违法后果消除请求权和损害赔偿请求权。投诉举报人基于《行政诉讼法》第 25 条第 1 款或行政处罚法享有请求行政机关对第三人作出行政处罚的请求权，即在行政机关不对第三人作出行政处罚时，投诉举报人可以起诉行政机关不作为；在行政机关对第三人作出行政处罚时，投诉举报人可以起诉质疑行政机关作出的行政处罚决定。基于公法上请求权不同，投诉举报人发动的行政诉讼类型不同法院的审查对象也不相同。在涉及投诉举报告知行为的诉讼中，法院的审查对象只能是行政机关针对投诉人的投诉举报作出的告知行为的合法性；反之，在涉及行政处罚等处理决定的诉讼中，法院的审查对象也只能是行政处理决定的合法性。但是，基于解决行政争议

① 程琥：《行政法上请求权与行政诉讼原告资格判定》，载《法律适用》2018 年第 11 期。

有效性、诉判关系稳定性以及当事人行使处分权审慎性等考虑，并不允许投诉举报人在不区分诉讼类型、诉讼请求以及请求权基础的前提下，一并提出撤销行政告知行为之诉、行政处理之诉以及履行法定职责（行政不作为）之诉。[①]

（三）三阶：行政机关“处理”行为的审查

基于投诉举报人的请求权和请求事项，投诉举报人向行政机关进行投诉举报，有权机关根据所投诉举报事项一般会进行受理、立案、调查、处理、答复等环节。在上述环节，往往涉及行政机关不予答复或不予受理以及进行处理答复的行为的审查。

1. 行政机关不予答复或不予受理行为

一方面，审查行政机关是怠于答复或受理还是明确表示不予答复或不予受理；另一方面，审查行政机关是否具有受理投诉举报事项的法定职责。如果行政机关不具有相应的法定职责，虽然行政机关在一定时期内怠于答复，法院亦应裁定驳回投诉举报人的起诉。如在原告李某诉被告北京市公安局门头沟分局履行法定职责一案中[②]，原告李某要求被告门头沟公安分局履行对原告树木被非法移除违法行为进行立案调查并将查处结果告知原告的职责，但根据上述法律规定，被告并不具有查处树木被非法移除的法定职责，应当认为，原告提起本案履责之诉缺乏被告职责方面的基本事实根据，不符合法定起诉条件，对其起诉，法院最终依法应予驳回。

2. 进行处理答复

行政机关向投诉举报人作出的答复意见（结果）要么是被投诉举报事项不存在违法行为或行政奖励不成立，要么是存在违法行为，而不存在违法行为或行政奖励不成立的答复对投诉举报人合法权益往往会产生直接影响。关于不存在违法行为的证明问题可以分为两个层面：一是程序层面，行政机关应当证明接受投诉举报后依照法定程序，围绕投诉举报事项，履行了全面的调查、核实和取证义务，如制作调查询问笔录、现场检查记录、勘验记录、鉴定意见，并连同调查程序中获取的相关证明材料形成调查案卷，可以比照行政机关在行业监管领域依职权日常检查程序进行，当然证明的内容还要针对投诉举报事项。二是实体层面，经调查形成的结论性意见应当有充分的证

① 高鸿、殷勤：《投诉处理告知行政诉讼的审理对象与审查强度》，载《人民司法》2020 年第 20 期。

② 北京市门头沟区人民法院（2022）京 0109 行初 48 号行政裁定书。

据证明，尤其是关键性证据，或称主要证据。例如，食品添加剂检测报告之于食品添加中药材投诉中不存在违法行为的答复意见；在周某诉朝阳区食品药品监督管理局履行法定职责一案[①]中，周某向朝阳区食品药品监督管理局举报其在某商店购买的食品中违法添加中药材，请求依法查处，朝阳食药局立案调查后作出举报事项的答复，告知周某举报的违法事实不成立，不予处罚。周某不服诉至法院，请求撤销举报事项答复，判令朝阳食药局对其举报事项重新处理。此案经两审，法院均认为，朝阳食药局对周某举报事项调查不充分，缺少关键性证据食品添加剂检测报告，仍存在进一步履责的空间，故判决撤销被告答复，判令朝阳区食药局针对周某举报事项重新进行调查处理。又如，在杨某诉中国证监会履行法定职责一案[②]中，杨某向中国证监会江苏监管局举报其持有股票的某公司存在信息披露违法行为，请求予以查处。江苏证监局调查后作出未发现违法行为的复函。杨某不服，申请行政复议，中国证监会维持复函。杨某不服复议决定，诉至法院，两审法院经审理均认为，该上市公司信息披露情况的完整记载之于上市公司未披露相关信息举报中不存在违法行为的答复意见。杨某不具有请求江苏证监局履行职责的主观权利，被诉复议决定并无不当，据此，判决驳回杨某的诉讼请求。综上，程序性证据与实体证据相结合，构成行政机关较为完备的对投诉举报事项履行调查处理义务，并形成违法行为不存在等否定性结论意见的事实依据。[③]

（四）四阶：投诉举报人“权利保护”的审查

在一阶、二阶、三阶的基础上对投诉举报人的投诉举报“请求”、与投诉举报“处理”行为以及投诉举报人“权利保护”关系的判断，进而决定判决方式的适用。

第一，原告资格审查（一阶）。投诉举报案件采用判决方式需要投诉举报人具有原告资格，反之，法院一般会裁定驳回投诉举报人的起诉。需要指出的是，实践中，也有法院对于不具有原告资格的投诉举报人采用驳回其诉讼请求的判决形式对投诉举报人的诉求不予支持。

第二，投诉举报人“请求”（二阶）。首先，投诉举报人需有请求权，反

① 北京市第一中级人民法院（2018）京01行终342号行政判决书。

② 北京市第一中级人民法院（2018）京01行初892号行政判决书。

③ 霍振宇：《江某某诉中华人民共和国工业和信息化部投诉答复案——投诉举报答复中认定事实主要证据缺失的处理》（全国法院系统2021年度优秀案例分析）。

之，法院亦会裁定驳回起诉，如要求赔偿损失并支付十倍赔偿金的请求事项，不属于民事诉讼范畴，不具有行政诉讼的请求权；其次，对于投诉举报人的程序性请求，法院一般会采用履责判决的形式；再次，对于投诉举报人的实体性请求，法院会作出要求行政机关重作判决、履责判决；最后，在要求对举报事项予以奖励的请求事项中，如果奖励条件不成就，法院会作出驳回投诉举报人诉讼请求的判决。

第三，行政机关"处理"行为（三阶）。首先，行政机关的"处理"，认定事实准确、程序合法，一般判决驳回投诉举报人诉讼请求；其次，认定事实不准确、程序合法，法院往往会撤销重作判决；最后，认定事实准确、程序不合法，法院往往会采用确认违法判决。

第四，投诉举报人权利保护规范与范围（四阶）。一方面，行政机关对投诉举报人的投诉举报事项作出处理，法院会根据投诉举报事项以及投诉举报人的要求作出不同行政行为，行政机关需有相应的法定职责，投诉举报人也需有相应的请求权，申言之，对于投诉举报人的投诉举报事项，行政机关在其职责范围内具有对该投诉举报事项是否以及如何处理的决定裁量权限，而并不受投诉举报范围及投诉请求的限制。另一方面，针对行政机关的违法行为，法院需考虑投诉举报人的实际情况与意愿，如撤销判决中，撤销行政机关的拒绝性行为，对于投诉举报人而言具有现实意义；确认违法判决中，行政机关后续已向投诉举报人重新作出相关处理，投诉举报人坚持要求确认原行政行为违法。

四、路径：投诉举报案件法定判决方式的适用

（一）投诉举报人要求对投诉举报事项予以答复

针对投诉举报人要求对投诉举报事项予以答复，实践中又分为行政机关不予受理和不予答复。对于不予受理和不予答复，又分为消极性不予受理和不予答复以及积极性不予受理和不予答复，消极性即不作为，积极性即明确拒绝。首先，我国不少现行法律法规中都规定了针对加害人（第三人）违法行为，任何公民都有投诉举报的权利，同时有权机关接到投诉举报后应及时给予投诉举报人答复[①]，即具有公法调整范畴。其次，投诉举报人也可以向有

① 《广告法》（2015 年修订）第 53 条规定："……接到举报的机关应当依法作出处理，并将处理结果及时告知举报人……"

权机关提供加害人（第三人）的违法线索，敦促有权机关积极履行法定职责，即具有请求权。最后，投诉举报也是公民参与国家管理，监督行政机关依法行政的重要途径和有效渠道，即具有诉的利益。综上，针对行政机关的不予受理和不予答复，投诉举报人要求对举报事项予以答复具有原告资格。

第一，针对行政机关的不作为即消极性不予受理和不予答复。法院判决方式往往就是履责判决，判决行政机关在一定期限内履行受理、答复的职责。《行政诉讼法》第72条，人民法院经过审理，查明被告不履行法定职责的，判决被告在一定期限内履行。

第二，针对行政机关积极性不予受理和不予答复，即明确拒绝受理或答复，法院判决方式包括以下类型。

一是驳回原告诉讼请求，适用条件包括：其一，行政机关具有处理投诉举报事项的法定职责；其二，行政机关在法定期限内向投诉举报人作出明确拒绝受理或答复；其三，归咎于投诉举报人，如重复投诉举报、未按照行政机关要求时补交材料等。在原告程某诉被告湖北省发展和改革委员会行政复议一案中[①]，经审理查明，原告向鄂州市经信局投诉举报，要求鄂州市经信局对泽林供电所“无正当理由拒绝用户供电申请”的违法行为立案查处。鄂州市经信局作出回复，认为原告单独要求由鄂城区供电公司向其直接供电，既不符合当地供电条件，也不符合经济、合理和便于管理的原则。原告不服，以鄂州市经信局怠于履行法定职责为由向复议机关申请行政复议。复议机关作出《不予受理告知书》，认为原告就同一事实再次向复议机关提出行政复议申请，决定不予受理。原告对该决定不服，诉至法院。法院经审理认为，原告再次以鄂州市经信局不履行法定职责为由申请行政复议，实质上是以同一事实同一主体再次提出行政复议申请。故法院判决驳回原告的诉讼请求。

二是撤销判决，适用条件包括：其一，行政机关具有处理投诉举报事项的法定职责；其二，行政机关作出的不予受理或不予答复的行政行为违反了《行政诉讼法》第70条规定[②]；其三，撤销行政机关的拒绝性行为，对于投诉举报人而言具有现实意义。在原告李某不服被告北京市石景山区人力资源和社会保障局作出的劳动保障监察投诉不予受理决定一案[③]中，被告作出的《不

① 湖北省武汉铁路运输法院（2021）鄂7101行初11号行政判决书。

② 《行政诉讼法》第70条规定，撤销判决的适用条件是：（1）主要证据不足；（2）适用法律、法规错误；（3）违反法定程序；（4）超越职权；（5）滥用职权；（6）明显不当。

③ 北京市海淀区人民法院（2020）京0107行初110号行政判决书。

予受理投诉通知书》主要内容为："你投诉中国防卫科技学院拖欠工资一案，经了解，该单位属于事业单位，你本人属于在编干部，因你反映的事项不属于劳动保障监察职权范围，根据《关于实施〈劳动保障监察条例〉若干规定》第18条第4款之规定，我队不予受理。"李某不服，起诉至法院，法院经审理认为，石景山区人社局作出的案涉通知书应当属于事实不清、证据不足，对此不予支持。故法院判决撤销被告作出的《不予受理投诉通知书》及责令被告在法定期限内重新履行劳动保障监察职责。

三是确认行政行为违法，适用条件包括：其一，行政机关具有处理投诉举报事项的法定职责；其二，行政机关作出的不予受理或不予答复的行政行为违反了《行政诉讼法》第70条规定；其三，行政机关后续已作出相应处理；其四，撤销行政机关的拒绝性行为对投诉举报人而言无现实意义。原告李某要求确认被告国家税务总局北京市东城区税务局不履行处理投诉举报的法定职责的行为违法一案[①]中，经审理查明，李某投诉举报轨道交通公司存在虚列成本、偷漏税款的行为。李某认为东城区国税局未在法定期限内对其投诉举报作出处理，起诉至法院。法院经审理认为，被告在处理该投诉举报案件过程中未履行将案件转交及处理结果告知实名投诉举报人李某的义务，属于未全面、充分地履行法定职责。但鉴于在本案审查过程中，被告已将交办案件的情况进行了说明，李某现已实际知晓该投诉举报案件的交办及处理情况，在此情况下，法院再判决被告继续履行告知义务已无实际意义。故法院判决确认被告在办理该投诉举报案件的过程中未履行告知义务的行为违法。

（二）对行政机关的答复不服

行政机关受理投诉举报人的投诉举报后作出的答复不外乎确认举报事项存在违法行为和不存在违法行为两种情况。具有请求权但不一定具有权利保护的必要，原告资格相应的也就不一样。一种情况是行政机关对投诉举报人作出投诉举报事项存在违法行为并送达投诉举报人，但是具体怎么处罚是行政机关的法律职责。投诉举报人起诉的行政行为是行政机关针对他人作出的行政处罚决定，其内容并没有涉及原告的权利义务，投诉举报人没有相应的请求权，同时也没有权利保护的必要，即不具有诉的利益。故此种情形投诉举报人不具有原告资格。另一种情况是行政机关对投诉举报人投诉举报的事项作出不存在违法情形的答复，则涉及投诉举报人的请求权，投诉举报人的投诉举报功能之一在

① 北京市东城区人民法院（2020）京0101行初406号行政判决书。

于为有权机关及时提供违法线索，有权机关能积极履行其职责，如果行政机关对投诉举报人投诉举报的事项作出不存在违法情形的答复有使公民对行政机关的监督形式化之嫌，即具有权利保护的必要，具有诉的利益，故此种情况法院应给予投诉举报人原告资格。综上，法院应根据行政机关作出的答复不同而考虑是否给予投诉举报人原告资格。法院判决方式包括以下类型。

1. 驳回原告诉讼请求

适用条件包括：一是行政机关具有处理投诉举报事项的法定职责且已作出相应处理；二是被投诉举报人不存在违法行为；三是行政机关对投诉举报事项予以受理、调查、立案、作出行政处理决定并在法定期限内向投诉举报人进行反馈，程序合法。在原告陈某不服被告深圳市市场监督管理局南山监管局行政处理决定一案①中，法院经审理查明，被告收到原告的涉案投诉举报，称其在被投诉举报人处购买的“黑森林瑞士卷单片”添加有“丙二醇”，要求被告予以查处后对其答复。被告通过投诉举报平台向原告反馈“违法事实不能成立，不予行政处罚”的处理结果。原告不服，遂提起本案诉讼。法院经审理认为，被投诉举报人不存在违法行为，且被告对原告的投诉举报事项予以受理、检查、调查、立案、作出行政处理决定并向原告反馈，程序合法。判决驳回原告的诉讼请求。

2. 撤销判决

适用条件包括：一是行政机关具有处理投诉举报事项的法定职责；二是行政机关作出被投诉举报人不存在违法行为的答复；三是行政机关作出的答复行为违反了《行政诉讼法》第 70 条规定；四是撤销行政机关的答复行为对投诉举报人而言具有现实意义。在罗某与浙江省通信管理局、中华人民共和国工业和信息化部信息电讯行政管理一案②中，法院经审理查明，原告通过客服为其名下的手机号申请办理“取消余额有效期”服务。此后原告出现“两个账期无任何通信消费行为”，浙江移动公司遂分别向原告计收停机保号费。在原告向浙江移动公司提出异议后，浙江移动公司将原告手机号码激活继续使用。法院经审理认为，省通信局在案涉答复函中以“原告未提供移动公司拒不提供收费依据的相关证据”为由，对上述投诉行为作出“无法认定”的处理意见，确有不当。法院最终判决，撤销被告《浙江省通信管理局关于答

---

① 广东省深圳市盐田区人民法院（2020）粤 0308 行初 2332 号行政判决书。

② 浙江省杭州市中级人民法院（2018）浙 01 行初 556 号行政判决书。

复罗某投诉事项的函》中第二项就原告罗某投诉浙江移动公司拒不提供收费依据事项的答复内容，责令被告依法重新作出处理。

3. 确认行政行为违法

适用条件包括：第一种情形是符合《行政诉讼法》第74条第1款第2项：一是行政机关具有处理投诉举报事项的法定职责且已作出相应处理；二是被投诉举报人不存在违法行为；三是被告对投诉举报事项予以受理、调查、立案、作出行政处理决定等法定程序存在瑕疵；四是未对投诉举报人的权利义务造成实质影响。第二种情形是符合《行政诉讼法》第74条第2款第2项：一是行政机关具有处理投诉举报事项的法定职责；二是行政机关作出被投诉举报人不存在违法行为的答复；三是行政机关作出的答复行为违反了《行政诉讼法》第70条规定；四是行政机关后续已向投诉举报人重新作出相关处理，投诉举报人坚持要求确认原行政行为违法。在原告何某诉被告西安市经开消防大队不履行法定职责一案[①]中，经审理查明，原告何某投诉举报风城五路××小区××楼××室封堵疏散通道的问题。同日，被告经开消防大队予以受理。被告向原告回复"××小区××楼××室封堵疏散通道，此房屋现在无人使用，已经停业，反映的投诉举报情况不属实"，原告不服，提起诉讼。法院经审理认为，被告经开大队作出的针对原告何某投诉举报的回复程序违法，事实不清，但因原告已在庭审中知晓投诉事项的核查结果。法院判决，判令被告重新答复已无意义，应当确认违法。

（三）对举报事项予以奖励

只有满足请求权的情况下，才具有原告资格。针对投诉举报，不少法律规范规定了投诉举报的奖励方法，以鼓励公民投诉举报加害人（第三人）的违法行为。[②]投诉举报人获得奖励的前提是举报事项经查证属实并依法作出行政处罚。简言之，投诉举报人如果想从行政机关处获得奖励，首先需要行政机关确定投诉举报事项是否属实。但是实践中不少投诉举报人颠倒因果关系，在奖励条件未成就的情况下，就认为行政机关没有奖励自己，自己的合法权益受到行政机关侵害，进而向行政机关索要奖励。

---

① 陕西省西安铁路运输法院（2020）陕7102行初76号行政判决书。

② 《监察机关举报工作办法》（监察部令第3号）第26条第1款规定："举报事项经查证属实，使违法违纪者受到应有惩处，并为国家、集体挽回或减少损失的，对举报人可酌情给予奖励，有重大贡献的，要给予重奖。"

这其实存在两个递进法律关系，第一个法律关系是行政机关对投诉举报事项如何处理是否会对投诉举报人的合法权益造成侵害，第二个法律关系是当奖励条件成就，投诉举报人向行政机关索要奖励而遭到拒绝。所以说奖励不属于第一个法律关系中投诉举报人的合法权益，故投诉举报人不能仅依据自己有获得奖励的权利而对行政机关的处理行为提起诉讼。综上，在奖励条件成就的前提下，投诉举报人具有请求权，投诉举报人要求对举报事项予以奖励具有原告资格，反之投诉举报人不具有请求权，即不具有原告资格。法院判决方式包括以下类型。

1. 驳回原告诉讼请求

适用条件包括如下两种情形：第一种情形是奖励条件不成就（审判实践中往往以判决驳回诉讼请求代替裁定驳回起诉），满足如下条件：一是法律、法规、规章中明确规定的奖励义务，也包括合法有效的行政规范性文件中规定的奖励义务；二是投诉举报人向行政机关进行了申请；三是投诉举报事项经查证不属实，奖励条件不成就；四是在法定期限内，行政机关履行了受理、调查及告知等职责，程序合法。在原告张某不服被告北京市海淀区市场监督管理局作出的处理结果告知一案[①]中，经审理查明，原告通过价格监管平台网上价格举报系统投诉举报某商场销售涉诉商品过程中，存在价格欺诈，欺诈消费者行为，依法对被投诉举报人行政处罚及奖励投诉举报人。被告认定商场不构成价格欺诈行为，不予行政处罚。原告不服，提起诉讼。法院经审理认为，案涉商场不存在故意隐瞒或欺诈。被告据此认定该商场不构成价格欺诈行为，不予行政处罚，不构成举报奖励条件，并向张某告知该处理结果，并无不当。法院判决驳回原告诉讼请求。第二种情形是奖励条件成就：一是行政机关已向投诉举报人作出行政奖励；二是投诉举报人不认可对其作出的行政奖励等级和标准；三是行政机关对投诉举报等级、奖励标准适当的认定符合相关规定。

2. 撤销判决

适用条件包括如下两种情形：第一种情形是奖励条件不成就，满足如下条件：一是法律、法规、规章中明确规定的奖励义务，也包括合法有效的行政规范性文件中规定的奖励义务；二是投诉举报人进行了申请；三是行政机关认定奖励条件不成就并向投诉举报人作出不予行政奖励通知，违反了《行政诉讼法》第 70 条规定；四是撤销行政机关的行政行为对投诉举报人而言具

---

① 北京市海淀区人民法院（2019）京 0108 行初 1077 号行政判决书。

有现实意义。在上诉人东莞市监督管理局因与被上诉人余某以及原审被告东莞市人民政府行政奖励及行政复议纠纷一案[①]中，二审法院经审理认为，原审法院认为东莞市场监管局应当适用《广东省举报侵犯知识产权和制售假冒伪劣商品违法行为奖励办法》对余某举报销售过期食品的行为予以奖励，从而撤销东莞市场监管局作出的案涉举报奖励通知书及东莞市政府作出的案涉行政复议决定书，并责令东莞市场监管局重新作出处理，并无不当。第二种情形是奖励条件成就，满足如下条件：一是行政机关已向投诉举报人作出行政奖励；二是投诉举报人不认可对其作出的行政奖励等级和标准；三是行政机关对投诉举报等级、奖励标准的认定明显不当。

3. 确认行政行为违法

适用条件包括如下两种情形：第一种情形是符合《行政诉讼法》第 74 条第 1 款第 2 项：一是法律、法规、规章中明确规定符合的奖励义务，也包括合法有效的行政规范性文件中规定的奖励义务；二是投诉举报人进行了申请或要求提高投诉举报等级、奖励标准；三是行政机关认定奖励条件不成就或者奖励等级、标准的认定有误；四是在法定期限内，行政机关履行了受理、调查及告知等职责，法定程序存在瑕疵；五是未对投诉举报人的权利义务造成实质影响。第二种情形是符合《行政诉讼法》第 74 条第 2 款第 2 项：一是法律、法规、规章中明确规定的奖励义务，也包括合法有效的行政规范性文件中规定的奖励义务；二是投诉举报人进行了申请或要求提高投诉举报等级、奖励标准；三是行政机关认定奖励条件不成就或者奖励等级、标准的认定有误，违反了《行政诉讼法》第 70 条规定；四是行政机关改变原行政行为，投诉举报人坚持要求确认原行政行为违法。在原告张某不服被告广州市番禺区市场监督管理局举报奖励决定及被告广州市番禺区人民政府行政复议决定一案[②]中，法院经审理认为，番禺区食药监局作出的举报奖励决定通知书认定事实不清，证据不足，依法应当予以撤销。但鉴于本案被诉的举报奖励决定通知书已经被番禺区食药监局自行撤销，因此，依据《行政诉讼法》第 74 条第 2 款第 2 项的规定，认定番禺区食药监局作出举报奖励决定通知书违法。

4. 履行判决

适用条件包括：一是法律、法规、规章中明确规定了奖励义务，也包括

---

① 广东省东莞市中级人民法院（2020）粤 19 行终 419 号行政判决书。

② 广东省广州铁路运输法院（2019）粤 7101 行初 992 号行政判决书。

合法有效的行政规范性文件中规定的奖励义务；二是投诉举报人进行了申请；三是行政机关认定奖励条件成就；四是行政机关未予以奖励。在原告陈某诉被告成都市青白江区市场监督管理局行政奖励一案[①]中，法院经审理认为，针对原告举报的食品违法行为，被告查证属实后，向被投诉举报人作出了行政处罚决定，并以书面回复的形式告知原告其举报情况已查证属实，按照《食品药品违法行为举报奖励办法》的规定应给予奖励。被告向原告作出的上述回复，应视为其已经认可对原告的举报给予奖励，但其后又不同意对原告给予奖励，有违诚信行政的原则。故对原告要求被告对其给予奖励的请求，法院予以支持。

（四）赔偿投诉举报人损失并支付十倍赔偿金

投诉举报人要求赔偿损失并支付十倍赔偿金一般发生在食品药品领域，相应的法律也有规定，即具有公法调整范畴。但投诉举报人所提出的赔偿损失并支付十倍赔偿金的请求实质系要求食品药品监督管理部门处理消费者和经营者之间的民事争议，依法不属于食品药品监督部门的法定职责，即不具有请求权。[②]故要求赔偿损失并支付十倍赔偿金不具有行政诉讼原告资格，亦不能采用行政诉讼判决形式。

（五）要求行政机关依法追究加害人（第三人）法律责任

要求行政机关依法追究加害人（第三人）法律责任投诉举报一般集中在食品、卫生、药品等领域，投诉举报人的合法民事权益因加害人（第三人）的违法生产或销售行为而遭到损害，而向有查处职权的行政机关进行投诉举报，并要求行政机关对加害人（第三人）予以惩治。但作为受损的投诉举报人和加害人（第三人）之间私法上的利害关系，并不属于行政机关作为或不作为时需要考虑和保护的法律上的利益，不具有诉的利益和请求权，投诉举报人诉称其遭受的合法权益可选择民事诉讼途径进行解决。[③]故投诉举报人要求行政机关依法追究加害人（第三人）法律责任不具有原告资格。

但是，在我国的实践审判中，在一般治安案件中，法院会给予投诉举报

---

① 四川省成都市青白江区人民法院（2019）川 0121 行初 50 号行政判决书。

② 王锴：《行政法上请求权的体系及功能研究》，载《现代法学》2012 年第 5 期。

③ 赵宏：《保护规范理论在投诉举报人原告资格中的适用》，载《北京航空航天大学学报》2018 年第 5 期。

人（被害人）要求公安机关对加害人（第三人）进行行政处罚的行政诉讼原告资格，因此，现实审判中可以把它作为特殊情形。该类案件的法院判决方式包括以下类型。

1. 驳回原告诉讼请求

适用条件包括：一是公安机关具有处理投诉举报事项的法定职责；二是受害人对公安机关已作出的处理不服；三是公安机关作出不予行政处罚或者处罚幅度不违法；四是公安机关依法履行了受案、传唤、询问、调查等法定程序。在原告陈某诉被告北京市公安局门头沟分局某派出所要求撤销行政处罚决定一案①中，经审理查明，原告陈某诉称，第三人李某在微信群中，发送侮辱性语言对原告进行辱骂。后原告去被告处进行报案处理。被告作出对原告和第三人各罚款决定。原告认为，被告认定事实错误，原告根本没有对第三人进行辱骂，且对第三人处罚明显过轻为由诉至法院，法院经审理认为，被告认定事实正确，所作出的处罚决定处罚幅度适当，程序合法，判决驳回原告的诉讼请求。

2. 撤销判决

适用条件包括：一是公安机关具有处理投诉举报事项的法定职责；二是受害人对公安机关已作出的处理不服；三是公安机关的处理行为违反了《行政诉讼法》第 70 条规定；四是撤销公安机关的违法行为对受害人而言具有现实意义。在原告刘某不服被告北京市公安局门头沟分局某派出所不予行政处罚一案②中，被告《不予行政处罚决定书》认定，事主刘某报警称，其小轿车被人为划伤。事主刘某指控为韩某所为，后经全面调查取证，韩某的违法事实不成立。法院经审理，认为被告调查取证行为并未尽到审慎的调查取证义务，不符合全面及时收集证据的规则，进而导致该行政案件事实不清，主要证据不足。故法院判决撤销被告作出的《不予行政处罚决定书》。

3. 确认行政行为违法

适用条件包括如下两种情形：第一种情形是符合《行政诉讼法》第 74 条第 2 款第 3 项：一是公安机关具有处理投诉举报事项的法定职责；二是公安机关逾期处理或拒绝处理；三是受害人对公安机关逾期处理或拒绝处理的行为不服；四是公安机关后续进行了相应处理；五是判决公安机关履责对投诉

① 北京市门头沟区人民法院（2022）京 0109 行初 30 号行政判决书。

② 北京市门头沟区人民法院（2019）京 0109 行初 95 号行政判决书。

举报人而言无现实意义。第二种情形是符合《行政诉讼法》第 74 条第 1 款第 2 项：一是公安机关具有处理投诉举报事项的法定职责且作出了相应处理；二是受害人对公安机关作出的处理不服；三是公安机关作出的处理证据确凿，适用法律、法规正确；四是公安机关履行受案、传唤、询问、调查等法定程序存在瑕疵；五是未对受害人的权利义务造成实质影响。在原告赵某不服被告北京市公安局平谷分局行政处罚决定一案[①]中，被告作出行政处罚决定书，主要内容为赵某到北京市平谷区某工厂欲向陈某讨要工程款，叫门不开，后赵某将该厂大门砸坏，致大门漆面部分损坏。赵某主动投案，向公安机关如实陈述自己的违法行为。经查，赵某正在哺乳自己不满一周岁的婴儿。决定不执行行政拘留。法院经审理认为，被告作出的被诉行政处罚决定认定事实清楚，适用法律正确，程序轻微违法，但对原告权利不产生实际影响；判决确认案涉的行政处罚决定书违法。

五、完善：投诉举报案件判决方式的新选择

（一）给付判决

给付判决一般是对于行政机关不履行金钱或特定财物给付义务而作出的限期履行金钱给付，或者是责令给付特定财物义务的判决类型。[②]人民法院作出给付判决，应当明确具体给付的金钱数额或特定财物，而不能径直判决行政机关在特定期限内履行给付义务。[③]2014 年修改的《行政诉讼法》在第 73 条增设了给付判决的判决类型。[④]2018 年最高人民法院发布的《行诉法解释》第 92 条对《行政诉讼法》（2014 年修正）第 73 条的适用作了进一步细化规定，明确了给付诉讼的基本内容和适用要求。[⑤]《行诉法解释》第 93 条进一步

---

① 北京市平谷区人民法院（2018）京 0117 行初 402 号行政判决书。

② 黄学贤：《给付判决在行政诉讼判决体系中的定位》，载《苏州大学学报（哲学社会科学版）》2021 年第 4 期。

③ 最高人民法院行政审判庭编著：《行政诉讼法司法解释理解与适用》，人民法院出版社 2018 版，第 428 页。

④ 《行政诉讼法》第 73 条规定："人民法院经过审理，查明被告依法负有给付义务的，判决被告履行给付义务。"

⑤ 《行诉法解释》第 92 条规定："原告申请被告依法履行支付抚恤金、最低生活保障待遇或者社会保险待遇等给付义务的理由成立，被告依法负有给付义务而拒绝或者拖延履行义务的，人民法院可以根据行政诉讼法第七十三条的规定，判决被告在一定期限内履行相应的给付义务。"

规定了原告提起履行之诉和给付诉讼的前置条件。[①]

从上文中不能看出，给付判决只适用于行政奖励，行政奖励是指行政机关基于行政管理的目的，奖励公民、法人或者其他组织的行为。符合条件的公民有权要求行政机关给予奖励，依法或者依承诺给予奖励是行政机关的义务。给付判决相对于履责判决，不仅减少了投诉举报人的诉讼成本，更能让投诉举报人更及时地拿到属于自己的“奖励”。且笔者认为，作出给付判决必须同时满足以下五个条件：一是法律、法规、规章中明确规定的奖励义务，也包括合法有效的行政规范性文件中规定的奖励义务；二是投诉举报事项经查证属实，即行政奖励条件成就；三是投诉举报人向行政机关进行申请；四是行政机关未履行给付义务；五是判决行政机关履行给付义务对投诉举报人仍有意义。实践中已有判决。在原告马某诉被告都匀市市场监督管理局行政允诺一案[②]中，法院经审理认为，被告根据原告的投诉举报进行查处后，虽给予了原告奖励的答复，但未明确奖励的等级及标准，为解决行政争议，本案一并予以确定，判决被告都匀市市场监督管理局在本判决生效 20 日内向原告马某给付举报违法行为奖励 2000 元。

（二）变更判决

《行政诉讼法》第 77 条规定，行政处罚明显不当，或者其他行政行为涉及对款额的确定、认定确有错误的，人民法院可以判决变更。变更判决是指人民法院对被诉行政行为所确定的内容予以直接改变的判决。[③] 变更判决适用以下情形：

1. 要求行政机关依法追究加害人法律责任

需满足以下条件：一是涉治安类行政处罚案件；二是投诉举报人为受害人；三是公安机关对被投诉举报人（加害人）处罚明显不当；四是通过改变行政处罚的内容，迅速地解决了行政争议，使争议双方权利状态得以确定。在实践中也有类似判决。在原告刘某不服被告黄骅市公安局所作行政处罚决

---

① 《行诉法解释》第 93 条规定：“原告请求被告履行法定职责或者依法履行支付抚恤金、最低生活保障待遇或者社会保险待遇等给付义务，原告未先向行政机关提出申请的，人民法院裁定驳回起诉。人民法院经审理认为原告所请求履行的法定职责或者给付义务明显不属于行政机关权限范围的，可以裁定驳回起诉。”

② 贵州省都匀市独山县人民法院（2021）黔 2726 行初 50 号行政判决书。

③ 章剑生：《现代行政法总论》，法律出版社 2019 年版，第 515 页。

定以及被告沧州市公安局所作行政复议决定一案[①]中，经审理查明，在黄骅市，张某与刘某因换地纠纷发生口角并与对方发生厮打，后刘某的丈夫李某用胳膊挡张某致张某倒地。被告黄骅市公安局对刘某行政拘留10日，并处罚款500元。原告不服，向被告沧州市公安局申请行政复议，沧州市公安局作出维持原行政行为的行政复议决定书。原告不服，起诉至法院。法院经审理认为，原告刘某在该治安案件中主观恶性较小，社会危害程度较轻，应当按照《治安管理处罚法》第43条第1款规定的情节较轻的情形予以处理，二被告对原告作出拘留10日并处500元罚款的决定显属过重，明显不当。判决变更对原告刘某的处罚行政拘留10日，并处罚款500元为行政拘留5日。

2. 对投诉举报事项予以奖励

需满足以下条件：一是法律、法规、规章中明确规定的奖励义务，也包括合法有效的行政规范性文件中规定的奖励义务；二是投诉举报事项经查证属实，即行政奖励条件成就；三是行政机关对投诉举报人进行了奖励；四是投诉举报人不认可行政机关给其的投诉举报等级、奖励标准；五是行政机关对投诉举报等级、奖励标准认定明显不当，损害了投诉举报人合法权益。在原告杨某不服被告灵川县市场监督管理局食品药品举报奖励决定一案[②]中，被告认定原告杨某投诉举报的7起案件，其中1起符合一级奖励，奖金2000元；1起符合二级奖励，奖金1000元；其他5起符合三级奖励，奖金1000元，共计4000元。原告认为所举报的7起案件均符合一级奖励，奖励决定认定事实不清，奖励金额计算错误，故提起诉讼。法院经审理认为，对于奖励等级的争议，被诉奖励决定并未写明原告举报的7起案件中具体案件的奖励等级，也未在作出奖励决定前将认定奖励等级的关键事实与理由告知原告，应属认定事实不清，主要证据不足。判决撤销被告作出的奖励决定书；限被告于本判决生效之日起60日内重新作出奖励决定。不难看出，法院采用撤销判决，虽然暂时满足了投诉举报人要求撤销被告行政行为的诉求，但容易造成程序空转，给当事人造成诉累。法院采用变更判决，即直接认定奖励等级和奖励数额，更能高效地维护投诉举报人的合法权益。

---

① 河北省沧州市运河区人民法院（2020）冀0903行初125号行政判决书。

② 广西壮族自治区桂林市灵川县人民法院（2020）桂0323行初7号行政判决书。

第十六章

行政公益诉讼案件判决方式

作为一项新型司法制度，行政公益诉讼是以法治思维推动国家治理体系和治理能力现代化的制度安排，属于中国式现代化在法治领域的重要体现。2022年10月党的二十大在对法治建设作出的新部署中，明确提出“完善公益诉讼制度”的要求。当前，行政公益诉讼的管辖、范围、裁判等多方面内容仍有完善空间。其中，判决方式是一项亟待探讨的论题。行政公益诉讼案件的复杂性，决定了判决方式的多元化。尽管《行政诉讼法》第25条明确规定了行政公益诉讼制度，且多种案件类型尚有实定法上的依据，但其中涉及的审理和判决等规则是立足于公民等私主体的主观权利救济这一立场，行政公益诉讼审理对象的公共利益属性无法完全契合现行判决方式。基于回应原告诉讼请求的司法逻辑，《行政诉讼法》规定了七种判决方式，形成了驳回诉讼请求判决、撤销判决、确认判决、履行判决等多种类型所构建的判决体系。由于行政公益诉讼的客观诉讼属性，一般行政诉讼判决方式的规则难以完全套用。从制度设计来看行政公益诉讼接近国家赔偿诉讼，只不过是强调通过行政机关履行职责来达到恢复受损害公共利益的目的。[1] 检察机关以公益诉讼起诉人的特殊身份提起诉讼，相当于原告的诉讼地位，与传统的“民告官”

① 参见薛刚凌：《行政公益诉讼类型化发展研究——以主观诉讼和客观诉讼划分为视角》，载《国家检察官学院学报》2021年第2期。

形式不完全吻合。并且，行政公益诉讼在进入判决程序前须经过诉前程序这一前置性环节，使该类案件的判决规则有别于一般行政案件。鉴于此，在现行判决体系基础上，聚焦行政公益诉讼判决方式的特殊适用及其完善，具有理论与实践上的现实意义。

一、行政公益诉讼案件的种类与特点

具体探讨判决方式之前，有必要先明确行政公益诉讼案件的发展状况。考虑行政判决是以具体个案展开，梳理其种类与特征是基础性要点。

（一）行政公益诉讼案件的种类

自 2015 年行政公益诉讼试点，以及 2017 年正式“入法”以来，法院受理了大量案件。在《行政诉讼法》及其司法解释、《英雄烈士保护法》、《个人信息保护法》等法律规范的指引下，这类特别的行政案件初步实现了法定化。截至目前，行政公益诉讼在法定案件类型上形成了“4+8”格局。

具体来看，行政公益诉讼最先体现在四项法定案件种类。2017 年修正的《行政诉讼法》在第 25 条新增规定：“人民检察院在履行职责中发现生态环境和资源保护、食品药品安全、国有财产保护、国有土地使用权出让等领域负有监督管理职责的行政机关违法行使职权或者不作为，致使国家利益或者社会公共利益受到侵害的，应当向行政机关提出检察建议，督促其依法履行职责。行政机关不依法履行职责的，人民检察院依法向人民法院提起诉讼。”可见，这四个领域分别是：（1）生态环境和资源保护；（2）食品药品安全；（3）国有财产保护；（4）国有土地使用权出让领域。《行政诉讼法》采用了“四列举 + 等”的立法技术，其中的“等”字属于“等外”立法体例，即案件范围不局限于此。

这些案件聚焦特定领域的公共利益保护，指向环境利益、财产利益、食品安全利益等。在生态环境和资源保护案件中，行政公益诉讼发挥的作用尤其明显。有资料表明，环境行政公益诉讼的主要体现为：违法行政行为性质基本是行政不作为。[①] 近年来，司法机关深入践行“绿水青山就是金山银山”的理念，把环境资源领域作为公益诉讼的重中之重来抓，共办理环境资源保

---

① 参见李凌云：《从损害控制到风险预防：野生动物保护公益诉讼的优化进路》，载《中国环境管理》2020 年第 5 期。

护领域公益诉讼案件35.8万件，占全部办案总数的53.4%。[①]可见，环境资源类成为成熟的案件种类。通过办理典型案件，尤其是重大疑难复杂案件，司法机关致力于解决生态保护难题，对生态环境现代化发挥积极作用，且为其他领域的案件解决提供了可资借鉴的范本。在食品药品安全案件中，行政公益诉讼的制度优势得以显现。如在长春“长生疫苗事件”发生后，多地检察机关相继开展专项监督工作，有效保障和改善民生。与此同时，司法机关和其他行政机关就案件形成了较为密切的协调工作机制。[②]食品药品安全属于地方行政资源配备相对薄弱的社会监管事项，行政公益诉讼的介入将有利于督促行政机关高效启动食品药品监管行动。在国有财产保护案件中，鉴于国有财产是全体公民的宝贵财富，在现代化建设中占据关键性位置，集中以国家利益形式表现出来。近年来，税收、财政补贴、科研经费等国有财产流失现象受到社会广泛关注。实践中，国有财产保护职责的认定是审理该类行政公益诉讼的重要内容。[③]法院在作出行政判决时，需要根据国有财产范围、诉讼目的以及法律依据综合确定。在国有土地使用权出让案件中，法院集中审理土地管理部门出让国有土地过程中所出现的违法使用职权或者不作为等问题。这类行为导致国有土地出让金流失、土地使用者擅自变更土地用途、超规划和违法使用土地，需通过司法渠道督促土地使用的合规性。

行政公益诉讼案件正持续发展。除《行政诉讼法》起初明确的四类之外，司法机关在“等外”范围进行了拓展。从2018年至今，通过全国人大常委会修改、制定相关法律时，以及通过单行法的形式又进一步增加了八个新种类。首先，英烈保护纳入案件范围。2018年4月，全国人大常委会表决通过《英雄烈士保护法》，其第25条正式将侵害英烈的姓名、肖像、名誉、荣誉等行为纳入行政公益诉讼案件范围。该领域成为法律明确列举的第五种类型。当前，保护烈士纪念设施等案件成为司法机关重点关注的内容。

其次，2021年新增四种案件种类。一是未成年人保护案件。2021年6月

---

① 参见胡卫列：《在长江大保护中更好发挥公益诉讼检察职能》，载《检察日报》2022年12月1日，第7版。

② 例如，2019年9月通过的《吉林省人民代表大会常务委员会关于加强检察机关公益诉讼工作的决定》规定，对于公益司法保护新领域，检察机关可以依法在与有关部门沟通协调基础上，结合实际逐步开展公益诉讼探索实践。鼓励检察机关探索建立跨行政区域公益保护协作机制。

③ 参见许光勇：《国有财产保护行政公益诉讼若干实务问题研究》，载《检察调研与指导》2019年第5期。

新修订的《未成年人保护法》正式施行，其中第106条规定："未成年人合法权益受到侵犯……涉及公共利益的，人民检察院有权提起公益诉讼。"该法增设公益诉讼条款，明确检察机关在未成年人合法权益受到侵犯时提起诉讼的权利。例如，当儿童保护主管部门疏于监管，在教育、食品安全、烟酒销售、文化宣传这些事项有损儿童健康成长时，检察机关监督对象涵盖烟草专卖、教育、公安、食药监管等相关行政机关。二是军人地位和权益保障案件。2021年修订的《军人地位和权益保障法》第62条规定，侵害军人荣誉、名誉和其他相关合法权益，严重影响军人有效履行职责使命，致使社会公共利益受到损害的，检察机关提起行政公益诉讼。三是安全生产案件。安全生产行政公益诉讼提倡得很早。2016年12月，《中共中央、国务院关于推进安全生产领域改革发展的意见》提出，研究建立安全生产行政公益诉讼制度。2017年2月国务院安全生产委员会发布的《2017年安全生产工作要点》继续提出，大力强化安全监管法治建设，研究建立安全生产行政公益诉讼制度。根据2021年9月修订的《安全生产法》第74条规定，对于事故隐患或者安全生产违法行为，致使公共利益受侵害的，检察机关可根据《行政诉讼法》的相关提起公益诉讼。四是个人信息保护案件。信息技术既给生产生活和社会进步带来积极意义，也给现实的个人利益和公共安全引发问题。个人信息安全面临严峻挑战。随着个人信息权利被大规模侵犯已经达致损害社会公益的程度，适时将行政公益诉讼引入信息保护领域成为一项紧迫任务。这能够更有效地保护个人信息权利，回应人格利益保护的现实需求。大数据时代个人信息的公共属性，海量信息数据的聚合分析对公共利益的益处，探索行政公益诉讼保障途径是紧迫任务。根据2021年出台的《个人信息保护法》第70条规定，检察机关可依法向法院提起个人信息保护的行政公益诉讼。法院通过判决破解了个人信息保护乏力的困局，保障预防和监督功能。法院如何裁判这类纠纷，既体现了个人信息权利的公共属性，也需要司法活动对个人信息数据这种战略资源予以合理配置的重点保障。

最后，2022年又新增三种案件种类。一是反电信网络诈骗案件。2022年9月修订的《反电信网络诈骗法》第47条规定，检察机关在履行反电信网络诈骗职责中，对侵害公共利益的行为可依法提起行政公益诉讼。在互联网时代，电信网络诈骗案件多发高发。对此问题的监管，具有市场监管、邮政管理、电信等多个行政机关。如何运用行政公益诉讼守护个人信息安全，防治电信网络诈骗监管不力，司法机关大有可为。二是农产品质量安全案件。

2022 年 9 月修订的《农产品质量安全法》第 79 条规定，当农产品经营行为造成人身、财产或者其他损害，且行政机关不履行职责，检察机关有权向法院提起行政公益诉讼。农产品作为国计民生的必需品，理应配备公益诉讼制度，增强法律供给和法律保障。三是妇女权益保障案件。根据 2022 年 10 月修订的《妇女权益保障法》第 77 条规定，当行政机关在妇女平等就业权益、妇女人格保障、妇女土地权益等方面不履行职责，检察机关有权向法院提起行政公益诉讼。在传统法治语境下，妇女权益保障等特定群体权益多纳入个人利益范畴，往往借助行政执法与私益诉讼进行维护。妇女个体权益根植于社会秩序中，个别权益受损容易引起系统性妇女权益受损的情形，因此妇女权益保护的公共属性越来越强。保护妇女等特定群体权益具有社会性、公共性、秩序性等客观法特征，检察机关介入该保障领域存在必要及其优势。[①] 借助行政公益诉讼制度，检察机关依托公益诉讼职能与行政执法机关、妇联组织通过开展案件调查，加快促进检察机关专业化办案与社会化保护衔接配合。

（二）行政公益诉讼案件的特点

1. 自上而下的推动

行政公益诉讼制度全面铺开以来，在督促依法行政、维护公共利益方面发挥了积极意义，是国家治理现代化的重要制度装置。该项司法制度的发展，离不开国家机关自上而下的主导推动。行政公益诉讼其实不算新的理论问题，学界围绕此进行学理探讨与沙盘推演，但理论构建真正付诸实践，还需要中央的政策引领。行政公益诉讼经历了从政策试点到全国铺开的过程，法院具体能审理哪些案件其实是司法政策与法律政策多重因素影响下的结果。行政公益诉讼作为国家治理体系的构成部分，从试点开始即得到了中央的决策支持和社会的高度关注。[②] 具体来说，为推进行政公益诉讼案件发展，中央出台了一系列规定。从 2015 年 7 月的《检察机关提起公益诉讼改革试点方案》、2015 年 12 月的《人民检察院提起公益诉讼试点工作实施办法》，直到 2018 年 3 月最高人民法院与最高人民检察院联合颁布的《关于检察公益诉讼案件适用法律若干问题的解释》（以下简称《检察公益诉讼解释》）。中央出台的一系

---

① 参见刘艺：《妇女权益保障领域检察公益诉讼机制的理论基础与实现路径》，载《重庆大学学报（社会科学版）》2022 年第 2 期。

② 参见胡卫列：《国家治理视野下的公益诉讼检察制度》，载《国家检察官学院学报》2020 年第 2 期。

列重大决策部署，切实体现了深化行政公益诉讼制度的紧迫性。这些政策文件引领下行政公益诉讼案件得到进一步明晰，包括判决方式在内的司法规则得以构建。以妇女权益保障领域为例，2022 年修订《妇女权益保障法》之前，已有相应司法政策作为前导。2020 年 1 月，最高人民检察院与全国妇联联合下发《关于建立共同推进保护妇女儿童权益工作合作机制的通知》，明确了针对国家机关、事业单位招聘过程中存在的性别歧视问题，检察机关可以发出检察建议或提起公益诉讼。

2. 诉前与诉讼双阶段的协同治理

经由自上而下的引领，在规范依据基础上，检察机关和法院的司法活动释放了治理效能。法院、检察机关对具体案件的办理，富有现实意义探索，丰富了行政公益诉讼的样貌，使案件种类、程序规则、判决方式等呈现鲜明的特色。经由构建、完善公益诉讼的程序制度设计，司法治理效果越发凸显，这主要是由诉前与诉中两个阶段完成。在诉前程序，行政公益诉讼案件诉前办结的比例比较高。检察机关正式向法院提起行政公益诉讼之前，须经过诉前检察建议这道程序。经由诉前程序的过滤效果，很多案件都以检察建议结案。这种诉前程序可谓是办结此类案件的主要方式。不少行政机关在接到检察机关提出的检察建议后，都及时履行职责或纠正违法行为。[①] 此为检察机关履行法律监督职能的程序性措施，是督促行政机关自我纠错的重要环节。该程序环节发挥着效益价值，优化检察机关、行政机关及法院之间的职权。经此环节，正式诉讼程序更精细化。尽管很多行政机关在接到检察建议后，能按期履行法定职责或者纠正违法行为。但诉前程序无法发挥全部作用，这就是诉讼程序的兜底和保障价值。就诉讼程序的法律制度目的，行政公益诉讼主要通过督促行政机关履行职责来完成。法院则根据行政裁判，具体审查行政机关的履职行为。尤其是行政机关败诉的案件，适用判决方式纠正行政行为，明晰行政机关履职内容、统一履职标准等，既对公共利益维护有积极意义，也是法治政府建设的题中应有之义。[②] 检察机关发挥法律监督作用，法院则发挥居中裁判职能，都是在中国特色司法制度框架下去推动行政公益诉讼的价值实现。一言以蔽之，诉前程序与诉讼程序联结，协同发挥司法治理的功效逐渐凸显。

---

① 参见黄学贤：《行政公益诉讼回顾与展望》，载《苏州大学学报（哲学社会科学版）》2018 年第 2 期。

② 参见夏云娇：《行政公益诉讼检察机关败诉案件检视及省思》，载《河南财经政法大学学报》2021 年第 5 期。

3. 案件范围仍在拓展

尽管《行政诉讼法》《检察公益诉讼解释》等确定了案件制度构造。然而这些制度设计尚未终结相关争议，尤其是案件种类还在拓展之中。十九届四中全会强调“拓展公益诉讼案件范围”，2021 年中央印发的《中共中央关于加强新时代检察机关法律监督工作的意见》进一步要求拓展行政公益诉讼案件范围。当前案件范围的拓展还在进行，在此过程中检察机关的司法能动性得到很大发挥。值得注意的是，目前已有十多个省级人大通过专项决定方式将某些事项纳入了公益诉讼范围，将案件范围拓展到十多个领域。[①] 与此同时，理论研究亦进行热烈讨论。如有检察官提出，检察机关提起诉讼的行政案件，主要包括需要代表国家提起的案件、引起社会严重公害的案件、有利于保护弱势群体、维护社会正义的案件等几类。[②] 有学者提出，营商环境保护承载着政府公信力、区域性社会信用声誉、交易安全等公共利益内容，理应被纳入行政公益诉讼案件范围。[③] 还有学者建议，应将规划与公共建设领域、弱势群体权益保护、经济垄断、不当设置与维护公共设施造成公共利益受损、政府不当公共政策等事项规定为受案范围。[④] 此类倡导针对具体领域设定公益诉讼制度的论述很丰富。概括来说，从行为角度来看，行政公益诉讼案件的主要包括两类：一是违法行使职权，二是行政机关不履行法定职责。在各个具体领域根据公共利益要求逐步扩展，此过程中检察机关与法院的司法关系处理，从侧面说明亟须完善判决方式等法律规则。

二、现行行政公益诉讼案件的法定判决方式及其局限

（一）现行法定判决方式

《行政诉讼法》《检察公益诉讼解释》至少明确了行政公益诉讼的五种判

---

① 参见朱宁宁：《积极慎重稳妥拓展公益诉讼案件范围》，载《法制日报》2019 年 11 月 23 日，第 1 版。

② 参见孙谦：《设置行政公诉的价值目标与制度构想》，载《中国社会科学》2011 年第 1 期。

③ 参见方世荣：《东北振兴中的营商环境治理——关于拓展行政公益诉讼范围的思考》，载《社会科学辑刊》2018 年第 4 期。

④ 代表性的学说，可见以下论著。李洪雷：《检察机关提起行政公益诉讼的法治化路径》，载《行政法学研究》2017 年第 5 期；孔祥稳等：《检察机关提起行政公益诉讼试点工作调研报告》，载《行政法学研究》2017 年第 5 期；王洪芳：《我国行政诉讼受案范围研究》，四川大学出版社 2012 年版，第 49 页。

决方式，即履行法定职责判决、确认违法或者确认无效判决、撤销或者部分撤销判决、变更判决、驳回诉讼请求判决。大体上看，其判决方式与一般行政诉讼判决方式既具有一致性，也存在一定的差异性。

1. 履行判决

这是法院经过对案件的审理，确认被告存在应当履行而不履行法定职责的行为，进而要求行政机关在一定期限内履行职责的判决方式。履行判决根本上是行政机关不履行法定职责的救济问题，故法院适用履行判决的行政公益诉讼案件，首先对行政机关是否具有作为义务予以判断。研究显示，只有当行政机关应当纠正而拒不纠正，坚持不履行法定职责，致使国家和社会公共利益持续处于受侵害状态的，检察机关才提起诉讼。[①]行政公益诉讼主要是督促之诉，检察机关提起诉讼重点关注效率问题。《行政诉讼法》第 72 条规定了履行判决，《行诉法解释》第 91 条对履行判决作出补充性规定。《检察公益诉讼解释》第 25 条对判决形式作了详细规定，明确“被诉行政机关不履行法定职责的，判决在一定期限内履行”，为适用履行判决提供更为详细的法律支撑。行政公益诉讼案件源自“行政机关违法行使职权或不作为”，后一个从诉讼类型上划分应归属于不作为诉讼。因而，检察机关提起履职之诉最为频繁。相应的，法院主要作出履行判决。根据行政公益诉讼的制度构造，履行判决分为两种情形：一是行政机关在诉前完全未履行相应职责，法院判令被告全部履行；二是行政机关在检察机关正式提起诉讼前已部分履职，法院判决部分继续履职。由于行政公益诉讼中履行判决数量众多，适用率相对较高，该判决方式适用情形多元，有原则性、目的性、具体性等类型。针对该判决方式，司法适用须满足以下情形：即被告存在未履行法定职责的事实、履行法定职责仍有必要且不具有行政不能行为的情形。

2. 撤销判决

这是法院经审查认定被诉行政行为部分或者全部违法，而部分或全部撤销被诉行政行为的判决方式。[②]该判决是法院纠正被诉违法行政行为的有力形式。根据《检察公益诉讼解释》第 25 条的规定，行政机关有证据不足，适用法律、法规错误，违反法定程序，超越职权，滥用职权，明显不当等情形时，法院可作出撤销判决的方式。针对检察机关提起的行政机关违法行使职权行

---

① 参见卢超：《从司法过程到组织激励：行政公益诉讼的中国试验》，载《法商研究》2018 年第 5 期。

② 参见程琥：《行政协议案件判决方式研究》，载《行政法学研究》2018 年第 5 期。

为，法院可以判决撤销或者部分撤销。与此判决相配套，法院还可以判决被告重新作出行政行为。法院作出撤销判决表明对被诉行政行为的否定评价，是司法机关纠正违法行政行为的有力措施，切实体现司法权保障公共利益实现的面向。值得注意的是，与一般行政诉讼不同，行政公益诉讼针对的更多是行政不作为情形，撤销判决的作用空间有待观察。

3. 确认判决

这是法院通过对行政公益诉讼案件的审理，对被告作出的行政行为是否无效、是否违法予以确认的一种判决，其属于仍维持有瑕疵行政行为效力的判决方式。根据《行政诉讼法》以及《检察公益诉讼解释》第 25 条规定，确认判决主要有确认违法与确认无效两种形式。所谓确认违法判决，是指法院经审查后认为被诉行政行为违法但不适宜采取撤销判决或履行判决等形式，转而确认被诉行政行为违法的方式。此种判决实际上是一种“追索判决”，即法院通过这种判决告诉行政机关，即便在诉讼中力图挽回违法行为，在原告不断申诉情况下也难逃败诉的命运。[①] 在一般行政诉讼中此判决既可对行政行为进行违法确认，也使原告要求行政机关赔偿有了依据。该判决方式其实是撤销判决的变种，具体适用条件是被告作出的行政行为依法应当撤销，但撤销会给公共利益造成重大损害；行政行为程序轻微违法，但对原告权利不产生实际影响的，以及行政行为不具有内容，不需要撤销或者判决履行等情形。简言之，确认违法判决是对被诉行政行为的否定性评价，当不宜判决要求行政机关履行职责或撤销判决时作出。通过对司法实践中确认违法判决进行分析，在行政机关没有违法或者已改正违法的情况下，法院判决确认违法的现象普遍存在。[②] 确认违法判决方式的适用，关键出于确认违法判决能否对行政机关产生有效的警示与惩戒效果。所谓确认无效判决，是指法院经审理认为被诉行政行为属于无效情形而确认其无效的判决形式。这种方式是对被告行为最严厉的否定评价，增强了对无底线行政行为的监督。有案例显示，法院认为在作出案涉行为处罚决定时未遵循法定程序、未认定违法事实、未明确适用的法律依据、未没收违法所得、未作出书面行政决定，已经构成重大且明显违法的情形，遂作出确认行政行为无效的判决。[③] 在行政公益诉讼语境

① 参见梁凤云：《不断迈向类型化的行政诉讼判决》，载《中国法律评论》2014 年第 4 期。

② 参见徐本鑫、陈沁瑶：《行政公益诉讼确认违法判决的局限与改进》，载《华北理工大学学报（社会科学版）》2020 年第 4 期。

③ 参见江苏省江阴市人民法院（2019）苏 0281 行初 110 号行政判决书。

下，掌握好被诉行政行为“重大且明显违法”的具体标准是该判决发挥作用的关键。

4. 驳回诉讼请求判决

这是指法院经过对行政公益诉讼案件的实体性审理，认为原告诉讼请求不能无法成立，从而判定不予支持的判决。这种判决方式是2014年《行政诉讼法》修改后新确定的，代替了之前的维持判决。《检察公益诉讼解释》对此种判决方式的适用情况是被诉行政行为证据确凿，适用法律、法规正确，符合法定程序，未超越职权，未滥用职权，无明显不当，或者检察机关请被诉行政机关履行法定职责理由不成立的，判决驳回诉讼请求，这是从实体上否定了检察机关的诉讼请求。具体来说，判决驳回诉讼请求存在两种情形：一是行政机关在审理结束前履行职责，法院遂判决驳回诉讼请求，不过检察机关通常会将诉讼请求变更为继续确认行政机关违法；二是检察机关的诉讼请求没有事实和法律依据，法院不予支持，遂驳回此诉讼请求。在具体案件中检察机关败诉的情形不多，这意味着驳回诉讼请求较少。当然，部分法院作出了判决。如在一起国有财产保护行政公益诉讼中，法院认定本案被告不存在违法发放资金的事实，没有给国家造成经济损失，检察机关诉请依据的理由不能成立，遂驳回原告诉讼请求。[①] 驳回诉讼请求判决的适用不多，多数情况处于备而不用的状态。

综合来看，检察机关主要提起责令履职之诉，确认之诉次之，并少量提起撤销之诉。根据诉讼请求，法院对行政公益诉讼的判决方式主要有撤销判决、确认判决和履行判决。尤其是行政公益诉讼中多数大案件是针对行政机关不作为或不完全作为提出的，履行判决的适用空间很大。当然，实践中并非所有方式都得到适用。尤其是驳回诉讼请求判决，当前适用数量很少。不乏有学者认为，检察机关是为了保护公共利益起诉，不应承担诉讼风险。[②] 这也说明影响判决类型的因素是多元的，目标模式下不同标准的适用较为复杂。整体上，行政公益诉讼判决方式相对单一，和案件的本身特点相关。另外，法院对于确认无效等判决的适用较少，这是因为行政机关出现“重大且明显违法”的情形不多见。至于给付判决，因适用对象一般是社会保障等特定财产给付，与行政公益诉讼维护不特定多数人利益的法律定位不相符，因此法

---

① 参见广东省阳江市阳东区人民法院（2020）粤1704行初2号行政判决书。

② 参见罗朝国、彭强：《检察机关提起环境行政公益诉讼若干问题探析》，载《法律适用》2017年第20期。

院基本不予以适用。而变更判决等其他判决方式，法院适用的情形也较少。

（二）法定判决方式的局限

1. 抽象公共利益加剧判决方式适用难度

尽管行政判决方式较成体系，但在诉讼目的、提起主体、案件范围等方面，行政公益诉讼都与一般行政诉讼有巨大差异。[①] 也就是说，尽管行政公益诉讼被置于《行政诉讼法》之中，但一般行政诉讼判决方法无法全面地为其判决方式提供指引。根据《行政诉讼法》第25条的规定，公共利益受到侵害的是检察机关提起行政公益诉讼的前提。但“公共利益”这一概念本身的抽象性，加剧了法院对判决方式的适用。实践中行政公益诉讼判决方式遭遇一些问题，很多都与公共利益难以判断有关。行政公益诉讼的核心意涵是为了公共利益，而公共利益向来是法学领域最核心的概念之一，其本身内涵的广泛性已经隐约预示案件范围的可拓展性。保护公共利益之目标是行政公益诉讼的归属，案件种类都围绕这个要点而展开。[②] 之所以公共利益内涵很抽象，是因为其“利益内容”和“受益对象”二者之间存在不确定性。进言之，“公益之概念只能被描述而无法定义”[③]，检察机关提起的各类具体案件，加剧了法院适用判决方式的难度。公共利益在各地的分布不同，地区经济水平差异造成的监管资源不均衡现象，致使实际的判决方式往往无一定之规。

2. 作为主要方式的履行判决内容模糊

如前所述，履行判决是主要判决形式之一。这种判决方式作为行政公益诉讼最具活力的判决形式，契合了督促行政机关依法履职的功能定位。不过，此种主导性方式存在一些困境。这是因为履行判决与行政公益诉讼诉前程序关系密切。诉前程序作为行政公益诉讼的核心程序，在监督行政机关履行职责方面发挥巨大作用，多数案件中行政机关经过诉前程序后予以纠正。[④] 但仍有少量案件经检察建议后不予纠正，检察机关提起履职之诉，而法院则作出履行判决，其与传统私益诉讼中不作为诉讼存在一定差异。尤其行政公益诉

---

① 王春业：《独立行政公益诉讼法律规范体系之构建》，载《中外法学》2022年第1期。

② 参见王春业、王娟：《行政公益诉讼范围的“等外”解读》，载《浙江学刊》2019年第6期。

③ 蔡志方：《行政救济法与行政法学》(三)，我国台湾地区学林文化事业有限公司1998年版，第526页。

④ 参见沈开举、邢昕：《检察机关提起行政公益诉讼诉前程序实证研究》，载《行政法学研究》2017年第5期。

讼视角下，不履行法定职责更多是从政府监管的义务入手，与一般行政诉讼的判断存在差别。一般行政诉讼中的履行判决，其对行政机关不作为的判断标准较为严格，即行政机关的作为是一种现实的、特定的职权。而行政公益诉讼中行政机关的职责相对模糊，负有一般性监管职责。故履行判决内容较为笼统，其中有以下表现：一是“不履行法定职责”的判断标准模糊。被告的监督管理职责不好把握。监督管理职责可细分为“监督”和“管理”，其中的法律解释存在差异。并且，“不履行”这一表述也不好判断，行政机关、法院、检察机关之间存在不同的认识标准。二是“不履行法定职责”的程度差异。司法活动中“不履行法定职责”具体划分为多种类型，如有法律明确规定了行政机关的作为义务，但行政机关“不依法行使职权”，其拒绝作为或不完全履行作为义务，如立法上对行政职责规定不明确，导致检察机关与法院之间对“不履行法定职责”认识存在争议，继而加大履行判决的适用难度。判决前提是关于行政机关履职程度的判断不明确，只有当行政机关未依法履行职责，法院才适宜作出此判决形式。然而，行政机关是否履行及履行是否完全，理论与实务界存在不同看法。如有法院从行为标准入手，判定行政机关在诉前程序中是否用尽了各种方式。也有法院从结果标准入手，在判决时既会审查行政机关是否有效履行职责，也对其行为结果进行考察，审视行政机关对于违法行为的矫正状况。[①] 现实生活中，法院对行政机关的履职程度存在不一致意见，判决中“不履行法定职责”的判断更为繁杂。简言之，履行判决适用的不确定是难点问题。

3. 判决方式混同适用

在各类判决方式中，应具有一般行政诉讼判决类型无法涵盖的内容，以实现在适用过程中和而不同的目标。但判决方式的混同适用，冲击了判决方式的整体功效。这里以履行判决和确认判决的交叉适用尤为凸显。如有部分法院根据诉请作出了“履行职责 + 确认违法”的判决，也有部分法院认为责令被告履行法定职责的判决实际上包含了对不依法履行职责行为的违法性评价，因而确认违法不能成为单独的诉请与判项，只需适用履行判决方式，致使出现同案不同判的问题。[②] 具体而言，法院在适用上如何处理同时适用履行判决与确认违法判决两种方式是关键。有不少法院即按照“确认违法判决 +

① 参见刘超：《环境行政公益诉讼诉前程序省思》，载《法学》2018 年第 1 期。

② 参见赵洋、谷振龙：《行政公益诉讼判决方式的审视与完善——基于 655 份判决书的考察分析》，载《湖南警察学院学报》2021 年第 2 期。

责令履行”的方式督促行政机关履职。在某县人民检察院诉某县林业局不依法履行职责一案中，检察机关向被告发出诉前检察建议，建议其及时纠正怠于履职的违法行为。检察机关调查发现，该行政机关只是形式上发布了整改通知书，但未督促违法公司恢复林地植被。法院审理认为，被告未采取有效措施，被毁林地受损状态仍持续，其行为构成怠于履行法定职责，故判决确认被告不履行职责的行为违法。鉴于案件审理过程中被告采取整改措施，但违法行为纠正尚需一段时间，法院又判令被告继续履行法定职责。此案中，法院同时采取两种方式的适用逻辑值得反思。尽管适用确认判决是为了强化对行政机关履职的目的，不过却将两种判决方式的关系扭结在一起。履行判决本身在运行中存在履职程度不明确、判决内容较为笼统等问题，法院在适用此判决时比较棘手的是如何判断行政机关不完全作为，以及与确认违法判决交叉使用的界分问题。因而，确认违法判决和履行判决之间具有适用上的分歧，是同时适用还是择一适用尚待厘清。

4. 判决方式的定分止争效果不佳

行政公益诉讼存在鲜明的客观诉讼特点，集中体现为保护利益的公益性，意味着通过保障公共利益去回应社会各界的法律期待。其中，判决与执行的实际效果值得反思。尤其判决执行问题，即使法院作出了履行判决，行政机关有可能不好执法，实际效果无法实现，部分履行判决执行起来存在困难。因有时候行政机关一方难以履行，判决方式所预期实现的治理目标实现起来较为困难。对于这类判决方式，如何落实执行问题尚值得深思。与此同时，行政公益诉讼作为聚焦公共利益展开的特别诉讼制度，法院与检察机关的协同治理效果离不开合理的判决方式。而法院与检察机关之间关于判决方式不一致，不利于实现案例审理的预期效果。法院在进行审理时，须在适用违法判决的必要性与直接终结程序必要性上仔细考量。因而，如何选择最契合司法目标的判决方式实属不易。

三、行政公益诉讼案件判决方式的完善适用

行政公益诉讼判决方式的优化，需要在精准定位基础上，根据此类案件本身的特点，针对现实不足予以完善。

（一）基于客观诉讼的行政判决方式改进

根据客观诉讼规律改进行政公益诉讼，是构建判决方式体系的基础。主

观诉讼与客观诉讼在行政诉讼中发挥着不同的结构功能，其区分实益在于立法中应根据各自性质而设计不同的诉讼程序规则。有观点提出，客观诉讼要求对行政诉讼程序作出不同于主观诉讼的相应变化和特别的制度安排，包括受案范围、审判组织的结构、法官审查行政行为的方式等内容。[①] 由于无法完全沿用，有必要根据客观诉讼特点予以重塑。此种客观诉讼的判决类型，是以恢复和保护代表公益的客观法秩序为导向。[②] 这要求根据行政机关的行为和公共利益状况进行完善，而不能照搬照套一般行政诉讼的判决方式。根据客观诉讼定位，按照审判职权主义的规则进行设计。例如，为更好作出判决，可借鉴德国客观诉讼的调查原则，庭审活动采用纠问式调查方式，让法官依职权主动调查案件事实，主导行政公益诉讼的庭审活动，必要时法官可以不依赖于双方当事人进行“查证”。[③] 通过有机适用，实现一般行政诉讼判决方式与行政公益诉讼判决方式之间互相补充、相互支持，继而形成一个周延完整的判决体系。因此，行政公益诉讼判决方式应围绕核心目的来构建，即通过监督行政机关依法行政，纠正行政机关违法行使职权和不作为，确保客观法秩序不受侵害或得到修复。

（二）细化履行判决的适用内容

法院作出责令履职判决方式，需要对行政机关的履职现状作出了解。由于《行政诉讼法》第 72 条、《检察公益诉讼解释》第 25 条等规范依据，只是对履行判决的一般性规范指引，如何细化适用条件是成为有效指引法院判决活动的关键。如何明确履行判决的适用条件与内容值得思考。根据裁判活动，法院以当事人权利保障为要点的一般行政诉讼中，不履行法定职责的司法判断已形成了较为系统的标准。行政公益诉讼中行政机关存在较大的裁量权，法院难以展开对“不履行法定职责”的规范分析。根据《行政诉讼法》的规定，行政机关被提起行政公益诉讼，关键是此行为属于“负有监督管理职责的行政机关违法行使职权或者不作为”的范围。对此，可拆分为“负有监督管理职责”+“违法行使职权或者不作为”两部分内容。因而，行政公益诉讼履行判决的关键，是法院在权衡司法权与行政权关系基础上，对履行职责的内容进行确定。

---

① 于安：《行政诉讼的公益诉讼和客观诉讼问题》，载《法学》2001 年第 5 期。

② 参见刘艺：《构建行政公益诉讼的客观诉讼机制》，载《法学研究》2018 年第 3 期。

③ ［德］弗里德赫尔穆·胡芬：《行政诉讼法》，莫光华译，法律出版社 2003 年版，第 543 页。

具体来说，首先要把握好行政行为“不履行”的过程性特点，根据诉前履行与诉中履行来确定判决的适用。在明确行政机关履行职责基础上，结合检察机关提出的证据，去确定行政机关是否履行了职责。对于系统复杂，需要多个环节完成的，不宜对“法定职责”标准作扩大解释，而是被损公共利益被阶段性修复即算履行。其次要强化履行判决内容的合理性。尤其是判决内容的可执行性，要求履职判决对应当履行或继续履行行为的内容、方式、期限尽可能予以明晰。例如，履行判决内容要尊重不同行业、不同地域的特性。又如，法院作出履行判决时附带较为明确的期限是保证公共利益恢复的必然要求。进言之，此种判决方式蕴含行政机关需要执行的确切内容，当检察机关提出请求时，法院可具体向行政机关发出命令明确指出其应该如何履行职责，并附加执行的期限和法律责任。最后要把握好履行判决的尺度。裁判方式应明确裁量标准，对属于行政机关首次判断权范围的事项，判决方式应尽可能不予僭越。结合法律规范对于行政机关履职的内容、方式、期限等，作出相应规定。也就是说，法院的判决需根据被告所涉法律规范的条款来确定。同时，针对行政裁量多采用目的性判决，即责令行政机关履行职责，按要求达到制度设计的预期目的。当尚需行政机关调查或者案件含有较强专业因素或较多裁量因素时，法院不适宜在履行判决中就实体问题进行直接判决。[①] 基于尊让行政裁量权的要求，对于达到目的方式与手段不做过细要求。结合相关领域的标准来综合确定，如环保类标准、质量标准、专家意见。实现行政机关自主性与法院判决权威的有机统一外，法院在作出判决时应科学理解其管理与监督的关系。主流观点认为，管理的内涵更为广泛，监管相对狭窄。两者关系比较复杂，会存在分离、重叠等现象。如根据《行政单位国有资产管理暂行办法》的规定，行政机关被定位为本单位国有资产保护的管理者，财政主管部门则是监督者，其中的监督与管理职责相分离。法院在判断此类情形时，应对两者作具体区分。综上，为实现更好的判决效果，履行判决不能过于概括和抽象，而需要从具体上去指导行政机关的履职行为，细化判决的事项，在合理范围内发挥司法能动性。

（三）优化判决方式的适用效果

1. 驳回诉讼请求判决审慎适用

考虑到检察机关的公益诉讼起诉人地位，其享有的起诉权、上诉权等与

① 参见崔瑜：《行政公益诉讼履行判决研究》，载《行政法学研究》2019 年第 2 期。

原告类似，也要承担败诉的风险。驳回诉讼请求应该得到维系，但应该结合行政公益诉讼特点进行改进。如若检察机关的诉求有一部分成立，不宜断然适用驳回诉讼请求的判决。应避免因驳回诉讼请求的方式，导致程序空转，这不利于公益保护目标的实现。在案件审理过程中，如发现明确不具有事实和法律依据，法院可建议检察机关撤诉，节省司法资源，尽可能慎重适用该判决方式。

2. 撤销判决配套适用

行政公益诉讼中单纯适用撤销判决不多，因为撤销行政机关违法行使职权的行为，国家利益或公共利益受损的情况依然存在。如何使公共利益回归起初的状态尤为关键，这意味着仅依靠履行判决的意义有限，还有必要与其他判决方式结合起来适用。如法院在作出撤销判决时，考虑判决被告按照检察机关的诉求，重新作出行政行为或者责令被告采取补救措施，增强法院根据案件事实选择更有益于保障客观法秩序的判决方式。

3. 确认判决有限适用

须以行政公益诉讼案件的“确认利益”来限定该判决方式的适用。确认判决本意是为了确立违法行为，给当事人一个救济渠道。然而，对于行政公益诉讼来说宣示意义不大。《检察公益诉讼解释》明确强调公益诉讼的目的在于督促被告履行法定职责以维护公共利益，对行政不作为合法性的判断相对要弱。需明确的是，在行政诉讼中确认违法的要义是为相对人主张赔偿奠定基础。但对于行政公益诉讼，其中未涉及赔偿环节。如果客观法秩序已恢复正常，再确认判决的意义比较有限。甚至，履行判决暗含了对于行政行为违法的判断。着眼于救济功能的效果，履行判断更能达到效果。只是检察机关变更诉讼请求了，因而宜将确认违法判决界定为履行判决的补充。笔者认为，结合行政公益诉讼的客观诉讼目标需要灵活调整。确认判决的原意是发挥震慑作用或国家赔偿作用，但本身该判决无法达到这样一种效果。此震慑应依赖于行政层级内部的纠错机制，判决方式在行政公益诉讼中所能够作用的空间相对有限。如果检察机关提起确认不作为违法的诉讼请求，法院要作出确认判决的前提是行政机关已履行了职责，没有继续要求履行的内容。而根据《行政诉讼法》第25条的规定，只有当行政机关不依法履行判决才会提起行政公益诉讼。可见，该确认判决在逻辑上存在悖论，会忽略诉前程序的设立价值，所期望达到的警示效果不明显。

4. 确认判决与履行判决不宜同时适用

同时适用确认判决和履行判决这两种判决方式的必要性不大。根据法律条文的体系解释，这两种判决方式相互独立。根据《检察公益诉讼解释》第24条的规定，只有当被告纠正违法行为或者依法履行职责而使诉讼请求全部实现，检察机关变更诉讼请求时，法院才会作出确认判决。确认不作为违法的适用情形，应该是检察机关原先诉请履行职责，但案件审判过程中行政机关又履行了职责，故法院才适用此种情形。为确保司法权威性，还需要对行政机关之前的行为作出判断，且对违法行政作出否定性评价。而在不履行法定职责案件中，确认违法的诉讼请求能够被履行职责的诉讼请求所合并与吸收。当检察机关同时主张确认违法与责令履行两个诉讼请求的，法院有必要予以释明，表明两种判决方式同时适用的意义有限。

5. 新型判决方式创新适用

基于丰富行政公益诉讼判决类型，充分实现保护公共利益与督促行政机关履职的现实目标，应积极创新适用其他判决。行政公益诉讼判决方式不能局限于一般行政诉讼判决方式体系，应该根据公共利益和司法制度特点作出创新。有学者主张，设计未侵害公共利益判决。主要是针对侵害的利益不是国家利益或社会公共利益的情形而作出的判决，这种评价不是针对提起诉讼的检察机关，而是针对公共利益的情形，既达到了不支持检察机关诉讼请求的目的，也不至于使检察机关陷于尴尬境地。[①] 为强化对行政机关的警示作用，对因行政机关违法或不作为导致损失进一步扩大及蔓延的问题，可以在参照民事公益诉讼实践的基础上，借鉴《消费者权益保护法》等规定惩罚性赔偿的制度，对行政公益诉讼判决方式加以创新。其中，探索行政公益诉讼的惩罚性判决方式是有益之举。对行政机关不履行法定职责造成公共利益受损或无法弥补的，法院根据检察机关的起诉判令被告承担实际损失的赔偿责任。根据不同案件的个性化特征，相应创设丰富多样的新型判决方式。

（四）判决方式适用标准的归纳与说理

法院在作出适用判决方式时，须遵循司法统一理念。所谓统一性，主要是指不同地域、不同级别之间法院的适用统一性，以实现同案同判，以及消弭法院与检察机关之间不必要的分歧。所以，需要法院系统加快制定对不同行政公益诉讼案件审理的司法解释和案件归纳，不断提升判决方式适用的科

① 王春业：《独立行政公益诉讼法律规范体系之构建》，载《中外法学》2022年第1期。

学化与合理性。其中，关键是对适用标准的分类归纳，破解判决方式笼统与具体之争。从司法案例来看，囿于行政公益诉讼案件的复杂性与法官自由裁量权等因素，判决方式呈现不确定的形态。如在履行判决上的内容尺度不统一，其中以概括性判决与确定性判决这两种为典型。在概括性判决上，是法院对行政机关履行监管职责只作出概括要求，但不会对履行方式、效果和期限作过细的要求。法院作出的判决内容，往往是要求行政机关“继续履行监管职责”。此种方式有弊有利，有利的一方面是体现了司法的谦抑性，激发了行政机关主动性。其弊端是内容比较模糊，容易使程序空转，无法有效监督行政机关履行职责。在确定性判决上，是指法院判令行政机关在一定期限内履行明确内容的职责，法院对具体履行方式、内容进行明示。此方式有利于约束行政机关的裁量权，但司法权如何尊让行政权值得深思。实践中，法院在两种具体方式上存在选择难题。对此，在分类归纳时应该把握个案中凸显的普遍规则，定期公布典型案件，统一判决适用的尺度。不妨以“公共利益”这个判定标准为基础，在解决行政诉讼判决方式时，有意识结合客观诉讼的论证方法，注重指导案例、公报案例等呈现的司法理性，不断总结出符合行政规律、可普遍适用的判决方式及其适用标准，为各级法院适用不同的判决方式提供清晰的考量标准。

值得注意的是，法院加强裁判说理亦是增强判决方式效果的关键。由于《行政诉讼法》及其司法解释无法全面对各种判决方式详细规定，这需要法院在判决时强化说理论证。判决是法院对抽象法律规范在具体案件中的宣示，是法律在具体个案中的具体化呈现，在深层次上体现了法院在利益衡量之后的价值取向。[①] 应结合不同案件利益冲突、当事人的诉辩理由，分别作出有说服力的论证。在裁判说理上，还应该重点阐释判决方式的重叠适用问题，充分利用好裁判说理功能，如对被告行政行为违法性作出充分阐释，在此基础上援用具体判决方式。另外，为确保行政判决执行效果，可尝试加强检察机关在裁判履行过程中的监督职责。检察机关发挥法律监督机关的督促作用，判决方式执行问题应作为被告的行政机关定期向检察机关和法院报告履行判决的情况，保障判决方式与执行的同步实现。据此，统一判决方式的标准与尺度，不断提升行政审判水平。

---

① 参见孙森森：《不动产登记错误的行政判决方式——以欺诈导致登记错误的行政案件为中心》，载《行政法学研究》2018 年第 2 期。

四、本章小节

保障公共利益，助力依法行政推进法治政府建设，是行政公益诉讼制度创新发展的立足点。由检察机关向法院提起行政公益诉讼，法院根据案件种类作出科学合理的判决方式，有利于优化司法职权配置，实质性解决行政争议。基于行政公益诉讼的客观诉讼属性，行政诉讼判决方式无法全盘适用在该特殊领域，对其展开个性化研究是一项值得探究的命题。面向行政公益诉讼判决方式的完善方案，应以恢复国家利益与社会公共利益为根本目标，从司法层面助推中国式现代化的实现。当下及未来，仍应守正创新，围绕督促行政机关依法履职这一条主线，聚焦全方位作出实体性结论的目标不断完善，指引法院创新适用判决方式。应持续围绕司法实践的最新动态，构建独具特色的、类型化的行政公益诉讼判决体系。

行政赔偿案件判决方式

行政赔偿作为一种案件类型，既属于行政诉讼法范畴，又属于国家赔偿法范畴，与行政赔偿案件相应的是行政赔偿判决（裁定）。在我国现行国家赔偿法体系中包括行政赔偿和刑事赔偿、执行赔偿等司法赔偿。原《行政诉讼法》（1989 年）设有“侵权赔偿责任”专章，其中规定了“赔偿诉讼”，但该章在 2014 年修法时已删除。《行政诉讼法》仅在举证责任、适用调解等方面对“行政赔偿案件”有所规定。实体法上的行政赔偿责任主要由《国家赔偿法》规定，程序法上包括赔偿行政程序和赔偿诉讼程序，应当适用《国家赔偿法》《行政诉讼法》及《民事诉讼法》的相关规定。[①]

一、行政赔偿案件的种类和特点

行政赔偿案件解决的是行政赔偿争议，或者说是行政赔偿责任问题。依据《国家赔偿法》，行政机关及其工作人员在行使职权时有法定的侵犯受害人合法权益的情形，行政机关应当承担行政赔偿责任。《行政诉讼法》及相关司法解释规定，行政行为被判决撤销、确认违法或者无效，行政机关不依法履行、未按照约定履行或者违法变更、解除行政协议，造成损害的，可以依法

① 最高人民法院行政审判庭编著：《〈最高人民法院关于审理行政赔偿案件若干问题的规定〉理解与适用》，人民法院出版社 2022 年版，第 537 页。

作出行政赔偿判决。[①]

按行政赔偿范围、致害行政行为种类、行政赔偿程序等标准，可以对行政赔偿案件进行不同的分类。

（一）按照法定行政赔偿范围划分

行政赔偿范围也即应当承担行政赔偿责任的受侵害权利种类范围，包括人身权、财产权、劳动权、相邻权等合法权益。主要包含如下种类：

一是侵犯人身权行政赔偿案件，如限制人身自由、造成身体伤害或死亡。

二是侵犯财产权行政赔偿案件，如违法实施罚款、吊销许可证和执照、责令停产停业、没收财物等行政处罚；违法对财产采取查封、扣押、冻结等行政强制措施；违法征收、征用财产等。

三是侵犯劳动权、相邻权等其他合法权益行政赔偿案件。例如，浙江女大学生就业性别歧视案[②]，被告行政机关的行为侵犯了原告平等就业的权利，对其实施了就业歧视并造成了一定的精神损害，判决赔偿原告精神损害抚慰金。广东省教育厅、广联达软件股份有限公司、深圳市斯维尔科技股份有限公司侵犯公平竞争权行政诉讼案[③]中，法院判决教育厅指定使用第三人相关软件行为违法，但驳回了原告赔偿请求。

四是涉行政协议赔偿案件。《行政协议司法解释》对行政协议案件适用赔偿判决作了比较详细的规定。行政协议案件的诉讼请求包括请求判决行政机关赔偿。例如，湖南驭龙实业开发有限公司诉湖南省湘阴县人民政府行政协议及行政赔偿一案[④]中，最高人民法院裁定认为，《行政协议司法解释》第 27 条第 2 款规定，人民法院审理行政协议案件，可以参照适用民事法律规范关于民事合同的相关规定。本案的争议焦点为县政府行使合同解除权的条件是否成就、应否承担对公司的损失赔偿或补偿责任等。本案纠纷主要是围绕合同解除和违约责任展开，可以参照适用民事合同的相关规定。经对涉案《岳阳市湘阴县洞庭湖采区河道砂石开采权有偿出让合同》履约方式是否变更、

---

① 《行政诉讼法》第 76 条、第 78 条，《行诉法解释》第 136 条第 6 款，《行政协议司法解释》第 15 条、第 16 条、第 19 条、第 22 条。

② 胡锦光主编：《2014 年中国十大宪法事例评析》，法律出版社 2016 年版，第 91~100 页。

③ 广东省高级人民法院（2015）粤高法行终字第 228 号行政判决书。

④ 最高人民法院（2020）最高法行申 12185 号行政裁定书、湖南省高级人民法院（2019）湘行终 1678 号行政判决书。

是否符合解除条件等审查，县政府有部分合同义务尚未履行完毕，应对公司的损失进行补偿，应予退还差价；县政府指定使用采砂船既不违法也不违约，对于公司因此而产生的损失，不应由县政府承担。

（二）按照致害行政行为种类划分

一是行政作为违法导致赔偿。行政机关及其工作人员积极作出行政行为对当事人造成损害，包括行政法律行为和行政事实行为。如公安派出所丢失某些企业转交其管理的个人人事档案而引发的行政诉讼及行政赔偿案件，即属于事实行为引发的案件。

二是行政不作为违法导致赔偿。行政机关不履行法定职责对当事人造成损害，应当承担赔偿责任。

三是行政风险致害赔偿。例如，行政机关及其工作人员依法使用警械、武器，或者从事其他高度危险活动，造成公民、法人和其他组织超出合理限度的伤亡或者财产损失的，应当对受害人予以适当赔偿或补偿。

四是公共设施致害赔偿。行政机关设置或者管理的公共设施因设置不当或者管理欠缺，造成公民、法人和其他组织的合法权益损害的，受害人有取得行政赔偿的权利。例如，徐某平等诉南通市通州区交通运输局案①中，原告认为交通信号灯造成交通事故损害请求赔偿损失。法院终审认为，交通信号灯是道路交通安全管理的基础设施，公物行政行为应当纳入行政诉讼受案范围。

（三）按照行政赔偿程序划分

一是对赔偿义务机关有关行政赔偿行为不服提起的行政赔偿诉讼。行政赔偿诉讼不仅解决行政赔偿争议，也要对赔偿义务机关行政赔偿行为的合法性进行审查。赔偿义务机关应当依法及时履行赔偿义务。关于审理行政赔偿案件的新司法解释规定，赔偿请求人不服赔偿义务机关关于确定赔偿方式、项目、数额的行政赔偿决定，不予赔偿决定，逾期不作出赔偿决定以及其他有关行政赔偿的行为，均可以依法提起行政赔偿诉讼。②

二是行政复议中涉及赔偿的案件。在行政复议程序中申请人可以一并提出行政赔偿请求，应当给予赔偿的，行政复议机关应当同时决定被申请人依

---

① 江苏省南通经济技术开发区人民法院（2020）苏0691行初705号行政判决书。

② 《最高人民法院关于审理行政赔偿案件若干问题的规定》第3条。

法给予赔偿。[①] 行政复议机关对原行政行为的是否合法作出确认，同时对申请人的赔偿请求作出是否支持的认定的，应当属于赔偿义务机关已先行处理的情形。[②] 对行政复议决定中行政赔偿部分有异议的，可以提起行政赔偿诉讼。[③] 行政复议决定加重损害的，行政复议机关承担相应的赔偿责任。[④] 例如，王某诉某区人民政府行政复议案[⑤]，第一轮诉讼案件中，复议机关确认原行政行为违法但对申请人的赔偿请求不予支持，法院判决撤销复议决定中有关赔偿的部门并责令复议机关对原告的赔偿请求重新作出处理决定。第二轮诉讼案件中，针对被告根据法院判决就赔偿问题作出复议决定又提起诉讼，法院认为被诉复议决定在违法建筑残值处理和物品清理方面认定事实不清，判决对赔偿请求重新作出处理决定；关于原告请求法院判令被告直接作出由镇政府赔偿原告损失的决定的主张没有法律根据，不予支持。

三是一并提起行政诉讼和行政赔偿诉讼。赔偿请求人要求赔偿，应当先向赔偿义务机关提出，也可以在申请行政复议或者提起行政诉讼时一并提出。[⑥] 当事人直接提起行政赔偿诉讼的，法院对相关的行政行为争议也应当一并纳入审理范围。[⑦]

四是单独提起行政赔偿诉讼。该程序适用于行政行为已被确认违法的情形。一般也要求赔偿义务机关先行处理。[⑧] 实践中，对于已经通过行政诉讼程序确认行政行为违法的，则无须赔偿义务机关先行处理而可直接提起行政赔偿诉讼。[⑨] 另外，法律规定由行政机关最终裁决的行政行为被确认违法后，赔

---

① 《行政复议法》第 29 条。

② 北京市第一中级人民法院（2022）京 01 行赔终 101 号行政赔偿判决书。

③ 《最高人民法院关于审理行政赔偿案件若干问题的规定》（法释〔2022〕10 号）第 17 条。

④ 《最高人民法院关于审理行政赔偿案件若干问题的规定》（法释〔2022〕10 号）第 9 条。

⑤ 《北京四中院 2018 年度行政审判十大典型案例》，载“行政执法研究”公众号，2019 年 5 月 14 日发表，2023 年 3 月 5 日访问。

⑥ 《国家赔偿法》第 9 条第 2 款。

⑦ 《最高人民法院关于审理行政赔偿案件若干问题的规定》（法释〔2022〕10 号）第 13 条第 1 款规定，行政行为未被确认为违法，公民、法人或者其他组织提起行政赔偿诉讼的，人民法院应当视为提起行政诉讼时一并提起行政赔偿诉讼。

⑧ 《最高人民法院关于审理行政赔偿案件若干问题的规定》（法释〔2022〕10 号）第 13 条第 2 款第 4 项。

⑨ 最高人民法院行政审判庭编著：《〈最高人民法院关于审理行政赔偿案件若干问题的规定〉理解与适用》，人民法院出版社 2022 年版，第 213 页。

偿请求人可以单独提起行政赔偿诉讼。[①]

五是行政非诉执行引发的赔偿问题。行政非诉执行案件的赔偿义务机关可能是行政机关，也可能是司法机关。如果据以强制执行的行政行为违法而发生赔偿争议的，申请强制执行的行政机关为赔偿义务机关。[②]由于执行程序造成损害的，如果是法院负责强制执行的，法院应为赔偿义务机关；如果法院裁定由行政机关负责实施强制执行的，行政机关为赔偿义务机关。例如，杨某某申请某区人民法院国家赔偿案，[③]法院强制执行规划和自然资源部门作出的违法占地行政处罚决定，当事人请求损害赔偿，先以镇政府为被告提起行政诉讼和行政赔偿诉讼，法院认为本案系司法强制执行，不符合行政诉讼条件；当事人另行以法院为赔偿义务机关申请国家赔偿则予以受理。

二、现行行政赔偿案件的法定判决方式及其局限

（一）行政赔偿案件起诉条件裁判

提起行政赔偿诉讼应当符合法定起诉条件，不符合起诉条件的应当裁定不予立案；已经立案的，裁定驳回起诉。在起诉条件方面，行政赔偿诉讼与行政诉讼基本相同，但也存在特殊性。相同点体现在，一并提起行政赔偿诉讼的，如果行政诉讼不符合起诉条件，则一并提起的行政赔偿诉讼没有依附的基础，也不符合起诉条件。[④]因此，对一并提起的行政赔偿诉讼案件，首先应适用与行政诉讼案件同样的起诉条件。

行政赔偿诉讼起诉条件也存在一定的特殊性，例如，在原告资格方面，受害的公民死亡，支付受害公民医疗费、丧葬费等合理费用的人可以依法提起行政赔偿诉讼。[⑤]实践中，对单独提起的行政赔偿诉讼起诉条件的把握有时模糊不清。一是关于先确认行政行为违法问题。例如，马某某诉某区人民政府行政赔偿案，[⑥]原告认为行政机关限制其人身自由并造成损害，行政机关对其行政赔偿申请作出告知书予以拒绝。原审法院认为行政行为未经确认违法即要求赔偿不符合法定起诉条件，行政机关不予作出赔偿决定行为系程序

① 《最高人民法院关于审理行政赔偿案件若干问题的规定》（法释〔2022〕10号）第4条。

② 《最高人民法院关于审理行政赔偿案件若干问题的规定》（法释〔2022〕10号）第10条。

③ 北京市第一中级人民法院（2022）京01委赔5号国家赔偿案。

④ 《最高人民法院关于审理行政赔偿案件若干问题的规定》（法释〔2022〕10号）第19条。

⑤ 《最高人民法院关于审理行政赔偿案件若干问题的规定》（法释〔2022〕10号）第7条第2款。

⑥ 参见最高人民法院发布《关于审理行政赔偿案件若干问题的规定》时一并发布的参考案例1。

性行为，驳回起诉。最高人民法院对再审申请审理认为，依据新修正的《国家赔偿法》第 14 条第 2 款规定，赔偿请求人对不予赔偿决定告知书不服的，可以提起诉讼，法院应当受理并对相关行政赔偿争议进行审理。又如，赵某琼等诉四川省双流县人民政府行政赔偿一案，[①] 也涉及先行确认违法与赔偿诉讼的关系问题，再审裁定认为，原告单独提起行政赔偿诉讼但其未提交证据证明被诉的征地拆迁行为已被确认为违法，该行政赔偿诉讼不具备法定的起诉要件。虽然 2010 年修正后的《国家赔偿法》第 9 条相比较修正前少了“依法确认”四个字，但是“违法”作为国家赔偿的前提没有改变。《国家赔偿法》第 3 条、第 4 条中所列举的侵犯人身权或侵犯财产权的情形均是违法行为。因此，从《国家赔偿法》第 3 条、第 4 条、第 9 条之间的文义理解，修正后的第 9 条只是将“违法确认程序”与“申请赔偿程序”合二为一，即赔偿请求人向赔偿义务机关提出赔偿要求后，赔偿义务机关认为具体行政行为违法的，应当予以赔偿。换言之，该第 9 条的修正仅涉及在赔偿请求人向赔偿义务机关提出赔偿请求的程序中，不再将违法确认作为一项前置程序，但没有取消确认违法的条件。

二是关于赔偿义务机关先行处理问题。例如，胡某诉某镇人民政府强制拆除行政赔偿案[②]中，前期在胡某提起的行政诉讼中法院已判决确认强制拆除行为违法，胡某后续提起行政赔偿诉讼，需要考虑是否须经行政机关先行处理行政赔偿的问题。依照《最高人民法院关于审理行政赔偿案件若干问题的规定》第 13 条规定，行政行为已被确认违法，单独提起行政赔偿诉讼的，要符合列举的条件，条件之一为“赔偿义务机关已先行处理或者超过法定期限不予处理”。形式上，按字面理解，需赔偿义务机关先行处理。实质上，已通过行政诉讼程序确认行政行为违法的，当事人再行提起行政赔偿诉讼无须经赔偿义务机关先行处理程序。又如，何某学诉百善镇人民政府强制拆除行政赔偿案[③]，强制拆除行为被复议机关确认违法，何某学在提起行政复议申请时一并提出了行政赔偿的复议申请，应视为在向法院提起行政赔偿诉讼前已经经过了先行处理程序，符合单独提起行政赔偿诉讼的条件。[④]

---

① 最高人民法院（2015）行监字第 12 号行政赔偿裁定书。

② 北京市第一中级人民法院（2022）京 01 行赔终 112 号行政赔偿判决书。

③ 北京市第一中级人民法院（2022）京 01 行赔终 101 号行政赔偿判决书。

④ 最高人民法院行政审判庭编著：《〈最高人民法院关于审理行政赔偿案件若干问题的规定〉理解与适用》，人民法院出版社 2022 年版，第 213 页。

三是对不予赔偿决定也存在起诉条件审查问题。例如，陈某某等诉某部行政赔偿案，行政机关作出不予赔偿决定，当事人单独提起行政赔偿诉讼，行政行为未经复议或诉讼未被确认违法，按照司法解释规定应视为提起行政诉讼时一并提起行政赔偿诉讼。但被诉行政行为系经国务院批准行为，不符合起诉条件，该案是应当裁定驳回起诉还是判决驳回行政赔偿请求。笔者认为，对行政行为的诉讼不符合起诉条件的，对相关行政赔偿诉讼应当裁定驳回起诉。虽然司法解释规定不服赔偿义务机关不予赔偿决定属于行政赔偿诉讼受案范围，但某部明显不属于赔偿义务机关，其所作不予赔偿决定亦属程序性的，所以应当程序上裁定驳回起诉。

另外，还应当注意行政赔偿诉讼与行政诉讼的衔接问题。例如，在行政诉讼案件中已判决确认行政行为违法，在之后的行政赔偿诉讼中，法院又以该行政诉讼案件进入申请再审程序为由裁定驳回行政赔偿案件的起诉，两个程序的裁判存在直接冲突。对一并提起行政赔偿诉讼的处理，应当一并受理并作出裁判，有的法院对一并提起的行政赔偿诉讼受理后予以中止审理，等待行政行为被终审判决确认违法后再恢复赔偿诉讼，或者以确认违法判决因上诉而尚未生效为由裁定驳回行政赔偿之诉，属于适用法律错误。①

（二）判决驳回赔偿请求

行政赔偿应当符合赔偿责任构成要件。国家赔偿责任的构成要件一般包含侵权主体、侵权行为的类型、侵权行为的性质、损害结果、侵权行为与损害结果之间的因果关系。②《行政赔偿司法解释》完善了行政赔偿构成要件，第32条规定了判决驳回原告的行政赔偿请求的情形：（1）原告主张的损害没有事实根据的；（2）原告主张的损害与违法行政行为没有因果关系的；（3）原告的损失已经通过行政补偿等其他途径获得充分救济的；（4）原告请求行政赔偿的理由不能成立的其他情形。③

一般情况下，行政行为合法的，可以排除损害与行政行为之间的因果关

---

① 最高人民法院行政审判庭关于2019~2020年涉部分省市再审行政案件情况及法律适用问题分析。

② 江必新、梁凤云、梁清：《国家赔偿法理论与实务》，中国社会科学出版社2010年版，第196页。

③ 于厚森、郭修江等：《〈最高人民法院关于审理行政赔偿案件若干问题的规定〉重点条文理解与适用》，载《中国应用法学》2022年第2期。

系。例如，徐某平等诉南通市通州区交通运输局案[1]，原告认为被告在某道路左转弯道口违法设置交通信号灯，导致等候绿灯放行的左转弯车辆停放在大桥桥面，后方行使车辆追尾碰撞造成损害，被告应当承担赔偿责任。法院查明，该路口3年间发生交通事故73起（含本案事故），本案事故发生后公安机关事实上已将案涉交通信号灯由红绿灯调整为黄闪。该案争议焦点包括被告设置交通信号灯是否合法或者明显不当、被告设置信号灯与原告的损失之间有无因果关系等。法院依据有关法律法规从交通信号灯是否与道路建设同步规划设计并投入使用，是否符合道路交通安全、畅通的要求，是否符合国家标准，是否根据需要及时作出调整等方面对被告设置案涉交通信号灯的合法性予以审查，认定设置行为合法。鉴于被诉设置行为合法，故对于原告损失以及与被诉设置行为之间的因果关系无需审查，判决驳回原告诉讼请求。

行政行为存在违法情形，但原告主张的损害与违法行政行为没有因果关系的，不予支持其赔偿请求。如在强制拆除违法建设类案件中，行政程序违法比较常见，原告请求对被拆除的违法建设予以赔偿，不属于合法权益，对违法建设本身的价值不应当予以赔偿。不予拆违程序违法，不予赔偿违法建设损失。例如，刘某宝等诉三亚市政府案，[2] 在征收过程中行政机关违法强制拆除房屋，涉案房屋属于违法建设不予补偿或赔偿，但对征收补偿方案规定的奖励、补助则属于应予赔偿的合法权益直接损失。

原告的损失已经通过行政补偿等其他途径获得救济的，则可免除赔偿责任。例如，杜某某诉某县人民政府行政赔偿案，[3] 该案例明确：原告的损失已经通过行政补偿途径获得充分救济的，人民法院应当依法判决驳回其行政赔偿请求。该案中，当事人已签订《房屋征收补偿安置协议书》，行政机关依约履行了义务。在房屋拆除后，原告向村委会领取了废弃物品补偿款及搬迁误工费用。虽然拆除行为被确认违法，但其在诉讼中并未提供证据证明其存在其他损害，其合法权益并未因违法行政行为而实际受损，其请求赔偿缺乏事实和法律依据。又如，杜某兴诉连江县人民政府行政赔偿案[4]，行政机关与当事人已签订房屋征收补偿安置协议，该协议已被法院生效判决认定为合法有效且已经实际履行，虽然当事人的房屋被违法强制拆除，但未造成实际损失，

① 江苏省南通经济技术开发区人民法院（2020）苏0691行初705号行政判决书。

② 最高人民法院（2019）最高法行赔申123号行政裁定书。

③ 参见最高人民法院发布《关于审理行政赔偿案件若干问题的规定》时一并发布的参考案例8。

④ 最高人民法院（2020）最高法行赔申1288号行政赔偿裁定书。

不产生行政赔偿责任。

（三）调解解决行政赔偿争议

行政赔偿案件可以调解。[①] 在行政案件审理中涉及行政赔偿问题的，法院应当释明，可以调解，或一并判决，或告知另行提起行政赔偿诉讼。[②] 调解解决行政赔偿争议有利于充分保障赔偿请求人合法权益，促进行政争议实质性解决和矛盾妥善化解。例如，张某华等五人诉天水市公安局麦积分局行政不作为赔偿案[③]，被告对抢劫案报警未及时出警，对被害人的死亡应当承担一定的责任。被害人的近亲属以行政不作为为由提出行政赔偿申请，被告作出不予行政赔偿的决定，当事人向法院提起行政赔偿诉讼。一审判决认定被告对有关损失承担 20% 份额。原告上诉后，二审法院进行了调解，双方当事人达成调解协议：一、天水市公安局麦积分局给付死亡赔偿金 20 万元。二、原告放弃要求支付被扶养人生活费及被害人丧葬费的诉讼请求。

按照《行诉法解释》第 85 条规定，调解达成协议，人民法院应当制作调解书，调解书经双方当事人签收后，即具有法律效力。例如，北京某房地产开发有限公司与某区人民政府因合作开发项目行政补偿案，[④] 该案涉及重点工程建设及用地问题，案件类型新颖，涉及补偿金额巨大，关系 2022 年北京冬奥会基础设施保障服务，审判组织根据双方当事人意愿，以“促使双方当事人达成调解协议方式化解重大争议、贯彻落实中央关于优化企业营商环境规定”为目标，为双方当事人搭建沟通平台，积极与双方当事人沟通、磋商调解意见和方案。最终，双方当事人达成一致意见，握手言和，签署了调解协议并领取了《行政调解书》，该案成为北京市第四中级人民法院建院以来首次以出具《行政调解书》方式审结的行政案件。又如，某派出所丢失当事人个人档案行政赔偿案件[⑤]，法院促成双方当事人达成赔偿和解，制作了该院首篇行政赔偿调解书。

实践中，常涉及对遗漏或者增加行政赔偿请求如何处理的问题，涉及调解、判决、另行起诉等方式。根据《行诉法解释》的规定，原审判决遗漏

① 《行政诉讼法》第 60 条。

② 《行诉法解释》第 95 条。

③ 最高人民法院 2015 年 1 月 15 日公布行政不作为十大案例之一。

④ 北京市第四中级人民法院典型案例。

⑤ 北京市第二中级人民法院典型案例。

行政赔偿请求，依法不应当赔偿的，二审应当判决驳回行政赔偿请求；依法应当予以赔偿的，可以调解，调解不成的，发回重审。在二审中提出行政赔偿请求的，可以调解，调解不成的，另行起诉。在某街道办事处拖移“僵尸车”案件中，一审判决对车辆内物品赔偿问题未作审查，二审法院经审查认定当事人的主张缺乏证据支持，因此对该项赔偿请求可以直接驳回。在某治安拘留行政处罚决定案中，当事人提起行政诉讼并行政赔偿诉讼，在行政赔偿案件二审中才提出在执行拘留期间被猥亵，笔者认为，鉴于性骚扰问题举证或调查取证困难，对该事实行为应当将线索移送公安机关督察调查处理，当事人不服可以另行起诉，不宜在行政赔偿案件二审程序中审理解决。

（四）判决赔偿

对行政赔偿案件，人民法院经审理认为被告应当承担行政赔偿责任，应当依法作出相应判决，责令行政机关履行行政赔偿义务。造成财产损害的，判决返还财产、恢复原状或者支付赔偿金；致人精神损害的，判决消除影响、恢复名誉、赔礼道歉或者支付精神损害抚慰金；行政赔偿决定对赔偿数额确定错误的，判决变更。行政机关不依法履行行政赔偿义务，不宜作出给付判决的，可以判决履行行政赔偿职责，责令作出行政赔偿决定。行政赔偿决定或者其他行政赔偿行为违法的，应判决予以撤销或者确认违法。

1. 责任认定

在行政赔偿责任承担方面，存在单独责任与共同责任、混合责任、连带责任与按份责任、第三人民事侵权责任与行政赔偿责任、补充责任等复杂情形。[①]

两个以上行政机关的共同责任。例如，范某运、范某动诉山东省邹平县建设局、魏桥镇政府规划许可并行政赔偿案[②]中，原告新建加油站未经经贸部门前置审批导致不能营业造成损失，前期镇政府收取土地审批费用、建设局颁发规划许可均违法，法院结合各方过错程度，认定原告自行负担60%损失，建设局和镇政府各承担20%。又如，贺某某诉齐齐哈尔市工商管理局铁

① 《最高人民法院关于审理行政赔偿案件若干问题的规定》第21条至第25条，《行诉法解释》第97条、第98条。

② 最高人民法院行政审判庭编：《中国行政审判指导案例》（第1卷），中国法制出版社2010年版，第151页。

锋分局、齐齐哈尔市房屋征收办公室工商登记及行政赔偿案[1]中，一审判决工商局停办工商营业执照决定的行为违法并赔偿原告租金损失。二审法院认为，房屋征收办对营业场所是否在动迁区域内的证明函违法，本案原告承租房屋经营目的无法实现的损失系“多因一果”，改判两行政机关分担行政赔偿责任。

第三人有责任情形下的行政赔偿责任。例如，中国银行江西省分行诉江西省南昌市房产管理局行政赔偿案。[2]该案对违法行政行为中存在第三人提供虚假材料原因的情形下行政机关是承担补充责任、按份责任还是具有公法特点的责任进行了讨论。该案判决认为，房地产抵押登记贷款案中，抵押人的恶意欺诈、抵押权人的过错和登记机关的过失共同造成损失，首先应当由恶意欺诈方承担赔偿责任，当其财产不足以赔偿的情况下，由登记机关承担行政赔偿责任。受害人本身存在过错的，可以相应减轻登记机关的赔偿责任。在李某某诉某县人民政府及县林业局林业行政赔偿案[3]中，原审法院认为，某县林业局为第三人颁发林木采伐许可证履行了必要的审查义务，该行政行为并无不妥。虽然该采伐许可证经行政复议后被撤销，但撤销的原因系第三人冒用权利人名义申请所为，而非某县林业局违法审查所致。故判决驳回李某某赔偿诉讼请求。最高人民法院再审认为，某县林业局在颁发涉诉林木采伐许可证时未依照法定程序尽到审慎合理的审查义务，颁证行为违法。某县林业局的违法颁证行为与第三人提供虚假材料申办林木采伐许可证及其私自砍伐林木的民事侵权行为共同致使原告财产损失，某县林业局应根据其违法行为在损害过程和结果中所起作用承担相应的赔偿责任。在陈某某等三人诉蕉岭县公安局案[4]中，交通事故管制路段，交警部门在分流车道未设置警示标志，无交警现场指挥，未完全履行保障道路交通安全的法定职责，是引发第二次交通事故的原因之一，根据违法行政行为在损害结果中所起的作用，酌

---

① 《黑龙江省高级人民法院发布10起行政诉讼典型案例》，载“行政执法研究”公众号，2017年12月20日访问。

② 最高人民法院行政审判庭编：《中国行政审判指导案例》（第1卷），中国法制出版社2010年版，第131页。

③ 参见最高人民法院发布《关于审理行政赔偿案件若干问题的规定》时一并发布的参考案例3。

④ 《广东法院2017年度行政诉讼十大典型案件》，载“行政执法研究”公众号，2018年7月7日访问。

定应当承担的行政赔偿责任。在刘某诉东莞市交通运输局案[①]中，交通局在对嫌疑车辆实施拦截时，没有选择符合道路交通安全的方式，也未进行必要的紧急疏导，客观上增加了过往车辆及行人的危险性，是交通事故的发生的间接原因，交通局就其过错承担 30% 的赔偿责任。

第三人民事侵权，行政机关未尽保护、监管、救助等法定义务的、行政机关在第三人赔偿不足的情况下，应承担补充责任。例如，在李某红诉襄汾县人民政府案[②]中，最高人民法院认为，在应当由直接加害第三人承担民事赔偿责任的情况下，受害人不得先行提起行政诉讼。刘某山诉北京市规划和国土资源管理委员会房屋行政登记案[③]中，第三人提供虚假继承权公证书取得房屋所有权转移登记，后公证书被撤销导致该房屋登记行为被判决撤销，法院认定登记机关履行了合理审慎的审查职责，因此该案不存在行政赔偿问题。

2. 损失计算

首先是举证责任问题，原告对损害负有举证责任，因被告的原因导致原告无法举证的，被告应当承担举证责任。其次是在对证据的采信、损失的确定上，应遵循一定的裁量规则，确定合理损失。[④]例如，在郑某诉北京市海淀区人民政府行政赔偿案[⑤]中，被告违法强拆房屋，未对涉案房屋内财产进行登记，原告仅向法院提交财产损失清单。法院认为应由被告承担室内财产真实情况无法查明的不利后果并承担赔偿责任。基于原告长期居住在涉案房屋的事实，结合原告的主张，根据日常生活经验法则，酌定赔偿数额。

关于赔偿损失的范围，国家赔偿法界定为"直接损失"。司法解释对行政赔偿案件中直接损失的范围进一步明确，包括存款利息、贷款利息、现金利息，机动车停运期间的营运损失，通过行政补偿程序依法应当获得的奖励、补贴等，对财产造成的其他实际损失。在司法实践中，相关标准也是逐渐趋于明确。在张某东诉辽宁省沈阳市于洪区人民政府城乡建设行政管理案[⑥]中，

---

① 《广东法院 2017 年度行政诉讼十大典型案件》，载"行政执法研究"公众号，2018 年 7 月 7 日访问。

② 最高人民法院（2018）最高法行申赔 178 号行政裁定书。

③ 北京市房山区人民法院（2017）京 0111 行初 245 号行政判决书。

④ 《行诉法解释》第 47 条，《最高人民法院关于审理行政赔偿案件若干问题的规定》（法释〔2022〕10 号）第 11 条、第 12 条。

⑤ 《北京四中院 2017 年度行政审判十大典型案例》，载"行政执法研究"公众号，2018 年 7 月 7 日访问。

⑥ 最高人民法院（2019）最高法行申 7938 号行政裁定书。

最高人民法院裁定认为，搬迁奖励费的发放系针对达成征收补偿协议并主动上交房屋的情况作出的，未达成征收补偿协议，不符合获得奖励的条件，原审法院未支持并无不当。在孙某芝诉淮南市田家庵区人民政府行政赔偿案[①]中，判决认为提前签约奖是在被征收人符合提前签约征收补偿协议的特定情形和条件下所给予的奖励，本案不属于上述情形，故不应予以支持。在刘某诉湘潭市雨湖区政府案[②]中，房屋征收中违法强制拆除房屋的赔偿，一审法院参照补偿协议认定损失并计算利息；二审法院认为协议约定的按期搬迁奖励、搬迁费、临时安置费未实际发生应予扣除，未计算利息。最高人民法院再审认为，当事人因违法强拆行为造成的直接财产损失和其他必得利益，应计算为"直接损失"。当事人在正常的征收补偿程序中依据安置补偿方案应得的利益应予赔偿。该案中，原告虽未按照约定搬离并腾空房屋，但由于行政机关实施的强制拆除行为违法，协议中约定的项目包括按期搬迁奖励、搬迁费、临时安置费在内均应纳入赔偿范围，计算为直接损失。关于利息，最高人民法院认为，行政机关违法后理应及时履行赔偿义务，尽快支付违法损害赔偿金，使赔偿金的孳息尽早归于受害人，尽可能减少受害人的损失。若违法损害赔偿金不计付利息，则会使受害人的直接损失无法得到全部赔偿，甚至可能促使加害人拖延履行赔偿义务。故未及时支付赔偿金所产生的利息亦属于直接损失的范围，应予赔偿。

关于国家赔偿法规定的"停产停业期间必要的经常性费用开支"的计算，司法解释对该项内容包含的范围进一步明确。[③]在溆浦县中医院诉溆浦县邮电局不履行开通急救电话职责及行政赔偿案[④]中，二审法院认为，拒不开通急救电话属于不履行法定职责。但请求赔偿购置的急救车辆和急救设备，因没有投入急救使用，不属于"直接损失"。在徐某强诉深圳市公安局宝安分局行政赔偿案[⑤]中，行政机关作出的查封强制措施被生效行政复议决定撤销的，经营者有权就查封期间实际发生的租金、水电费和物业管理费等直

---

① 安徽省高级人民法院（2021）皖行赔终 56 号行政赔偿判决书。

② 《最高人民法院第一巡回法庭 2018 年第 9 次法官会议纪要》，转引自"行政涉法研究"公众号，2022 年 11 月 28 日发表。

③ 《最高人民法院关于审理行政赔偿案件若干问题的规定》（法释〔2022〕10 号）第 28 条。

④ 湖南省怀化市中级人民法院（1998）怀中行终字第 41 号行政判决书。

⑤ 《深圳法院 2021 年度行政审判十大典型案例》，载"行政执法研究"公众号，2022 年 9 月 5 日访问。

接损失获得行政赔偿。同时，判决认定装饰装修、贷款利息不属于直接财产损失；员工工资未提供证据，查封期间涉案店铺不存在实际经营行为，不予支持。

3. 赔偿标准

新的司法解释适度提高了财产损失行政赔偿标准。[①] 主要涉及土地房屋征收拆迁违法行政赔偿领域，确立了赔偿标准不得低于补偿标准的原则。《最高人民法院关于审理行政赔偿案件若干问题的规定》（法释〔2022〕10号）第27条规定，违法行政行为造成公民、法人或者其他组织财产损害，不能返还财产或者恢复原状的，按照损害发生时该财产的市场价格计算损失。市场价格无法确定，或者该价格不足以弥补公民、法人或者其他组织损失的，可以采用其他合理方式计算。

违法征收征用土地、房屋，人民法院判决给予被征收人的行政赔偿，不得少于被征收人依法应当获得的安置补偿权益。在黄某某诉某区管委会等行政赔偿案中，根据《关于某市调整征地地面附着物和青苗补偿标准的批复》规定，砖混楼房的补偿标准为600~900元/平方米。而原审法院在确定赔偿标准时，参照某区管委会的相关会议纪要内容，按500元/平方米判决予以行政赔偿，明显低于行政补偿标准。[②] 财产损害一般按照损害发生时市场价格计算，也可采用其他合理方式计算。[③] 在王某某诉兰州市城市管理综合行政执法局兰州高新技术产业开发区分局行政赔偿案[④]中，被强拆房屋有三个不同时点评估报告，被强拆时、被确认违法时、赔偿诉讼时，判决采用确认违法时点的评估报告，是适中的方式。在范某某诉某区人民政府强制拆除房屋及行政赔偿案[⑤]中，最高人民法院认为，行政机关违法强制拆除房屋的，被征收人获得的行政赔偿数额不应低于赔偿时被征收房屋的市场价格。否则，不仅有失公平而且有纵容行政机关违法之嫌。因此，在违法强制拆除房屋的情形下，人民法院以决定赔偿时的市场评估价格对被征收人予以行政赔偿，符合房屋

---

① 于厚森、郭修江等：《〈最高人民法院关于审理行政赔偿案件若干问题的规定〉重点条文理解与适用》，载《中国应用法学》2022年第2期。

② 最高人民法院行政审判庭对有关再审行政案件情况的通报。

③ 《最高人民法院关于审理行政赔偿案件若干问题的规定》（法释〔2022〕10号）第27条。

④ 《甘肃省行政审判2018十大典型案例》，载“行政执法研究”公众号，2018年12月6日访问。

⑤ 参见最高人民法院发布《关于审理行政赔偿案件若干问题的规定》时一并发布的参考案例4。

征收补偿的立法目的。易某某诉某区人民政府房屋强拆行政赔偿案[①]明确：财产损害赔偿中，损害发生时该财产的市场价格不足以弥补受害人损失的，可以采用其他合理方式计算。最高人民法院认为，房屋作为一种特殊的财物，价格波动较大，为了最大限度保护当事人的权益，房屋损失赔偿时点的确定，应当选择最能弥补当事人损失的时点。在房屋价格增长较快的情况下，以违法行政行为发生时为准，无法弥补当事人的损失。此时以法院委托评估时为准，更加符合公平合理的补偿原则。

4. 赔偿方式

《国家赔偿法》规定，国家赔偿以支付赔偿金为主要方式；能够返还财产或者恢复原状的，予以返还财产或恢复原状。致人精神损害的，应当在侵权行为影响的范围内，为受害人消除影响，恢复名誉，赔礼道歉；造成严重后果的，应当支付相应的精神损害抚慰金。[②]在冯某某诉某公安分局行政赔偿案[③]中，法院认为，原告的应激性障碍、精神运动型抑制等病症无证据证明系因被告的违法拘留造成，按规定，原告的精神抚慰金难以得到支持。被告在作出的赔偿决定中表示因违法拘留造成原告人格利益被侵害并遭受精神痛苦，同意给予原告精神抚慰金 10 000 元。因此判决赔偿人身自由赔偿金；对被告愿意支付精神抚慰金予以许可；被告以书面形式向原告赔礼道歉，并在违法拘留受影响范围内消除影响、恢复名誉。

三、行政赔偿判决方式的完善

（一）坚持系统思维，完善国家赔偿责任体系

系统思维的特点在于认识客观事物的整体性，深入把握事物之间的联系和区别，处理好整体和部分、一般与特殊的关系。在思考行政赔偿问题时，应当在国家赔偿法体系乃至普通侵权法范畴内考量。[④]

1. 行政赔偿与司法赔偿

国家赔偿法应当建立完善国家机关公权力致害的共通的归责原则、一般构成要件，进一步明确不同赔偿义务机关赔偿程序的同异，统一赔偿标准。

---

① 参见最高人民法院发布《关于审理行政赔偿案件若干问题的规定》时一并发布的参考案例 5。

② 《国家赔偿法》第 32 条、第 35 条。

③ 上海市浦东新区人民法院（2014）浦行赔初字第 3 号行政赔偿判决书。

④ 沈岿：《国家赔偿法原理（第三版）》，北京大学出版社 2022 年版，第 4 页。

实践中，行政赔偿和司法赔偿在涉行政非诉强制执行中存在交叉。关于行政赔偿的新旧司法解释均规定，因据以强制执行的行政行为违法而发生赔偿诉讼的，行政机关为赔偿义务机关。《最高人民法院关于审理行政赔偿案件若干问题的规定》（法释〔2022〕10号）第10条规定："行政机关依据行政诉讼法第九十七条的规定申请人民法院强制执行其行政行为，因据以强制执行的行政行为违法而发生行政赔偿诉讼的，申请强制执行的行政机关为被告。"

《最高人民法院关于审理涉执行司法赔偿案件适用法律若干问题的解释》（法释〔2022〕3号）第8条规定，人民法院作出准予执行行政行为的裁定并实施后，该行政行为被依法变更、撤销、确认违法或者确认无效的，不应认定为错误执行。实务中，如果人民法院负责强制执行，因超范围执行或者具体执行措施违法而扩大损失的，对于扩大的损失，则执行法院应为赔偿义务机关。在杨某燕申请昌平区人民法院国家赔偿案[①]中，法院裁定准予执行行政机关有关违建行政处罚决定，并由法院组织并委托镇政府实施违建拆除。杨某燕以镇政府为被告提起行政诉讼和赔偿诉讼被驳回起诉，主要原因是所诉强制拆迁行为系法院依照生效裁判所作的执行行为，不符合行政诉讼起诉条件。后杨某燕以法院为赔偿义务机关申请国家赔偿，则予以受理。在李某忠申请石景山区人民法院国家赔偿案[②]中，法院裁定准予强制执行区政府作出的房屋征收补偿决定。被征收人认为执行超范围，一并拆除了其他房屋。赔偿委员会经审理认为，该案中法院的执行标的仅是将征补决定涉及房屋腾退交付征收办拆除，而不是对房屋实施拆除。法院在执行中向征收办人员交付应腾退的房屋，同时再三强调争议房屋不在本次腾退范围内，不能拆除，已充分尽到提示义务。争议房屋后被第三方拆除及屋内物品的损坏与法院无关。因此，该案未进入司法赔偿。

2. 行政赔偿与民事争议

第一，民事侵权先行处理。[③]此种方式适用于行政机关承担补充责任的情

① 北京市昌平区人民法院（2022）京0114法赔5号决定书。

② 北京市第一中级人民法院赔偿委员会（2021）京01委赔3号国家赔偿决定书。

③ 《最高人民法院关于审理行政赔偿案件若干问题的规定》（法释〔2022〕10号）第24条规定："由于第三人行为造成公民、法人或者其他组织损害的，应当由第三人依法承担侵权赔偿责任；第三人赔偿不足、无力承担赔偿责任或者下落不明，行政机关又未尽保护、监管、救助等法定义务的，人民法院应当根据行政机关未尽法定义务在损害发生和结果中的作用大小，确定其承担相应的行政赔偿责任"。

形。在李某红诉襄汾县人民政府案[①]中，最高人民法院裁定认为，在应当由直接加害第三人承担民事赔偿责任的情况下，受害人不得先行提起行政诉讼。

第二，民事争议并行处理。[②]此种方式存在两种情形：一是解决民事争议以便行政补偿赔偿争议解决。例如，在汪某某诉西城区人民政府房屋征收办公室履行行政协议案[③]中，征收办与汪某某签订房屋征收补偿协议，因被征收房屋原承租人子女员之间存在继承纠纷，征收办未实际给付补偿款。在民事案件中，法院对征收补偿的权利归属进行确定，同一顺位继承人继承份额均等，共同继承、按份共有。在行政协议案中，法院判决征收办继续履行，按照民事判决确定的份额给付原告补偿款。二是民事案件处理结果并不影响行政赔偿案件判决，但应有关当事人的申请一并解决相关民事争议，以便一揽子解决相关纠纷。

第三，民事纠纷另行处理。此种方式主要适用于当事人提出的行政赔偿事实和理由不充分，未经民事判决确认，在本案中不予支持。如拆除违法建设房屋行政赔偿案件，违建本身不属于合法权益不予赔偿，当事人的损失实质系违建建设人与承租人、买受人合同纠纷民事赔偿问题。或者当事人的部分行政赔偿请求缺乏现有民事权利基础。如茅某某诉康庄镇人民政府违法拆迁行政赔偿案[④]中，被拆除房屋宅基地面积是争议的焦点之一，镇政府认定该处院落已分为两处宅基地，并与案外人就其中一处签订房屋安置补偿协议。法院以原告已对签订补偿协议的部分另行提起民事诉讼为由，在行政赔偿案件对该部分不作处理。在另一起类似案件[⑤]中，法院认为，就宅基地争议面积及相关补偿利益问题，原告可就案外人已签订协议的部分另行解决，本案不作处理。

3. 行政赔偿与行政补偿

行政赔偿和行政补偿均属于广义的国家赔偿。[⑥]两者程序存在区别，往往

---

① 最高人民法院（2018）最高法行申赔 178 号行政裁定书。

② 《最高人民法院关于审理行政赔偿案件若干问题的规定》（法释〔2022〕10 号）第 20 条规定："在涉及行政许可、登记、征收、征用和行政机关对民事争议所作的裁决的行政案件中，原告提起行政赔偿诉讼的同时，有关当事人申请一并解决相关民事争议的，人民法院可以一并审理。"

③ 北京市西城区人民法院（2019）京 0102 行初 881 号行政判决书。

④ 北京市延庆区人民法院（2022）京 0119 行赔初 4 号行政赔偿判决书。

⑤ 北京市延庆区人民法院（2022）京 0119 行赔初 2 号行政赔偿判决书。

⑥ 沈岿：《国家赔偿法原理（第三版）》，北京大学出版社 2022 年版，第 9 页。

又互相交织转换、互相补充。如常宁市富坤实业有限公司、常宁市宝山矿业有限责任公司诉常宁市人民政府行政赔偿案[①]中，原告请求判令被告与原告签订补偿协议或对原告作出补偿方案，法院判如所请。后双方未能就补偿达成协议，被告也未作出补偿决定，应当允许再次单独提起行政赔偿诉讼。在涉及违法征收房屋等案件中，当事人有权选择通过行政补偿或行政赔偿获得救济。如果被征收人在对行政强制行为起诉的同时请求行政补偿，经人民法院释明，被征收人拒绝将补偿请求变更为赔偿请求的，仍可以合并审理，而不应当以不属于一并审理行政赔偿案件情形裁定驳回对行政补偿案件的起诉或判决驳回行政赔偿诉讼请求。反之，应当通过行政赔偿诉讼解决的赔偿争议，一般不应再推回行政补偿程序。如 H 公司诉某区政府行政赔偿案中，某区政府的强制拆除行为已经生效判决确认违法，H 公司继续申请行政补偿，而原审法院以该公司应当提起行政赔偿而不是行政补偿诉讼为由，判决驳回原告的行政补偿诉讼请求，属于适用法律错误，未尊重当事人对救济路径的合法选择权。对于违法行政行为侵权造成不属于补偿范围的合法财产损失，被征收人只能通过行政赔偿途径解决，不能选择行政补偿路径解决。[②]原告的损失已经通过行政补偿等其他途径获得充分救济的，则可以判决驳回原告的行政赔偿请求。[③]

（二）强化合法权益救济，发挥《民法典》实施积极影响

习近平总书记强调，“国家机关履行职责、行使职权必须清楚自身行为和活动的范围和界限。各级党和国家机关开展工作要考虑民法典规定，不能侵犯人民群众享有的合法民事权利，包括人身权利和财产权利。同时，有关政府机关、监察机关、司法机关要依法履行职能、行使职权，保护民事权利不受侵犯、促进民事关系和谐有序”。[④]《民法典》的颁布实施对行政案件和行政赔偿案件审理产生深刻影响。

---

① 湖南省高级人民法院（2019）湘行赔终 60 号行政判决书。

② 最高人民法院行政审判庭关于 2019~2020 年涉部分省市再审行政案件情况及法律适用问题分析。

③ 《最高人民法院关于审理行政赔偿案件若干问题的规定》（法释〔2022〕10 号）第 32 条第 1 款第 3 项。

④ 习近平：《充分认识颁布实施民法典重大意义　依法更好保障人民合法权益》，载《求是》2020 年第 12 期。

1. 纳入行政赔偿的合法权益范围扩大

首先，《民法典》作为公民权利的“宣示书”，使行政权力行使不得侵犯民事主体的合法权益的边界更加明确。例如，对公民的不动产和动产进行征收征用须基于公共利益需要、遵循法定权限和程序并履行公平、合理的补偿义务；提前收回已设置建设用地使用权土地的补偿义务；行政机关及工作人员对履行职责过程中知悉的隐私和个人信息的保密义务等。其次，《民法典》也直接规定行政主体的职责，成为不履行法定职责承担赔偿责任的依据。如市场监管机关对利用合同实施危害国家利益、社会公共利益的行为依法监督处理的职责；公安机关对高空抛物致他人损害责任人的及时调查义务；民政部门担任临时监护人和临时生活照料的义务等。《民法典》第 1010 条第 2 款规定，机关、企业、学校等单位应当采取合理的预防、受理投诉、调查处置等措施，防止和制止利用职权、从属关系等实施性骚扰。如前述提出行政拘留执行中被猥亵行政赔偿事项的案件，依据《民法典》该款规定，相关行政机关有义务予以调查处理。最后，新的权利类型成为行政补偿或赔偿的内容。如《民法典》新设的“居住权”，权利人在房屋征收补偿、强制拆除等案件中可能成为利害关系人。

2. 法律适用上民行交叉融贯的趋势更明显

一是行政赔偿责任方面，需要处理与民事侵权责任的交织形成责任竞合或责任并合的情形。例如，行政机关违反《民法典》第 1252 条第 2 款规定的公共建筑物管理职责造成他人损害，将形成行政赔偿责任与民事赔偿责任的竞合；道路上堆放有杂物，公共道路管理机关接到报告后未及时处理，导致交通事故，违反《民法典》第 1256 条的规定，形成了行政赔偿责任与第三人民事赔偿责任并合。二是行政协议案件可以参照适用民事合同的相关规定。行政协议案件可以适用赔偿判决方式[①]。兼顾行政协议案件行政属性与合同属性，是行政协议案件判决方式的特点；要注意维护合同安定性、尊重行政优

① 根据《行政协议司法解释》第 13 条第 2 款、第 15 条、第 16 条第 3 款、第 19 条等规定，被告未履行行政协议约定的履行批准程序等义务，可判决赔偿损失；因行政协议无效、被撤销或者确定不发生效力，应判决返还或折价补偿、采取补救措施或赔偿损失；被告变更、解除行政协议的行政行为违法，应判决被告继续履行协议、采取补救措施、赔偿损失；被告未依法履行、未按照约定履行行政协议，可判决被告继续履行、采取相应的补救措施、赔偿损失；可判决按照约定的违约金条款或者定金条款予以赔偿。

益权、保障相对人权利，贯彻利益平衡原则。[①] 在刘某某诉富裕县房屋征收办公室房屋征收补偿协议案 [②] 中，双方签订房屋征收补偿安置协议，但征收办终止履行协议，以刘某某提交的工商营业执照在登记管理部门没有档案为由，告知刘某某撤销协议，重新签订协议，刘某某拒绝。法院认为，征收办撤销协议没有严格按照法定程序且没有事实依据，未按照约定继续履行协议，属于未履行法定职责。判决确认协议有效，继续履行协议，并赔偿损失。

3. 行政机关法人之外存在其他行使公共职能的法人主体赔偿责任问题应当再深入研究

《民法典》规定的事业单位、社会团体、社会服务机构等非营利法人，基层群众自治组织等特别法人，在公共行政概念下，或者依据法律、法规、规章授权行使公共管理职权时，可能成为行政责任主体。[③] 证券交易所作为法律、法规、规章授权组织，有权对证券市场违法行为进行监管，具有相应的行政管理职能，属于行政案件适格被告。[④] 律师协会出具实习律师考核意见是律师执业许可的前置条件，有的观点认为可以纳入行政诉讼范围。高等学校颁发学历、学位证书、学籍处分等行为已纳入行政诉讼受案范围。在陈某诉济南市城市公共客运管理服务中心行政处罚案 [⑤] 中，济南市城市公共客运管理服务中心（该单位系全额预算管理的正处级事业单位）成为适格被告。高等学校、国有公共设施管理单位、行使公共职能的社会自治组织，承担侵权赔偿责任时，是否可以通过行政赔偿诉讼解决可以进一步实践探索。[⑥] 笔者认为，按照行政诉讼一并解决行政赔偿争议、相关民事争议一并审理的原理，这类特殊的公共行政主体违法侵权问题可以纳入行政赔偿诉讼范围。

（三）重在实践创新，全面准确适用行政赔偿案件司法解释

1. 行政赔偿范围需结合具体案情精准把握

新的司法解释致力于行政赔偿损失范围的具体细化，对《国家赔偿法》

---

① 程琥：《行政协议案件判决方式研究》，载《行政法研究》2018 年第 5 期。

② 《黑龙江省高级人民法院发布 10 起行政诉讼典型案例》，载“行政执法研究”公众号，2017 年 12 月 20 日发布，2023 年 3 月 5 日访问。

③ 《行诉法解释》第 24 条。

④ 胡华峰、崔文俊：《GATS 与证券行政案件几个问题的探讨》，载《政法论坛》2003 年第 6 期；最高人民法院（2016）最高法行申 1468 号郑某诉上海市证券交易所政府信息公开案等。

⑤ 山东省济南市市中区人民法院（2015）市行初字第 29 号行政判决书。

⑥ 何海波：《行政诉讼法（第二版）》，法律出版社 2016 年版，第 475 页。

规定的“停产停业期间必要的经常性费用开支”“直接损失”予以列举，依法扩大了合法权益造成损害的范畴。[①]加强被损害权益的司法保护力度，在法律规定的范围内最大限度保护当事人合法权益，是行政赔偿案件审理的基本理念原则。在司法实践中，还需要依据相关规定和原则精神，根据案件具体情况精准把握赔偿范围。

关于利息。“存款利息、贷款利息、现金利息”纳入直接损失范围，同时规定“无法返还财产、恢复原状的，判决被告限期支付赔偿金和相应的利息损失”。关于利息赔偿问题在相关案例和司法解释中逐步予以明确。在高某某等诉某镇人民政府和某区人民政府行政赔偿案[②]中，对利息问题依法进行了分析说理。依据国家赔偿法，应当返还的财产损坏不能恢复原状或者财产灭失的，给付相应的赔偿金，没有规定支付利息；支付利息的情形限于返还执行的罚款或者罚金、追缴或者没收的金钱，解除冻结的存款或者汇款。因此要求支付赔偿金利息缺乏明确的法律依据，不予支持。但鉴于涉案房屋被强制拆除时间长，原告为解决涉案纠纷付出了大量的人力物力成本，为最大限度保护原告的合法权益，法院另行酌定赔偿一定金额的其他损失。海口市海联区造船厂诉海口市人民政府行政赔偿案[③]中，最高人民法院裁定认为：“未及时支付行政赔偿金所产生的利息属于直接损失范围，应予赔偿。违法征占土地不能返还，赔偿义务机关应及时履行赔偿义务，尽快支付违法损害赔偿金，以使赔偿金的孳息尽早归于受害人，尽可能减少受害人的损失。因未及时支付赔偿金造成当事人利息损失的，赔偿义务机关应当予以行政赔偿。”《最高人民法院关于审理民事、行政诉讼中司法赔偿案件适用法律若干问题的解释》（法释〔2016〕20号）第15条第3款规定，返还的财产系现金的，支付利息。《最高人民法院关于审理涉执行司法赔偿案件适用法律若干问题的解释》（法释〔2022〕3号）第14条规定，错误执行造成利息、租金等实际损失的，按照直接损失予以赔偿。根据相关司法解释规定，支付利息是合理弥补损失的一种计算方式，利息计算期间和标准是确定的。利息损失的计算方式在一定情形

① 于厚森、郭修江等：《〈最高人民法院关于审理行政赔偿案件若干问题的规定〉重点条文理解与适用》，载《中国应用法学》2022年第2期。

② 北京市第四中级人民法院（2016）京04行赔初5号行政赔偿判决书。

③ 最高人民法院（2017）最高法行再5号行政赔偿判决书。

下也可用赔偿决定作出时同类财产市场价格或其他合理计算方式替代。[①] 同时，"相应的利息损失"要根据损失情况作出判决，判决赔偿金足以弥补损失的，不存在利息损失或者没有必要通过利息弥补本金不足的，给予金钱赔偿时无须判决赔偿利息损失。[②]

关于奖励费。根据《最高人民法院关于审理行政赔偿案件若干问题的规定》第29条的规定，"通过行政补偿程序依法应当获得的奖励、补贴等"属于直接损失。在以往的违法征收拆迁案例中，奖励费往往因原告未配合征收拆迁和签订协议等原因得不到支持。有观点认为，由于安置补偿方案中的搬迁奖励有明确的期限规定，是否一律按照实际损失予以赔偿，需结合案件情况综合考虑。有的在补偿标准明显低于一般标准而奖励费高出正常合理范围，未在奖励期内搬迁就不予赔偿则有失公平。[③] 有的涉及同一项目的系列案件，不同案件可能跨越新旧司法解释，如果对奖励费赔偿问题采用不同的标准，则会造成裁判结果不一，比较正义失衡，制造矛盾。笔者认为，奖励补贴与惩罚性赔偿是矛盾的两个方面，行政机关为了工作效率可以采用奖励的手段，同时就要为其程序违法而承担惩罚性赔偿后果，奖励与惩罚保持平衡。因此对新司法解释出台之后涉及奖励补助的征收补偿赔偿案件，原则上应予以支持。周某某诉某经济技术开发区管理委员会拆迁行政赔偿案[④] 明确：通过行政补偿程序依法应当获得的奖励、补贴等以及对财产造成的其他实际损失属于直接损失。为了最大程度地发挥国家赔偿法维护和救济受害行政相对人合法权益的功能与作用，对该法第36条中关于赔偿损失范围之"直接损失"的理解，不仅包括既得财产利益的损失，还应当包括虽非既得但又必然可得的如应享有的农房拆迁安置补偿权益等财产利益损失。本案中，如果没有违法强拆行为的介入，周某某是可以通过拆迁安置补偿程序依法获得相应补偿的，故这部分利益属于必然可得利益，应当纳入《国家赔偿法》规定的"直接损

① 《最高人民法院关于审理涉执行司法赔偿案件适用法律若干问题的解释》(法释〔2022〕3号)第15条、《最高人民法院关于审理民事、行政诉讼中司法赔偿案件适用法律若干问题的解释》(法释〔2016〕20号)第15条。

② 最高人民法院行政审判庭编著:《〈最高人民法院关于审理行政赔偿案件若干问题的规定〉理解与适用》，人民法院出版社2022年版，第537页。

③ 最高人民法院行政审判庭编著:《〈最高人民法院关于审理行政赔偿案件若干问题的规定〉理解与适用》，人民法院出版社2022年版，第501页。

④ 最高人民法院(2018)最高法行再163号行政赔偿判决书。

失”范围。其中包括了产权调换安置房、过渡费、搬家费、奖励费等，而不仅仅是被拆除房屋的重置价格。

关于信赖利益。在范某运、范某动诉山东省邹平县建设局、魏桥镇政府规划许可并行政赔偿案①中，原告建设的加油站与附近先设加油站的间距不符合规定，原告的加油站未取得经营成品油预核准，但属于政府招商引资项目，被告方一直寻求使原告加油站手续合法。法院判决认为，《行政许可法》第69条确立了违法许可的信赖利益保护原则。行政机关违法实施行政许可，造成当事人实际损失的，诉讼中应当充分保护相对人的信赖利益。相对人对其自身行为存在的过错也承担相应比例的责任。在涉及设施农业用地上相关建筑及设施查处案件中②，应充分考虑设施农业用地管理体制的特殊性，注意设施农业用地与建设用地的区别。行政机关查处设施农业用地上建设行为被确认违法后，在行政赔偿诉讼中，法院应结合案件具体情况和相关政策规定要求，根据涉案建设的合法性、符合信赖利益保护条件的建设范围、面积、信赖程度强弱等综合审查认定赔偿数额。按照《畜禽规模养殖污染防治条例》的规定，确需关闭或者搬迁现有畜禽养殖场所，致使畜禽养殖者遭受经济损失的，由县级以上地方人民政府依法予以补偿。行政机关相关查处行为被确认违法后，法院可参考同时期当地政府已出台的有关畜禽退养、关停补偿政策标准，酌情确定应予赔偿的数额。

2. 注意赔偿判决方式的多样性

司法解释规定，审理行政赔偿案件，可以对行政机关赔偿的方式、项目、标准等予以明确，赔偿内容确定的，应当作出具有赔偿金额等给付内容的判决；行政机关对赔偿数额确定错误的，可以作出变更判决。同时司法解释将行政赔偿行为纳入受案范围，可能使行政赔偿案件的判决方式种类发展得更为丰富。

（1）给付判决。包括支付赔偿金和相应利息、支付精神损害抚慰金等金钱给付，限期返还财产、恢复原状等物的给付，也包括消除影响、恢复名誉、赔礼道歉等行为给付。

（2）变更判决。限于对行政赔偿决定中具体赔偿数额的变更，等于对行

① 最高人民法院行政审判庭编：《中国行政审判指导案例》（第1卷），中国法制出版社2010年版，第151页。

② 《北京市高级人民法院关于审理涉及设施农业用地上建设查处行政案件法律适用问题的问答》，北京市高级人民法院审判委员会2021年1月27日审议通过。

政赔偿行为作出变更，实质内容上也是一种金钱给付。

（3）撤销判决。被诉行为系行政赔偿决定，在行政赔偿决定违法时，应当予以撤销。为了实质解决行政赔偿争议，在撤销行政赔偿决定的同时，一般应当按照行政赔偿请求作出行政赔偿判决。反之，在作出行政赔偿判决时，对行政机关作出的行政赔偿决定应一并判决予以撤销。[①]

（4）确认判决。如将行政赔偿决定视为一种行政行为，将依法履行行政赔偿责任视为行政机关的法定义务，则行政诉讼的判决方式基本可以适用于行政赔偿诉讼。因此，在一定情形下可以判决确认行政赔偿行为违法或无效。《最高人民法院关于审理行政赔偿案件若干问题的规定》将赔偿义务机关有关行政赔偿的各种行为纳入诉讼范围。应当注意行政赔偿诉讼的审查对象方面观念认识的更新。[②]

（5）履行判决。原告坚持要求判决行政机关作出行政赔偿决定，由于原告不提出具体赔偿请求和举证，人民法院无法对行政赔偿争议作出判决，或者因特殊情况难以对“行政机关赔偿的方式、项目、标准等予以明确”，可以判决责令作出或重新作出赔偿决定。[③]有的地方高院在有关法律适用指导意见中也明确：赔偿请求人向法院起诉要求判决赔偿义务机关赔偿相应损失的，法院应当在查清事实后直接作出实体判决。有特殊情况的，法院可以且只能一次判决赔偿义务机关在两个月内依法作出赔偿决定。[④]如在周某平诉湖州经济技术开发区管理委员会行政赔偿案[⑤]中，法院判决责令被告在判决生效之日起九十日内对原告依法予以全面赔偿。

3. 优选行政赔偿案件判决方式

（1）针对原告行政赔偿诉讼请求作出判决。在王某某等诉某镇人民政府行政赔偿案[⑥]中，王某某等认为镇政府在已有生效判决确认强制拆除行为违法

---

① 最高人民法院行政审判庭编著：《〈最高人民法院关于审理行政赔偿案件若干问题的规定〉理解与适用》，人民法院出版社 2022 年版，第 61~62 页。

② 最高人民法院行政审判庭编著：《〈最高人民法院关于审理行政赔偿案件若干问题的规定〉理解与适用》，人民法院出版社 2022 年版，第 47~48 页。

③ 最高人民法院行政审判庭编著：《〈最高人民法院关于审理行政赔偿案件若干问题的规定〉理解与适用》，人民法院出版社 2022 年版，第 62 页、第 536 页。

④《河南省高级人民法院赔偿委员会办公室关于审理违法征收、违法强拆类行政赔偿案件的工作指南（试行）》。

⑤ 最高人民法院（2018）最高法行再 163 号行政赔偿判决书。

⑥ 北京市第一中级人民法院（2023）京 01 行赔终 3 号行政赔偿裁定书。

的情况下，对其申请赔偿未予答复，已构成行政不作为，故请求判决镇政府针对其赔偿申请作出答复处理。一审中法院释明原告可就赔偿请求直接提起诉讼，王某某等仍坚持其诉讼请求不变。一审法院认为，赔偿义务机关逾期未作出赔偿决定，赔偿请求人可以直接提起赔偿之诉。王某某等诉求为要求康庄镇政府对赔偿申请进行答复，即为要求镇政府履行针对其赔偿申请的答复职责，不符合法定起诉条件。二审法院认为，赔偿义务机关对赔偿请求人要求赔偿处理申请未予答复的情况下，赔偿请求人向法院提起行政赔偿诉讼，可以请求法院直接判决赔偿其损失，如果赔偿请求人认为由赔偿义务机关先行处理更加适宜，或坚持诉请赔偿义务机关先行处理的，法院应当尊重赔偿请求人的选择权。笔者认为，关于行政赔偿案件新的司法解释已将赔偿义务机关不履行行政赔偿法定职责的行为纳入行政诉讼的受案范围。[①]虽然应当引导当事人直接解决行政赔偿问题，但原告坚持要求赔偿义务机关作出行政赔偿决定，法院无法对行政赔偿争议作出裁判的，可以判决确认赔偿义务机关未履行行政赔偿职责违法，并判令其在一定期限内作出行政赔偿决定。[②]

（2）能够作出有明确给付内容判决的，不应以履行判决代替。[③]在魏某学诉枣庄市薛城区人民政府行政赔偿案[④]中，二审法院认为，有关赔偿事项和赔偿数额问题仍需要行政机关进一步审查核实，判决责令行政机关对申请人依法予以全面赔偿。最高人民法院认为该判决有违司法最终原则，裁判方式明显不当，二审法院应作出有确定赔偿数额的赔偿判决。

（3）选择案情最适宜的充分保障合法权益的赔偿方式。在曲某国诉北京市门头沟区人民政府行政赔偿案[⑤]中，赔偿义务机关在房屋征收补偿过程中违法拆除房屋，第一轮赔偿诉讼一审判决返还室内物品、支付赔偿金，二审法院裁定发回重审，一个重要的原因是，被告拆除房屋后一直未作出补偿决定，一审法院认为应当通过其他途径解决缺乏事实和法律依据的问题。第二轮审

① 最高人民法院行政审判庭编著:《〈最高人民法院关于审理行政赔偿案件若干问题的规定〉理解与适用》，人民法院出版社 2022 年版，第 48 页。

② 最高人民法院行政审判庭编著:《〈最高人民法院关于审理行政赔偿案件若干问题的规定〉理解与适用》，人民法院出版社 2022 年版，第 62 页。

③ 最高人民法院行政审判庭编著:《〈最高人民法院关于审理行政赔偿案件若干问题的规定〉理解与适用》，人民法院出版社 2022 年版，第 61~62 页。

④ 最高人民法院（2019）最高法行赔申 1221 号行政裁定书。

⑤ 北京市高级人民法院（2017）京行赔终 59 号行政赔偿判决书。

判，对房屋损失部分，参照征收补偿方案等，一审法院作出给付赔偿金的判决。二审判决认为，关于涉案被拆除房屋的赔偿方式，虽然一审判决给付赔偿金具有国家赔偿法的依据，但考虑本案具有较为特殊的房屋征收背景，被征收人具有货币补偿或产权调换的选择权，且在二审调解中双方均提出了房屋置换的赔偿方案，因此二审法院确定对涉案被拆除房屋损失的赔偿方式为房屋安置。此种赔偿方式也可避免因房价波动对赔偿金的计算可能产生的不确定性影响。在判项中对安置房屋的面积、区位及差价等予以了明确。

房屋征收补偿案件判决方式

《中共中央关于制定国民经济和社会发展第十四个五年规划和二〇三五年远景目标的建议》提出，[①] 要实施城市更新行动，加强城镇老旧小区改造和社区建设，提高城市治理水平，推进以人为核心的新型城镇化。近年来，北京、上海、辽宁、深圳等地陆续出台了各自的城市更新条例，其中一个共性特征是：房屋征收均作为重要的城市更新方式之一加以规定。房屋征收关系社会公共利益，关乎人民群众重要切身利益，由此引发的征收补偿行政诉讼也一直系人民法院行政审判重要案件类型。最高人民法院先后发布了两批征收拆迁典型案例，两批行政协议典型案例，其中多有涉及房屋征收补偿案件。但该类案件涉及利益主体多元，情况复杂，矛盾突出，案件审理难度较大。尤其在判决方式的选择上，考量因素较多，故需对其判决方式适用展开进一步讨论。

一、房屋征收补偿案件整体裁判态势

（一）整体情况：案件数量持续增加并稳处高位

房屋征收补偿诉讼是法院行政审判重要案件类型，并占有一定比重。通

① 该文件于 2020 年 10 月 29 日中国共产党第十九届中央委员会第五次全体会议通过。后《中华人民共和国国民经济和社会发展第十四个五年规划和 2035 年远景目标纲要》中提出：加快转变城市发展方式，统筹城市规划建设管理，实施城市更新行动，推动城市空间结构优化和品质提升。

过案例检索系统对2015~2021年各年度全国法院一审行政案件以及房屋征收补偿案件进行检索，[①]2015~2021年，全国法院房屋征收补偿一审案件数分别为4437件、6709件、10 581件、12 519件、15 127件、12 382件、2187件，分别占当年度全国法院一审行政案件的3.5%、4.2%、5.7%、6.0%、6.6%、6.4%、5.8%。需要说明的是，因办案期限周期限制等原因，案件检索系统中2021年及2022年的行政案件数据尚不完整，尤其2022年的案件数明显偏少，系统中检索到的该年度全国法院房屋征收补偿一审案件仅255件，同期全部一审案件也仅检索到5848件，故该年度数据目前缺乏司法统计意义。同时，为兼顾最新审判态势及后文对判决法律适用的分析，前述案例数据暂统计至2021年。排除数据不完整的年份，从前述案例数据分析可见：全国法院房屋征收补偿一审行政案件自2015年始总体呈现持续攀升态势，2019年达至顶峰，2020年有所回落，其在全国法院一审行政案件中的比例近年来稳定保持在6%左右。

同时，房屋征收补偿行政案件大体可分为两类：一是房屋征收补偿决定案件，二是房屋征收补偿协议案件。2015~2021年，全国法院涉房屋征收补偿一审案件共计63 942件，其中房屋征收补偿决定案件共计26 265件，其余为房屋征收补偿协议案件。

（二）裁判结论：实体判决率及原告胜诉率更高

从裁判结果来看，2015~2021年，全国法院房屋征收补偿一审案件共判决结案38 198件，裁定结案25 254件（其中裁定驳回起诉及不予受理计15 809件），调解结案324件，其他方式结案的166件。房屋征收补偿案件的实体判决比例为59.7%。在实体判决案件中，原告胜诉（全部或部分支持原告诉讼请求）17 069件，占全部房屋征收补偿一审案件的26.7%。

而通过检索，同期全国法院一审行政案件共1 138 476件，其中实体判决461 613件，实体判决比例为40.5%。在判决结案的461 613件案件中，原告胜诉（全部或部分支持原告诉讼请求）155 028件，占全部一审案件的13.6%。

因此，相较于普通行政案件，法院对于房屋征收补偿诉讼起诉人保护力度更大，进行实体审理、判决的比例更高，而原告胜诉率也高于一般行政案件。

---

① 案例检索系统为Alpha法律检索系统，检索时间为2023年1月1日。对于全国法院房屋征收补偿一审案件系通过以“房屋征收补偿”为关键词检索获得，其中参照级别勾选为普通案例，案由为行政，审理程序为一审，案件类型为行政案件。全国法院一审行政案件检索方式亦同。

（三）法律适用：实体判决中所涉高频法条较集中

在全国法院房屋征收补偿案件一审判决结案的 38 198 件案件中，适用、援引的高频实体法条主要集中于《国有土地上房屋征收与补偿条例》第 26 条、第 4 条、第 8 条、第 21 条、第 19 条、第 10 条、第 26 条第 1 款等。[①] 程序高频法条则主要集中于《行政诉讼法》第 69 条、第 74 条第 2 款第 1 项、第 12 条第 1 款第 11 项、第 70 条第 1 项、第 70 条第 3 项、第 46 条、第 75 条、第 74 条第 1 款第 1 项、第 72 条、第 78 条第 1 款、第 12 条、第 78 条、第 101 条、第 73 条、第 79 条、第 70 条等，其频次分别为 19 086、5077、2444、2066、1495、1358、1340、1235、1199、1177、993、963、932、889、834、795 次；此外，程序高频法条还有《执行行诉法若干解释》第 56 条第 4 项，适用频次为 868 次。上述判决适用的条文被援引、适用次数均达 700 次以上，此数以下的未再列明。据此可见，除前述《行政诉讼法》第 69 条、第 70 条等严格意义上的判决方式规定外，《行政诉讼法》第 12 条、第 46 条、第 101 条所涉受案范围、起诉期限、民诉规范适用条款也在发挥辅助判决作用。

（四）判决方式：行政判决为主并兼有民事判决

上文对全国法院征收补偿案件整体法律适用情况进行了呈现，为尽量准确反映该类案件判决方式，需要对样本案件裁判援引的判决条款进行更为精细、具体地统计。鉴于前述全部案例样本数量巨大，同时考虑到《行政协议司法解释》的发布时间，为准确反映当下裁判条款适用情况，这里选取 2021 年度一审判决结案的 1136 件案件为样本。经过统计，具体判决条款分布情况如下。

《行政诉讼法》判决方式适用情况：第 69 条（驳回判决）共 521 次，第 74 条（确认违法判决）共 143 次，第 70 条（撤销判决）共 118 次，第 78 条（行政协议判决）共 71 次，第 72 条（履职判决）共 48 次，第 75 条（确认无效判决）共 38 次，第 73 条（给付判决）共 24 次，第 76 条（责令补救赔偿判决）共 6 次，第 77 条（变更判决）共 2 次。以上适用《行政诉讼法》判决方式规定次数合计 971 次。

《行政协议司法解释》适用情况：第 19 条（继续履行补救赔偿判决）共

---

① 上述条文援引频次均超过了 2000 次，具体频次分别为 4945、3864、2932、2405、2281、2156、2022 次。

43次，第12条（确认无效判决）共18次，第17条（解除协议判决）共7次，第14条（撤销协议判决）共4次，第16条第1款（驳回补偿判决）共4次，第16条第2款（撤销行为判决）共3次，第15条第2款（补救赔偿判决）共2次，第15条第1款（返还补偿判决）共1次。以上适用《行政协议司法解释》判决方式规定次数合计82次。另外，还有案件判决适用了第22条，[①]共1次，考虑到该条系诉讼类型转换条款，最终根据审理情况作出确认无效判决、赔偿判决或驳回判决，故未将之作为独立的判决方式。

民事法律规范适用情况如下：《民法典》第465条共12次，第502条共4次，第143条、第509条均共3次，第144条、第146条、第153条、第154条、第577条均共2次，第583条共1次；原《合同法》第8条共5次，第52条、第94条均共2次，第2条第1款共1次；原《民法总则》第144条、第171条均共1次；《最高人民法院关于适用〈中华人民共和国民法典〉时间效力的若干规定》第1条共9次。以上适用民事法律规范判决的次数合计54次。

综上，通过不同角度的实证考察可见，房屋征收补偿类案件的实体判决比例较高，但仍有一部分案件被裁定驳回或不予受理；行政法律规范与民事法律规范均被广泛适用，但行政法律规范处于主体地位，民事法律规范仅起到补充作用；在具体判决方式上，不同判决方式均被适用，其中变更判决极少出现，但也零星出现了两次。

二、房屋征收补偿案件法定判决方式及其局限

基于对房屋征收补偿案件的实证考察，展示了其整体裁判样态，也发现了该类案件裁判中的一些问题。房屋征收补偿一方面往往涉及人民群众重大核心利益，另一方面又系基于公共利益或社会发展而启动，一旦涉诉，该类案件的审理、判决考量因素与普通行政案件又存在一定差异。因此，有必要对该类案件所涉判决方式进行更加系统地梳理，并剖析现有判决方式的不足。

---

① 该条规定：原告以被告违约为由请求人民法院判令其承担违约责任，人民法院经审理认为行政协议无效的，应当向原告释明，并根据原告变更后的诉讼请求判决确认行政协议无效；因被告的行为造成行政协议无效的，人民法院可以依法判决被告承担赔偿责任。原告经释明后拒绝变更诉讼请求的，人民法院可以判决驳回其诉讼请求。

（一）房屋征收补偿案件法定判决方式整理

房屋征收补偿案件系行政案件，其判决方式自然与现行《行政诉讼法》中的判决方式紧密关联。同时，其中的房屋征收补偿协议案件又属于行政协议诉讼，也可依据《行政协议司法解释》的规定作出判决。

《行政诉讼法》中的判决方式，除赔偿、补偿等判决方式外，基础判决方式主要有驳回诉讼请求判决（由第 69 条规定）、撤销判决（由第 70 条规定）、确认违法判决（由第 74 条规定）、确认无效判决（由第 75 条规定）、履行判决（由第 72 条规定）、给付判决（由第 73 条规定）、变更判决（由第 77 条规定）等七种。除此之外，对于行政协议案件，还存在特定的行政协议判决（由第 78 条规定），即判决被告承担继续履行、采取补救措施或赔偿损失等责任或判决给予补偿。

《行政协议司法解释》中的判决方式，除责令补救、返还、赔偿、补偿判决外，基础判决方式有以下几种。第一，确认无效判决。该解释第 12 条第 1 款、第 2 款规定实际系两类无效判决，即《行政诉讼法》规定的行政行为无效以及民事法律规范中的协议无效。第二，撤销判决。该解释中的撤销判决，又分为两种。第一种是民事型撤销判决，即上文之撤销协议判决。《行政协议司法解释》第 14 条规定，行政协议存在胁迫、欺诈、重大误解、显失公平等情形的，法院可依法判决撤销该协议。需要注意的是，该条所规定的撤销协议，与《行政诉讼法》第 70 条规定的行政行为撤销判决情形并不相同，该处的判决撤销协议基本属民事范畴的合同可撤销情形。第二种是行政型撤销判决，即上文之撤销行为判决。《行政协议司法解释》第 16 条第 2 款规定，行政机关变更、解除行政协议之行政行为存在《行政诉讼法》第 70 条规定之情形的，法院判决撤销或部分撤销。这里的撤销判决就是传统行政诉讼中的撤销判决。第三，驳回判决。《行政协议司法解释》第 16 条第 1 款中规定，行政协议履行中出现可能严重损害国家利益、社会公共利益情形，行政机关作出变更、解除的行政行为后被起诉，法院认为该行为合法的，判决驳回原告诉请。这种驳回判决与传统行政诉讼中的驳回判决大体一致。第四，解除协议判决。根据《行政协议司法解释》第 17 条的规定，在原告请求解除行政协议时，法院审理认为解除行为符合约定或法定解除情形且不损害国家、社会和他人合法权益的，法院可判决解除该协议。第五，确认有效判决。《行政协议司法解释》第 12 条第 3 款规定，行政协议无效原因在一审法庭辩论终结前消除的，法院可确认行政协议有效。第六，确认未生效判决。《行政协议司法解释》第13条规定，法律、行政法规规定应经其他机关批准等程序后生效的行政协议，在一审法庭辩论终结前未获得批准的，法院应确认协议未生效。第七，行政协议判决。《行政协议司法解释》第16条第3款规定，变更、解除行政协议的行政行为违法的，法院可依据《行政诉讼法》第78条规定判决被告继续履行协议、采取补救措施，造成损失的，判决赔偿损失。该判决即前述行政诉讼中的行政协议判决。另第19条规定，被告未依法、依约履行协议的，法院同样可依据前述第78条规定作出判决。

两相对照，除行政协议判决以及赔偿、补偿等判决外，《行政诉讼法》规定的基础判决方式与《行政协议司法解释》中的基础判决方式存在一些共有的判决形式：驳回判决、撤销判决、无效判决。需要注意的是，撤销判决因其来源的不同又可区分为民事型撤销和行政型撤销两种；无效判决亦存在民事法律规范上的无效与行政法律规范上的无效。同时，《行政协议司法解释》还存在其特有的判决形式：解除协议判决、确认有效判决、确认未生效判决，这些判决是在《行政诉讼法》之外由最高人民法院司法解释根据司法实践需要增设的判决形式。这些异同，对于房屋征收补偿案件，尤其是征收补偿协议案件的处理，有着重要的影响。

此外，《行政协议司法解释》没有确认违法判决的规定，在房屋征收补偿决定案件中，当然存在确认违法判决的适用空间，但在房屋征收补偿协议案件中，虽然无司法解释的规定，但在《行政诉讼法》判决方式框架内也应存在确认行政协议行为违法的法律空间与可能。如在安吉展鹏金属精密铸造厂（以下简称展鹏铸造厂）诉浙江省湖州市安吉县人民政府（以下简称安吉县政府）行政协议案中，[①] 安吉县政府等设立的临港管委会与展鹏铸造厂签订了征收补偿协议，而临港管委会不具有独立担责能力，无权以自己名义对外实施行政行为，但协议系双方自愿达成且已实际履行完毕，未损害展鹏铸造厂合法补偿权益，法院遂判决确认安吉县政府等设立的临港管委会与展鹏铸造厂签订《企业搬迁补偿协议书》的行为违法。

（二）现有判决方式在处理房屋征收补偿案件中的局限性

1. 房屋征收补偿判决界限认知不清

第一，房屋征收补偿案件裁判规范适用问题。对于判决方式的法律规范适用，主要涉及两个方面。一是关于行政规范、民事规范优先性的问题。按

① 参见最高人民法院（2019）最高法行申3102号行政裁定书。

照《行政协议司法解释》的规定，似是行政法律规范优先适用，但这种观点有待讨论。房屋征收补偿协议属行政协议，具有公法属性，但其也具有合同性，两者应有一定界分。尤其在单方变更、解除行政协议之外的其他协议履行、效力认定等诉讼中，虽然存在行政性审查要素，但其本源审查要素是民事法律规范中的合同关系。是否存在更优先适用的判决规范，仍是一个问题。二是判决依据的范围是否局限于法律规范的问题。毫无疑问，对于普通行政案件而言，根据法律、法规，参照规章进行审理并作出裁判是基本法律适用原则，但在房屋征收补偿案件中，其往往更强调尊重当事人意愿，尤其在协议类案件中，行政机关和行政相对人的合意会对判决走向产生重大影响，其可否成为判决依据，也需要厘清。

第二，裁判思路的问题。房屋征收补偿协议案件兼具合同性和行政性，因此，民事裁判思路和行政裁判思路均对该类案件审理裁判发生作用，两种裁判思路如何协调，尚不明确。首先是传统行政诉讼裁判规则在房屋征收补偿协议案件中的不适应性。在对房屋征收补偿协议效力进行判断时，不应如一般行政诉讼举证规则要求行政机关对行政协议合法性承担举证责任，也不应以行政机关未提供充分证据证明协议合法性就断然否定房屋征收补偿协议的效力。在赵某某诉山东省济南市历城区人民政府不履行拆迁安置补偿协议案①中，一审法院认为，历城区政府并未提供证据证明片区指挥部与赵某某订立的拆迁安置补偿协议具有合法依据，故双方订立协议的行为应当确认无效，遂判决确认涉案补偿协议无效并驳回原告的诉讼请求。二审法院认为，行政协议一经订立，具有公信力和既定力，在历城区政府无证据证明拆迁安置补偿协议存在重大且明显违法抑或依据合同法律规范应当认定为无效或可撤销的情形，应认定协议合法有效，历城区政府应当按照协议约定全面履行义务，遂判决撤销一审判决并责令历城区政府继续履行拆迁安置补偿协议。其次是当事人合意对房屋征收补偿案件产生重要影响。与上文提及的当事人合意是否可成为裁判依据一脉相承，当事人合意对于征收补偿案件判决存在一定影响。房屋征收补偿协议案件当然十分强调当事人之间的合意，而即使在征收补偿决定案件中，相较于普通行政案件，其也更强调尊重相对方的意思表示。在何某诉淮安市淮阴区人民政府房屋征收补偿决定案②中，根据《国有土地上

① 参见最高人民法院第二批行政协议诉讼典型案例案例一。

② 参见最高人民法院2014年8月29日发布的征收拆迁十大案例之三。

房屋征收与补偿条例》第21条第1款的规定，被征收人可以选择货币补偿，也可以选择产权调换。通过对在案证据的分析，可以认定何某选择的补偿方式为产权调换，但被诉补偿决定确定的是货币补偿方式，侵害了何某的补偿选择权。据此，法院作出撤销被诉补偿决定的判决。

第三，行政行为判决方式可否适用于房屋征收协议案件的争论。这是一个关键问题，也是一个裁判理念问题。若能严格、有效区分协议案件中的行政行为与合同关系，那么这个问题就是容易解决的，也就是沿用《行政协议司法解释》所体现的两分法进行处理：行政行为适用传统行政诉讼裁判规则，合同关系则适用民事法律规范进行裁判。但问题在于，一是在行政协议及其案件中有效区分出哪些是行政行为之要素，哪些是合同关系之要素，客观上存在较大困难。二是行政协议毕竟与民事合同不同，且已经纳入行政诉讼受案范围，但即使在传统的合同关系范畴，是否就必然排斥传统行政诉讼判决方式的适用，这是存疑的。三是虽然《行政诉讼法》应一体适用于所有的行政案件中，但即使是立法者也意识到，对于行政协议案件，可以沿用现有行政诉讼审理程序规则，但其判决主要对是否履约进行认定，难以适用现有行政诉讼中的履行职责判决或撤销、变更判决，故增加了《行政诉讼法》第78条中的行政协议履行及补偿判决。[①] 对此，有专家提出：行政协议案件是一种新类型案件，撤销判决、确认判决、驳回诉讼请求判决、变更判决等传统判决方式与行政协议案件不相适应。[②] 这也说明，既有的行政诉讼传统判决方式是否可以完全适用于征收补偿等行政协议案件中，确实是一个困扰。

2. 房屋征收补偿判决制度空间模糊

第一，房屋征收补偿判决适用情形不足。这主要表现为未规定行政机关撤销协议情形。《行政协议司法解释》只对行政机关单方变更、解除协议情形作了规定，但单方解除与单方撤销不是一个概念，单方解除的前提是协议是依法成立有效的，因情势变更等原因，导致行政机关单方解除了协议；而单方撤销，则是协议存在合法性问题，行政机关单方撤销了协议。但在行政机关单方撤销协议时，其判决方式不明。如果视为一个单方行政行为，那么其应遵守基本的正当程序原则，撤销前要进行告知，并听取协议相对方的陈述、申辩，否则构成程序违法，应予判决撤销或者确认违法。如果突出协议的合

---

① 参见袁杰主编：《中华人民共和国行政诉讼法解读》，中国法制出版社2014年版，第213页。

② 参见江必新、邵长茂：《新行政诉讼法修改条文理解与适用》，中国法制出版社2015年版，第287页。

同性，可民事上并不存在当事人撤销合同的概念，当事人可以请求人民法院或仲裁机构予以撤销，但无法自行撤销合同。检阅目前的行政法律规范，尚缺乏对于该种情况的裁判规定。

第二，变更判决的适用争论。对于协议案件能否适用变更判决，存在不同认识。司法解释中并无有关变更判决的规定，而《行政诉讼法》中，其第77条第1款规定，行政处罚明显不当，或者其他行政行为涉及对款额的确定、认定确有错误的，人民法院可以判决变更。对于房屋征收补偿等行政协议案件，其不属于行政处罚案件，那么就需要确定是否属于涉及对款额的确定、认定确有错误的案件。这里的“涉及对款额的确定、认定确有错误的”针对的是金钱处理，是对款额确认、认定有误的情况，似并无法直接涵射款额之外的确定、认定有误的情形。在房屋征收补偿协议案件中，对于协议所涉居住困难人口、安置人口、安置面积认定等，是否属于对款额确定、认定之范畴进而可作出变更判决的情形，需要进一步讨论。

第三，给付判决与履行判决难以区分适用。给付判决与履行判决是行政诉讼的两种基础判决方式，且给付判决系2014年《行政诉讼法》修改后新增的，但两者本身的实践边界并不清晰。如果认为传统行政行为诉讼判决方式可以适用于房屋征收补偿协议等案件中，那么前述问题的争议性依然存在。

第四，房屋征收补偿案件中无效判决适用问题。首先，关于双重审查的问题。基于行政协议的合同性与行政性，对于房屋征收补偿协议案件，在判断协议是否存在无效情形时存在双重审查：既审查协议是否存在行政行为的无效，又审查协议是否存在民事合同上的无效。当然，这种双重审查不仅局限于房屋征收补偿协议类案件，在其他行政协议案件中也同样存在。在濮阳市华龙区华隆天然气有限公司因濮阳华润燃气有限公司诉河南省濮阳市城市管理局、河南省濮阳市人民政府确认行政协议无效再审案①中，就是这种审查判断模式。该模式在一般行政案件中并不存在，客观上也增加了审查认定涉案房屋征收补偿协议是否无效的难度。其次，关于协议无效判决中行为违法程度的问题。在行政诉讼中，根据行政行为违法程度不同，可作出撤销（部分撤销）或确认违法的判决，若存在行政行为不具有行政主体资格或没有依据等重大且明显违法情形的，法院可依原告申请作出确认无效判决。但对于房屋征收补偿协议案件，其无效之判决存在更为复杂的三重考量。第一重是

① 该案系公报案例，载《最高人民法院公报》2022年第5期。

公共利益的考量，即使存在相关违法情形，但若不加区分、考量一律确认无效，反而很大可能会损害公共利益。第二重是行政及民事无效考量，既要考量行政行为无效的情形，又要考量民事合同无效的情形。第三重是民事合同案件裁判思路考量，即现今民事合同案件处理过程中，极为慎重认定合同无效，尽量维持或部分维持合同效力，以维护市场交易秩序。上述考虑，无疑为征收补偿协议案件中适用无效判决增加了困难。

三、房屋征收补偿案件判决方式适用的完善

无论是基于司法实践总括性分析，还是基于实定法判决条文的整理，房屋征收补偿案件判决方式在行政法与民法框架内反复纠结，履职判决、给付判决、变更判决、无效判决等各具体判决形式的相互区隔与适用空间尚有不明，相关裁判思路亦不清晰，上述问题亟须得到澄清和解决。

（一）明确房屋征收补偿案件判决的法律适用

关于行政法律规范与民事法律规范适用优先性的问题，笔者认为，行政诉讼本身源于民事诉讼，两者在诉讼程序设计上并不存在本质区别。无论是既往行政诉讼制度未建立前民事诉讼规范中直接将行政诉讼囊括于内，还是现行《行政诉讼法》第 101 条规定相关诉讼程序可直接适用《民事诉讼法》的规定，都体现了两者的紧密联系和诉讼程序性质一致性。当然，行政诉讼制度建立后，构建起了独立诉讼程序制度，包括行政协议在内的各类行政案件，都从属其中，也要按照或必须先行按照行政法律规范进行审查。故整体而言，笔者认为，对于房屋征收补偿决定案件，其主要适用行政法律规范进行审查、判决，并无疑义。而对于房屋征收补偿协议案件，行政法律规范与民事法律规范应是一体、同时适用的关系，所谓行政法律规范优先适用之表述并不确切，应谓之一体适用。只是鉴于行政协议纳入行政诉讼受案范围，先行从行政法律规范进行审查、裁判而已。

关于协议内容是否构成判决的“法律”依据问题，即房屋征收补偿案件的司法裁判依据是什么。于一般行政诉讼案件而言，相关法律、法规、规章就是实体和程序判断的根据。但对于房屋征收补偿案件来说，除行政程序法规范及《国有土地上房屋征收与补偿条例》等实体法规范外，相应地块的征收补偿方案、征收补偿协议也应是案件的裁判依据。这是房屋征收补偿案件最重要的特点之一，甚至某种程度上，不违反法律强制性规定的相应地块的

征收方案、政策比征收补偿法律规范更加重要。如在韩某某诉辽宁省锦州市松山新区国有土地上房屋征收办公室不履行预征收行政协议案[①]中，涉案预征收协议未约定补偿协议生效条件，但补偿方案对生效条件作出了明确规定，因此，法院认为该案房屋征收补偿实施方案明确该地段采取预征收的方式，以公告方式发布，对所有被征收人具有法律效力，并以未达到方案确定的签约比例为由驳回了原告诉讼请求。

关于行政行为判决方式是否可当然适用于房屋征收补偿协议案件的问题。《行政诉讼法》中的行政协议判决本质上并非基础判决形式，而是对于行政性合同纳入行政诉讼后的判决形式之补充。且其具体判决形式，如继续履行之判决，也能被容纳进既有的行政行为判决方式中。同时，包括征收补偿协议在内的行政协议案件毕竟已经纳入行政诉讼受案范围，即使存在类案特性，也不能排斥主要判决方式适用的普适性，行政行为的基础判决形式也可适用于行政协议类案中。

（二）准确把握裁定驳回起诉与判决驳回诉讼请求的司法界限

从上文所考察的房屋征收补偿案件相关裁定、判决情况来看，相较于一般行政案件，征收补偿案件的实体判决比例较高，裁定驳回的比例相对较低，但不管如何，在研究房屋征收补偿案件的判决方式时，首先要确定裁定驳回与判决驳回的法律界限，以有效保护当事人的诉权，确保合乎条件的案件能得到有效的实体审理。

除通常的裁驳、判驳区分情形外，司法实践中，房屋征收补偿案件中还有以下两种情况需要进一步研究剖析。其一，预征收案件的裁判方式问题。房屋征收实践中，部分地方采用了预征收的方式，即地方政府为有效推进征收工作，在前期与相关居民、主体进行预签约，并约定一定比例签约率作为生效要件。这是一种附条件协议，生效要件成就，前述协议转化为正式协议，否则不生效。在签约比例未达到时，有时会出现协议相对方就协议履行、效力等问题提起行政诉讼的情况。对此，有两种裁判方式。第一种以房屋预征收补偿协议未生效而未对各方权利义务产生实际影响为由裁定驳回起诉；第二种经过审理以房屋预征收补偿协议未实际成立为由判决驳回诉讼请求。两种裁判方式均有一定道理，但总体而言，既然将行政协议纳入行政诉讼范畴进行审理，行政诉讼程序应对协议相对方提供更高的保护力度，且行

① 参见最高人民法院第二批行政协议诉讼典型案例之九。

政协议案件与一般行政诉讼不同，具有浓厚的合同性，同时行政争议实质性化解也是行政诉讼的价值追求之一，裁定驳回起诉不易树立行政诉讼可提供更有效司法保护的司法形象，也无法及时化解纠纷。因此，对于这种案件，宜通过实体审理判决驳回诉请。另需注意的是，前文阐述了预征收补偿协议的裁判处理问题，但还要注意一种情况，如果已经列入预征收范围，相关公告或政府的行为足以使行政相对人产生信赖，即使后续实际未进行征收的，基于信赖利益保护原则，行政机关仍应承担相应的法律责任。就该事项提起诉讼的，法院不宜以该预征收行为未实际实施，未实际形成征收法律关系为由裁定驳回起诉。应进行实体审理，并就是否应予赔偿、补偿作出判决。其二，房屋征收补偿协议覆盖征收补偿决定的裁判问题。征收实践中有时会出现一种特殊情况，即因无法协商一致，房屋征收部门遂提请政府作出征收补偿决定，而作出决定后，被征收人又与房屋征收部门达成征收补偿协议，后被征收人又就在先的征收补偿决定提起行政诉讼。这时，也涉及实体判决与程序驳回的裁判选择争议。对此，笔者认为，在房屋征收程序中，充分尊重被征收人与征收部门的合意是十分重要的价值考量，其实质也是尊重被征收人对自身权利的处分。因此，虽然在先存在房屋征收补偿决定，但因被征收人基于自身意愿又与房屋征收部门协商达成一致并签订房屋征收补偿协议，该协议理论上更有利于维护被征收人的利益，协议已然覆盖了涉案征收补偿决定。被征收人再就在先征收补偿决定提起诉讼的，更宜裁定驳回起诉。

（三）增设行政机关决定撤销房屋征收补偿协议的判决情形

为厘清此问题，需要先区分几组概念。首先是行政协议领域不同撤销的区分。从原告角度来看，包括房屋征收补偿协议在内的行政协议案件相关法律规范中的撤销主要有两种指代，一是原告要求撤销行政机关相关变更、解除协议的行政行为，二是原告要求撤销协议。两者分别对应《行政协议司法解释》第 9 条第 1 项和第 5 项。也就是说，从实定法角度考察，房屋征收补偿领域中的撤销只有行政诉讼程序中原告以诉请方式提起的行政行为之撤销和行政协议之撤销两种。但是实践中，却存在另外一种情形：行政机关基于某种事由，自行撤销了其与行政相对人签订的行政协议。一旦这种撤销行为被起诉，这就形成了第三种撤销诉讼形态：行政机关撤销协议之诉。而这种形态，在前述司法解释中是未进行规定的。而在该司法解释的释义中，将第 4

条中的行政协议变更、终止解释为单方变更、撤销、撤回、解除行政协议。[①]同时，还应该清楚看到，这种协议一方撤销协议的行为，在民事合同领域是不存在的。对于民事合同而言，合同一方要求撤销协议，只能通过法院或仲裁机构提起。从司法实践来看，也出现了行政机关单方撤销行政协议之情况，在陈某义诉湖南省株洲市渌口区人民政府单方撤销房屋征收补偿协议决定案[②]中，地方政府即因项目征拆过程中相关政府工作人员收受贿赂擅自提高补偿标准而撤销了相关房屋征收补偿协议。这就形成了行政法规范缺乏规定，民事合同领域亦无此情形，而执法司法实践中却存在行政机关撤销协议的局面。其次是行政机关撤销协议需要与行政机关解除协议相区别。解除协议来自合同解除，而合同解除，是指“合同有效成立后，当具备法律规定的合同解除条件时，因当事人一方或双方的意思表示而使合同关系归于消灭的法律行为”。[③]故其前提是合同依法有效成立，只是因某种特定事由而单方或合意解除合同。行政机关解除行政协议亦如此，其是指行政协议依法成立后，当事人在法定或约定的解除协议的条件成就时，依照法定程序使尚未履行完毕的行政协议丧失效力的法律行为。[④]同理，对比行政机关撤销协议，行政机关解除行政协议的前提是该行政协议依法有效成立。也正因此，权威观点认为，行政协议解除一般限于行政机关行使行政优益权或情势变更等情形。[⑤]

因此，总体而言，目前对于行政机关自行撤销房屋征收补偿协议等行政协议的情形，与原告诉请要求撤销协议、行政机关解除协议等情形并不相同，且尚缺乏实定法上的裁判规定。

若要对行政机关自行撤销行政协议的行为寻求解释，其应源于将行政协议作为一个行政行为看待。更具体说，可以将之视为行政机关对其作出的行政行为的撤销。而这种对存在问题、瑕疵的行政行为的撤销，实质上就是行政机关的自我纠错行为。因此，对于行政机关单方决定撤销房屋征收补偿协

---

① 参见最高人民法院行政审判庭编著：《最高人民法院关于审理行政协议案件若干问题的规定理解与适用》，人民法院出版社 2020 年版，第 66 页。

② 参见最高人民法院第一批行政协议典型案例之六。

③ 胡康生主编：《中华人民共和国合同法释义》，法律出版社 2013 年版，第 166 页。

④ 参见最高人民法院行政审判庭编著：《最高人民法院关于审理行政协议案件若干问题的规定理解与适用》，人民法院出版社 2020 年版，第 242 页。

⑤ 参见最高人民法院行政审判庭编著：《最高人民法院关于审理行政协议案件若干问题的规定理解与适用》，人民法院出版社 2020 年版，第 242 页。

议等行政协议的判决，就转化为对行政机关自我纠错行为的判决。

就自我纠错的理解而言，并无法律直接规定该项权力、职能，虽然行政行为一旦作出即具有公定力、确定力、约束力和执行力，但行政机关自行纠正存在问题、瑕疵行政行为是天然所需，这一点在相关法律规范中亦有体现。《行政处罚法》第76条规定的对存在无法定处罚依据、擅自改变处罚种类幅度、违反法定程序、无执法证件等情形的行政处罚，由上级机关或有关机关责令处罚机关予以改正。《行政许可法》第69条规定，行政许可行为存在工作人员滥用职权、玩忽职守、超越职权、违反法定程序、不具有许可申请资格或不符合法定条件等作出准予行政许可决定的，作出行政许可决定的行政机关或其上级行政机关可以根据请求或依据职权撤销行政许可。上述规定，都是实质上的纠错条款，只是有的是自主发现自行撤销，有的是上级或有关部门发现启动撤销。同时，对于行政机关自我纠错权，也被法院广泛认可。[①]

基于这一认识，对于行政机关单方决定撤销其与行政相对人签订的房屋征收补偿协议时，协议相对方提起行政诉讼的，应将该行为作为行政机关自我纠错行为进行审理，在需要实体判决时应根据《行政诉讼法》的规定选择合适的判决方式。正因此，虽然纠纷围绕协议而产生，但行政机关在撤销相关协议时，系高权行政，若有法律规定的程序要求则从之，若无规定，则仍要遵守基本的正当程序要求，需要告知协议相对方，并听取其相关意见，否则构成程序违法。

（四）厘清房屋征收补偿协议案件具体判决方式的适用条件

1. 明确变更判决的适用空间

前文述及，在房屋征收补偿协议案件中，若协议对居住困难人口、安置人口、安置面积等认定不当，可否直接作出变更判决，存在讨论的空间。行政协议纳入行政诉讼受案范围后，以房屋征收补偿协议为代表的协议类案件，需要有合适的判决方式应对各类复杂的现实实践。按照《行政诉讼法》以及《行政协议司法解释》的规定，一个基本的法律理念是：行政机关单方变更、解除协议适用行政法律规范进行审理评价，除此之外有关协议的订立、履行

① 如最高人民法院在李某菊诉鼓楼区政府房屋征收补偿决定案中就提及，行政机关虽受行政行为约束，但在特定条件下可以自行改变（包括撤销、废止）行政行为，其具有自我纠错的机能，不仅可以在行政诉讼程序外，还可以在行政诉讼程序中改变其作出的行政行为。参见最高人民法院（2017）最高法行申2290号行政裁定书。

等纠纷主要适用民事法律规范。在判决方式的确定上也基本遵循上述理念，由此造成了行政机关单方行为之外的协议效力、履行等争议中有关特定情形缺乏合适的判决方式的问题。上文已分析了可将行政行为判决方式适用于征收补偿协议案件，基本可以解决前述适用难题。但在变更判决的适用上，还是存在适用障碍。《行政诉讼法》第 77 条第 1 款规定的款额确定可以作为协议案件适用变更判决的联结点，但协议履行、效力等争议与款额并不相同，将之完整对应至前述第 77 条规定框架内存在困难。对此，有两种解决方案。第一，参照民事合同中法院可以根据情况作出变更合同的判决的规定。《民法典》第 533 条赋予了特定情形下法院可以根据情况变更合同的权力。既然行政协议案件可以适用民事法律规范，那么参照法院对民事合同进行变更的规定赋予法院变更行政协议内容的权力，并无明显不当。事实上，实践中也曾出现类似案例。第二，更为明确彻底的解决方案是，在相关司法解释中将变更判决方式加以规定。即人民法院审理包括房屋征收补偿协议案件在内的行政协议案件时，相关协议内容有误，但经过审理已可明确认定具体内容的（基本等同于一般行政案件中行政裁量限缩为零），为实质性化解行政争议，避免当事人诉累，法院可以直接作出变更判决。

2. 有效界分履行判决与给付判决的适用

长期以来，履行判决与给付判决两种判决方式在选择适用上一直存在现实困难。两者分别对应课予义务判决与一般给付判决，前者以保护行政相对人公法上的请求权为主要目的，该请求权的内容以财产或金钱的给付为主，并可扩展至信息行为、对生存的照顾和基础设施的给付、因公法合同而提起的诉求等；后者以支持行政相对人请求行政机关作出行政行为为内容。① 两种判决在征收补偿案件中往往发生交叉，较难适用。除信达海南公司诉琼山区政府不履行支付土地征收补偿款案外，张某扬诉辽宁省沈阳市浑南区人民政府履行征收补偿职责再审申请案② 等案件也均涉及两种判决方式的抉择问题。

笔者认为，首先，对于履职判决与给付判决规定的理解要明晰。虽然《行政诉讼法》第 72 条规定的是“被告不履行法定职责的”情形可作出履职判决，但对于房屋征收补偿协议案件而言，行政机关不仅要依法履行，也要依约履行，协议之约定约束协议各方，也应成为各方行为的基本遵循和依据，

---

① 参见江必新、邵长茂：《新行政诉讼法修改条文理解与适用》，中国法制出版社 2015 年版，第 273 页。

② 参见最高人民法院（2019）最高法行申 1240 号行政裁定书。

故这里的不履行法定职责，应作扩大理解。行政机关不履行协议约定的义务的，法院也可作出履职判决。第73条规定“被告依法负有给付义务的”情形，法院可作出给付判决，亦应作如此认识，行政机关依法负有的给付义务，也包括其与行政相对人合意达成的协议约定的义务。

其次，在两种判决方式的具体适用区分上，笔者认为，如果经过审理，认为房屋征收补偿案件中行政机关依法或依约所应承担、履行的给付性义务是明确的、具体的，法院可依据在案证据确定相关内容的，从实质性解决行政争议并尽快稳定行政法律关系角度出发，法院可作出有明确履行期限、明确具体内容的给付判决；如果在案证据显示行政机关未依法或依约履行其义务、职责，但具体内容仍有待其通过行政程序进一步确定的，法院可作出履行判决。更简单地说，如果给付内容明确，裁判时机成熟，就可作出给付判决，否则裁判时机尚未成熟，那只能作出履行判决。[①]

3. 无效判决的审慎适用

关于征收补偿协议案件无效的判断，前文已述，目前采取的是行政无效和民事无效的双重审查模式。与上文述及的行政和民事法律规范适用先后顺序问题类似，对于行政协议无效的认定、判断，要正确理解优先适用行政法律规范进行审查的命题。于其而言，可以认为是要从行政行为角度，对行政协议进行合法性以及是否存在无效情形进行判断；同时，也要从《民法典》等民事规范判断是否存在合同上的无效情形。

至于无效判决的来源规范，应有两个。一是《行政诉讼法》第75条有关无效判决的规定；二是《行政协议司法解释》第12条第2款规定，即可以适用民事法律规范确认行政协议无效。但需要关注的是，第75条中明确列举的实施主体不具有行政主体资格或者没有依据两种情形，系建立于行政行为基础上的。该规定对于房屋征收补偿决定案件具有意义，对于房屋征收补偿协议案件则存在适用障碍。对于行政协议而言，很难将行政机关可以签订公法合同用明确的法律规范进行解释，多数情况下并没有正向的或明确的职权性规定。换言之，行政机关运用私法手段完成公法任务是其履行法定职责的方式之一，只要法律无禁止即可灵活运用。这种宽松式的主体职权要求，一般不再会因其无行政主体资格而否定其合法性。假使存在该情况，其所签订的

① 参见［德］弗里德赫尔穆·胡芬:《行政诉讼法》，莫光华译，法律出版社2003年版，第444页、第592页。

协议是否属行政协议，本身就存在问题。同样，在一般行政案件中，要求行政机关的行为必须具有明确的法律规范进行授权，但行政协议并非如此。因此，若适用第75条判决行政协议无效只能在其“等”外寻求法律空间。

与此同时，一个基本原则是协议案件中应审慎适用无效判决。这一原则可以从多个角度进行把握。其一，部分无效对协议整体无效的影响。行政协议某个部分无效，但其无效部分与合法部分是不可分割的，则整个协议也就无效；但若是可以分割的，则部分无效不等于协议的整体无效，一般不应判决整体协议无效，以保持其他部分之效力。最高人民法院第二巡回法庭在其法官会议纪要中，也表明了该观点。[①] 其二，允许对协议无效情形进行修复。鉴于行政协议的合同性，应尊重当事人的缔约自由，尊重当事人的合意，即使存在相关无效的情形，可以允许当事人在诉讼程序中通过补正、追认等方式进行修复，以维护房屋征收补偿协议等行政协议的效力。这一点在《行政协议司法解释》第12条第3款规定的确认有效判决中亦有体现：即使存在无效之情形，但在一审辩论前消除的，法院一般不再判决协议无效，而是判决确认协议有效。

---

① 参见贺小荣主编：《最高人民法院第二巡回法庭法官会议纪要》(第一辑)，人民法院出版社2019年版，第370页。

域外行政判决方式比较研究

行政判决是行政诉讼程序终结的最后结果，是人民法院审理终结时对行政案件的实体问题所作的权威性判定，是法院行使裁判权最重要、最典型的形态，是人民法院司法判断权、对行政行为的合法性审查权以及对行政争议的解决权的体现。[①] 我国 1989 年《行政诉讼法》确立的判决方式，主要脱胎于民事诉讼，且受当时行政执法状况限制，在判决类型、适用条件等方面存在较大局限性。尽管 2014 年《行政诉讼法》修正，对行政判决方式作出修改和完善，但随着行政诉讼案件类型日益复杂多样，行政判决方式的完善性和科学性问题日益凸显。因此，我国行政诉讼法应当设置哪些行政判决、根据什么标准设置行政判决、各种行政判决之间是什么关系以及如何适用等，都是行政诉讼立法和行政判决理论研究无法回避的问题。[②] 当前进一步修改和完善行政判决方式，解决行政判决面临的突出问题已经成为行政诉讼理论和实务界刻不容缓的重要任务。“他山之石，可以攻玉。”当前有必要对域外行政判决方式进行比较分析，以求发现域外行政判决方式的规律性和科学性，以期对我国行政判决方式完善有所启示。

---

① 胡建森：《行政诉讼法学》，法律出版社 2019 年版，第 450 页。

② 张旭勇：《行政判决原论》，法律出版社 2017 年版，第 1 页。

一、域外行政判决方式考察

（一）英国

英国行政判决与令状制度紧密相连，行政判决类型基于当事人申请的令状不同而不同。司法审查是英国普通法院的正常职责，是公民通过普通法院所行使的救济手段。普通法院监督行政机关活动的法律根据是普通法上的越权原则，因此“公民主张行政机关的决定或行政裁判所的裁决出现越权情况时，可以根据普通法的规则向法院请求，救济的手段因诉讼目的不同而不同”。[①] 司法审查中的救济手段可以分为公法上的救济手段和私法上的救济手段两种。公法上的救济手段，又称为特权的救济手段，通过由当事人向高等法院王座分院请求给予特权令而得到的救济，一旦受理则由高等法院王座分院发出特权令审查行政机关和低级法院（包括行政裁判所在内）决定的效力，主要有提审令、禁止令、执行令和人身保护状；私法上的救济手段，又称为一般的救济手段，适用于私人关系中的违法行为的补救手段，同时也能适用于行政机关和行政裁判所的违法的决定和裁决，其适用范围比公法上特权救济手段广，主要有损害赔偿、阻止令和确认判决。

1. 提审令

当事人认为行政机关的决定越权时，除成文法另有规定的以外，都可以向高等法院王座分院申请提审令，审查这个决定的效力。提审令只适用于审查已经作出行政决定或已经执行完毕的行政决定的法律效力，不适用于审查事实的错误。法院经审查，如认为行政决定存在越权情况，可以对这个决定作出全部或部分撤销判决，或者判决责令行政机关对越权决定予以纠正；如认为行政决定无越权情况，则判决驳回诉讼请求。

2. 禁止令

禁止令和提审令适用范围基本相同，都属于监督行政机关积极越权的手段，但两者不同之处在于，提审令是针对行政机关已经实施的行为，而禁止令则适用于行政决定作出前和正在执行过程中的决定。禁止令通常可以和其他特权令同时适用。法院经审查，如认为行政机关存在越权情况，则判决禁止行政机关作出违法决定或判决禁止继续作出违法决定、禁止继续执行违法决定。

---

① 王名扬：《英国行政法》，中国政法大学出版社 1987 年版，第 179 页。

3. 执行令

与提审令和禁止令属于监督行政机关积极越权的手段相比，执行令则属于监督行政机关消极越权的手段。当事人认为行政机关不履行公法上的特定义务，则可以向法院申请执行令。当事人在向法院申请执行令前必须先向被诉机关请求履行法定义务，只有被诉机关拒绝以后才能向高等法院王座分院请求发出执行令。[①]法院经审查，如认为行政机关拒绝履行法定义务或者拖延履行法定义务的，判决行政机关履行法定义务；如认为行政机关没有越权情况或者有其他更适当救济手段可以选择时，则可判决驳回诉讼请求。

4. 人身保护状

人身保护状是高等法院王座分院根据被拘禁者或其代理人的申请，命令释放不合法拘禁的一种特权救济手段。除非法拘禁外，当事人认为法院所规定的保释金过高时，也可申请人身保护状。法院经审查，如认为拘禁存在越权情况时，判决撤销违法的拘禁决定；如认为无越权情况，则判决驳回诉讼请求。

5. 阻止令

作为私法上的救济手段，阻止令适用于以下两类情况：一类是消极性质的阻止令，是法院为了阻止违法行为的发生或继续存在，判决要求一方当事人不为一定的行为；另一类是积极性质的阻止令，是法院为阻止消极违法继续存在，判决要求一方当事人为一定的行为。行政法上适用的一般是第一类情况。根据诉讼阶段不同，阻止令可分为诉讼中和诉讼后两种类型阻止令。诉讼中的阻止令是临时性的，类似于行为保全，法院在一方当事人缴纳一定保证金后即可实施；诉讼后的阻止令是永久性的，法院对已经确定的法律关系所发出的永久性命令，责令某人永远停止某种行为。

6. 确认判决

这也是私法上的救济手段，是指法院只宣告某种法律关系或法律地位是否存在而不伴随强制执行的判决。确认判决具有既判力的效力，当事人间的法律关系或法律地位由于这个判决而得到确定。鉴于其不具有强制执行的效力，当事人需要强制执行时，可以根据这个判决请求其他救济手段，如请求阻止令、损害赔偿等。

---

① 王名扬：《英国行政法》，中国政法大学出版社 1987 年版，第 186 页。

（二）美国

美国由普通法院审查行政机关的行为是否合法的历史渊源，继承了英国的普通法传统，并在长期司法审查实践中逐渐形成自己的特色。美国行政判决方式与法院取得司法审查形式有密切关系，《美国联邦行政程序法》第703节对法院取得司法审查形式作出规定，即法定的审查、非法定的审查、执行诉讼中的司法审查、宪法权利的司法审查。[①] 法院判决方式主要有法定判决和非法定判决。

1. 法定判决

法定判决是法院基于法定审查权限而对行政机关的某项活动作出的司法判定。法定审查是法律对于行政机关的某项活动明确规定的司法审查，其中既包括规定在行政机关组织法中的特定的法定审查，也包括在一个法律中对很多行政机关的行为规定审查。《美国联邦行政程序法》第706节规定了以下判决方式：

（1）履行判决。行政机关不合法拒绝或者不合理迟延时，法院判决行政机关强制履行法定义务。

（2）撤销判决。行政行为有以下情形之一的，法院可以判决认定行政行为不合法并撤销：专横、任性、滥用自由裁量权或其他不合法行为；违反宪法的权力、特权或豁免；超越法定的管辖权、权力或限制，或者没有法定权力；没有遵守法定程序；没有实质性的证据支持；没有事实的根据，达到事实必须由法院重新审理的程度。[②]

（3）变更判决。根据模范州行政程序法规定，如果裁决专断、反复无常、滥用自由裁量权或者不正当地行使自由裁量权，致使请求审查的人的重要权利受到损害，法院可以判决变更此裁决。

（4）确认判决。确认判决由1934年确认判决法规定，法院对管辖范围内的现实的、非假想的争议，除少数税务案件外，可以根据利害关系人申请，判决确认其权利或某种法律关系是否合法存在。法院在作出确认判决时，应当对行政机关决定是否合法进行审查。

（5）赔偿判决。行政行为违法侵害了原告合法权利，原告向法院提出损害赔偿之诉，法院经审查认为损害属实的，可以判决责令行政机关赔偿原告

---

① 王名扬：《美国行政法》，中国法制出版社1995年版，第569页。

② 王名扬：《美国行政法》，中国法制出版社1995年版，第678页。

的损失。

（6）驳回诉讼请求判决。法院经审查认为行政行为合法适当的，可以判决驳回原告的诉讼请求。

2. 非法定判决

非法定判决是法院基于非法定审查而对行政行为作出的司法判定。在实践中，法律对于某种行政行为没有明确规定司法审查，或者所规定的司法审查不能给予适当救济，此时则适用非法定审查。《美国联邦行政程序法》第703节规定，在没有成文法规定的司法审查形式或其规定不适当时，有管辖权的法院可以适用任何能够适用的法律诉讼形式。非法定审查的主要根据来自英国普通法和衡平法上的救济形式。非法定判决方式包括公法上的特权状，如提审状、禁止状、追问权力状、人身保护状、执行状等，也包括私法上的侵权行为赔偿之诉、制止状。确认判决原属于非法定判决方式，随着1934年判决确认法实施，成为法定判决方式。

（三）法国

法国传统以法官判决案件权力大小作为分类标准，把行政诉讼分为四种类型，即完全管辖权之诉、越权之诉、解释及审查行政决定的意义和合法性之诉、处罚之诉。[①] 进入20世纪以后，在传统行政法理论基础上，以诉讼标的的性质为分类标准，把行政诉讼分为客观的行政诉讼和主观的行政诉讼。行政法院针对不同的诉讼类型，作出不同判决。

第一，在完全管辖权之诉中，由于完全管辖权之诉是主观诉讼，当事人只在主观权利受到侵害时才能起诉，不包括利益受到侵害的当事人在内。当事人在向行政法院提起完全管辖权之诉前，必须先向行政机关请求救济，只在行政机关拒绝后，或不作答复时，或对行政机关的答复不满意时才能起诉。在这种诉讼中，行政法官的权力近似普通法院法官的权力，诉讼程序也和普通法院的诉讼程序相似。[②] 行政法官可以判决撤销、变更行政机关的决定，也可以判决行政机关承担赔偿损失，可以审判行政机关的单方面行为、双方面行为、法律的行为和事实的行为，但不能判令行政机关为一定的行为或不为一定的行为。

第二，在越权之诉中，当事人的利益由于行政机关的决定而受到侵害，

---

① 王名扬主编：《外国行政诉讼制度》，人民法院出版社1991年版，第77~78页。

② 董璠舆主编：《外国行政诉讼教程》，中国政法大学出版社1988年版，第99页。

请求行政法院审查该行政决定的合法性。越权之诉是法国行政法上最重要的制度。[①] 越权之诉是客观诉讼。行政法官对撤销之诉可以作出以下三种裁判方式[②]：（1）裁定不受理。申诉人起诉不符合越权之诉的受理条件时，行政法官裁定不受理，不进行实质审查。（2）裁定驳回起诉。起诉受理后，如果起诉书中所述理由不能成立，以及法院在当事人所述理由之外应依职权调查的事项中（行政机关的权限），也没有发现违法的情况时，法院裁定驳回起诉。（3）撤销行政决定。一旦行政决定违法，法官则判决撤销违法行政决定，被撤销的行政决定自始不存在。行政法官在越权之诉中不能判决行政机关承担赔偿责任，不能代替行政机关改变违法的行政决定，也不能命令行政机关采取一定的行为或不行为。

第三，在解释及审查行政决定的意义和合法性之诉中，由于普通法院审理案件的判决需要依赖某一行政行为的意义或其合法性时，在许多情况下必须作为审判前提问题，由行政法院决定。行政法院法官只能解释和审查该行政行为的意义和合法性，不能判决撤销或变更该行政行为，也不能判决行政机关承担赔偿责任，以及不能作出其他直接产生法律效果的决定。

第四，在处罚之诉中，由于该诉讼不是针对某种行政法律行为或与某种行政行为有关，而是唯一的应行政机关请求针对公民个人的案件类型。在这一诉讼中，行政法院扮演着刑事法院的角色，将有关高速公路的轻微犯罪移交给行政法院审理而不是交给普通的刑事法院审理。[③] 行政法院根据省长的要求，可以对违反不动产公产保管规则的违法行为人进行处罚，这是例外的行政诉讼，范围很小，案件很少。

（四）德国

虽然德国行政判决方式与诉讼类型关系密切，但德国联邦行政法院法并没有就行政判决方式与诉讼类型之间的关系作出一般性规定，仅对于特定诉讼类型的判决方式作出了具体规定。[④] 德国行政诉讼类型是在民事诉讼确认、给付、形成三种类型基础上，形成了五大类型，即确认无效之诉、强制履行

---

① 王名扬主编：《外国行政诉讼制度》，人民法院出版社 1991 年版，第 81 页。

② 王名扬：《法国行政法》，北京大学出版社 2016 年版，第 548~549 页。

③ ［英］L. 赖维乐 · 布朗、［英］约翰 · S. 贝尔：《法国行政法》（第五版），［法］让 – 米歇尔 · 加朗伯特协助，高秦伟、王锴译，中国人民大学出版社 2006 年版，第 171 页。

④ 刘飞：《行政诉讼制度专题研究：中德比较的视角》，法律出版社 2016 年版，第 92 页。

之诉、宣告之诉、变更之诉、确认补救之诉。[①] 与之相适应，德国行政判决方式主要有以下几种类型：

1. 撤销判决

由于行政行为违法且原告权利因此受到侵害的，法院经审查可以判决撤销行政行为及相关的复议决定。“撤销诉讼的法律性质是形成之诉，对该诉讼所发布的判决是一个形成判决。”[②] 行政行为已经被执行的，法院也可以根据原告请求，在时机成熟时，判决撤销被执行的行政行为。

2. 履行判决

主要适用于行政机关拒绝履行法定义务或者不作为的情形。基于原告请求，法院可以判决行政机关履行法定义务，作出一个行政行为。履行判决的基本构成要件是：原告请求行政机关履行作出行政行为的义务；原告应当向法院提供证据证明由于行政机关拒绝履行法定义务或不作为，致使其权利受到侵害；拒绝履行义务或不作为的是有管辖权的行政机关；行政复议没有解决争议；没有超过一个月的起诉期限。[③]

3. 确认判决

在确认之诉中，法院可以作出一个宣告性、确认性和程序性的判决，它是对既存权利提供一种特别的保障，判决不包括给付的内容，不能用于满足原告实体法上的请求。确认之诉可分为一般确认之诉和特别确认之诉，确认判决分为一般确认判决和特别确认判决。《德国联邦行政法院法》第 43 条对一般确认判决作出规定，法院可以判决确认行政法上的法律关系是否存在，或者确认行政行为无效。《德国联邦行政法院法》第 113 条第 1 款第 4 项对特别确认判决作出规定，行政行为违法已被行政机关撤回或其他方式得到处理的，只要原告对该确认判决有正当利益的，法院可以根据原告请求，判决确认该行政行为曾经违法。

4. 变更判决

行政行为涉及某一钱款金额的确定或钱款的认定，原告请求法院对行政行为作出变更，以确定某一金额，或涉及基于该变更的确认的，法院可以判决将金额确定为另一数额，或以其他判定替代原确认。对须确定或须确认数额的调查需花费相当大费用的，法院可以通过对不当行为的考虑或原本未考

---

① 姜明安主编：《外国行政法教程》，法律出版社 1993 年版，第 129 页。

② 于安：《德国行政法》，清华大学出版社 1999 年版，第 178 页。

③ 于安：《德国行政法》，清华大学出版社 1999 年版，第 179~180 页。

虑的事实或法律关系陈述对行政行为作出变更，以便行政机关能根据法院判决计算出钱款数额。

5. 给付判决

法院根据原告请求，判决行政机关履行对原告债务性义务，给付判决大多针对行政机关拒绝履行义务或者不作为。在给付判决中，法院要首先确定原告请求的正确性，然后法院作出给付判决，给付内容是责令行政机关作出一个行政行为。

（五）意大利

意大利行政诉讼制度发展经历了普通法院统一管辖行政争议、普通法院与行政法院二元管辖的确立与发展、行政诉讼制度的成熟与法典化等几个阶段。[①]伴随行政诉讼制度发展，意大利行政诉讼类型化日臻完善。意大利在1889年设立最高行政法院之初，由于受“三权分立”思想影响，行政诉讼主要类型是撤销之诉，法院只能作出撤销判决，不能直接命令行政机关作出某种行为。但如果仅适用撤销之诉无疑有其明显缺陷，为此最高行政法院通过对立法的解释逐渐补充了行政诉讼类型，2010年意大利行政诉讼法典颁布，又进一步拓展了行政诉讼类型。目前意大利行政诉讼类型主要包括撤销之诉、损害赔偿之诉、针对沉默的诉讼及宣布无效之诉、预防性诉讼、执行之诉、集团诉讼。[②]意大利行政判决与行政诉讼类型密切相关，行政判决方式主要包括以下类型：

1. 撤销判决

针对原告提出的撤销之诉请求，行政法官通过审查被诉行政行为的合法性，如认为行政行为存在违反法律、无权限以及越权的情形，可以作出全部或部分撤销判决。被诉行政行为一经撤销，其效力不复存在。

2. 驳回诉讼请求判决

针对原告提起的撤销之诉，法官经审查认为原告起诉理由无根据的，可以作出驳回原告诉讼请求判决。

3. 变更判决

针对原告提出的变更之诉请求，行政法官经审查认为原告请求成立的，可以判决变更或改正原行政行为。请求变更行政行为的诉讼属于行政法官的实质性管辖权。

---

① 罗智敏：《意大利行政诉讼制度研究》，中国政法大学出版社2018年版，第2页。

② 罗智敏：《意大利行政诉讼制度研究》，中国政法大学出版社2018年版，第66~67页。

4. 给付判决

针对原告向法院提出的判令被告履行特定给付义务的请求，行政法官经审查认为理由充分的，可以判决被告给付一定数额的货币或财产，或者为或不为某种特定的行为。给付之诉主要包括履行之诉、针对沉默的诉讼、获取文件的诉讼、损害赔偿之诉。[①]

5. 确认判决

在行政法院的专属管辖权中，行政法官可以作出确认原告享有某种权利或确认行政行为无效判决。

（六）日本

日本行政诉讼在明治维新之后至“二战”之前，建立大陆法系的行政法院体系；“二战”后建立英美法系的普通法院行政诉讼。“二战”后日本在1948年制定了行政案件诉讼特例法，把普通法院对行政案件审判作为民事诉讼法的特例。由于这部法律条文极少，规定过于简单，在适用解释时暴露出许多缺陷和不足，日本于1962年公布施行行政案件诉讼法，这是日本现行关于行政案件诉讼的一般法。与民事诉讼确认、给付和形成三种诉讼类型相对，日本行政案件诉讼分为抗告诉讼、当事人诉讼、民众诉讼和机关诉讼四种。[②]其中，抗告诉讼进而分为撤销诉讼（包括处分的撤销诉讼、裁决的撤销诉讼）、无效确认诉讼、不作为的违法确认诉讼。行政案件诉讼通常依法院终局判决而终结，行政判决依其内容不同，可以分为诉讼判决和本案判决。

1. 诉讼判决

即在起诉欠缺原告资格等不具备诉讼要件时，法院以其起诉不合法作出驳回判决。这种判决方式不是针对行政处分本身进行判断，而是在原告最初提起诉讼时因欠缺诉讼要件可以作出，也可以在诉讼提起后因欠缺诉讼要件作出。日本诉讼判决类似于我国法院在登记立案中，发现原告不符合起诉条件时，作出的裁定不予立案或驳回起诉。

2. 本案判决

法院经审理确定原告的诉讼请求是否正当的判决。包括以下五种判决方式：

（1）撤销判决。法院经审查，认为原告请求撤销行政处分的理由充分的，

---

① 罗智敏：《意大利行政诉讼制度研究》，中国政法大学出版社 2018 年版，第 74~80 页。

② ［日］盐野宏：《行政法》，杨建顺译，法律出版社 1999 年版，第 303 页。

可以判决撤销行政处分。撤销处分的判决除确认行政处分违法之外，还具有消灭行政处分效力的效果。这种效果仅限于确认行政处分违法或无效。[①]

（2）驳回请求判决。原告请求撤销处分的理由不充分的，法院则判决驳回原告诉讼请求。一旦确定了驳回请求判决，便不允许原告再一次请求该行政行为的撤销而提起诉讼。[②]

（3）确认无效判决。法院经审查判决确认处分或裁决存在与否或其效力有无。分为两种判决方式，即关于处分或裁决成立要件存在和不存在的确认判决，关于处分或裁决有无效力的要件，判决确认有效、无效、失效。[③]

（4）确认违法判决。行政机关在一定期间内，对基于法令的申诉应作出某种处分或裁决，当不予作出时，申请人则可以向法院提起诉讼。法院经审查判决确认违法。

（5）情况判决。在撤销诉讼中，法院经审查认为当事人争议的行政处分违法，但如果据此撤销行政处分，又会对国家利益和公共利益产生明显的不利影响时，这时法院在考虑原告受损害的程度、其损害的赔偿和防止的程度、方法以及考虑其他一些情况的基础上，认为撤销处分或裁决对国家利益和公共利益不适当时，法院在判决主文中必须作出处分或裁决违法的宣告，并驳回原告诉讼请求。判决中确认违法，应解释为原告对被告可以请求防护措施及其他损害补偿。情况判决是基于特殊情况的驳回请求判决，是一种例外制度。

二、域外行政判决方式比较分析

通过对域外六个国家行政判决方式的考察，可以分析其中的共同点和差异之处。

（一）域外行政判决方式的共同点

1. 行政判决恪守司法权与行政权的权力边界

行政判决是司法审查广度和深度的重要载体。域外国家行政判决方式都体现了司法权对行政权的监督，而非代替行政权，其中体现最明显的莫过于对变更判决的适用限制。撤销判决是域外六个国家经常适用一种判决方式，

---

① 阎黎平：《发达国家行政诉讼制度》，时事出版社 2001 年版，第 344 页。

② ［日］盐野宏：《行政法》，杨建顺译，法律出版社 1999 年版，第 379 页。

③ 张正钊主编：《外国行政法概论》，中国人民大学出版社 1990 年版，第 97 页。

彰显了司法权对行政权的监督属性，而体现司法权代行行政权的变更判决则被严格限定在特定范围内。在法国越权之诉中，行政法官权力是有限制的，“他虽然有权撤销一项非法的行政决定，但不能代替行政组织行使制定行政法律行为的权力；他虽然有权判决行政组织对受害人的损害赔偿，也有权对不按时执行判决的行政组织实行‘逾期罚款’，但却不能下命令强制行政组织执行判决”。[①] 德国尽管承认法院可以适度行使司法变更权，但变更判决仅限于对钱款的给付或确定，防止司法权对行政权的过分干预。意大利行政法官只有行政诉讼法典明确列举的情形以及其他法律明确规定的情形才可以作出变更判决，不能类推适用。[②] 日本则对司法权行使作出严格限制，对违法行政处分只能判决撤销，不能判决变更。

2. 行政判决寻求公民权利与行政权力在法律上的平衡

凡有权利必有救济，凡有损害必有赔偿，域外六个国家的“行政诉讼本质上是对行政权的一种控制，或者说是对公民权益的一种保障和救济，旨在保证公民权益不受非法行政的侵害”。[③] 因此，域外国家的行政判决方式，无论是撤销判决、确认判决，还是给付判决、赔偿判决，都构成了对公民权利救济和对行政权力监督的完整体系，体现了行政判决在监督行政权力和救济公民权利之间的平衡。在实践中，域外国家的行政判决完全偏向于保护公民权利或者保障行政权力的情形并不存在。日本的情况判决，更多体现了公共利益和个人利益的平衡。

3. 行政判决体现诉判关系的一致性

域外国家行政判决都是对当事人诉讼请求的回应，法院经审查认为当事人诉讼请求符合法定条件的，可以作出撤销判决、确认违法或无效判决、给付判决或者特定情况下的变更判决；认为当事人诉讼请求不符合法定条件下的，则判决驳回起诉或驳回诉讼请求。法院只围绕原告的诉讼请求作出相应的行政判决，而不涉及被告的要求，判决完全不顾及当事人诉讼请求的情形较为少见。英国行政判决与令状制度相关联，当事人只能针对令状提出诉讼请求，法院必须结合令状作出裁判，不同令状严格限定了裁判方式，法院只能在令状限定范围内选择判决方式。美国行政判决由法律明确规定，法国、德国和日本的行政判决与行政诉讼类型密切相关，法院根据当事人诉讼请求，

---

① 张正钊主编：《外国行政法概论》，中国人民大学出版社 1990 年版，第 49 页。

② 罗智敏：《意大利行政诉讼制度研究》，中国政法大学出版社 2018 年版，第 74 页。

③ 董璠舆主编：《外国行政诉讼教程》，中国政法大学出版社 1988 年版，第 10 页。

在行政诉讼类型范围内选择判决方式。

4. 行政判决融合公法与私法的特征较为突出

尽管行政判决具有公法属性，在英美法系和大陆法系呈现公法和私法融合态势，表现为英美法系行政判决的"私法公法化"趋势和大陆法系行政判决的"公法私法化"趋势。英美法系国家的司法传统是公法和私法没有严格区别，公民和政府之间的关系与公民相互间的关系，原则上由同一法律支配和调整，由同一法院管辖。① 英国和美国行政案件由普通法院审理，适用普通法规则，同时不排除适用行政诉讼某些特殊的规则和程序。英国司法审查的救济手段分为公法上的救济手段和私法上的救济手段。私法上的阻止令和确认判决适用于行政案件的司法审查。大陆法系国家普遍建立行政法院，行政案件一般由行政法院管辖。意大利形成了行政案件由普通法院和行政法院二元管辖的格局。大陆法系行政诉讼类型源于民事诉讼类型，民事诉讼法规定的确认判决、给付判决和形成判决，在很大程度上影响着行政判决种类的设定。法国行政法院在完全管辖权之诉中，行政法官的权力近似普通法院法官的权力，诉讼程序也和普通法院的诉讼程序相似。行政判决除了适用行政诉讼法律规定之外，可以参照民事诉讼法等私法的相关规定。

5. 行政判决的法律效力都能得到承认

一般而言，"在法院判决中人们区分出形式和实质意义上的法律效力"。② 形式意义上的法律效力是相对于当事人而言的，对于当事人来讲，判决是不可攻击的，它是正式的法律手段，并具有可执行性；实质意义上的法律效力是以形式意义上的法律效力为前提的，意味着当事人之间的实质法律关系从此以后在判决意义上被最终确定，包括法院在内都应受判决拘束。法国行政法院的判决对当事人双方都有法律效力，任何一方都不能以任何理由拒绝执行行政判决。日本行政判决具有既判力、形成力、拘束力。③《意大利行政诉讼法典》第 33 条第 2 款规定，一审判决一经宣布或送达即可执行，无论当事人是否提起上诉或判决是否具有既判力，所有当事人都应当履行判决，除非在上诉审预防性保护程序中该判决被暂时停止执行。

---

① 张正钊主编：《外国行政法概论》，中国人民大学出版社 1990 年版，第 136~137 页。

② ［德］奥托·迈耶：《德国行政法》，刘飞译，商务印书馆 2013 年版，第 169 页。

③ ［日］室井力主编：《日本现代行政法》，吴微译，中国政法大学出版社 1995 年版，第 255~257 页。

6. 行政判决方式在英美法系和大陆法系呈现相互融合趋势

大陆法系和英美法系国家的行政诉讼制度虽然基本原则不同，但两者可以互相补充和借鉴，行政判决表现相互融合趋势。法国行政法院在越权之诉中的行政判决撤销理由和英国司法审查中的行政判决越权原则所包含的内容基本相同。日本的撤销之诉和法国的撤销之诉基本相同，日本的撤销行政处分的行政判决和法国的越权之诉的行政判决几乎完全相同，日本的撤销裁决之诉的行政判决和法国的复核审诉讼的判决在很大程度上相同。日本的确认无效等诉讼判决，一方面和英国司法审查中的确认判决相似，但范围较小；另一方面和法国行政诉讼中的解释之诉判决也有某种接近。[①]

（二）域外行政判决方式的差异点

1. 行政判决有无法律的明确规定不同

英国是判例法国家，行政判决方式与令状制度密切相关，提审令、禁止令、执行令、人身保护状、阻止令、确认判决都属于普通法上的制度，并没有成文法规定。美国非法定判决来源于英国普通法传统的特权令状，法定判决方式是美国联邦行政程序法明确规定的判决方式。法国、德国和日本的行政判决方式均由成文法作出明确规定。行政判决方式由法律明确规定，优点是明确具体、可操作性强，缺点是存在滞后性，一旦遇到新情况其变通性较弱；行政判决方式没有成文法明确规定，尽管法院作出行政判决时有较大灵活性，却容易导致权力滥用。

2. 行政判决的种类和适用条件有差异

域外国家在行政判决种类和适用条件方面差异明显，英国针对当事人申请提审令、禁止令、执行令、人身保护状、阻止令、确认判决，法院经审查，如认为行政决定存在越权情况的，作出肯定性判决，支持原告诉讼请求；如认为不存在越权情况的，则作出否定性判决，驳回原告诉讼请求。美国法定判决方式包括履行判决、撤销判决、变更判决、确认判决、赔偿判决、驳回诉讼请求判决等，且适用条件有明确限定，而非法定判决方式主要与特权令状制度相关，其种类和适用条件有其特殊性。法国、德国和日本的行政判决种类和适用条件总体上具有相似性，但仍存有差别。法国行政判决指引性很强，虽然行政法院不能命令行政机关为一定行为或不行为，但为了保障行政判决得到执行，在判决主文中，撤销行政机关的决定，在说明理由部分指出

① 王名扬主编：《外国行政诉讼制度》，人民法院出版社 1991 年版，第 3 页。

行政机关违法的原因，合法行为本来应当采取的方式。行政机关为使自己的行为合法起见，只能按照法院的指引作出决定。[①] 根据判决对象和程序的不同，德国行政判决可以区分为终局判决、中间判决、部分判决、对理由作出的中间判决。法国行政判决制作简要概括，往往只宣布结论和决定，而不说明理由。意大利行政法官审查起诉明显有根据或明显不可接受、不可受理及不可进行或者无根据，可以作出简化形式的判决，其特征是理由简洁，仅指出所认为决定性的事实与法的问题，或者是否与先例相符，同时也需要遵守最基本的原则。[②] 日本有情况判决、情势变更判决。

3. 行政判决对象不同

行政判决对象是当事人请求法院审查并由法院作出判决的对象，即被诉行政行为。行政判决对象的不同在相当程度上决定了不同行政判决方式的形成。域外国家关于行政判决对象的认识和把握存在较大差异。美国司法审查的对象是一定的行政行为，既不是所有的行政行为，也不是仅限于法律规定的可受审查的行为，而是包括法律规定可受司法审查的行为，被诉行政机关最终确定而当事人在法院得不到其他充分救济的行为。[③] 行政判决对象主要是行政机关已经实施的行政行为，也就是处于完成状态的行为。对于已经实施的行政行为，域外国家规定了相应的判决方式，如撤销判决、驳回诉讼请求判决、变更判决、确认判决等。而对于行政机关尚未实施的行为，有的国家对该种情形下的行政判决方式作出明确规定。英国禁止令适用于行政决定作出前和正在执行过程中的决定。

4. 行政判决对应的诉讼类型存在差异

所谓“行政诉讼的类型，即公民、法人和其他组织以行政诉讼请求救济且法院仅在法定的裁判方法范围内裁判的诉讼形态”。[④] 域外大陆法系国家的行政判决是根据诉讼类型作出的。法国传统上将行政诉讼类型划分为四种，即完全管辖权之诉、越权之诉、解释及审查行政决定的意义和合法性之诉、处罚之诉，其中比较重要的是完全管辖权之诉和越权之诉，并且又将完全管辖权之诉、越权之诉分为主观诉讼、客观诉讼。德国行政诉讼类型划分为五种，即确认无效之诉、强制履行之诉、宣告之诉、变更之诉、确认补救之诉。

---

① 王名扬主编：《外国行政诉讼制度》，人民法院出版社 1991 年版，第 74 页。

② 罗智敏：《意大利行政诉讼制度研究》，中国政法大学出版社 2018 年版，第 176 页。

③ 王名扬主编：《外国行政诉讼制度》，人民法院出版社 1991 年版，第 182 页。

④ 马怀德：《完善〈行政诉讼法〉与行政诉讼类型化》，载《江苏社会科学》2010 年第 5 期。

意大利行政诉讼类型分为六种，即撤销之诉、损害赔偿之诉、针对沉默的诉讼及宣布无效之诉、预防性诉讼、执行之诉、集团诉讼。日本行政案件诉讼分为抗告诉讼、当事人诉讼、民众诉讼和机关诉讼四种类型，其中最重要的是抗告诉讼。原告向法院提起行政诉讼时，应当选择适当类型的诉。法院针对原告提出的不同诉讼类型的诉，会作出不同判决，诉讼类型会直接影响行政判决方式。英美法系国家没有诉讼类型划分，行政判决方式选择要么取决于原告申请的令状类别，要么取决于法律规定。

5. 行政判决依据有较大差异

所谓"行政判决的依据是法院据以作出判决的法律原则和法律根据，或者说是法院对行政机关的行为进行判断的标准"。[①] 域外国家对行政行为进行判断的一个最基本原则是行政行为应当合法，但具体到不同的国家又有不同的表现形式。越权原则是英国普通法院审理行政案件，并作出判决的基础和依据。越权原则主要包括违反自然公正原则、程序上的越权、实质的越权。美国法院作出判决的依据归纳起来包括违法、侵犯宪法权利、越权、滥用自由裁量权、没有事实根据、没有可定案证据。法国行政法院在越权之诉中作出判决的依据包括无权限、形式上有缺陷、权力滥用、违反法律。德国行政法院作出判决依据包括无权限、超越管辖权、实体瑕疵、超越自由裁量权、滥用自由裁量权。意大利行政法院作出判决的依据是行政诉讼法典的规定。日本法院作出行政判决的依据是成文法和不成文法的规定。

6. 作出行政判决的审判组织不同

法国行政诉讼可由行政法院和普通法院实行管辖，行政法院按其管辖争议范围广狭的不同，又可以分为专门行政法院和普通行政法院。这些不同类型法院都可以在权限范围管辖相应的行政诉讼案件并作出判决。德国管辖行政案件主要是行政法院，在行政法院之外有宪法法院，与行政法院并列的还有一般法院（刑事和民事）、劳动法院、财政法院和社会法院。[②] 这些法院也都可以在其权限范围内管辖不同类型行政争议并作出判决。英国行政案件的受理机构是民事系统法院，但并不是民事法院系统内的各级法院都对行政案件享有管辖权，根据普通法院的传统和制定法的规定，对第一审行政案件享

---

① 张正钊、韩大元主编：《比较行政法》，中国人民大学出版社 1998 年版，第 819 页。

② 姜明安：《外国行政法教程》，法律出版社 1993 年版，第 128 页。

有管辖权的法院，一般只是高等法院王座分院，而郡法院对行政案件没有管辖权。[①] 美国没有设立专门行政法院，也没有在普通法院内再设立专门行政审判庭，行政案件由联邦和州各法院统一审理并作出判决。

（三）域外行政判决方式的主要启示

受域外国家政治制度、司法制度、历史背景、法律传统等差异影响，域外行政判决方式既有诸多共性因素，也有不少差异点，其中不乏对完善我国行政判决方式的借鉴之处。归纳起来，主要有以下启示：

1. 行政判决方式类型比较齐全

除传统行政判决方式外，域外国家根据行政诉讼实际情况规定了特殊的判决方式，如情况判决、情势变更判决、终局判决、中间判决、部分判决、对正在实施的违法行为作出的禁令判决等。

2. 行政判决注意与当事人诉讼请求保持一致

域外行政判决方式都是围绕原告诉讼请求设计的，法院只能基于原告的诉讼请求作出相应的行政判决。

3. 对变更判决适用较为审慎

域外多数国家规定了变更判决，但适用条件都作出严格限制，防止司法权僭越行政权，或者代行行政权。

4. 行政判决指引性较强

行政判决一经作出，即具有既判力、形成力、执行力。在撤销判决中，为防止行政机关重新作出行政行为时再次违法，判决主文加强对本来合法行政行为的指引，行政机关再次作出行政行为时，为了保证行政行为合法性，只能按照行政判决指引进行。在履行判决中，明确行政行为的内容。

5. 行政判决与诉讼类型密切相关

域外多数国家规定了行政诉讼类型，并且诉讼类型决定了行政判决方式，但诉讼类型差别较大，具体适用中对当事人选择适当类型的诉要求较高，因此不宜夸大诉讼类型功能。

6. 行政判决制作较为灵活

英美法系行政判决较注重说理，法国行政判决注重结论，文字简练，说理不够。意大利行政判决简化处理，理由简洁。

---

① 王名扬主编：《外国行政诉讼制度》，人民法院出版社 1991 年版，第 306 页。

三、完善我国行政判决方式的基本思路

随着《行政诉讼法》的修正，我国行政判决方式得到优化，实现了很大发展，但仍然存在一些问题和不足，“如行政判决与诉讼请求相脱节，违反不告不理的规则，禁令盘踞欠缺等，结果无法为行政相对人提供完整救济，也不能对违法行政予以有效纠正”。[①] 因此，设定行政判决方式应当立足我国国情和行政诉讼实际，结合域外行政判决方式的先进经验和有益做法，综合考虑各种因素，不断健全完善我国行政判决方式。

（一）设定行政判决方式应考虑的因素

1. 行政诉讼目的

行政诉讼目的是国家建立行政诉讼制度所期望实现的目标。行政诉讼目的决定着行政判决方式的选择和设定，行政判决方式体现着行政诉讼目的，并且为实现行政诉讼目的服务。《行政诉讼法》第 1 条规定了行政诉讼法的立法目的和宗旨，这也是国家建立行政诉讼制度希望实现的目标。行政诉讼目的不是单一的，而是多层次的，总体来讲包括保证人民法院正确、及时审理案件，保障公民、法人和其他组织合法权益不受行政主体的非法侵害，监督行政机关依法行使职权，有效解决行政争议。这些不同层次的目的是相互关联、协调统一的，其中“行政诉讼最直接也是最重要的目标就是保障公民合法权益及时得到救济，同时也对行政主体是否依法行使职权构成事后监督”。[②] 设定行政判决方式应当有助于保障行政诉讼目的实现。我国原有的行政判决方式，并不能很好地实现行政诉讼目的，因此有必要进一步明确适用条件，增加新的行政判决方式。

2. 原告的诉讼请求

不告不理原则是现代法院遵循的一项重要原则，而诉判同一原则则是刑事诉讼、民事诉讼、行政诉讼都应当遵循的基本原则。其中“诉”就是原告的诉讼请求，“判”就是法院的判决方式。司法权是一种判断权，本身具有消极性，“只有保持消极的状态，法官才不至于偏离中立者的角色，才有可能作出公正的裁决”。[③] 域外国家都极为重视诉判同一原则的运用，注意对法院变

---

① 王学辉主编：《行政诉讼制度比较研究》，中国检察出版社 2004 年版，第 372 页。

② 马怀德：《完善〈行政诉讼法〉与行政诉讼类型化》，载《江苏社会科学》2010 年第 5 期。

③ 张小玲：《诉判同一原则理论与实践之评析》，载《法商研究》2006 年第 3 期。

更原告诉讼请求权力的严格控制。行政诉讼诉判同一原则，是指法院审判行为指向的诉讼标的与原告的诉讼请求针对的诉讼标的保持一致。诉判同一是行政诉讼的一个基本原则，要求法院将其审判对象限定在原告起诉时所针对的诉讼标的范围内，严格限制法院超越诉讼标的进行裁判。由于行政诉讼承载着既要维护公民主观公权利，又要维护客观法秩序的基本职责，行政诉讼诉判同一与民事诉讼、刑事诉讼相比，有其特殊性。并且，“其特殊性决定了行政诉讼一定程度上是以行政行为的合法性的审查为中心的，而非原告的诉讼请求”。[①] 这是否意味着行政判决方式的设定和选择可以完全背离原告的诉讼请求，事实上并非如此。“在行政诉讼中，如果忽视原告的诉讼请求，不仅容易导致法院的审查无的放矢，而且会对原告的权利救济带来负面作用，更不能对争讼的行政争议实质性化解，这恐怕与行政诉讼的本意背道而驰。”[②] 应当说，我国行政判决方式完全是在原告诉讼请求的基础上设定和发展起来的，离开原告的诉讼请求去谈行政判决方式毫无意义。正如 1989 年《行政诉讼法》规定的维持判决，基本上脱离原告的诉讼请求，结果维持判决方式适用效果差，各方也不满意，最终导致维持判决被弃用。在实践中，“由于法院对行政机关审判重心倾斜，对当事人诉讼请求没有回应或者回应不全面，导致当事人认为司法不公，进而在很大程度上推高行政诉讼上诉率、申诉率、信访率”。[③] 因此，完善行政判决方式应当结合原告的诉讼请求，按照诉判同一原则进行设定，而非过于突出行政判决方式的特殊性。

3. 行政诉讼类型

我国《行政诉讼法》并未规定行政诉讼类型，而是对判决方式作出类型化规定。可以说，“我国近四十年行政诉讼立法和司法实践，走出了一条以行政行为为核心，实行判决方式类型化，兼顾行政诉讼法规定的监督行政机关依法行政，保护公民、法人和其他组织合法权益，实质化解行政争议三重目的的自我发展道路”。[④] 我国之所以没有选择走行政诉讼类型化，而是行政判决方式类型化道路，特别是在 2014 年《行政诉讼法》修正时没有采纳较为激

① 邓刚宏：《我国行政诉讼诉判关系的再认识》，载《中国法学》2012 年第 5 期。

② 侯皓瀚：《行政争议实质性化解——以行政诉讼类型化为视角》，载《长江论坛》2021 年第 6 期。

③ 程琥：《行政审判现代化与行政争议实质性解决》，载《法律适用》2023 年第 2 期。

④ 郭修江：《行政诉讼判决方式的类型化——行政诉讼判决方式内在关系及适用条件分析》，载《法律适用》2018 年第 11 期。

进的行政诉讼类型化的意见，根本原因在于行政诉讼类型化不符合我国行政诉讼实际。正如童卫东对此作出的解释，行政诉讼类型化“可能不利于保护原告的合法权益”，“与我国行政诉讼监督功能不太吻合”，“按照诉讼类型化的思路修改《行政诉讼法》，需要重新设计程序制度，需要对《行政诉讼法》进行全面修订，修正案的方式不太吻合”。[①] 事实上，行政诉讼类型化并非完美无缺，域外国家行政诉讼类型存在一些突出问题。因此，行政诉讼类型化具有两面性，我国在设定行政判决方式时应当扬长避短，在行政判决类型化基础上，归纳出诉讼类型规则，在立案时作为指引也是必要和可行的。

4. 行政审判权限

设定行政判决离不开对行政审判权限的准确定位和把握。域外国家赋予法官的审判权限差异较大，但总体上司法权不能过度干预行政权，也不能代替行政权。法国行政法官在完全管辖权之诉中，可以代替行政机关作出新的决定，而在越权之诉中，不能命令行政机关为一定行为，或不为一定行为。对于变更判决而言，美国、法国、德国和意大利的法官都有权行使变更权，作出变更判决，而英国和日本法官却没有变更权，不能作出变更判决。即便对于域外国家主要判决方式的撤销判决，在适用中差异也比较明显。因此，设定行政判决方式，应当在国家权力体系中，准确定位司法权，这样法院作出行政判决不至于超越司法权边界。同时，在司法权范围内，应当赋予法官适当的审判权限，审判权不能过大，否则容易逾越司法权边界，审判权也不应过小，否则又会束缚法官手脚，不利于解决行政争议。实践中，法官在不同类型案件中审判权力大小存在差异，因此有必要结合不同类型案件行政判决方式，赋予法官不同审判权限。

5. 实质性解决行政争议

行政判决方式原本就是解决行政争议的手段和结果，但对于同样案件，适用不同判决方式，对于实质性解决行政争议差异较大。例如，对于行政处罚明显不当，法院经审查认为行政处罚确实存在明显不当，此时法院可以判决撤销行政处罚决定，也可以选择变更行政处罚决定。如果法院选择撤销明显不当的行政处罚决定，行政判决一经生效，行政机关可能会很快重新作出一个新的处罚决定，也可能迟迟不作新的处罚决定。对于行政机关新作出的处罚决定，当事人不服的，可以向法院提起行政诉讼，法院经审查，新的处

① 童卫东：《进步与妥协：行政诉讼法修改回顾》，载《行政法学研究》2015 年第 4 期。

罚决定合法的，法院会判决驳回原告诉讼请求；新的处罚决定违法的，法院会重新判决撤销新的处罚决定；如果法院对明显不当的行政处罚决定，不是判决撤销，而是直接予以变更，那么变更判决一经生效，当事人不能就此重新提起诉讼。因此，变更判决远比撤销判决更有利于实质性解决行政争议。再如，对于行政决定程序违法的案件，法院是选择判决撤销行政决定还是确认行政决定程序违法，就实质性解决行政争议而言，效果大不一样。法院如果选择判决撤销行政决定，那么行政机关在完善程序后基本会作出一个同原行政决定基本相同的行政决定，当事人在满怀希望后等到一个与原决定基本相同的行政决定，必然会对新的决定不服，继而向法院提起行政诉讼，白白浪费大量行政资源、司法资源，也会增加当事人讼累；法院如果选择判决确认程序违法，判决一经生效，当事人之间争议实现诉讼程序终结。由此可见，行政判决方式对于实质性解决行政争议关系重大，而"行政争议实质性解决必然要求创新和完善行政判决方式，既要考虑增加新的法定判决方式，如中间性判决、预防性判决等新型判决方式，以应对行政审判新情况新问题；又要考虑行政案件复杂多样性，有时单靠一种判决方式难以实质性解决争议，就需要综合运用多种判决方式，促进行政争议实质性解决"。①

（二）构建中国特色行政判决方式的建议

1. 增加新型行政判决方式

行政判决方式直接关系行政审判的法律效果和社会效果的实现。根据《行政诉讼法》的规定，我国行政判决方式类型主要包括驳回原告诉讼请求判决、撤销或撤销重作判决、限期履行法定职责判决、给付判决、确认违法判决、确认无效判决、变更判决等七大类型。对于行政协议案件、公益诉讼案件，均适用以上七种判决方式。结合我国行政审判实践，有必要增加以下几种行政判决方式：一是增加终局判决、中间判决、部分判决类型。德国根据判决对象和程序的不同，将行政判决方式区分为终局判决、中间判决、部分判决、对理由作出的中间判决。我国可以借鉴德国分类方法。二是增加情况判决。日本有情况判决方式，主要是为了保护国家利益和公共利益的需要，法院判决驳回原告诉讼请求，判令行政机关采取补救措施。这与我国确认违法判决相似，根据《行政诉讼法》第 74 条第 1 款第 2 项的规定，行政行为依法应当撤销，但撤销会给国家利益、社会公共利益造成损失的，人民法院判

① 程琥：《行政审判现代化与行政争议实质性解决》，载《法律适用》2023 年第 2 期。

决确认违法，但不撤销行政行为。针对维护公共利益需要，日本采取的是判决驳回原告诉讼请求，并责令行政机关采取补救措施，而我国是判决确认违法，但不撤销行政行为。从案件审判效果来看，判决驳回原告诉讼请求，判令行政机关采取补救措施方式，事实上更有利于保护公共利益，有助于实质性解决行政争议。因此，有必要将确认违法判决修改为判决驳回原告诉讼请求，判令行政机关采取补救措施。三是增加情势变更判决。在实践中，法院在审理行政协议案件中，经常会遇到情势变更情形，继续按照行政协议约定执行，势必会给公共利益造成重大损害或者对双方明显不公平，此时法院可以作出情势变更判决，增、减给付或变更、消灭其他原有效果。行政协议案件判决方式选择适用时要结合行政协议案件的合法性和合约性审查要求，将传统行政案件判决方式与合同案件判决方式综合应用于行政协议案件中。[①] 四是增加禁令判决。针对正在实施的行政行为，为了防止损害扩大，英国法院根据原告请求可以作出禁令判决。我国《行政诉讼法》规定了诉讼保全措施，诉讼保全仅是诉讼中法院采取的一项措施，其效力无法与判决相比。在实践中，一些行政行为实施完毕后，形成既成事实，结果已经存在，法院判决时只能迁就行政行为。如果有禁令判决，法院可以根据原告申请，将正在实施的违法行为直接喊停，可以防止危害结果出现，有助于法院作出更加公正的判决。因此，有必要增加禁令判决，以维护原告合法权益。

2. 细化行政判决方式适用条件

我国七大类型行政判决方式，总体上与域外国家行政判决比较接近。相比而言，我国行政判决方式适用条件总体上有待进一步完善细化。一是驳回原告诉讼请求判决适用问题。目前《行政诉讼法》关于驳回诉讼请求判决适用条件规定较为粗疏，一些案件无论是否符合条件，往往适用该种判决方式。因此，有必要进一步明确驳回原告诉请求判决适用条件以及与其他判决方式的适用衔接。二是撤销判决适用问题。《行政诉讼法》第 70 条规定了适用撤销判决的六种情形，实际上也是法院判断行政行为是否违法的法定条件。法院经审查可以判决撤销或者部分撤销，并可以判决被告重新作出行政行为。需要明确撤销与部分撤销的区别和适用条件，判决被告重新作出行政行为是否需要限期，如何判断哪些情况下需要限期作出，哪些情况下不需要限期作出，如何准确把握限期长短，这些都是实践中比较突出问题，需要完善撤销

① 程琥：《行政协议案件判决方式研究》，载《行政法学研究》2018 年第 5 期。

判决适用条件加以解决。三是确认判决适用问题。我国确认判决包括确认违法判决和确认无效判决。在实践中，确认违法判决、确认无效判决适用条件不够清晰，可操作性不强；如何区分确认违法判决与撤销判决的适用范围。这两种判决都是对原告诉讼请求的一定程度的满足，同时也是对被告行政行为一定程度的否定，但这两种判决有其不同之处。同时，有必要明确确认合法判决、确认有效判决，进一步丰富确认判决体系。四是限期履行法定职责判决适用问题。在实践中，行政机关不履行法定职责情形主要包括拖延履行、不予答复、拒绝履行、不完全适当履行。限期履行法定职责判决主要存在以下问题：如何理解和把握“法定职责”，不履行法定职责与不作为关系，如何确定“限期”，如何认定和处理不完全适当履行法定职责，行政机关不执行法院限期履行法定职责判决可否申请复议，限期履行判决与确认违法判决如何衔接，如何确定行政机关不履行法定职责的行政赔偿等。这些问题不解决，必然会影响限期履行法定职责判决正确适用。五是给付判决适用问题。在实践中，给付判决与限期履行法定职责判决在适用中模糊不清。尽管从理论上讲，给付判决脱胎于履行判决，当事人认为行政机关不履行法定职责的适用履行判决，认为行政机关不履行金钱给付、财物交付义务的，适用给付判决[①]，事实上这种分类本身并不科学，结果必然导致实践中给付判决难以得到有效适用。由于给付判决与限期履行法定职责判决的划分标准不精准，给付判决并非不可替代，适用给付判决的情形完全可以适用限期履行职责判决。因此，需要重新明确给付判决与限期履行法定职责判决的适用条件，避免两者之间出现混同交叉。六是变更判决适用问题。根据《行政诉讼法》第 77 条第 1 款的规定，变更判决适用情形包括行政处罚明显不当、行政赔偿案件、行政补偿案件以及其他行政行为涉及对款额的确定、认定确有错误的。在实践中，变更判决适用极少，其主要原因在于变更判决适用条件不清晰，法官在适用时只能凭其主观判断和内心确信，这样往往导致法官滥用变更权或不敢多用变更权，未能收到法律规定变更判决这一判决形式时预设的效果。[②] 因此，适用变更判决对法官要求很高，一旦适用不当，容易引起双方当事人对变更判决均不满意。有的法院为慎重起见，往往会以撤销判决代替变更判决，判令行政机关重新作出新的行政行为。当前适用变更判决需要解决好以下问

---

① 郭修江：《行政诉讼判决方式的类型化——行政诉讼判决方式内在关系及适用条件分析》，载《法律适用》2018 年第 11 期。

② 马怀德：《完善〈行政诉讼法〉与行政诉讼类型化》，载《江苏社会科学》2010 年第 5 期。

题：变更判决的适用条件和例外情形、变更判决与撤销判决的适用衔接、变更判决效力等。

3. 构建虚拟行政诉讼类型

域外国家对行政诉讼类型大多有明确法律规定，因此在这些国家行政诉讼类型具有法律效力，行政判决方式大多附属于诉讼类型。换言之，原告起诉时需要正确选择诉讼类型，一旦诉讼类型确定下来，法院只能在该诉讼类型下作出相应行政判决方式，法院超出诉讼类型作出行政判决较为少见。我国没有采取行政诉讼类型立法模式，而是更加重视对行政判决方式规定。由此可见，域外和我国走的是两种不同路径，域外是从行政诉讼类型到判决方式，较为重视诉讼前端规范，对当事人要求较高；我国是从受案范围到判决方式，比较重视诉讼末端规制，对法官要求较高。客观地讲，这两种路径都有其合理之处，但都不是很完美，需要加以完善。当前没有必要完全抛弃我国现行以行政判决方式类型化模式，重新走诉讼类型化路子。应当说，在当事人起诉的诸多案件中，情况各有不同，但这些案件总体上存在共性因素，仍然有规律可循。可以结合行政判决方式类型，归纳出行政诉讼类型，比如与撤销判决相对应的是撤销之诉，与履行判决相对应的是履责之诉，与确认判决相对应的是确认之诉，与变更判决相对应的是变更之诉等，与赔偿判决相对应的是赔偿之诉等。诉讼类型化是一把“双刃剑”，只要采取相应措施，有针对性地解决诉讼类型化存在的固有问题，就能充分发挥诉讼类型化对全方位保护当事人合法权益和社会公共利益、实质性解决行政争议、保证法院有效行使行政审判权等方面优势。重大改革要于法有据，由于《行政诉讼法》没有规定诉讼类型，当下只能在不违反《行政诉讼法》的前提下，构建虚拟行政诉讼类型，由最高人民法院或地方法院探索试点，明确每一种诉讼类型的适用条件、需要提交的案件材料、法院审理程序以及裁判方式。虚拟诉讼类型没有法律效力，仅仅是对当事人诉讼和法院审判工作提供指引。运行一段时间后，如果诉讼类型适用效果得到各方认可，可以推动在《行政诉讼法》修订时对诉讼类型加以规定。

4. 强化行政判决指引功能

在实践中，有的法院作出撤销判决，行政机关不知道如何正确地作出新的行政行为，在新的行政行为作出后，行政相对人不服向法院提起诉讼，法院经审查又再次判决撤销行政机关新作的行政行为，行政机关再次作出新的行政行为，行政相对人不服向法院提起诉讼，法院经审查又再一次判决撤销行政机关新的行政行为。在有的案件中，法院要反复多次判决撤销行政机关作出的行政行为。之所以会出现这种情况，与法院作出的行政判决缺乏指引性有关，也与行政机关部分工作人员缺乏责任心有关。要增强行政判决指引功能，需要重点加强以下工作：一是要坚持诉判同一原则。法院行政判决应当紧紧围绕原告的诉讼请求，如果行政判决不回应当事人的诉讼请求，而希望当事人服判息诉，基本上不现实。二是赋予法官与司法责任制相适应的审判权限。法官能否结合案件实际情况，选择适用相应的行政判决方式，这关系到法官的审判素质和能力，也关系到法官的审判权限。由于《行政诉讼法》对法官审判权限规定不明确，法官在办案中，为了避免出现因错案而受到司法责任追究情况，往往会选择最安全的行政判决方式，而这种法官认为最安全的行政判决方式未必是最符合实质性解决行政争议的判决方式，有时甚至是机械司法，这种判决结果往往各方都不满意，也浪费了大量行政资源、司法资源和社会成本，给当事人造成讼累。要全面准确落实司法责任制，赋予法官灵活选择判决方式的权限，避免机械司法。三是强化行政判决对行政机关重作行为的明确指引。法国行政法院在撤销判决中，为防止行政机关重新作出行政行为时再次违法，判决主文加强对本来合法行政行为的指引，行政机关再次作出行政行为时，为了保证行政行为合法性，只能按照行政判决指引进行。实际上，只要法官指引明确，行政机关重新作出行政行为质量就会很高，就可以一步到位地解决争议。四是加强法院释法说理。行政判决要坚持情理法相统一，加强说理，让当事人从心理上接受判决。同时，在判决送达后，对于当事人疑问，法院还应当加强判后答疑，增强判决可接受性。

新时代行政诉讼判决方式的创新发展

2014 年修正后的《行政诉讼法》对于判决方式进行了优化和调整，在一定程度上解决了判决方式“不够用”的问题，基本上能够回应当事人提出的诉讼请求，解决行政争议。但随着经济社会的发展，行政机关的行政管理手段和公共服务方式发生了日新月异的变化，当事人的诉求也日趋多元，在有的行政案件中，现有的判决方式不能直接解决当事人的诉求，或者是“曲线救国”，通过一系列的诉讼程序组合来实现权利救济，或者无从救济，只能等到损害发生后寻求国家赔偿，无法实现权利救济方式的全覆盖，一定程度上削减了行政诉讼保护当事人合法权益、监督行政机关依法行政和实质化解行政争议的功能。因此，有必要立足我国行政诉讼制度的发展实践，针对司法保护需求的突出问题，借鉴我国民事判决方式以及域外的相关审判方式，不断创新我国的行政判决方式，丰富我国的行政判决体系，加强诉讼制度供给，以便更及时全面高效地回应当事人的权利保护需求。

一、禁令判决

德国为给行政相对人提供有效且无漏洞的权利保护模式，专门确立了“有效权利保障原则”作为行政诉讼领域的一项基本原则[①]。德国通过划分诉讼

① 解志勇:《权利有效保障原则及对我国行政诉讼制度的影响》，载《上海政法学院学报》2005 年第 5 期。

类型的方式，为权利受到侵害的公民至少提供一种适当的诉种去维权，从而实现权利的无漏洞保护。我国《行政诉讼法》并没有确定诉讼类型，而是选择了判决方式类型化这一方案，从撤销判决、履行判决、给付判决、确认判决等判决方式中为当事人的诉求提供司法保护。所有的判决方式均是对已经发生的侵害事实提供的救济，而对于即将发生的风险并无预防的功能。从域外的经验来看，预防性确认之诉和预防性停止作为之诉是较为通行的解决方案。前者对应于确认判决，后者则对应于禁令判决。

（一）禁令判决的含义

禁令判决并非一个法定概念，在不同的国家和地区，其有不同的名称和表现形式，如英国审查之诉中的制止令（禁令）、美国的禁令、德国行政诉讼中停止作为判决等，其基本原理是，当原告提供足够证据或进行充分说明，使法院确信相关行政行为一旦付诸实施，必然会不当侵犯原告合法权益且事后难以弥补，法院即可作出判决，禁止行政机关继续推进行政程序以阻却行政行为的作出。

在德国，禁令判决通常发生于预防性停止作为之诉中，“德国行政诉讼中如果停止作为之诉针对行政的一个未来行为，那么一般而言，原告必须说明，存在着进行预防性法律保护的特殊需要”。[①] 德国行政法院法在一般情形下提供的都是事后的法律保护，提起预防性法律保护只是作为例外情形，提起预防性法律保护的前提极其苛刻。

在日本，2004 年修订的《日本行政案件诉讼法》第 3 条第 7 项新增了“禁止诉讼”条款，其中规定“在行政机关不应作出而要作出一定的处分或裁决的情况下，请求责令行政机关不准作出该处分或裁决的诉讼”。[②] 并且这一条款与“课予义务诉讼”（第 3 条第 6 项）及“确认诉讼”（第 4 条）并列，三者之间不存在从属关系，但在适用顺序上依然有先后之分。

在英美，普遍施行的是令状制度，令状中具有预防性质的主要有禁令、禁止令、宣告令和制止状、禁止状，由于预防性令状属于事前的一种救济途径，在使用要件上严格区分于事后的救济途径。

在我国，《行政诉讼法》并未规定禁令判决这一方式，学者们从不同的角度对禁令判决作出阐释。薛刚凌认为，禁令判决即禁止行政机关实施一定

---

① ［德］弗里德赫尔穆·胡芬：《行政诉讼法》，莫光华译，法律出版社 2003 年版，第 468 页。

② 赵清林：《行政诉讼类型研究》，法律出版社 2008 年版，第 143 页。

的行为——适用于行政机关违法实施某种行为时。[①] 梁凤云认为，禁令判决在法律意义上相当于大陆法系行政诉讼法学中的停止作为判决，它针对的一般是事实行为（诸如污染物排放、观念通知等）等行政公权力行为。同时，如果针对的是有威胁性质的行政行为和有威胁性质的抽象行政行为，停止作为判决亦得适用。[②] 刘善春、裴建饶认为，行政诉讼禁止判决是指法院经审查认为已有的某行政行为违法，责令被告行政机关将来不得作出相同的行政行为（不得重复作出），或者认定被告行政机关即将作出或者正在作出的某行政行为明显违法而禁止其作出（自始不得作出）的判决方式。[③]

通过上述分析可知，禁令判决主要功能是预防风险的发生或者扩大，其归属于预防性行政诉讼制度体系之中。预防性行政诉讼作为事前的救济途径，目前在我国《行政诉讼法》中并未得到确认，只是在特定领域之中得到运用。例如，在政府信息公开领域诉讼中，如果行政机关拟公开的信息可能损害特定当事人的个人信息权益时，该个人可以提出反政府信息公开诉讼，要求法院判令被告不得公开相关的政府信息。在国外，预防性行政诉讼制度的尝试与发展较为完善，已经形成若干成型的运行规则，在权利保护上发挥着重要的功能。

（二）禁令判决的适用条件

“尊重行政机关的初次判断权”是行政诉讼必须遵循的原则，对于行政事务的处理，应当先由行政机关作出处断，法院只是进行事后监督，不能越俎代庖。这也是预防性行政诉讼最初不被接受和认可的原因所在。即便是在德国、日本等行政诉讼之诉较为发达的国家，预防性行政诉讼的适用也受到非常严格的限制，禁令判决通常处于“底线判决”的地位，即只有在其他判决方式难以对当事人权利提供有效保护时，才有适用禁令判决的空间。

在德国，只有在特别限定的重大案件中，才可以适用禁令判决。其适用条件大致可以归纳为三点：第一，一个行政行为或规范尚处于准备阶段，但一旦作成，必然会对原告某一特定权益造成侵害；第二，不可以苛求利害关系人，在同时考虑支持现有决定之利益的前提下等待调整的作出；第三，如

① 参见薛刚凌：《行政判决制度研究》，载《河南省政法管理干部学院学报》2003 年第 2 期。

② 梁凤云：《行政诉讼判决研究》，中国政法大学 2006 年博士学位论文。

③ 刘善春、裴建饶：《试论行政诉讼禁止判决》，载胡建淼主编：《公法研究（第 8 辑）》，浙江大学出版社 2010 年版，第 2 页。

果已经确定，事后的法律保护无助于原告合法权益的保护。

在日本，禁令判决的适用需满足如下要件：一是处分性，即请求行政机关不得作出一定的处分或裁决的诉讼，禁止诉讼与撤销诉讼均以处分或裁决为诉讼对象，即均以具备处分性为其要件。二是盖然性，即行政机关处分之作成，其处分（程序）要件之具备，在外观上已有充分认识之可能性。三是重大损害，依据《日本行政案件诉讼法》第 37 条之 4 第 1 项规定，限于作出的一定处分或裁决有可能造成重大损害时，才能够提起禁止诉讼。关于重大损害的判断，应当考虑损害的性质、程度以及恢复的困难程度等。四是补充性，即“为避免损害的发生，已无其他适当的方法”，主要是指撤销诉讼与停止执行也无法弥补当事人的损害。五是诉讼利益，《日本行政案件诉讼法》第 37 条之 4 第 3 项规定，禁止之诉限于有请求责令行政机关不准作出一定处分或裁决的法律上的利益者，才能够提起。关于利益的判断，与撤销之诉案件的判断标准一致，依然有法律保护的利益和值得法律保护的利益之争，前者强调的是法律条文明确规定的权益，后者则需要结合立法宗旨、目的对法律条文进行拓展，推导出潜在的法律旨在保护的利益。

在英美，预防性令状的适用需要满足三个条件：损害发生的重大性、高度盖然性和紧迫性。总体来说，预防性令状适用的范围是极其狭窄的，但无论是抽象行政行为还是行政机关其他的行政行为，只要符合适用要件均可提起。例如，在“爱博特制药厂诉加德纳案”中，法院就对一个抽象的尚未作出的行政法规进行了审查。

（三）禁令判决的适用范围

如前所述，禁令判决的适用条件较为苛刻，其适用范围同样也有着严格的限定。在德国，禁令判决一般适用于行政处分以外的其他事实行为，因为针对事实行为公民的预防性需求最为强烈，可被撤销的行政处分可通过行政法院法规定的执行停止原则获得暂时性的权利保护，而免于受违法行政处分的侵害，但对于行政机关的事实行为公民并无其他的权利保护机制可资援用[①]。这些事实行为主要包括“信息活动、警告、污染物排放、无需审批而建立或运营的公共设施等，其中信息活动可以包括声明、警告、评价、提出或传播数据、目录的出版、发表一个报告或公布一份名单”。[②]例如，在药品成

① ［德］弗里德赫尔穆·胡芬：《行政诉讼法》，莫光华译，法律出版社 2003 年版，第 296 页。

② ［德］弗里德赫尔穆·胡芬：《行政诉讼法》，莫光华译，法律出版社 2003 年版，第 297 页。

分透明化判决一案中，药品成分透明化委员会即将出版药品目录，原告为药品制造商，对这种附有品质证标记的药品目录的出版提起了预防性诉讼。联邦行政法院认为，行政机关发布药品目录属于间接管制手段，一经发布必然会侵害原告公法上权利，特别是竞争自由权。而法院应保障职业与经济活动自由。

在日本，禁令判决的适用同样受到严格的限制，其主要适用以下几种情形：一是居住利益，其主要的考量点在于，原告对于其原来居住土地的归属感是金钱所无法取代的，有必要在土地征收裁决作出之前为原告提供有效司法保护。二是名誉、信用利益。一旦行政机关的行政行为作出，这些利益即受到不可逆的损害。三是人身权利。《日本出入境管理及难民认定办法》第 24 条规定，凡符合本条规定之外国人即应强制其出境，至于强制出境的程序，则依同办法第 27 条规定办理，如对该程序不服时，并得提出异议，且有提起强制出境处分只停止执行之余地。

（四）我国禁令判决方式的探索

如前所述，我国的行政诉讼制度立足于事后救济，并没有构建系统的预防诉讼机制，基本上没有禁令判决的适用空间。但实践中，权利保护的需求不容忽视，在一些狭窄的范围内，预防诉讼制度已经开始生根发芽，并在司法实践中得以呈现，因此，构建我国的禁令判决制度也显得尤为迫切。

1. 我国禁令判决的司法实践

我国的预防性诉讼肇始于反政府信息公开诉讼，所谓的反信息公开诉讼，是指政府信息的原始提供人为阻止行政机关依申请公开其信息而提起的诉讼。《最高人民法院关于审理政府信息公开行政案件若干问题的规定》第 11 条规定："被告公开政府信息涉及原告商业秘密、个人隐私且不存在公共利益等法定事由的，人民法院应当判决确认公开政府信息的行为违法，并可以责令被告采取相应的补救措施；造成损害的，根据原告请求依法判决被告承担赔偿责任。政府信息尚未公开的，应当判决行政机关不得公开。诉讼期间，原告申请停止公开涉及其商业秘密、个人隐私的政府信息，人民法院经审查认为公开该政府信息会造成难以弥补的损失，并且停止公开不损害公共利益的，可以依照《中华人民共和国行政诉讼法》第四十四条的规定，裁定暂时停止公开。"该条规定的就是反信息公开诉讼的判决方式以及暂时性权利保护（裁定暂时停止公开）。具体到反信息公开诉讼制度的运行规则，其主要涉及两个方面的内容：一是起诉时机；二是实体审查要素。

在起诉时机方面，第三方权利人可以选择在政府信息公开程序上的多个时间节点提起预防性权利保护诉讼，但并非所有的起诉都符合“时机成熟”的条件。第一，在行政机关受理政府信息公开申请时，如果第三方得知申请人要求行政机关提供的政府信息涉及其商业秘密或者个人隐私，立即提起行政诉讼，请求法院阻止行政机关作出公开行为。此时，行政机关的态度尚不明确，是否会作出有损于第三方合法权益的决定尚不可知，即作出行政行为的盖然性或确实性并不存在，因此起诉时机并不成熟。第二，在收到行政机关书面征求意见的通知时，此时能否提起行政诉讼，请求法院阻止行政机关作出公开行为？这一问题存在争议。支持观点认为，在政府信息公开的申请提出时或行政机关征询利害关系人意见时提起诉讼，能够更加有效地发挥预防诉讼的功能。反对观点认为，此时行政机关的态度尚未明确，即行政处理的成熟性不足，在行政机关并未准备公开相关政府信息的情况下，上述诉讼也会造成资源的浪费。折中观点认为，需结合具体情形加以分析，一般情况下，征求意见并不等同于公开政府信息，事实上，绝大多数行政机关对于公开政府信息的态度较为消极，如果第三方不同意公开相关信息，行政机关一般会采纳其意见，拒绝公开政府信息。但这也不能完全忽视公开的可能性，特别是当征求意见程序和公开决定之间缺乏中间程序，即行政机关在收到不同意公开政府信息的意见后，但仍决定要公开信息前，不再设定预公开通知程序，第三方无从准确把握准确的起诉时机，在此情形下，为了达到预防诉讼的效果，就应当允许第三方提起诉讼，以防信息的“突然”公开。第三，当行政机关经审查，决定不采纳第三方意见，决定将公开相关政府信息，并向第三方发送拟公开通知时，如果第三方不提起诉讼，势必将无法阻挡信息公开进程，权利面临的危险迫在眉睫，此时的起诉时机应当已经成熟。

在实体审查要素方面，主要包含以下内容：一是预防性保护的必要性，即如果不采取预防性措施，现实的危害必然或者很有可能发生；二是重大损害，这需要解决具体的权利状况予以考量，主要是考察商业秘密、个人隐私保护需求的强度；三是胜诉要件，即在商业秘密、个人隐私保护和公共利益维护之间进行衡量，最终确定是否需要禁止行政机关公开涉及第三方的政府信息。

我国属于成文法国家，在法律制度缺位的情况下，法官在审理案件时，轻易也不敢突破法律规定，只是在个案中通过法律解释方法，从阐释立法目的和精神的角度，有限度地突破法律条文的文义，而不是创造性地“发明”一种新的诉讼制度。因此，在我国的司法实践中，除在具有司法解释支撑的反政府信息公开诉讼案件中，法官可以采用禁令判决方式外，其他类型的行政案件鲜有禁令判决方式的适用。但现实的需求还是很迫切的，特别是涉及当事人的人身自由和重大经济利益时，禁令判决的价值就显得弥足珍贵。

2. 我国禁令判决的适用范围

禁令判决的反面是给付判决，给付判决是原告诉请法院判决行政机关作出特定内容的给付，或是金钱，或是物品。而禁令判决则是原告诉请法院作出特定内容的行为，两者在逻辑上刚好相反。一般而言，法院判令行政机关作出某种行为，只要有实体法上的依据，在逻辑上是十分顺畅的，基本上也不需要过多的司法裁量。但是，如果法院判令行政机关不得作出某种行为，则很难在实体法上找到直接依据，多需要法官行使司法裁量权，在多种利益之间进行衡量，如果衡量失当则会涉嫌干涉行政权，操作难度较大。而且，此时的危险程度是否达到紧急迫切的程度，本身也还有很大的裁量空间。因此，在禁令判决的适用上，应当保持司法谦抑，严格限定适用范围。从权利保护的必要性来看，主要考虑以下几类：

一是人身自由限制。这个很容易理解，人身自由是人身权的重要组成部分，是人所享有的基本权利，而且一旦被侵害，就无法恢复到最初的状态，至多就是事后的赔礼道歉或是经济补偿、赔偿。如果当事人确有证据证明行政机关即将限制其人身自由且该行为极有可能是错误的或是违法的，禁令判决的适用就具有现实价值。例如，在日本，强制收容被排除在预防性救济之外，但在《日本行政案件诉讼法》修正后，有观点认为，基于人权之有效保障，当有防患未然之必要时，应可利用禁止诉讼救济。

二是名誉、信用权利。这类权利有一个特点，一旦侵害事实形成，就难以再修复。在信息化时代，对于当事人名誉、信用不利的决定一旦作出或发布，就会被社会公众广为知晓，并借助于信用联合惩戒平台持续发酵，导致不利损害的无限扩大。如果行政决定事后被判定违法，行政机关也会由此承担沉重的国家赔偿责任。在此情形下，通过禁令判决及时缓冲，不失为一种好的制度选择。

三是商业秘密、个人隐私等权利，这类权利与名誉、信用权利类似，也具有不可修复的特征，而且这类权利的预防诉讼已有法律制度予以保障，实施起来更为顺畅。

四是重大经济权利。这类权利的范围较为宽泛，经济权利虽非不可修复的权利，但一旦给当事人的重大经济权利造成违法侵害，国家赔偿责任也会十分沉重，或造成巨额的财政负担。当然，何为重大经济权利本身具有较大的裁量空间，禁令判决的过度适用也会影响行政执法的权威和效率，需要审慎对待。

3. 我国禁令判决的适用条件

与适用范围受到严格限制的情形类似，禁令判决的适用条件也十分苛刻，需要同时满足以下条件。

一是需针对事实行为提出诉求。虽然在日本，当事人可请求行政机关不得作出一定的处分或裁决的诉讼。但在德国，禁令判决一般适用于行政处分以外的其他事实行为。在我国，针对行政行为可能产生的不利影响，当事人完全可以通过"诉讼停止执行"的方式来予以决定，即在起诉行政行为的过程中，请求法院裁定暂停行政行为的执行，从而达到止损的效果。此外，从行政执法的实践来看，除行政处罚这类行政行为外，行政机关作出行为之前一般不会设置"犹豫期"，提前告知拟作出行政行为的具体时间和内容，这也会给当事人提起禁止作为之诉造成障碍，即其无法明确禁令判决的具体内容。

二是高度可能性。即虽然行政机关尚未采取措施，但其意图已经十分明显，行为的具体内容基本上也可以确定，侵害的态势已经十分清晰，此时需要诉请法院判决禁止行为的内容也可以确定，否则行政机关完全可以无相关执法计划或意图为由答辩，导致禁令之诉丧失事实基础。至于高度可能性，则可以根据行政机关的执法计划、执法规律和类似案件的处理规则来进行判定，如违法的强制拆除行为已经开启，且与原告邻近的建筑物已经被强制拆除，原告的房屋被拆除只是时间的问题，在此情形下，可以认定原告的房屋被拆除具有高度可能性。

三是重大损害，关于重大损害的判断，可借鉴日本禁止之诉的经验，可考虑权利的性质，可能造成的损害程序，以及损害恢复的困难程度等因素。从实践的角度，应重点关注那些一经损害即难以恢复，或者虽能恢复但成本极高的权益。

四是情势紧迫，即行政机关即将对当事人采取不利的措施，当事人的合法权益面临的危险迫在眉睫，如果不及时诉请法院作出禁令判决，则损害的后果将无法挽回。

二、中间判决

中间判决与终局判决相对，它的具体含义是法院对于案件中的一个或者多个争议点作出判决，而不是对于诉讼标的的全部或者一部分作出的判决。[①]中间判决在民事诉讼中较为常见，但在行政诉讼体系内较少被采用，这与行政行为合法性全面审查原则相关，因为我国的行政诉讼制度是围绕行政行为构建的，行政行为是否合法，需要全面调查案件事实，对行政行为的职权依据、事实认定、程序以及法律适用作出全面的评价，最终得出合法与否的结论。因此，在已撤销诉讼中，中间判决和部分判决没有适用的空间。

（一）中间判决的含义

中间判决最早来源于民事诉讼制度体系，是指“法官为了让当事人之间的攻击防御活动能够充实而顺利地展开，实现既公正又迅速的程序进行，在法律规定的程序框架内行使主宰，操作诉讼的种种具体权限”。[②]《德国民事诉讼法》第 303 条规定，中间争议达至裁判程度时，可以中间判决裁判之。《日本民事诉讼法》第 245 条规定，对于独立的攻击或防御方法或者其他中间的争执，如作出裁判已成熟时，法院可以作出中间判决。如果对请求的原因和数额都有争执，对其原因亦同。德国学者弗里赫尔穆·胡芬提出，“中间判决只包括一个似乎被分割出来的特定争议点，在给付之诉中，中间判决是理由判决和关于诉之适法性的积极裁判”。[③]我国学者张卫平认为，中间判决是法院在诉讼程序中对某些事项所作的裁决，仅是为终结判决做准备，不具有终结诉讼程序的效力。[④]

从上述域外的法律规定和学者的定义来看，中间判决的含义大致包含以下几个要点：一是中间性，即中间判决并非最终判决，不具有终止诉讼程序的效果，也未能对案件的争议点作出最终的裁决。二是附属性，即中间判决从属于最终判决，存在的价值在于为最终判决做好准备，或是对于独立的攻击或防御方法作出裁断，或是对从案件核心争点中分割出来的特定争议点作

---

① 江必新:《中国行政诉讼制度的完善——行政诉讼法修改问题实务研究》，法律出版社 2005 年版，第 319 页。

② 王亚新:《对抗与判定：日本民事诉讼的基本结构》，清华大学出版社 2002 年版，第 160~161 页。

③ ［德］弗里德赫尔穆·胡芬:《行政诉讼法》，莫光华译，法律出版社 2003 年版，第 579 页。

④ 张卫平:《民事诉讼法》（第三版），法律出版社 2013 年版，第 395 页。

出处理，这样做有助于阶段性地固定法官对于案件特定争议点的意见，使案件程序进展更为明确可见，也有利于当事人及时调整自己的诉讼策略。三是裁量性，一方面，中间判决并未成为被普遍接受的判决方式，许多国家的诉讼法中并未规定中间判决制度；另一方面，即便是在德国、日本、法国等确立了中间判决制度的国家，中间判决的适用也不是必然选择，法官仍然可以将中间判决解决的问题放在最终判决中一揽子解决，比如，在判决理由部分对特定争议点进行论述，阐明自己的观点，以此来支撑最终判决的主文。总之，中间判决是一种选择项，是否选择这种判决方式完全取决于法官的意愿。

（二）中间判决的价值功能

任何一种被确立的制度，都有其独特的价值和功能，都能在一定程度上弥补制度体系漏洞或是解决某一特定的实践问题。中间判决制度也不例外，各国在自身的司法实践中不断探索，基于对审判权的有效化运用，促进公平正义的价值追求，对于特定诉讼事项选择中间判决的方式，用以弥补终局判决的功能不足。在仲裁制度领域，中间裁决也得以普遍运用。国际知名仲裁机构多在仲裁规则中规定了中间裁决或者临时裁决的形式。如ICC、AAA、LCIA、SIAC、HKIAC、BIAC等均在仲裁规则的“裁决”一节中明确了中间裁决这种裁决形式。国内外实践也可以反映中间性判决或裁决具有独立的制度价值。总体来说，中间判决主要具有以下几个方面的功能价值。

1. 有效促进审判权的高效运行

“简案快审、繁案精审”在我国各级各地法院中基本已经形成共识，在本轮司法改革过程中，许多中基层法院都成立了速裁庭，用以快速解决争议，其中既包括简单民事案件，也包括简单行政案件。在速裁案件中，中间判决没有适用空间。但在复杂案件，特别是争议点较多且法律关系交叉的案件中，审理周期冗长，法官需要梳理各个争点之间的逻辑关系和先后顺序，在此过程中，法官主“听”，当事人主“说”，出于对保守审判秘密的要求，在终局判决作出之前，法官基本上不会透露对于案件的看法，对于一些争议不大的问题，可以开诚布公，各方形成共识，并以一定形式固定下来，由此推动案件审理进程，将更多的精力放在重点疑难事项上，从而提高审判效率。

2. 最大限度地实现司法程序正义

随着经济社会的发展，行政争议的类型也日趋多元，传统的行政行为类型已经无法涵盖，且交叉性案件越来越多，法官在案件审理过程中需要解决的先决事项也越来越多。如果对于所有的先决事项都放在终局判决中解决，法官在此过程中保持缄默，增加当事人的焦虑感，也会引发对法官公正性的猜测，质疑法院的程序公正。此外，确立中间判决制度，能够提升当事人在终局判决形成过程中的参与感，最大限度保障当事人的陈述申辩权以及意见被充分尊重的权利。

3. 拓展深化诉讼定分止争的功能

当中间判决作出后，各方对终局判决的结果会有一个更加理性的心理预期。当事人可以根据中间判决的结论，适时调整自己的诉讼策略，调整不正确不合理的诉求，各方的意见差距逐渐缩小，减少当事人之间的对抗，这也为法院调解协调案件提供良好的基础。例如，在当事人针对行政机关实施的事实行为提出赔偿诉讼时，该事实行为的合法性问题无须另行起诉，而可以直接在赔偿案件中通过中间判决方式予以确认，如果确认违法，则行政机关就会降低姿态，极有可能在法律政策允许的范围内，最大限度赔偿当事人的损失，从而避免败诉风险。如果确认合法，则原告也会调整自己的心理预期，在赔偿无望的情况，转而寻求行政补偿，各方可以在新的条件下进行协商，最终彻底解决行政争议。

（三）中间判决的适用条件

中间判决服务于最终判决，其存在的价值是为了解决一些先决事项，从而为法官作出最终判决扫清障碍。但何为先决事项，哪些先决事项可以中间判决来解决，在各国的司法实践中存在一定差异。

如前所述，中间判决制度缘起于民事诉讼制度。通过对比研究，民事案件中的先决事项大致可分为以下三类：一是有争议的独立的攻击和防御方法，即能够直接、单独地使特定权利义务发生、变更、消灭且符合要件事实主张所构成的攻击防御方法，这些事项无须其他事项补充或辅助，单独能够产生法律上的效果和影响；二是中间争点，指的是在当事人有关诉讼程序发生的争议中应当经过口头辩论来予以判断的争议，这些争议事项主要涉及诉讼程序开始、进行、终结法律效果的诉讼事项以及与诉讼行为效力相关的事项；三是有关请求原因及数额的争议，作出中间判决的目的在于确定被告是否具有债务而不涉及具体的数额。

民事诉讼的中间判决制度能否直接移植到行政诉讼中，这一问题取决于行政案件中是否存在需要中间判决解决的先决事项。从实践情况来看，行政诉讼中间判决未能得以普及，比较有代表性的当属德国及日本。

在德国，中间判决制度的法律渊源包括《德国行政法院法》和《德国民事诉讼法》，前者为主，后者为辅，在前者缺位的情况下，可援引后者作出裁判。《德国行政法院法》第 173 条规定，只要本法未就诉讼程序作出特别规定的，准用法院组织法与民事诉讼法的规定，但这两者明文排除该适用的除外。在德国，中间判决包括两种形式：一是一般意义上的中间判决，或称为中间确认判决；二是理由判决。关于第一种中间判决，考虑到《德国行政法院法》已经指引到《德国民事诉讼法》的适用，原则上，只要是前者未作明确限定或排除的，均可以援引民事诉讼中间判决。除此之外，《德国行政程序法》第 109 条规定：对起诉是否可以受理，可通过中间判决预先作出决定。这一点与我国的行政诉讼制度不同。在我国，如果在案件受理后发现起诉不符合法定受理条件的，应裁定驳回原告起诉，而不能采用判决方式。关于第二种中间判决，《德国行政法院法》第 111 条规定：在给付之诉中，针对给付的理由及数额有争议的，法院可通过中间判决预先对有关理由部分作出决定，法院也可在认为请求成立时，命令对数额予以审理。由此可见，此类中间判决的适用范围仅限定于给付之诉，请求给付的原因以及数额是可以分离的。

在日本，其适用范围与德国大致相当，也包括三种情形。但比较特殊的是，《日本行政诉讼法》在撤销之诉的法条中规定，在终局判决作出之前，法院认为适当时，可以决定是否事先作出判决，对处分和裁决的违法性进行确认。此类情形一般被归入有争议的独立的攻击和防御方法。

我国《行政诉讼法》中并未规定中间判决的方式，法官对于先决问题的处理均后置到终局判决之中，在“本院认为”的焦点问题中予以回应，不会额外作出中间判决，既没有法律制度支撑，也没有作出中间判决的动力。但这并不意味着我国没有适用中间判决的空间，在一些类型的案件中，如果采用中间判决，不仅可以更快速地解决矛盾争议，还可以增强司法过程的透明性，有助于提升司法公信力，同时还可以延伸行政审判的监督职能，实质性解决行政争议。

（四）我国中间判决方式的探索

通过深入分析中间判决的概念和价值功能，并借鉴域外中间判决和民事诉讼中间判决的有益经验，中间判决大致可以适用于以下几类行政案件。

1. 事实行为引发的行政赔偿案件

对于行政赔偿而言，其成立的前提是行政机关实施了违法行为。行政赔偿案件的诉讼路径分为两类：一是在提起行政诉讼时一并提出赔偿请求；二是单独提出赔偿诉讼。对于前者而言，一般是分为两个案件，行政诉讼是赔偿诉讼的前提，行政行为违法性是赔偿诉讼的先决事项，此时因为行政诉讼和赔偿诉讼单独立案，即便是先决事项，也是通过终局判决的方式予以解决，而不是对行政诉讼采用中间判决。对于后者而言，之前的行政赔偿案件司法解释规定，单独提起赔偿诉讼的条件之一是行政行为被确认违法，如果是事实行为，则法官可以在审理行政赔偿案件时一并对事实行为的合法性进行确认。2022 年修订施行的《最高人民法院关于审理行政赔偿案件若干问题的规定》打破了这一格局，其第 13 条规定："行政行为未被确认为违法，公民、法人或者其他组织提起行政赔偿诉讼的，人民法院应当视为提起行政诉讼时一并提起行政赔偿诉讼……"

行政行为属于法律行为，一经作出即会形成具有法律效力的权利义务关系，因此，针对行政行为的起诉除可以获得赔偿基础外，还具有独立的价值，可以恢复行政行为作出之前的法律关系，故有必要通过专门的撤销判决或确认违法、无效判决加以处置。但事实行为本身并不形成特定的权利义务关系，本身不具有可撤销内容。即便存在违法情形，也是通过确认违法判决加以处置。加之起诉事实行为的功能主要就是为了获取赔偿，在赔偿案件中一并加以确认更为高效，也能完全回应当事人的诉求。

但在实践中，法院更多地倾向于分别立案、合并审理，这种审理方式的好处是可以明晰法律关系，但缺点是增加案件数量和当事人的诉累，而且行政诉讼案件的审理结果会直接影响赔偿案件的审理，如果最终结果被改判，必然会影响到行政赔偿案件，最终也会拉长诉讼程序链条。

通过对比可知，对于事实行为引发的赔偿案件，合并立案的模式更具优势，法院在一个行政赔偿案件中直接对基础性事实行为的合法性进行审查，根据审查结果确定赔偿的可行性。对于事实行为的合法性审查意见，则可以通过中间判决的方式呈现，具体的操作规则可做以下安排。

一是在立案环节引导当事人合并行政赔偿诉讼和行政诉讼。如果当事人分别提起行政诉讼和赔偿诉讼，建议当事人合并诉讼。同理，如果当事人同时提出行政诉讼和赔偿诉讼的，则不再进行分案。

二是对引发赔偿请求的事实行为进行合法性审查，包括职权、事实认定、法律适用以及执法程序，如果构成违法，则可以通过中间确认判决加以认定，在最终的赔偿判决作出之前，“锁定”赔偿的基础条件，同时影响各方对于赔偿方案的预期，也为调解协调创造条件。

三是借鉴民事中间判决制度的经验，可以提前对赔偿请求涉及的赔偿项目、因果关系、责任比例进行确认，待具体的损失鉴定意见作出后，可迅速作出赔偿判决。

2. 对超过起诉期限的在先行政行为的合法性审查

与民事诉讼相比，行政诉讼案件受理条件较为苛刻，包括原告资格、被告适格、事实根据、起诉期限、受案范围等，特别是超过起诉期限的案件，即便行政行为存在违法情形，法院也无法通过行政诉讼程序加以纠正。如果该行政行为对当事人的合法权益造成损害，也很难获得救济。如果说，是因为当事人怠于行使诉权，导致权利无法救济，尚可归责于当事人本身的疏忽。但在连续发生的存在关联的行政行为之间，如果在先的行政行为作出时，当事人的权利尚未受到明显影响，但据此作出的后续行政行为对当事人的合法权益造成不利影响时，在先的行政行为却已经超出起诉期限，从而导致维权进入“死胡同”。

实践中，一般存在以下两种处理方式：一是认为在先的行政行为具有公定力，未经法定程序撤销或确认违法，就具有法律效力。在对基于此作出的后续行政行为进行合法性审查时，就不再涉及在先行政行为的合法性审查，即便其存在违法情形，也在整体上认可其公定力。如果后续行政行为不存在其他违法情形，则判决驳回原告诉讼请求。二是将在先的行政行为作为公文证据予以认定，如果不存在无效或明显违法情形，就认可其效力。如果存在明显违法情形，则从证据审查的角度不予认可，进而认定后续行政行为缺乏合法性前提，判决撤销后续行政行为。前者的好处是保证行政法律关系的稳定性，但不利于监督依法行政，也不利于当事人合法权益保护；后者的好处是更为灵活，可以是指解决行政争议，但可能会挑战行政行为公定力理论。相对而言，后者的做法应当更加契合行政诉讼的价值功能，值得提倡，但是仅仅通过质证认证的方式予以审查，一方面，审查深度有限，难以充分说理；另一方面，缺乏规范的形式，难以清晰明确表达法官的意见，影响司法权威。在此情形，如果通过中间判决的方式将法官的意见固定下来，就会为之后的审理奠定良好的基础，也无需在终局判决中花费大量篇幅去论证在先行政行为的合法性。在此类案件中适用中间判决，需要把握以下几点。

一是如果在先行政行为尚未超出起诉期限，具备单独提起行政诉讼的条件，还是应当通过单独针对该行为起诉，并形成独立的判决，以此来保证行政诉讼制度体系的完整性，避免法律关系的杂糅。

二是中间判决的作出并不产生宣告在先行政行为无效的效果，只是认为其不能作为本案行政行为的合法性依据，因此中间判决的适用范围仅为本案诉讼，不能无效延伸。

三是基于上述分析，中间判决的判决方式宜采用确认违法判决，而不能是确认无效或是判决撤销。

3. 对给付诉讼案件基础法律关系的确认

给付诉讼是行政诉讼案件中比较特殊的类型，其不同于传统的撤销诉讼，诉讼标的并不是一个业已作出的行政行为，而是当事人的给付请求，或可理解为行政不作为。随着行政诉讼案由的扩张，特别是行政协议、行政允诺等案件出现后，当事人的诉求虽为继续履行协议、按照允诺内容作出给付，但背后很有可能会涉及协议条款、允诺事项本身的效力认定。试想一下，如果行政协议条款本身无效，被告自然无须再履行协议内容。从这一点来看，民事诉讼中间判决最常适用的两类情形自然也可以适用于此类行政案件，即独立的攻击或防御方法、请求原因两个实体法律对象。

关于独立的攻击或防御方法，前文已有介绍，是指在本案的主张和抗辩中，能与其他攻击和防御方法加以区别并对诉讼标的具有单独判断意义的完整的法律关系或权利关系。[①] 例如，《行政协议司法解释》第 15 条规定："行政协议无效、被撤销或者确定不发生效力后，当事人因行政协议取得的财产，人民法院应当判决予以返还；不能返还的，判决折价补偿。因被告的原因导致行政协议被确认无效或者被撤销，可以同时判决责令被告采取补救措施；给原告造成损失的，人民法院应当判决被告予以赔偿。"第 19 条规定："被告未依法履行、未按照约定履行行政协议，人民法院可以依据行政诉讼法第七十八条的规定，结合原告诉讼请求，判决被告继续履行，并明确继续履行的具体内容；被告无法履行或者继续履行无实际意义的，人民法院可以判决被告采取相应的补救措施；给原告造成损失的，判决被告予以赔偿。原告要求按照约定的违约金条款或者定金条款予以赔偿的，人民法院应予支持。"因

① ［德］狄特·克罗林庚：《德国民事诉讼法律与实务》，刘汉富译，法律出版社 2000 年版，第 146 页。

此，当原告起诉被告继续履行行政协议时，被告如果以协议无效作为抗辩理由，则该协议条款的效力就属于“具有单独判断意义的完整的法律关系或权利关系”，可以借鉴民事诉讼的经验，通过中间判决的方式加以解决。

关于原因争执，是指当事人之间对请求权的原因——即除去作为权利内容的数量和数额之外的与其权利存否有关的事项——具有争议。[①] 以行政协议案件为例，试举一案例予以阐释：“张某成诉北京市门头沟区人民政府房屋征收办公室、北京市门头沟区龙泉镇人民政府不履行行政协议案”[②]。该案中，原告主张其是房屋被征收人唯一的继承人，请求被告依据房屋征收补偿安置协议的约定向其直接履行协议，交付被征收人生前还未来得及领取的一套安置房，但被告以原告未能举证证明其系被征收人唯一继承人为由，拒绝交付安置房。对此，原告试图提出继承公证和继承诉讼，均因不符合条件被拒，从而陷入“如何证明我就是我”的困境。一审法院也以被告所主张的理由判决驳回原告的给付请求。对此，二审在依法向属地派出所、民政局、档案馆等单位查询原告的亲属关系后，认为截至目前未发现存在与原告处于同等地位的继承人，遂认定其可以享有房屋征收补偿安置协议中的权利，并判令被告向其交付涉案安置房屋。事实上，原告唯一继承人的身份即为“请求原因”，只是限于《行政诉讼法》中未有中间判决的规定，法院只能将如此重要的基础法律关系放置在终局判决的证据认证部分和“本院认为”部分进行阐释，从本章的研究来看，如果能够通过中间判决的方式加以明确，则效果会更好，法律关系也会更加清晰。

总而言之，遵循诉讼法的基本原理，当事人诉讼请求中某些主张只要契合了可以作出判决的合宜时机，即便本案诉讼程序并未全部结束，为了达到使本案的法律关系变得更加简单明了或为了使审判过程更为透明，法院就可以依照法律的规定作出中间判决。中间判决的根本价值在于解决终局判决中的先决事项，且该先决事项具有一定的独立价值，值得用一份判决去加以解决。至于中间判决最终能否得以适用，其取决于两个因素：一是法律制度的支撑，二是法官的意愿。无论是否支持该种判决制度，毋庸置疑的是，其为我国的行政审判提供了另外一个可选择项，而不是负担。

最后需要强调的是，中间判决附属于终局判决，不具有既判力，不能单

① 张晋红：《关于中间确认判决制度的立法思考》，载《中国法学》2002 年第 5 期。

② 最高人民法院发布的第一批行政协议十大典型案例。

独针对中间判决提起上诉。如对中间判决不服，可以在对终局判决提出上诉时一并提起。

三、部分判决

部分判决与终局判决相对，这一点与中间判决类似，都发生在诉讼程序之中，并非诉讼程序的终点，所以很容易将两者混淆。但两者的功能定位还是存在较大差别。简单而言，部分判决旨在提高诉讼效率，先行解决事实和法律关系已经明确的纠纷，并对此作出具有既判力的结论，其与终局判决相对独立，不具有附属性。而中间判决仅仅为了推进诉讼进程，预先解决终局判决的前提性问题，具有附属性。考虑到部分判决的独有价值，我们有必要对其进行深入研讨。

（一）部分判决的含义

部分判决，又称先行判决或一部终局判决，与终局判决相对，来自大陆法系民事诉讼法，是法官为了解决诉讼中的部分问题而先行作出的裁判。在理论界，不少学者对部分判决进行定义，德国学者狄特·克罗林庚认为，“部分判决是对诉讼标的的某一独立部分所作出的终局判决”。[①] 日本学者新堂幸司认为，“对于同一个诉讼程序中审理的案件之整体，将其中一部分分离出来，并优先完结其处理而作出的判决，即为部分判决”。[②] 我国学者认为，部分判决是指人民法院在审理民事案件的过程中，基于已经查清的一部分事实，针对当事人的一部分诉讼请求或者一部分当事人的诉讼请求作出的判决。[③]

部分判决肇始于民事诉讼制度，各国民事诉讼法对于部分判决也有相关的规定。《德国民事诉讼法》第 301 条规定：（1）就一诉主张的数个请求中的一个请求，或请求的一部分，或在提起反诉后只有本诉或者反诉，达到可以终局裁判程度的，法院应该作出终局判决（一部判决）的裁判；（2）依案件的程度法院认为不宜作出一部判决时，可以不作出一部判决。《法国民事诉讼法典》第 480 条规定：在其主文中对本诉讼之全部或一部作出裁判的判决，或者对程序上的抗辩、不受理或其他任何附带事件做出裁判的判决，一经宣

---

① ［德］狄特·克罗林庚：《德国民事诉讼法律与实务》，刘汉富译，法律出版社 2000 年版，第 124 页。

② ［日］新堂幸司：《新民事诉讼法》，林剑锋译，法律出版社 2008 年版，第 455 页。

③ 赵钢、占善刚、刘学在：《民事诉讼法》，武汉大学出版社 2010 年版，第 365 页。

告，即相对于所裁判的争议具有既判力。

我国《民事诉讼法》第 156 条规定："人民法院审理案件，其中一部分事实已经清楚，可以就该部分先行判决。"通过学者的定义以及各个国家的诉讼法实践来看，部分判决的含义基本能够形成共识。部分判决与终局判决相对，其只是解决一部分诉求，并未彻底终结诉讼程序，部分判决之后的事项，还需要法院继续审理，进而作出终局判决。部分判决存在的前提是诉讼请求的可分性，如果仅有一个诉讼请求，则无法通过部分判决来进行切割处理。如果有多个诉讼请求，即便存在密切关联，只要部分诉讼请求对应的事实已经查明，则法院可以选择先行处理，从而更为高效地解决争议。

需要强调的是，我国《行政诉讼法》中并没有关于部分判决的明确规定，但这并不影响我们在实践中进行探索创新。毕竟，我国《行政诉讼法》第 101 条规定："人民法院审理行政案件，关于期间、送达、财产保全、开庭审理、调解、中止诉讼、终结诉讼、简易程序、执行等，以及人民检察院对行政案件受理、审理、裁判、执行的监督，本法没有规定的，适用《中华人民共和国民事诉讼法》的相关规定。"因此，在行政案件审理过程中，如果遇到与民事部分判决相类似的适用情形，也可以参照《民事诉讼法》第 156 条之规定，采用部分判决解决行政案件中可以先行解决的争议，以此来提高诉讼效率。

（二）部分判决的价值功能

如前所述，部分判决的出现是基于对诉讼效率的追求，如何能够更快解决当事人诉求，哪怕是部分解决，以缓解其面临的窘境，或是防止危害后果的继续扩大，这一点对于当事人意义重大，同样也会影响到司法公信力。基于这一认知，部分判决至少具有以下三个方面的功能和价值。

1. 简化法律关系

部分判决产生的效果是将原先"一步走"的诉讼程序分为"两步走"或"多步走"。虽然在一定程度上会增加法官的工作量（多作出一份或多份判决），但毋庸置疑的是，其将原先杂糅在一起的诉讼请求逐条梳理出来，本着先易后难的原则，将容易处理的争议先行解决，而"难啃的硬骨头"则放在最后，此时案件的审理思路则更为清晰，焦点也更为明确，与之相应，证据量也会随之减少，案件的审理难度也会随之降低。

2. 提升诉讼效率

从形式上来看，部分判决将一个案件分解为"多个案件"，增加了工作量，可能会降低诉讼效率，但实际情况却并非如此。实践中，可能会出现这样一种情况，当事人同时提出多项诉讼请求，且其中的一项诉讼请求审理难度较大，或者需要进行耗时很长的司法鉴定，或是需要进一步寻找相关的证人，抑或与其他在先的诉讼具有高度关联，需要暂时中止本案诉讼，等待关联案件的处理结果，还有可能需要通过耗时长久的涉外送达程序追加身处域外的当事人，总之，会因为一项诉讼请求难以审结而拖延整个案件的审理周期，从而影响事实已经清晰的部分诉讼请求的裁判，导致当事人的权利得不到及时的保护和兑现。在此情形下，部分判决则可以发挥优势，及时解决这种不必要的拖延，从而提升诉讼效率，更快更好地帮助当事人实现权利救济。

3. 引导理性诉讼

从人的认知规律来看，如果外部环境发生变化或是获取的信息发生变化，人对于事务的认知也会发生变化。而部分判决恰恰可以改变当事人身处的环境或是为其提供更为丰富的信息，从而影响当事人对于剩余诉讼的心理预期。如果法官能够准确把握这种心理预期变化，通过协调或调解的方式解决剩余争议也大有可能。例如，原告通过部分判决获取一部分经济利益，解决了燃眉之急，其心态也会趋于平和，能够更加理性地对待案件。而被告基于部分判决的结果，对自己的诉讼处境有了更为清晰的认识，从及时止损的角度，也极有可能同意与原告进行谈判，在一定程度上作出让步，从而促成双方达成共识。如果能够实现这种效果，则后面遗留的难题也就迎刃而解。

（三）部分判决的适用条件

部分判决并非适用于所有案件，其有一定的使用条件。在德国，部分判决的适用需要具备两个条件：一是诉讼请求可以分离，即案件中当事人提出两项以上的诉讼请求，且各请求之间是平行关系，可以单独裁判，无需等待其他诉讼请求的处理结论；二是拟作出部分判决的部分已经达到事实清楚、证据确凿的程序，即裁判时机已经成熟。在日本，也是在诉讼请求可分的前提下才能作出部分判决。

我国《民事诉讼法》第156条规定："人民法院审理案件，其中一部分事实已经清楚，可以就该部分先行判决。"该规定十分简单，对于部分判决的适用条件、法律效力、剩余请求的处理方式，以及部分判决与终局判决的关系等问题均未作出规定，从而造成了实践中的困惑，法官适用部分判决的积极性不高。但通过对比发现，部分判决的适用条件并不复杂，其只需要具备两个条件即可。

1. 诉讼请求可分割

诉讼请求可分割，具体包括以下三种情形：一是原告的同一个诉讼请求中还可以再进行区分；二是原告提出多项诉讼请求，其中一项或几项诉讼请求可以分割出来；三是本诉与反诉的分割。形象地说，法官需要给当事人的诉讼请求划分最小单元，并搞清楚其内在的逻辑关系，是平行关系还是递进关系。只有处于平行关系的诉讼请求之间才可以分割。如果诉讼请求之间联系过于紧密，在对其中一项诉讼请求作出处理后，其余诉讼请求的处理结论也将别无选择，此时已经可以就整个案件的争议作出处理，无需再先行作出部分判决。

2. 裁判时机成熟

时机成熟是所有判决的必要条件，一般而言，时机成熟是指案件的事实或主要事实已经查明，即便有个别事实无法查明，也可以通过证据规则予以推定。判决的本质是一个逻辑三段论，其基本的形式为：（1）以法律规范（T）为大前提；（2）以具体的案件事实（S）为小前提；（3）根据逻辑三段论推导出结论，即判决。法律规范是立法机关已经事先确定好的，而具体的案件事实则需要法官在法庭调查中予以查明，最后的逻辑推导无需当事人参与，是法官或合议庭根据逻辑规则推导而出。在这个过程中，第一个和第三个环节是共性的，适用于所有的案件，而第二个则是个案因素，也是案件审理的关键一环，当这个环节的问题得以解决，裁判的时机就应当成熟了。也就是说，如果先行查明的案件事实足以支撑部分诉讼请求，法官就可以作出部分判决。

需要强调的是，部分判决不同于中间判决，其具有既判力，可以产生强制执行力。当事人对部分判决不服，可以直接提起上诉。换言之，它是一种具有终局性效力的判决，对已经被裁判的对象具有法律拘束力，不允许当事人再次起诉。

（四）我国行政部分判决的探索

由于我国《行政诉讼法》并未规定部分判决的方式，因此只能运用部分判决的一般原理，参照民事诉讼的经验做法，笔者认为，可以在给付诉讼中尝试部分判决。

我国《行政诉讼法》中并无诉讼类型的划分，而是在判决方式部分规定了履行判决和给付判决两种判决方式。显然，这两种判决方式必然对应着当事人请求行政机关作出某个行政行为或给付一定金钱、实物的诉讼请求。对于前者而言，其完全是撤销诉讼的“对称”，是针对一种拟制的行政行为提出的诉讼，本身不具有进一步切割的可能性。而对于后者而言，金钱、实物的种类、数量、给付原因均可能进行细分，从而具备部分判决的条件。从我国《行政诉讼法》第12条规定的受案范围来看，至少有两类案件存在部分判决的空间：一是请求对征收、征用行为给予补偿的案件；二是请求支付抚恤金、最低生活保障待遇或者社会保险待遇的案件。此外，与行政补偿案件相似，行政赔偿案件也具有部分判决适用的空间。

以征收补偿案件为例，被征收人与征收人之间未能达成补偿协议，后由政府房屋征收部门作出征收补偿决定。法院经过审理认为，房屋产权证上记载的面积准确，且各方均无争议，仅对房屋装修价格、生产经营损失以及安置人口等问题存在争议。在此情形下，法院可以根据查明的事实，对房屋本身的补偿金额作出判决，对于需要进行评估以及需要其他主管部门审核认定的内容作为剩余问题，在相关事实查清之后，再行作出终局判决。

同理，对于行政赔偿案件，如果涉及众多赔偿项目，可以进行分类梳理，由当事人逐一核对，之后由法院进行认定，对于那些可以先行认定的项目，可以直接按照法定赔偿标准判决被告向原告支付赔偿款项。对于争议较大或者需要专业机构评估鉴定的事项，则可以延后处理。这样既能及时让受害人得到部分经济赔偿，平复其情绪，也可以让当事人明晰相关的法定赔偿标准，调整心理预期，为之后的协调化解工作打下良好基础。

此外，在行政协议案件中，同样也会存在给付请求，同时还可能涉及确认之诉，如原告要求确认合同无效或违法。此时合同效力的确认、赔偿项目的确认、继续履约方式的确认都可以相对独立出来，这也为部分判决的适用提供了空间。

四、法律关系确认判决

当前，我国的行政法学仍然延续传统的行政法学体系架构，秉持依法行政的原则，将行政行为作为核心概念，几乎承载了所有行政活动的效果，以行政行为的合法性来追求行政与法律的统一，行政诉讼也将行政行为作为审查单元，坚持合法性全面审查原则，以此确保行政活动的合法性。这套体系注重客观法秩序的维护，并非围绕权利展开，对于主观公权利的关注不够。

随着时代的发展，权利义务关系日趋复杂，“行政机关—相对人”的两极关系开始向三极或多极转化，客观法体系的局限性也日益凸显，人们开始关注主观公权利，探讨用法律关系来取代行政行为这一概念，从而实现传统行政法学向现代行政法学的体系变迁和典范转化。从实践来看，这一转变是否可行以及何时能够实现尚需进一步检验，但不可否认的是，法律关系的概念为行政法学的发展提供了有益思路，也有助于促进个人权利的保护。

（一）法律关系确认判决的内涵

《行政诉讼法》第 74 条规定了确认违法判决，其中第 1 款规定了保留法律效力的确认违法情形，第 2 款规定了确认违法判决等同于撤销判决，行政行为的法律效力被彻底否定。第 75 条规定了确认无效判决，针对的是越权行为和重大明显的违法行为。显而易见，上述确认判决均是针对行政行为（行政不作为），属于行为违法的确认判决。在行政法学理论和域外的司法实践中，还存在一种针对法律关系作出的确认判决，即在原告拥有正当利益的情况下，可以诉请法院判决确认某种法律关系存在或不存在，借此来实现具体的权利请求。而且，法律关系确认判决不以行政行为（不作为）为前提，可极大地拓展现有的救济领域和途径。

法律关系确认判决对应的是“公法上法律关系的确认之诉”，其维护的是当事人的“确认利益”，而非具体的人身权、财产权或知识产权等，当事人通过此类判决来确认自身的权利义务或法律地位存在与否，并借助判决书向世人进行澄清或宣告。这种法律关系的争议可能源于某一具体的行政行为，或是行政立法、抽象行政行为，也可能源于刑事处罚。例如，刘某某在一起涉及新闻敲诈勒索的刑事案件中被判处有期徒刑，新闻出版主管部门将其列入“黑名单”，终身禁止从事新闻采编工作，即永久丧失新闻采编从业资格。当然，此项资格的丧失并非“黑名单”决定导致，因为依据新闻采编从业行政许可的相关规定，被判处刑罚的人本身就不具备申请许可的资格。换言之，即便没有“黑名单”决定，刘某某在申请新闻记者证时，也会被行政许可机关拒绝。只不过行政机关提前将这种法律关系以“黑名单”的方式予以确认。当事人基于此提出的撤销诉讼，本质上还是想澄清这种法律关系，以确认其之后是否能够从事新闻采编行业。

（二）法律关系确认判决的实践样态

如前所述，我国《行政诉讼法》仅在第 74 条和第 75 条中规定了行政行为确认判决，并未规定法律关系确认判决。但我们依然可以在司法实践中寻找到法律关系确认判决的“蛛丝马迹”。

法律关系的确认之诉存在两种类型，一种类型是行政机关依据相关的法律规定或政策，结合查明的事实，以决定的方式对当事人的权利义务状态进行消极确认，如将当事人列入“黑名单”，该行政决定并不直接影响当事人的人身权、财产权等合法权益，但会影响当事人后续的生产生活。有观点认为，该行政决定只是一种宣告，只有当行政机关后续依据该决定对当事人的权利义务作出处分时，如以当事人被列入“黑名单”为由作出不予许可决定，当事人受到的不利影响才真正形成，此时方具备起诉条件。相反观点认为，该行政确认即便不被认定为资格罚，也可以视为一个不利决定，无需等待后续的行政行为发生，即可纳入行政诉讼的审查范围，这样才能更好地保护当事人的合法权益。

另一种类型是行政机关未及时对当事人的权利义务关系进行积极确认，或是在积极确认的行政决定中未包括原告，导致原告无法取得某种身份或资格。这种身份或资格可以在后续的行政活动中转化为具体的利益，如房屋征收部门在征收过程中对于被征收人身份的确认。当然，原告可以后续提起履责诉讼来倒逼行政机关在作出征收补偿决定的过程中确认其被征收人的身份。但是，如果允许提起法律关系确认之诉，原告就可以更及时地确认其被征收人的身份地位，和房屋征收部门签订征收补偿协议，从而避免后续争议的发生。

此外，有些法律关系确认判决并不直接处分权利义务本身，只是确认某种权利义务是否存在，进而间接约束行政机关之后的行政行为，因此从行政程序的整体推进过程来看，其具有一定的预防诉讼功能，能够提前阻断不利后果的发生。

（三）法律关系确认判决的适用条件

法律关系的外延极其宽泛，基本上能够包含形成权利义务的各种行为。从这个角度出发，一切公法上的争议均可以通过法律关系确认判决的方式予以解决。但是，如果已经存在一个行政行为（不作为），通过撤销判决、履行判决、给付判决和变更判决等方式维权更为直接便捷，则不应再适用法律关系确认判决。可以说，法律关系确认判决是行政行为（不作为）判决的补充，其在适用上具有先后关系，只有当行为判决无法有效解决当事人的诉求，且当事人又具备的真正的“确认利益”时，才能适用法律关系确认判决。而且，确认利益不能泛化，其原理与诉的利益（权利保护必要性）相通，其解决的是诉的必要性问题。如果不加限定，则可能造成滥诉，使法律关系确认判决沦为一种法律或政策咨询工具。

关于确认利益这一概念，可理解为值得通过判决的方式去确定的利益，虽然行为判决中也会对相关的利益进行确认，但其判决主文仅表述与行为相关的内容，并不涉及权利义务关系的宣示。而法律关系确认判决则不同，需要在判决主文中直接确认相关的权利义务关系。例如，《土地管理法》第14条规定：“土地所有权和使用权争议，由当事人协商解决；协商不成的，由人民政府处理。单位之间的争议，由县级以上人民政府处理；个人之间、个人与单位之间的争议，由乡级人民政府或者县级以上人民政府处理。当事人对有关人民政府的处理决定不服的，可以自接到处理决定通知之日起三十日内，向人民法院起诉。在土地所有权和使用权争议解决前，任何一方不得改变土地利用现状。”原告对于政府作出的土地确权决定提起行政诉讼，如果法院认为确权内容有误，按照现行《行政诉讼法》的规定，只能判决撤销被诉的土地权属争议确权决定，并责令重作。如果引入法律关系确认判决，则可以在撤销确权决定的同时，直接确认土地使用权的归属，一次性解决行政争议。

需要强调的是，法律关系确认判决旨在确认当事人之间的法律关系存在或者不存在，其客体是法律关系，不包括事实和事实关系。这里需要厘清法律关系和法律事实之间的区别。前者属于诉讼标的，是原告依法提出的，要求法院通过判决确认权利义务关系及相应的权利主张。后者属于诉讼理由，是引起当事人之间权利义务关系发生、变更、消灭的原因事实。因此，单纯地要求判决某一事实存在或不存在的诉讼请求，不属于诉讼受案范围，法院无需作出确认判决。

综上，适用法律关系确认判决需要同时满足以下条件：一是原告要求确认的对象是实体法规范所规定的权利义务关系，而非某一法律事实或事实关系；二是法律关系的不确定性已经实际对当事人的合法权益造成不利影响；三是当事人无法通过针对行政行为（不作为）的诉讼来消除前述不利影响。

总体来说，我国基本已经形成相对完备的行政判决制度，能够回应当事人的权利保护诉求。但时代总是不断发展的，行政管理和公共服务的方式也在逐渐发生变化，公权力对于公众权利的影响方式也日趋多元，公众的维权需求也在不断增强，给予权利的无漏洞保护原则，我国的行政判决制度也需要不断创新、不断发展、不断完善，同时还要充分利用好现有资源，充分融合各种判决方式，以形成更为完备、严密、有效的行政判决制度体系，最大限度地保护当事人的合法权益。

我国行政诉讼诉判关系的反思与重构

一、问题的提出

“解决行政争议”是2014年《行政诉讼法》修正时新增加的一项立法目的，旨在进一步强化行政诉讼化解行政纠纷的作用，以法治的方式解决行政争议，有利于增强公民、法人和其他组织的法治意识，形成遇事找法，依法维权，避免出现“信访不信法”的现象。[①] 行政诉讼是我国三大诉讼制度之一，虽然行政诉讼案件在全国法院审理案件总量中占比较低，但是行政诉讼案件上诉率、申诉率、信访率却远高于民商事、刑事案件。诉判同一原则是两大法系主要国家和地区在立法和实践中体现和贯彻的一项原则，也是域外诉讼活动共同遵循的基本原则。诉判同一原则在我国行政诉讼立法和司法实践中，并未得到应有的重视，原告诉讼请求对法院裁判并没有形成有效拘束，存在诉非所审、诉非所判的现象。之所以会出现这种现象，目前比较有代表性的观点认为行政诉讼有相较民事诉讼、刑事诉讼的特殊性，“其特殊性决定了行政诉讼一定程度上是以行政行为的合法性审查为中心的，而非原告的诉讼请求”。[②] 在实践中，行政诉讼有其特殊性和差异性，是不是就可以完全置于诉判同一原则之外？法院裁判是不是可以不顾及原告诉讼请求对其形成的

---

① 袁杰主编：《中华人民共和国行政诉讼法解读》，中国法制出版社2014年版，第4页。

② 邓刚宏：《我国行政诉讼诉判关系的新认识》，载《中国法学》2012年第5期。

拘束？这是当前行政诉讼理论和实务界需要思考的问题。行政诉判关系是行政诉讼的基础性问题，目前行政审判实践中的诸多问题，如行政诉讼上诉率、申诉率、信访率高企不下问题，行政审判自由裁量权过大问题，很大程度上是因为没有很好地遵循诉判同一原则、没有正确处理行政诉判关系导致的。因此，有必要围绕诉判同一原则，重新审视和检讨当前行政诉讼诉判关系的理论和实践，重新建构行政诉讼诉判关系。

二、行政诉讼原告诉讼请求的基本内涵

（一）诉讼请求的含义

由于司法具有被动性，诉是发动审判权的本质性前提，没有诉也就不会有审判。并且“诉最终能否获得审理判决取决于诉的内容，即当事人的请求是否足以具有利用国家审判制度加以解决的实际价值或者必要性”。[①] 诉讼请求是诉讼理论和实践的基础性概念，也是一个具有多义性的概念。在民事诉讼中，诉讼请求具有广义、狭义、最狭义三重含义。广义的诉讼请求既指向法院也指向当事人，要求法院在诉讼请求符合诉讼要件时，必须对诉讼请求作出本案判决；狭义的诉讼请求是原告向被告提出的权利主张；最狭义的诉讼请求是指实体请求的权利本身。[②] 在行政诉讼中，所谓诉讼请求，是指公民、法人或者其他组织以行政行为的合法性为基础请求法院作出具体判决的要求，是当事人希望获得何种范围和方式的救济的意思表示。从行政诉讼请求的概念来讲，有必要把行政诉讼请求与诉、诉讼标的、诉讼类型等概念加以界分。

1. 诉讼请求与诉

诉讼请求与诉有关，并且诉讼请求源于诉这一概念。[③] “所谓诉，系指原告向法院请求审判之意思表示，即请求开始诉讼程序，进行本案审理并为本案判决之意（无诉即无裁判）。”[④] 在行政诉讼中，诉是指公民、法人或者其他组织认为行政行为侵犯其合法权益，而向法院提出的通过审判以保护合法权益的请求。“诉”是程序请求与实体请求的统一体，是一个包含程序内涵和实

① ［日］原田尚彦：《诉的利益》，石龙潭译，中国政法大学出版社 2014 年版，第 1 页。

② 张卫平：《诉讼请求变更的规制及法理》，载《政法论坛》2019 年第 6 期。

③ 张卫平：《诉讼请求变更的规制及法理》，载《政法论坛》2019 年第 6 期。

④ 翁岳生主编：《行政法》（下册），中国法制出版社 2002 年版，第 1381 页。

体内涵的概念。[①] 具体来讲，这种诉讼请求，既是原告在诉讼程序上向法院提出的要求，也是原告通过法院向被告提出的实体权益要求。前者称为程序意义上的诉，它的提出称起诉，是引起法院对行政争议进行审判的一种手段；后者称为实体意义上的诉，它以行政法律关系是否存在和是否被侵犯作为前提条件。两者是不可分割的统一整体。程序意义上的诉是引起实体意义上的诉的手段，按照不告不理原则要求，“无诉则无判”，只有原告起诉才可启动行政诉讼程序，没有程序意义上的诉就不可能引起实体意义上的诉；实体意义上的诉是程序意义上的诉的目的，原告提起行政诉讼的直接目的是请求法院审理和判决特定的合法权益的主张。诉与诉讼不同，诉讼是法院和案件当事人在其他诉讼参与人的配合下为解决案件依法定诉讼程序所进行的全部活动。诉讼始于原告起诉，终于法院审理判决。通常来讲，一个完整的诉是由诉讼主体、诉讼标的、诉讼理由三个要素构成的。原告在起诉中应指明诉讼请求的理由、事实和根据。诉的要素是使诉特定化的根据，也是区别这个诉与那个诉的标志。诉的要素可以防止同一当事人以同一理由对同一诉讼标的重复起诉。

2. 诉讼请求与诉讼标的

诉讼标的是指当事人之间争议的请求法院审理和判决的法律关系或合法权益，是原告提起诉讼需要予以确认和保护的对象。任何案件都有诉讼标的，而由于诉的种类不同，诉讼标的也不一样。诉讼标的不同于诉讼请求，诉讼标的是由原告的诉讼请求决定。在德国，行政诉讼标的是一个多义性概念，原则上可以从三个不同的关涉点加以考虑：有争议的行为本身，如被诉的或者被申请作出的行政行为；原告在诉讼上的请求权，亦即对行政行为的撤销请求权，义务设置请求权等；原告的权利主张，即行政行为或者对行政行为的拒绝违法，并侵害了他的权利。[②] 因此，诉讼标的包括两个要素：一是原告的主张，行政机关的措施或者行政机关的停止行为（客观上）违法，并（在主观上）侵害了原告的权利；二是现实生活中实际情况的各具体方面，它们是决定或者停止作为的基础。[③] 我国行政诉讼是“民告官”的制度，它解决的

---

① 江伟主编：《民事诉讼法专论》，中国人民大学出版社 2005 年版，第 166 页。

② ［德］弗里德赫尔穆·胡芬：《行政诉讼法》（第 5 版），莫光华译，法律出版社 2003 年版，第 139 页。

③ ［德］弗里德赫尔穆·胡芬：《行政诉讼法》（第 5 版），莫光华译，法律出版社 2003 年版，第 140 页。

是行政机关在行政管理过程中侵犯公民合法权益的问题，是为公民合法权益提供司法救济的制度，这是行政诉讼制度的本质特征。[①] 因此，行政诉讼的标的是公民、法人或者其他组织向法院提起行政诉讼，请求法院保障的行政法律关系或合法权益。

3. 诉讼请求与诉讼类型

行政诉讼类型，又称为行政诉讼种类、诉种、行政之诉的种类等。[②] 我国台湾地区学者蔡志方认为，行政诉讼类型是指“公民、法人或者其他组织可以行政诉讼请求救济且法院仅在法定的裁判方法范围内裁判的诉讼形态”。[③] 因此，行政诉讼类型涵盖了行政诉讼请求和法院裁判方式，是对行政诉讼请求和法院裁判方式的限定，这样有助于对当事人提供更加精准和有效的权利救济。目前域外国家大多对行政诉讼类型作出立法规定，虽然这些国家的行政类型在划分标准、类型多寡方面存在一定差异，但行政诉讼类型逐步扩大是明显的趋势。[④] 相比较域外从诉讼前端对行政诉讼类型作出规定，我国行政诉讼法则从诉讼后端对行政判决方式类型进行了规定。对于行政诉讼类型与行政判决方式之间的关系，无论是域外还是我国均未作出规定。在域外，“德国和日本的法律中都没有对判决方式与诉讼类型之间的关系作出一般性规定，仅对于特定诉讼类型的判决方式作出了具体规定。”[⑤] 我国行政诉讼法也未对行政诉讼类型与行政判决方式之间的关系作出规定，而只是规定了特定判决方式的适用条件和范围。域外国家对行政诉讼类型作出规定，对于当事人而言，其诉讼请求只能限定在特定的诉讼类型之中，脱离开特定的诉讼类型，当事人提出的诉乃至诉讼请求就不可能得到法院支持；对于法院来讲，特定的诉讼类型决定了特定的判决方式，法院在具体案件中选择的判决方式受到案件诉讼类型的限制。与域外国家相比，我国行政诉讼法并未明文规定诉讼类型，对于当事人来讲，其提起行政诉讼，无须担心必须选择正确的诉讼类型，只要符合法定的起诉条件，法院就会登记立案，继而进行审理并作出判决；对于法院来讲，无须考虑必须在诉讼类型限定范围内选择判决方式，在判决方式选择上有较大的裁量空间。

---

① 袁杰主编：《中华人民共和国行政诉讼法解读》，中国法制出版社 2014 年版，第 7 页。

② 刘飞：《行政诉讼制度专题研究：中德比较的视角》，法律出版社 2016 年版，第 61 页。

③ 蔡志方：《行政救济法新论》，我国台湾地区元照出版有限公司 2006 年版，第 170 页。

④ 马怀德：《完善〈行政诉讼法〉与行政诉讼类型化》，载《江苏社会科学》2010 年第 5 期。

⑤ 刘飞：《行政诉讼制度专题研究：中德比较的视角》，法律出版社 2016 年版，第 92 页。

（二）诉讼请求的理据

诉讼请求是行政诉讼的基本构成要件，行政诉讼法及其司法解释对当事人诉讼请求作出原则性规定。行政诉讼法对诉讼请求首先是在起诉条件中进行规定的。《行政诉讼法》（2017 年修正）第 49 条规定："提起诉讼应当符合下列条件：……（三）有具体的诉讼请求和事实根据……"对于《行政诉讼法》规定的"具体的诉讼请求"需要进一步明确，为此，《行诉法解释》第 68 条作出具体解释。[①] 从《行诉法解释》第 68 条三个条款规定来看，第 1 款主要是对诉讼请求应当明确法院判决方式作出规定，基本涵盖了行政诉讼法规定的几种主要判决方式，并对行政协议争议、一并审查规章以下规范性文件、一并解决相关民事争议等事项作出规定。这就意味着原告起诉时，应当将诉讼请求与法院判决方式连接起来，否则属于诉讼请求不具体。第 2 款是对第 1 款规定的进一步明确，对当事人单独或者一并提起行政赔偿、补偿诉讼的，应当有具体的赔偿、补偿事项以及数额；请求一并审查规章以下规范性文件的，应当提供明确的文件名称或者审查对象；请求一并解决相关民事争议的，应当有具体的民事诉讼请求。第 3 款规定是针对当事人未能正确表达诉讼请求的情况下，法院应当要求其明确诉讼请求。这是对法院提出的要求，至于法院是否应当履行法院释明指导义务规定并不明确。

在实践中，"诉讼请求作为当事人对法院提出的最直接也最能体现当事人内心意愿的诉求，其一旦不明确、不正当，整个诉讼从一开始便是处于混沌的状态，甚至无法探知诉讼需要解决的争议性质与内涵，以致诉讼本身的目的不能实现，无法发挥解决纠纷的作用"。[②] 因此，诉讼请求明确具体尤为必要。可以从以下几个方面判断诉讼请求是否明确具体：一是语言表达清晰，

---

① 《行诉法解释》第 68 条规定："行政诉讼法第四十九条第三项规定的'有具体的诉讼请求'是指：（一）请求判决撤销或者变更行政行为；（二）请求判决行政机关履行特定法定职责或者给付义务；（三）请求判决确认行政行为违法；（四）请求判决确认行政行为无效；（五）请求判决行政机关予以赔偿或者补偿；（六）请求解决行政协议争议；（七）请求一并审查规章以下规范性文件；（八）请求一并解决相关民事争议；（九）其他诉讼请求。当事人单独或者一并提起行政赔偿、补偿诉讼的，应当有具体的赔偿、补偿事项以及数额；请求一并审查规章以下规范性文件的，应当提供明确的文件名称或者审查对象；请求一并解决相关民事争议的，应当有具体的民事诉讼请求。当事人未能正确表达诉讼请求的，人民法院应当要求其明确诉讼请求。"

② 包冰锋、周梅：《诉讼请求的释明及其限度——以〈证据规定〉的修正为分析基点》，载《福建江夏学院学报》2022 年第 1 期。

只有原告把自己的核心目的充分表达出来，法官才可能理解其诉讼主张；二是指向明确，诉讼请求能明确无误地指向一个特定的行政行为，使法官和被告能够准确地知道原告所针对的行政行为；三是诉讼标的唯一，一个行政案件只解决一个行政行为的合法性问题。[①] 例如，在再审申请人段某某因诉被申请人河北省邯郸市峰峰矿区人民政府、河北省邯郸市峰峰矿区峰峰镇人民政府城中村改造行为违法一案中，最高人民法院认为，本案中，再审申请人诉称的“城中村改造行为”，也即被申请人推进实施的城中村改造行为，实际上包含了签订协议、补偿安置、拆除房屋等一系列行为，涉及多个主体、多个环节，再审申请人笼统地起诉“城中村改造行为违法”，属于诉讼请求不明。[②]

《行诉法解释》第 68 条规定重在解释何为“具体的诉讼请求”，事实上把判决方式的选择纳入起诉条件，当事人提起诉讼应当明确判决方式，否则属于诉讼请求不具体。应当说，第 68 条规定对于促进诉判同一无疑具有重要意义。同时，应当注意到，由于行政诉讼专业性强，当事人诉讼能力参差不齐，加之我国没有规定律师强制代理，实践中必然存在一些当事人起诉时不能准确表达诉讼请求情形，主要包括：一是完全没有书写诉讼请求；二是诉讼请求较为混乱，难以判断其真实诉求；三是诉讼请求针对多个独立、完整的被诉行政行为；四是诉讼请求围绕同一被诉行政行为，但包含多个请求且相互不能并存。[③] 因此，当事人诉讼请求不正确的，法院要加强释明，引导提示当事人提出完全、充分、适当的诉讼请求，避免频繁采用“另行起诉”“另行主张权利”“另案处理”等程序性裁定驳回起诉。[④]

（三）诉讼请求对法院审判的拘束力

诉讼请求对法院审判自由裁量权行使具有拘束作用。法院在审判过程中享有适度的自由裁量权是极为必要的，对于查明案件事实，准确适用法律，实质性化解行政争议具有重要意义。同时，“一切权利只有在正当行使的前提下才能受到保护，无论是公法还是私法，禁止滥用权利都是普遍的法原理”。[⑤]

---

① 张松波：《论行政诉讼原告诉讼请求对法院的拘束力》，载《行政法学研究》2019 年第 1 期。

② 最高人民法院（2020）最高法行申 4570 号行政裁定书。

③ 章文英：《当事人诉讼请求不具体的裁判规则——兼谈对行诉解释第 68 条规定的理解》，载《法律适用》2018 年第 8 期。

④ 程琥：《行政审判现代化与行政争议实质性解决》，载《法律适用》2023 年第 2 期。

⑤ ［日］田村悦一：《自由裁量及其界限》，李哲范译，中国政法大学出版社 2016 年版，第 40 页。

司法权是一种判断权，法律赋予法官适度的自由判断权是为了更好地审判，这种权力应该在法律规定范围内行使，并受立法本意、立法目的、诉判同一等原则的约束，一旦超出必要限度，就会构成滥用裁量权。

为防范司法裁量权滥用，应当加强对司法裁量权的监督和控制，诉判同一原则是规制司法裁量权行使的重要方式。长期以来，人们对行政诉讼功能存在认识误区，认为行政诉讼是对行政权的监督，法院对行政行为进行合法性审查，判决时无须考虑原告诉讼请求。受这种观念影响，实践中个别行政判决没有顾及原告诉讼请求，没有进行任何说理，让当事人感觉诉讼请求可有可无。应当说，原告诉讼请求是对司法自由裁量权行使的必要限制，诉判同一原则要求法院围绕原告诉讼请求审查行政行为的合法性。原告诉讼请求类似于靶心，法院审判类似于打靶，正如打靶应当围绕靶心射击，行政判决也应当围绕原告诉讼请求作出。众所周知，脱离开靶心去打靶，必然是漫无边际地射击；脱离开原告诉讼请求限制，行政判决裁量空间必然会被无限放大，特别是当法院受到地方保护和行政干预影响时，行政判决就可能成为自说自话的被诉行政行为的背书材料。为了防范有的法官滥用裁量权，应当坚持诉判同一原则，充分尊重当事人的意思自治和处分权。对于当事人未提起诉讼请求的，法院一般不应审判。法院判决驳回原告诉讼请求的，无论是法院还是当事人都应当受到判决的拘束，当事人再次就相同事项提起诉讼的，可能构成重复起诉。当然当事人起诉是否构成重复起诉，需要结合具体案件判定。在李某某诉山西省太原市小店区人民政府确认征收补偿协议无效案中，最高人民法院认为，人民法院在审查案件是否构成重复起诉时需要对本案与前案的相关要素予以逐项核查，以保障当事人在各个诉讼中的不同诉讼利益和权利。具体到本案，第一，本诉和前诉的当事人并不完全相同。第二，本诉和前诉的诉讼标的及诉讼请求也不完全重合。因此，本诉与前诉的当事人、诉讼标的及诉讼请求均不完全相同，且本诉的诉讼请求也不能被前诉裁判所包含。一审、二审认为本案属于重复起诉，认定有所不当，应予纠正。①

三、行政诉判同一的理论基础

诉判同一原则是当前两大法系各主要国家和地区刑事诉讼、民事诉讼、行政诉讼共同遵循的基本原则。其中，“刑事诉讼中的诉判同一原则，是指法

① 最高人民法院（2018）最高法行申 7524 号行政裁定书。

院审判行为指向的诉讼客体应与检察机关经由起诉所确立的诉讼客体保持一致”。[①] 在民事诉讼中，“从诉判关系的角度来看，法院的裁判对象、范围是由当事人的诉讼请求来确定的。法官应对所有请求的事项并且仅对请求的事项作出裁判”。[②] 由于行政诉讼脱胎于民事诉讼，民事诉判同一原则自然会影响行政诉判关系的建构。

（一）行政诉判同一的界定

在行政诉讼中，诉判同一原则是指法院判决应当与原告诉讼请求保持一致。目前世界上许多国家的行政诉讼立法中明确规定了“诉外禁止裁判”。在行政审判实践中，由于受行政诉讼功能、司法审查标准以及司法环境等诸多因素影响，诉判同一原则并没有得到很好地执行。但不能因为诉判同一原则没有得到很好地执行，就断然否定诉判同一原则的基本价值。

1. 诉判同一是诉审分离原则的必然要求

在现代行政诉讼中，诉、辩、审是三项基本职能，并且这三项职能是相互分离、彼此独立的。对于诉审的关系来讲，不告不理原则是所有诉讼活动应当遵循的基本原则。该原则要求诉、辩、审职能分别由不同且相互独立的主体行使，作为审判者的法院不能代替原告行使起诉职能。因此，只有原告向法院提起诉讼之后，法院才能进行审理，没有原告起诉，法院不能主动启动审判程序。并且，法院审判范围应当受原告诉讼请求的限制，对于原告未起诉的行政行为事实和理由，法院不得径行审理。在诉讼过程中，原告有权变更、追加或者撤回起诉。提起变更、追加、撤回起诉是原告诉权不可分割的组成部分，也是当事人处分权主义的重要体现。所谓处分权主义，是当事人就具体事件是否请求法律救济、就何种范围内请求救济乃至以何种方式（或诉讼类型）请求救济，原则上均应尊重当事人主观意愿，亦即法院须受当事人声明或主张之拘束，不得再依职权为之。[③] 法院应当对原告变更、追加、撤回起诉进行审理并作出裁判。

2. 诉判同一是确保被告应诉答辩权有效行使的必然要求

行政诉讼中的应诉答辩，是被告及其委托代理人为维护行政行为的法律效力，从行政职权、事实证据、适用法律、行政程序方面反驳原告诉讼请求，

---

① 张小玲：《诉判同一原则理论与实践之评析》，载《法商研究》2006 年第 3 期。

② 王杏飞：《对我国民事诉判关系的再思考》，载《中国法学》2019 年第 2 期。

③ 翁岳生主编：《行政法》（下册），中国法制出版社 2002 年版，第 1401 页。

提出支持被诉行政行为的证据和理由，证明被诉行政行为合法有效的诉讼活动。被告应诉答辩的前提是有原告起诉，没有原告起诉就不会有被告应诉答辩，被告应诉答辩本身具有被动性和防御性。根据《行政诉讼法》第67条的规定，被告应当在收到起诉状副本之日起十五日内向人民法院提交作出行政行为的证据和所依据的规范性文件。诉判同一原则限制法院超越原告诉讼请求审理案件，其目的在于将原告诉讼请求限制在特定范围内并保持相对稳定性，以便被告及其委托代理人能够有针对性地提出应诉答辩意见，维护行政行为的法律效力，否则就会形成所谓“突袭裁判”现象。[①]“突袭裁判”的结果会使诉、辩、审“三角形”稳定结构被打破，导致法院审判职能更加突出，而原告起诉和被告应诉答辩功能被虚置甚至可有可无，最终无疑会挫伤被告应诉答辩的积极性和主动性。

3. 诉判同一是实现司法公正与效率相统一的必然要求

司法公正与效率是辩证统一关系，二者相辅相成，缺一不可。在行政诉讼活动中，诉判同一原则无论是对于实现司法公正，还是对于提高司法效率都具有重要意义。如果没有诉判同一原则的限制，从实现司法公正来看，法院可以随意变更审判对象，将会导致当事人及其委托代理人丧失收集相关证据证明案件事实的机会，法院可以完全不顾及原告诉讼请求和被告答辩意见，根据需要随意作出裁判，这些都可能导致案件实体或程序不公。案件审理不公的直接后果就是案件上诉率乃至申诉率上升，案件重新审判的几率增加。[②]近年来，行政案件上诉率、申诉率、信访率高，服判息诉率低，一定程度上与没有严格执行诉判同一原则密切相关。实践中，法院审判权行使随意性越大，越容易导致诉辩双方必须随时对诉讼标的进行调整。这不仅使当事人在审前所做的大量准备工作失去意义，而且使已经进行的诉辩活动失去作用，甚至不得不重新作出诉讼行为，这种司法投入显然是不必要的。因此，在诉判不一致时，法官在审查行政行为是否违法时，还必须对行政行为是否有可撤销内容、是否违背公共利益等情形主动调查，这些因素都将导致行政诉讼更加复杂，不但影响审判效率，而且可能降低判决结果的正确率，最终影响司法公正。

---

① 张小玲：《诉判同一原则理论与实践之评析》，载《法商研究》2006年第3期。

② 张小玲：《诉判同一原则理论与实践之评析》，载《法商研究》2006年第3期。

（二）行政诉判同一的标准

行政诉判同一是原告诉讼请求与法院判决相一致。具体来讲，行政诉判同一主要包括当事人、诉讼标的、法律事实、判决方式保持同一。

1. 当事人同一

当事人同一，即法院判决认定的当事人与原告起诉时的当事人相一致。一是原告同一。《行政诉讼法》第 25 条第 1 款规定，行政行为的相对人以及其他与行政行为有利害关系的公民、法人或者其他组织，有权提起诉讼。原告同一，一般不会出现问题。实践中，有以下几种情形需要注意：第一种情形是原告不适格。原告向法院提起诉讼时，法院登记立案后，在审理中发现原告主体不适格，此时可以裁定驳回起诉。第二种情形是有权提起诉讼的公民在案件审理中死亡的。《行政诉讼法》第 25 条第 2 款规定，有权提起诉讼的公民死亡，其近亲属可以提起诉讼。因此，在案件审理中，作为原告的公民死亡的，法院应当中止审理，通知其近亲属作为原告参加诉讼。一旦近亲属参加诉讼的，就会出现原告变更。第三种情形是有权提起诉讼的法人或者其他组织终止的。《行政诉讼法》第 25 条第 3 款规定，有权提起诉讼的法人或者其他组织终止，承受其权利的法人或者其他组织可以提起诉讼。因此，在案件审理中，作为原告的法人或者其他组织终止的，法院应当中止审理，通知承受其权利的法人或者其他组织作为原告参加诉讼。一旦承受其权利的法人或者其他组织参加诉讼的，也会出现原告变更。二是被告同一。《行政诉讼法》第 26 条第 1 款规定，公民、法人或者其他组织直接向人民法院提起诉讼的，作出行政行为的行政机关是被告。实践中，原告起诉时主张的被告与法院认定的被告可能一致，也可能不一致。《行诉法解释》第 26 条规定，原告所起诉的被告不适格，人民法院应当告知原告变更被告；原告不同意变更的，裁定驳回起诉。

2. 诉讼标的同一

诉讼标的同一，即法院判决认定的诉讼标的与原告起诉时主张的诉讼标的保持一致。一般情况下，原告主张的诉讼标的，即被诉行政行为，与被告判决认定的被诉行政行为是一致的。实践中，不排除当事人主张的行政行为与法院判决认定的行政行为不一致情形，此时法院应当让当事人进一步明确被诉行政行为。并且，“行政诉讼的基本特点决定了法官审理对象必须具有唯一性，即通常一个行政案件只解决一个行政行为的合法性问题”。[①]

① 张松波：《论行政诉讼原告诉讼请求对法院的拘束力》，载《行政法学研究》2019 年第 1 期。

3. 事实理由同一

原告起诉主张的事实理由与法院判决认定的事实理由相一致。在行政诉讼中，由被诉行政机关承担举证责任，一旦行政机关不按举证期限提交证据或者提交证据不足以证明被诉行政行为合法性的，则承担举证不能后果。实践中，由于举证责任原则上由被告承担，原告一般不承担举证责任，原告主张的事实理由与法院判决认定的事实理由可能一致，也可能不一致。因此，事实理由同一，是总体上的一致，并非完全一致。

4. 判决方式同一

判决方式同一，即原告主张的判决方式与法院判决适用的判决方式保持一致。域外国家的行政判决方式附属于特定的诉讼类型，当事人起诉时只要选择了诉讼类型，一般情况下就会选择对应的判决方式。我国行政诉讼法没有规定诉讼类型，而是规定了判决方式，原告起诉时选择正确的判决方式较为困难。为此，《行诉法解释》第 68 条对“具体的诉讼请求”进行明确，其中对诉讼标的和判决方式作出规定，这有助于在起诉时促使原告将主张的判决方式与法院选择的判决方式保持一致。

（三）行政诉判同一的例外

行政诉判同一应当成为行政诉讼的常态，但并不排除特定情形下诉判不一致。并且，“从总的趋势来说，行政诉讼的诉判关系在趋向一致，毕竟行政性质和目的是多元的，行政诉讼需要在一定程度上关照当事人诉请之外的客观法秩序。所以诉判关系不会完全一致”。[①] 总体来讲，诸多因素会影响行政诉判关系一致性。

1. 行政诉讼多元立法目的影响

行政诉讼立法目的是多元的，总体上也是一致的，但在具体个案中可能会出现个体利益与公共利益冲突，此时行政诉讼在平衡个体利益与公共利益的基础上，需要优先保障公共利益。这必然会对判决方式产生影响。例如，确认违法判决就是为了保障公共利益需要，对于违法行政行为，法院不判决撤销行政行为，而是确认被诉行政行为，保留行政行为效力。

2. 法律规定不明确影响

行政诉讼脱胎于民事诉讼，行政诉讼制度规范中，有的属于行政诉讼特

---

① 田勇军:《中国行政诉讼之诉判关系及其发展趋势探讨——诉判关系不一致的一个分析框架》，载《甘肃行政学院学报》2010 年第 2 期。

有的规定，有的属于行政诉讼法没有规定，可以适用民事诉讼法的规定。行政诉讼法规定不明确的，有的通过司法解释作出规定，有的仍需明确。目前《行政诉讼法》规定的判决方式，在适用条件、适用范围、衔接程序等方面需要进一步明确。否则，必然会影响诉判同一。

3. 当事人诉讼能力影响

原告诉讼能力差别较大，有的能够依法理性维权，有的原告经常会提出明显不符合《行政诉讼法》及其司法解释规定的诉讼请求。在崔某某等诉天津市海洋局政府信息公开纠纷案中，天津海事法院认为，崔某某等20名原告在本院提起的行政诉讼与在其他行政机关提起的信息公开、行政复议，在其他法院提起的行政诉讼，目的均是解决因整体拆迁引起的对拆迁协议的争议。但是，包括20名原告在内的驴驹河集体经济组织成员采取多人多次重复申请公开相同、同类政府信息，继而申请行政复议、提起行政诉讼的方式，引发了大量政府信息公开行政争议以及行政复议、行政诉讼案件。《行政诉讼法》第1条明确将解决行政争议，保护公民、法人和其他组织合法权益作为重要的立法宗旨。原告背离了的立法宗旨，浪费了司法资源。故裁定驳回原告等人的起诉。因此，对于当事人因自身诉讼能力欠缺导致提出诉讼请求不适当的，法官应当在合法合理范围内进行释明指导。如果原告拒不按照法官释明调整诉讼请求的，法院可以径行作出裁判。

4. 法官司法能力影响

法官司法能力是法官在审判活动中运用法律解决和处理各种案件的能力。法官司法能力具有综合性、职业性、时代性、共通性、差异性等特征。实践中，随着新法不断颁布实施，行政执法专业性越来越强，行政审判新情况新问题日益增多，而行政法官流动性加大，从其他审判领域交流到行政审判岗位来的法官，大多需要适应多年才能适应行政审判司法能力需要，行政法官办案熟练程度无疑会影响诉判同一原则的适用。

5. 司法环境影响

司法中立是公正审判的前提和基础，是赢得当事人信任的重要条件，是排除司法干扰的必然要求。实践中，对司法的干扰，不仅来自“金钱”和“权力”，而且来自“人情”和“关系”。特别是作为“民告官”的行政审判，由于受行政诉讼地域管辖限制，行政案件一般由作出行政行为的行政机关所在地法院管辖。法院在审理涉及地方重大利益的案件中，容易受到地方保护和行政干预的影响。一旦案件受到地方保护行政干预影响，法院判决就可能会出现与原告诉讼请求不一致的情形。

四、行政诉判变更的规范要求与实务操作

行政诉判同一是常态，不排除特定情形下因诉判变更导致诉判关系不一致。诉判变更包括诉讼请求变更和判决方式变更。

（一）诉讼请求变更

诉讼请求是基于争议的行政法律关系而向法院提出保护自己合法权益的请求，其变化形态通常有三种：增加、放弃和变更。一般来说，“增加诉讼请求”是增加原诉请额或诉请事项；“放弃诉讼请求”是意思自治下对原诉请的部分或全部处分；“变更诉讼请求”，主要包括改变行政法律关系性质或行政行为效力主张、改变责任承担方式、主客观事实变化下诉讼请求额或请求事项的减少。实践中，诉讼请求的变更如何处置，涉及诉讼效率与程序正义二者之间的关系；在主体方面涉及原告、被告与法院的三方关系；在诉讼制度上，涉及诉讼标的、管辖、起诉立案、言词辩论、上诉、再审等，因此诉讼请求变更问题是一个诉讼法上的综合性问题，妥当地处理诉讼请求的变更必须衡平各种关系以及与其他相关制度的协调和整合。[①]《行政诉讼法》对诉讼请求变更并未作出规定。《民事诉讼法》较早地就认可了诉讼请求的变更，赋予原告诉讼请求变更的权利。《民事诉讼法》规定，原告可以放弃或者变更诉讼请求。被告可以承认或者反驳诉讼请求，有权提起反诉。实践中，原告变更诉讼请求情形经常出现，有必要对原告变更诉讼请求予以明确。

1. 当事人变更诉讼请求的时间要求

变更诉讼请求是当事人的权利，但行使这一权利是有限制的。《行诉法解释》第 70 条规定：“起诉状副本送达被告后，原告提出新的诉讼请求的，人民法院不予准许，但有正当理由的除外。”《最高人民法院关于适用〈中华人民共和国民事诉讼法〉的解释》（2022 年修正）第 232 条规定，在案件受理后，法庭辩论结束前，原告增加诉讼请求，被告提出反诉，第三人提出与本案有关的诉讼请求，可以合并审理的，人民法院应当合并审理。两相比较，《行诉法解释》将当事人变更诉讼请求的时间限制在“起诉状副本送达被告后”较为严苛，不利于纠纷一次性解决，因此有必要将当事人变更诉讼请求的时间

---

① 张卫平：《诉讼请求变更的规制及法理》，载《政法论坛》2019 年第 6 期。

放宽至法庭辩论终结以前。

2. 当事人变更诉讼请求对举证期限的影响

在案件审理中，当事人主张的法律关系性质和行政行为的效力与法院根据案件事实作出的认定不一致的，应允许当事人变更诉讼请求，法院也有告知当事人变更诉讼请求的义务。对此《行政诉讼法》及其司法解释没有作出规定。《最高人民法院关于民事诉讼证据的若干规定》(2019年修正)第53条规定："诉讼过程中，当事人主张的法律关系性质或者民事行为效力与人民法院根据案件事实作出的认定不一致的，人民法院应当将法律关系性质或者民事行为效力作为焦点问题进行审理。但法律关系性质对裁判理由及结果没有影响，或者有关问题已经当事人充分辩论的除外。存在前款情形，当事人根据法庭审理情况变更诉讼请求的，人民法院应当准许并可以根据案件的具体情况重新指定举证期限。"第55条规定："存在下列情形的，举证期限按照如下方式确定：……(四)当事人增加、变更诉讼请求或者提出反诉的，人民法院应当根据案件具体情况重新确定举证期限……"实践中，变更诉讼请求是否要重新指定举证期限，须区分其对答辩与举证负担产生的影响而定，如果该变更增加了利害相对方的答辩与举证负担，法院就应重新指定举证期限；否则，就无须再指定举证期限。在川城建筑公司诉金达化纤公司建设工程施工合同纠纷案中，湖北省孝感市中级人民法院经审理认为，减少标的额的诉讼请求变更不同于其他变更情形，不仅没有增加反而减轻了被告的答辩与举证负担，一审法院无须重新指定举证期限。[①]

3. 当事人在二审阶段增加新的诉讼请求应当予以限制

为保证人民法院在各审理阶段保护诉权的一致性和规范性，行政案件的审理范围通常应当局限于当事人在一审阶段提出的诉讼请求，在二审阶段中增加新的诉讼请求、要求扩大审查范围的，人民法院一般不予支持。在梁某某诉浙江省新昌县人民政府土地征收及行政赔偿案中，最高人民法院再审认为，在再审申请人向一审法院提交的起诉状中，明确将诉讼请求表述为"确认被告未经批准征收原告承租的位于羽林街道××村3.35亩集体土地的行政行为违法，判令被告向原告赔偿苗木损失共计人民币700 002元，本案诉讼费由被告承担"，因此其在二审以及再审中要求法院对再审被申请人征收土地的具体组织实施行为是否合法进行审查，属于增加诉讼请求、要求扩大审查范

① 湖北省孝感市中级人民法院(2011)孝民二终字第15号民事判决书。

围的情形，对此不予支持。[①]

4. 当事人在一审法庭辩论终结后增加诉讼请求不属于再审审理范围

当事人超出一审范围增加、变更诉讼请求的，不属于再审审理范围。但涉及国家利益、社会公共利益，或者当事人在原审诉讼中已经依法要求增加、变更诉讼请求，原审未予审理且客观上不能形成其他诉讼的除外。

5. 当事人在再审期间提出新的诉讼请求应当予以限制

再审案件当事人超出原审范围增加、变更诉讼请求的，不属于再审审理范围，当事人的再审申请超出原审诉讼请求，不予支持。如果申请再审人在再审程序中提出了新的诉讼请求，由于该诉讼请求原审法院未曾进行审理，故不能直接由再审法院进行再审。当事人对此有争议的，应寻求其他解决途径。

（二）判决方式变更

1. 确认违法判决

确认违法判决是对被诉行为是否合法的判定，它通常是其他判决的先决条件。确认违法判决是 2014 年《行政诉讼法》修正时新增加的条文。创设确认违法判决主要是为了应对一些被诉行政行为违法，但不宜或者不能适用撤销、履行职责等判决情形。《行政诉讼法》第 74 条共分两款对确认违法判决作出规定[②]，其中第 1 款中的确认违法判决，又称为情况判决，被诉行政行为虽违法，但考虑其他权益，该行政行为仍然有效，不予撤销。特别是当行政行为违法应当撤销，但撤销行政行为会给国家利益和社会公共利益造成重大损害的，法院需要衡量撤销违法行政行为与国家利益、社会公共利益两项法益，继而选择判决撤销违法行政行为还是确认行政行为违法。第 2 款的确认违法判决中被诉行政行为虽违法，但客观上不需要撤销，只需要宣告该行政行为违法。确认违法判决与撤销判决区别在于，确认违法判决不影响行政行为的效力，行政行为仍然可以继续存续下去；而撤销判决就意味着行政行为

① 最高人民法院（2016）最高法行申 3030 号行政裁定书。

② 《行政诉讼法》第 74 条规定："行政行为有下列情形之一的，人民法院判决确认违法，但不撤销行政行为：（一）行政行为依法应当撤销，但撤销会给国家利益、社会公共利益造成重大损害的；（二）行政行为程序轻微违法，但对原告权利不产生实际影响的。行政行为有下列情形之一，不需要撤销或者判决履行的，人民法院判决确认违法：（一）行政行为违法，但不具有可撤销内容的；（二）被告改变原违法行政行为，原告仍要求确认原行政行为违法的；（三）被告不履行或者拖延履行法定职责，判决履行没有意义的。"

自始无效，以后也不发生法律效力。适用确认违法判决需要坚持两个原则：一是确认违法判决是撤销判决、履行法定职责判决的补充，不是主要的判决形式；二是确认违法判决必须符合法定条件，法定条件要严格把握。[①] 确认违法判决属于判决方式变更的一种形式，即原本当事人诉讼请求判决撤销、履行法定职责的，法院经审理认为不宜或者不能判决撤销、履行法定职责的，故以确认违法判决替代之。

2. 确认无效判决

确认无效判决是2014年《行政诉讼法》修正时新增加的条文。《行政诉讼法》第75条规定，行政行为有实施主体不具有行政主体资格或者没有依据等重大且明显违法情形，原告申请确认行政行为无效的，人民法院判决确认无效。行政行为无效与一般违法不同，对于重大且明显违法行政行为适用确认无效判决，行政行为自始无效；对于行政行为一般违法的，可以判决确认违法，继续保留行政行为效力。创设确认无效判决，有利于将一些重大且明显违法的无效行政行为纳入行政诉讼审查，发挥行政诉讼作用，推动行政争议实质性解决。《行政诉讼法》第76条规定，人民法院判决确认违法或者无效的，可以同时判决责令被告采取补救措施；给原告造成损失的，依法判决被告承担赔偿责任。法院在适用这一条款时要非常审慎，应注意以下几点：一是责令被诉行政机关采取补救措施时一定要恪守司法权的范围，不能以司法权代替行政权，尤其在法律没有授权行政机关采取某种行政行为的情况下，法院责令被诉行政机关采取这种措施就是让行政机关实施违法行为；二是采取这种判决时应当尽可能地以协调为基础，注意加强沟通；三是补救措施应该与本案具有一定的关联性。[②]

3. 变更判决

《行政诉讼法》第77条规定，行政处罚明显不当，或者其他行政行为涉及对款额的确定、认定确有错误的，人民法院可以判决变更。人民法院判决变更，不得加重原告的义务或者减损原告的权益。但利害关系人同为原告，且诉讼请求相反的除外。变更判决是撤销的补充形式，变更判决的适用情形要远远少于撤销判决，且能包含在撤销判决的适用情形中，是一种被包含与

① 袁杰主编：《中华人民共和国行政诉讼法解读》，中国法制出版社2014年版，第204页。

② 江必新：《中国行政诉讼制度之发展——行政诉讼司法解释解读》，金城出版社2001年版，第94~95页。

包含的关系。换言之，能作出变更判决的也能作出撤销判决。[①]应当特别指出的是，这里的“可以”不是说对“明显不当”的行政处罚，人民法院可以变更，也可以驳回原告诉讼请求；而是说可以判决变更，也可以判决撤销行政处罚，由行政机关重新处罚。由于“明显不当”是滥用职权的一种表现，人民法院在撤销时，可以援引《行政诉讼法》的规定，即以“滥用职权”为由加以撤销，由行政机关重新进行处罚。变更判决属于判决方式的变更形式，即当事人诉讼请求判决撤销行政处罚或款额确定、认定错误，法院经审理认为判决变更明显不当的行政处罚，或对款额确定、认定错误的予以变更有利于解决行政争议的，则判决变更。法院适用变更判决，不能增加原告的义务或者减损原告的权益，使原告处于更为不利的境地。在麦某某与珠海市人民政府环保行政复议纠纷上诉案中，广东省高级人民法院认为，麦某某未经环保部门审批，从事饵料批发、加工，属于违法行为。但是，《行政诉讼法》第77条第2款规定：“人民法院判决变更，不得加重原告的义务或者减损原告的权益。但利害关系人同为原告，且诉讼请求相反的除外。”原审判决明显认为行政处罚决定和复议决定对麦某某存在遗漏处罚、处罚过轻的情形，不符合上述规定，应予纠正。如果行政机关认为违法行为人存在其他违法行为未处理，应当加重处罚，可以通过相关行政纠错程序加以解决，法院不应当在诉讼程序中要求复议机关在复议程序中加重处罚。广东省高级人民法院判决撤销一审判决，驳回被上诉人麦某某的诉讼请求。[②]

五、行政诉判关系与行政争议实质性解决

行政诉判关系对于行政争议实质性解决具有重要作用，受诸多因素影响，我国行政诉判关系并没有严格遵循诉判同一原则。为推动行政争议实质性解决，有必要结合行政审判体系和审判能力现代化要求，着力构建新型行政诉判关系。

（一）重塑行政诉判关系

诉判同一原则是我国三大诉讼应当共同遵循的基本原则，行政诉讼概莫能外。当前有必要构建以诉判同一为原则、以诉判不一致为例外的新型诉判关系，并重视解决诉判不一致问题。一是要消除认识误区。尽管我国行政诉

① 袁杰主编：《中华人民共和国行政诉讼法解读》，中国法制出版社2014年版，第211页。

② 广东省高级人民法院（2015）粤高法行终字第631号行政判决书。

讼目的是多元的，经常会遇到需要平衡公共利益与个人利益关系的问题，但不能以此为由就当然地认为行政诉讼原告诉讼请求与法院判决不可能一致，甚至以行政诉讼合法性审查原则排斥诉判同一原则，认为原告诉讼请求无非是启动行政诉讼程序而已，对于法院判决并不产生直接影响。有的甚至直接以主观公权利救济与客观法秩序维护为标准，把行政诉判关系分成两方面，对于主观公权利救济的可以实现诉判同一，对于客观法秩序维护的则难以实现诉判一致。“总之，由于合法性与有效性不一致、行政诉讼的特殊属性以及特定具体情形等原因，行政诉判关系有可能产生不一致，因而，行政诉讼诉判关系是一致性与非一致性的统一体。”[①] 将行政诉讼分为主观公权利维护与客观法秩序维护，这是当前法国、德国等对于行政诉讼类型的分类，我国并不存在诉讼类型划分，并且在具体案件中难以明确区分主观公权利救济和客观法秩序维护边界。因此，这种对于诉判关系的认识有一定合理性，但并未真正揭示行政诉判关系的本质要求。应当说，行政诉讼诉判关系中，促使其一致的因素在持续增长，不一致的因素在不断衰退，因此诉判关系在方向上趋于一致。二是正确实施司法解释关于具体的诉讼请求规定。应当说，司法解释将判决方式纳入起诉条件，需要当事人在起诉时应当明确事项，如果能够长期坚持下去，对于促进诉判同一原则适用意义重大。对于当事人诉讼请求不完善的，法院应当要求当事人补正完善，从而在起诉阶段就能为诉讼请求与判决方式相一致打下很好的基础。三是坚持以诉判同一为原则，以诉判不一致为例外。通常情况下，要严格适用诉判同一原则，形成诉讼请求对法院选择判决方式的拘束力，不能无视或忽略原告诉讼请求。同时，对于特殊情况下难以做到诉判同一的，应当限定在确认违法、确认无效、变更判决等有限的几种判决方式，其他判决方式应当坚持诉判同一原则。

（二）树立一次性全程解决争议理念

行政诉讼案件上诉率、申诉率、信访率较高，一审服判息诉率较低，行政审判程序空转，很大程度上与解决行政争议理念有关。从被诉行政机关来讲，有的行政机关只关心行政执法效率和效果，不考虑从源头上避免和减少行政争议发生，有的重大执法活动所进行的社会稳定风险评估仅仅是走过场。在发生行政争议后，不是在行政程序中穷尽行政救济，而是把矛盾纠纷推向行政复议机关和行政审判机关。对于行政相对人来讲，一旦产生争议，可能

---

① 邓刚宏：《我国行政诉讼诉判关系的新认识》，载《中国法学》2012 年第 5 期。

流入信访渠道，容易错过行政争议解决最佳时间；有的当事人即便选择行政复议、行政诉讼渠道，对复议机关、法院开展的各种救济工作不信任、不配合，也有的当事人在复议机关撤销原行政行为、法院判决行政机关败诉情况下，仍然提起行政诉讼或者上诉。对于法院来讲，有的法官对行政审判办案经验不足，一旦遇到疑难复杂问题，不是想方设法解决问题，推动行政争议实质性解决，而是简单地一裁了之或者一判了之。行政争议一次性全程解决就是要求行政争议能够在一个案件中全部解决的，尽量不要让当事人另行解决；行政争议在行政程序、复议程序、审判程序中，无论哪个程序只要能够解决争议，尽量穷尽救济，而不是必须在复议程序、审判程序解决。即便在审判程序，在诉前、立案、审理、判决、执行等环节，只要能够前端解决的，就不要拖到后端。为解决当前行政审判程序空转问题，当务之急要树立一次性全程解决争议理念，让办案法官在实质性解决争议中敢为、愿为、能为。对于行政法官来讲，敢为就是要直面行政诉讼现状问题困难，不推卸、不回避，在党委坚强领导下，多措并举促进疑难复杂问题妥善解决；愿为就是要经常性地给行政法官撑腰打气，让行政法官放下心理包袱，真正把为大局服务、为人民司法的工作办实办好；能为就是行政法官要不断加强学习，养成良好职业素养和司法良知，正确处理诉判关系，不断提升办理行政案件的司法智慧和能力。

（三）加强法官释明指导

行政诉讼专业性强，当事人本人诉讼居多，加之我国没有实行律师强制代理制，不可能要求当事人法律知识都能达到一定水准，原告诉讼请求随意性较大在所难免，这就需要法院在办理行政案件中加强释明指导。所谓“诉讼释明，是法院基于当事人举证、认定事实、适用法律上的不足进行提示和说明，以推进诉讼并实现司法公正的一项制度”。[①]行政诉讼中的释明工作需要加强。在立案阶段，根据《行政诉讼法》第 51 条第 3 款的规定，起诉状内容欠缺或者有其他错误的，应当给予指导和释明，并一次性告知当事人需要补正的内容。不得未经指导和释明即以起诉不符合条件为由不接收起诉状。在西安市临潼区人民政府与赵某某圈占土地行为案中，最高人民法院再审认为，一般而言，行政诉讼的原告因诉讼能力和法律知识所限，提出的诉讼请求可能不甚精准，对此法院应根据实际情况行使释明权依法给予释明引导。

① 龙宗智：《刑事诉讼中防止突袭性裁判问题研究》，载《政法论坛》2022 年第 4 期。

本案当事人起诉要求确认土地征收行为违法，因征地行为由一系列可拆分的行政行为构成（包括征地批复、发布征地公告、进行征地补偿登记、签订补偿协议或者作出补偿决定、责令交出土地等行为），法院应进行释明。经释明引导，当事人最终调整并明确了诉讼请求，法院也已予以准许。法院将最终围绕明确后的诉讼请求予以审查，并有权依法要求当事人提供或补充相应证据以查明案情，但不得为证明行政行为的合法性调取行政主体作出行政行为时未收集的证据。[①] 在审理阶段，法官仍然需要加强释明指导，发现当事人诉讼请求存在问题时，告知当事人变更诉讼请求。总之，需要在确保法院中立的前提下，尽可能地将释明义务具体化、明确化，引导、促成当事人在第一审程序中提出"适法"的诉讼请求，从而尽可能在第一审程序实质解决纠纷，减少上诉和再审。[②]

① 最高人民法院（2019）最高法行申 14166 号行政裁定书。

② 王杏飞：《对我国民事诉判关系的再思考》，载《中国法学》2019 年第 2 期。